权威·前沿·原创

城市管理蓝皮书

BLUE BOOK OF
URBAN MANAGEMENT

中国城市管理报告
（2012）

ANNUAL REPORT ON URBAN MANAGEMENT OF CHINA
(2012)

追寻自然–社会–人文和谐的城市生态文明

主　编／谭维克　刘　林

社会科学文献出版社
SOCIAL SCIENCES ACADEMIC PRESS (CHINA)

图书在版编目（CIP）数据

中国城市管理报告. 2012：追寻自然 – 社会 – 人文和谐的城市
生态文明/谭维克，刘林主编. —北京：社会科学文献出版社，
2013.7

（城市管理蓝皮书）

ISBN 978 – 7 – 5097 – 4717 – 9

Ⅰ.①中… Ⅱ.①谭… ②刘… Ⅲ.①城市管理 – 研究报告 –
中国 Ⅳ.①F299.23

中国版本图书馆 CIP 数据核字（2013）第 118376 号

城市管理蓝皮书

中国城市管理报告（2012）

　　——追寻自然 – 社会 – 人文和谐的城市生态文明

主　　编／谭维克　刘　林

出 版 人／谢寿光
出 版 者／社会科学文献出版社
地　　址／北京市西城区北三环中路甲 29 号院 3 号楼华龙大厦
邮政编码／100029

责任部门／皮书出版中心（010）59367127　　责任编辑／周映希　单远举
电子信箱／pishubu@ ssap. cn　　　　　　　责任校对／郗艳菊
项目统筹／周映希　　　　　　　　　　　　责任印制／岳　阳
经　　销／社会科学文献出版社市场营销中心（010）59367081　59367089
读者服务／读者服务中心（010）59367028

印　　装／北京鹏润伟业印刷有限公司
开　　本／787mm×1092mm　1/16　　　　印　　张／24.75
版　　次／2013 年 7 月第 1 版　　　　　　字　　数／402 千字
印　　次／2013 年 7 月第 1 次印刷
书　　号／ISBN 978 – 7 – 5097 – 4717 – 9
定　　价／98.00 元

摘　要

本报告阐述了中国城市管理的现状和未来的期待，提出城市是当今世界最重要的社会形态之一，生态环境管理、民生为核心的管理、人文生态管理已成为城市建设管理的重要组成部分和各级城市政府城市管理的重要目标，各具特色的城市人文生态文明已逐步呈现。但是，城市基础设施建设投资欠账多，未来城市基础设施建设与投资压力大；城市规划与建设缺乏科学性和前瞻性，单中心城市形态和土地利用结构加剧了城市交通等一系列城市管理问题的严重性；城市人口与资源、环境矛盾突出，城市管理负担沉重；城市管理部门统筹力度不足，一元化管理特征依然突出，城市管理的社会参与度较低以及城市管理政策法规不健全等诸多问题依然存在。为此，解决之路在于：努力提升城市管理能力，塑造自然－社会－人文和谐的城市大生态文明；构建多元主体积极参与的城市治理结构；建立市民共同遵循的城市行为规范和公共秩序；加强城市管理手段的信息化与智能化，倡导基于差异化的城市多样化管理模式。

本报告分析了新时期城市管理的形势与任务，指出城市管理体制是城市管理的核心，阐明了城市管理的目的是"两型社会"的科学发展和"美丽城市"的塑造，论述了未来城市管理的趋势是城市管理的社会化、法制化、市场化、综合化、规范化、公民化、数字化、柔性化和精细化。

本报告对我国城市管理的水平做出了科学的评价，建立了城市行政管理、经济管理、社会管理、环境管理、空间管理、基础设施管理、文化管理七个子系统组成的中国城市管理水平的评价指标体系，对我国包括 35 个省会城市和计划单列市以及 9 个沿海开放城市和港口城市在内的 44 个城市的管理水平进行了评价，得出了中国城市管理水平参差不齐的结论，即东部地区的一线城市管理水平最高，中部地区的一些城市管理水平超过东部部分城市，西部地区城

市管理水平整体较低，东北地区城市管理水平位居中游。而提升城市管理水平的路径选择是城市管理主体的多元化、城市管理对象的多样化、城市管理方式的智能化和城市管理目标的人本化。

本报告分析了我国城市化进程中的城市管理问题，论述了我国发达地区城市化已进入中后期阶段，城乡一体化与城市化问题紧密交织、互为因果，人口、土地、经济、社会城市化发展不协调，并科学系统地提出了我国城市化的进程正从全地域城市化走向全领域城市化。

本报告全面论述了中国城市经济管理中存在的问题及其对策，指出我国城市经济管理在城市产业结构、基础设施建设管理和住房管理三个方面存在突出问题。为妥善化解矛盾、夯实城市发展基础，必须充分发挥政府经济管理职能，从明确城市发展定位和发展规划、完善城市公共经济管理、加强政府规制和监管三个方面提高城市经济管理水平，破解发展难题，为加快推进我国城市化进程提供切实保障。同时，探讨了国际化大都市商务中心区（CBD）的城市管理模式，阐述了产业集群发展需要制度的创新。

本报告研究了城市社会管理的体制、机制，综合论述了我国城市社会管理与国外城市社会管理理念的异同，提出社会管理的重点是破解政府一元化和行政化的社会管理体制，构建"党委领导、政府负责、社会协同、公民参与"的多主体协作治理模式，建立畅通的公众参与渠道，加强改善民生的公共服务机制创新和网络虚拟社会管理机制的创新，推进流动人口管理的机制创新。

本报告论述了用城市主题文化发展的理念管理城市品牌的概念，提出了城市精神是城市品牌的灵魂，城市符号是城市品牌的具象表达，城市品牌塑造的过程就是城市文化提升的一个过程。

本报告研究了生态城市建设的指标体系，从系统性、和谐性、持续性、高效性和多样性的原则入手，围绕环境系统保护、生态系统保护、资源节约、环境友好和社会进步五个方面构建了生态文明评价指标体系，从而提出了生态城市是自然和谐、社会公平和经济高效的复合生态系统，作为生态城市内涵的定量化表征，生态城市建设指标体系可以评价城市生态发展，成为生态城市重要的管理工具。

　　本报告提出在建设生态城市的背景下，城市交通建设应向低碳化发展，建设以公共交通为主导的城市综合交通系统，特别是城市轨道交通，是实现城市交通可持续发展的最优选择。这需要政府的有效引导、政策法律的跟进以及市场和公民的参与才能实现，而城市轨道交通的安全运营是重中之重，需要建立系统全生命周期的新理念，切实落实各项责任制度，加强运营安全方面的研究、培训与教育。

Abstract

The report covers the current state and future plospects for China's urban management. It proposes the ideas that cities have become a significant social form. Ecological environment management, livelihood-based management and human ecology management have been important components in urban management and also been the key objectives of city governments at different levels. Human eco-civilization with different characteristics has emerged gradually. However, a series of problems, such as many unpaid bills in urban infrastructure investment, high pressure on urban infrastructure construction and investment, deficiency of scientific and prospective urban planning and construction, heavy traffic resulting from single metropolitan center and land use structure and so on, have increased the difficulty of urban management. Therefore, many questions remain. For example, great management burden caused by the conflict between urban population, resources and the environment, deficiency on over-all planning by management department, centralized management, low level of social participation, and inadequate policles and legal system. The solution is to improve urban management capalility, create a harmonious general eco-civilization among nature, society and humans, build urban management structure mvolving multiple bodies, establish behavior criterion and public order applicable to all citizens, strengthen informatization and intellectualization of urban management method, and advocate diversified management model based on differentiation.

Both the tasks and the situation of urban management in the new period are analyzed in the report, whice proposes that management institution is the core of urban management. The scientific development of A Resource Conserving and Environment Friendly Society and establishment of *Beautiful city* are the objectives of urban management. The report also elaborates future development trend in urban management based on socialization, legalization, marketization, integration, standardization, citizenship, digitalization, flexibility and precision.

The report gives a scientific evaluation on China's urban management, sets up an index system for China's urban management consisting of seven indicators which are administrative, economic, social, environmental, spatial, infrastructural and cultural management. In view of the evaluation of management in 44 cities, among which 35 are provincial capital cities or planned municipal cities and 9 coastal open cities or port cities, the report draws the conclusion that urban management is uneven among different Chinese cities, i. e. , management level of first-tier cities in eastern region is high, management level of some cities in central China is higher than that of some cities in the east, management level of cities in the west region is low and city management in the northeast region is at intermediate level. Therefore, pluralism of management bodies, diversification of management objects, smart management method and people-centered management goal, are selection to advance urban management level.

The report analyses urban management issues in China's urbanization process, and povipts out that urbanization in some developed regions has reached maturity. Some problems have arisen, such as the interlacing between city integration and urbanization, inconsistence in development of population, land, economy and social urbanization. It points out that China's urbanization is now comprehensive not only in geographical but also in topical scopes.

The report gives a comprehensive explanation of issues in and solutions to urban economic management, pointing out three outstanding problems on urban industrial structure, infrastructural construction and housing management. In order to dissolve conflicts and strengthen development foundation, the government should make full and efficient use of its economic management role, and improve urban economic management through better urban development plan improved urban public economic management and enhauced regulations and supervision, in order to solve difficult problems and guarantee the acceleration of urbanization. Meanwhile, the report also discusses management model of central business district (CBD) in metropolitan cities, contending that development of industry clusters calls for institutional innovations.

Through research on the institutions and mechanisms of urban social management, the report discusses the similarities and differences of urban social management theovies between China and other countries. It contends that reforming centralized and administrative social management system is the key to solving the

problems. Cities should establish a governance model which is under the leadership of the Party committee, holds the government accountable, socially coordinated and that features public participation. City governments should also establish mechanism for public participation, improve innovations in of wigrant population. public service, virtual social management throngh the Internet and management of migrant population.

The report explains the notion of "theme city", i. e. , managing the city by using development of city main culture, advocating that city spirit is the soul of city brand, city symbol is the concrete expression of the city brand, and the formation of city brand is advancing process of city culture.

An index system is established based on five principles, including systematization, harmony, persistence, efficiency and diversity. Focusing on five indicators, incluchuig environmental protection, ecosystem conservation, resources saving, environment-friendly society and social progress, the report points out that the ecological city is a complex ecosystem that integrates natural harmony, social justice and economic efficiency. As the quantitative symbol of an ecological city, the index system can be used to evaluate urban ecological development and it should be an important tool for ecological urban management.

The report also puts forward the idea of low-carbon development on urban transportation construction against the background of ecological city. Building a public transit-oriented comprehensive urban transportation system, especially an urban rail system, is the best choice for realizing sustainable development of urban transportation. This is possible only through effective guidauce from the government, implementation of policies and laws and participation of the citizens. However, safe operation of urban rail transportation is the key element. We need to form new ideas of lifecycle systems, formulate concrete measures for implementation and assume overall responsibility, enhance research, and improve training and education about transport safety.

序

    21 世纪是城市的世纪，也是我国城市化的世纪！在这样一个急剧变革的时代，不同的城市在神州大地上上演着各自的发展模式和变革之道。这种城市化过程中的"大洗牌"，将所有的城市都卷入了全球化的浪潮。著名学者林语堂先生讲，"一个城市绝不是某个人的创造。多少代人通过自己的生活方式和创造成就给这个城市留下宝贵遗产，并把自己的性格融于整个城市"。寥寥数语，道出了城市化过程中城市的个性与世界都市要求的共性之间可能出现的矛盾。因此，面对即将到来的城市化进程的巅峰，即使是最洞明的学者，也难以预测当中国准备用几十年的时间试图走完西方国家上百年才走完的城市化进程时，会出现怎样激动人心的风险与挑战！

    在这一系列的涤荡和震动过程中，必然面临无数的难题，如交通的拥堵、绿化的不足、环境污染的恶化、城市秩序的混乱等问题。要有效解决这些问题，必须依靠城市管理。一个城市"三分建设、七分管理"，城市管理已经日益成为增强城市综合竞争力、保障城市可持续发展、提高城市居民生活质量的重要手段。"横看成岭侧成峰，远近高低各不同"，不同的国家有不同的国情，我国的城市化尽管出现了同样的阵痛，但也应结合我国国情，从理论层面和实践层面上来探索研究具有我国特色的城市管理。

    改革开放至 2011 年，我国的城市化率由 19.9% 上升到 51.3%，平均每年增加近 1 个百分点，全国地级及以上城市增加到 288 个，其中人口 100 万以上的特大城市已达到 127 个。[1] 但相对于飞速发展的城市建设，我国的城市管理水平明显滞后。我国城市管理问题早在 20 世纪五六十年代就已提出，随着城市化进程的加剧越来越受到重视。目前，来自政治学、管理学、经济学、社会学、地理学等学科领域的学者对城市管理问题进行了深入广泛的研究和探索，

---

[1]　国家统计局：《中国统计年鉴（2012）》，中国统计出版社，2012。

形成了诸多重要的城市管理理论，为 21 世纪城市管理学科的发展奠定了基础。

　　然而，由于城市管理是一项复杂而巨大的系统工程，其涉及领域之多、范围之广，使得该项研究很难覆盖所有领域，做出综合考量。目前，学术界对于城市管理的研究都倾向于围绕某些重点领域展开，鲜有系统研究资料，理论专著也非常有限，而从管理的角度出发，完整地对城市各个层面进行的研究报告更是空白，这与我国城市管理的重要地位极不相称。

　　城市管理蓝皮书系统、全面地总结了以往城市管理的成功经验，深入探讨了我国城市管理问题，可为科学研究和政府决策提供重要参考。

　　北京市社会科学院与北京城市学院合作出版的城市管理蓝皮书，首次从管理的视角，立足于我国城市管理的理论和实践，对城市经济、城市社会、城市文化、城市公共空间、城市基础设施以及城市应急等各个层面进行研究，结构完整，脉络清晰。他们在城市管理层面所做的有益探索是一项全面的、具有开创性的对城市问题的科学研究。其中，对我国城市管理的理论框架（管理能力和管理模式等）以及城市管理所涵盖的主要领域（城市战略管理、城市经济管理、城市社会管理、城市环境管理、城市文化品牌管理以及城市信息化管理等）所做的研究，既有综合性与宏观性，又具有现实可操作性，因而具有一定的学术价值和应用价值。

　　蓝皮书从策划到问世历经多时，其成果意义深远，品牌独创价值巨大，内涵丰富，它的出版必将为我国城市化进程中的城市管理提供科学的决策依据，对促进我国城市的科学发展也将具有重要的参考价值！

　　是为序！

北京市社会科学院党组书记、院长

目 录

B Ⅷ 交通篇

B Ⅸ 案例篇

皮书数据库阅读使用指南

CONTENTS

B IV　Economy

B V　Society

BⅥ Culture

BⅦ Ecology

BⅧ Transportation

BⅨ Case Studies

总 报 告

General Report

𝔹.1

追寻自然－社会－人文和谐的
城市生态文明

——中国城市管理的现状与未来期待

摘 要:

　　随着中国城市化水平的日益提升,中国各级城市政府的管理理念开始超越传统城市市政管理的范畴,和谐、宜居、公平、有序、可持续等概念愈益成为城市管理的目标。对如上理念的追求有助于形成一个自然－社会－人文相和谐的城市大生态系统。面对目前中国城市管理中存在的诸多问题,要实现城市大生态系统的和谐,中国各级各类城市管理主体尚须做出很多努力。

关键词:

　　城市管理　自然－社会－人文　生态文明　和谐

城市是当今世界最重要的社会形态之一。自从城市产生之后,就有了各种对城市事务的管理活动。人们一度将城市管理单纯地理解为城市市政管理，这样的理解使城市管理的主体在面对愈益严重的城市问题时显得束手无策。荷兰城市管理专家范戴克说："城市管理者不能再只负责水供应和排污系统，发展、生态环境和贫困问题同样是城市管理者的职责所在。"他对城市管理的定义是："协调、整合公共和私人部门的所有行动。其目的是处理城市居民面临的主要问题和打造一个更具竞争力、更公平和可持续发展的城市"。① 联合国人类居住中心在《关于健全的城市管理规范：建设"包容性城市"的宣言草案》中提到，城市管理是个人和公私机构用以规划和管理城市公共事务的众多方法的总和。这是一个调和各种相互冲突或彼此不同的利益以及可以采取合作行动的连续过程。它包括正式的体制，也包括非正式的安排和市民的社会资本。世界银行认为，城市管理是为了获得城市的可持续发展。这里所指的"可持续"是从不断提升居民的社会福利来说的，包括四个方面的内容，即居民能够有体面的生活、良好的秩序、良好的管理和持续的收入。② 从以上各种对城市管理的不同界定来看，和谐、宜居、公平、有序、可持续等概念愈益成为城市管理的目标。

现代城市是一个融合环境资源、经济、社会、文化等系统在内的复杂体。中国以往的城市管理模式受传统体制的影响，对城市管理的理解比较狭窄。传统城市管理模式导致的后果是：城市管理能力不足，可持续发展水平低，公共产品和公共服务质量差，不能积极有效地对外界的变化和市民的需求做出灵敏的反应，等等。如今，伴随着城市规模的急剧扩张，城市越来越成为一个高度纷繁复杂的巨大系统，对这一复杂系统的管理同样呈现多维度、多结构、多层次，纵横交织、错综复杂的特征。随着中国城市化水平的日益提升，中国城市管理的主体特别是各级城市政府也越来越注重从自然的、社会的和人文的城市大生态系统的和谐、文明这一视角创新和提升城市管理的理念和目标。由此，本文理解的城市管理概念，是指以城市这个开放的复杂而巨大的系统为对象，

① 〔荷兰〕曼纳·彼得·范戴克：《新兴经济中的城市管理》，姚永玲译，中国人民大学出版社，2006，第7页。
② 〔荷兰〕曼纳·彼得·范戴克：《新兴经济中的城市管理》，姚永玲译，中国人民大学出版社，2006，第9页。

以城市基本信息流为基础，围绕城市运行和发展，运用决策、计划、组织、指挥、协调、控制等一系列机制，采用法律、经济、行政、技术等手段，通过政府、市场与社会的互动，建立和谐、宜居、可持续发展的人类聚居环境。

基于以上对城市管理的内容和目标追求，城市研究中心课题组从目前对城市运行影响较大的几项指标考察了当前中国城市管理的现状及存在的问题。总体而言，在中国经济发展水平日益提升的同时，中国城市政府的管理理念在逐步创新，城市的整体管理水平相对以往取得了明显的提升。作为中国城市管理第一本蓝皮书，课题组仅以此初步的分析以期和广大读者逐步展开深入的讨论。

一　中国城市管理基本状况分析

（一）各级政府普遍重视城市生态环境管理，以宜居为目的的城市自然生态文明程度普遍提高

生态环境是城市赖以生存和发展的基础，生态环境管理已成为城市建设管理的重要方面。2011 年，党和国家高度重视生态环境保护，城市各类主体环境意识普遍提高。城市政府环保措施力度加大，环保投入大幅增加，生态环境质量有所改善，建设和谐、高效和可持续发展的"生态文明城市"已成为越来越多的中国城市的发展目标。

以中国重点城市的城市管理战略为例。

北京市实施了"绿色北京"战略，通过推动绿色发展，强化绿色生产、绿色消费，倡导绿色就业、绿色生活，要率先把北京建设成为资源节约型和环境友好型城市。北京市实行最严格的水资源管理和生态修复工程，推动了永定河绿色生态发展带建设，启动平原地区大规模植树造林工程，全市林木绿化率达到 54%。到 2011 年，连续实施 16 个阶段控制大气污染措施，加大垃圾、污水治理力度，北京市空气质量、垃圾和污水处理率与资源化率均达到历史最好水平。同时，加大节能减排力度，万元地区生产总值能耗由 2007 年的 0.64 吨标准煤下降到 2011 年的 0.44 吨标准煤，水耗由 35.34 立方米下降到 22.5

立方米，均居全国前列，"绿色北京"战略成效显著。①

上海市坚持以可持续发展为原则，始终在推进节能减排、保障和改善民生中加快转变经济发展方式。上海市提出，发展绝不能以牺牲环境和资源为代价，要坚持和落实资源节约和环境保护基本国策，建立健全长效机制，持续抓好重点领域和重点单位的节能减排管理，推进新能源开发利用，确保完成国家下达的节能减排等各项目标。同时，上海市实施最严格的耕地保护制度和土地利用制度，注重存量土地的二次开发，加强资源节约集约利用，在发展循环经济和低碳技术方面取得切实成效，努力营造良好的绿色生态环境。②

广州市提出"全力打造以花城绿城水城为特点的生态城市"目标，并对广州建设"生态城市"的战略规划进行了全面剖析。广州市规划的"生态城市"是"一个森林围城、珠水绕城、绿道穿城、绿意满城、四季花城，具有岭南园林特色和亚热带自然风光的生态城市"，住在这样的城市里，"可以晚上数星星，白天晒太阳，睡觉睡到鸟叫醒"。广州市委书记提出，未来五年，广州将集中力量，全力实现这样一个美好愿景。③

全国其他城市如西安、成都、昆明、厦门、深圳、青岛、宁波、桂林、张家港、常熟等各类大中小型城市的管理主体更加重视城市生态环境的建设和管理。总体来看，中国城市生态环境管理水平全面提升，城市生态环境管理成效显著。

1. 城市空气质量整体上得到有效改善

城市空气质量问题直接关系着城市居民的身体健康。针对城市大气污染中最为突出的颗粒物污染，2011 年，国家环境保护部进一步加大对细颗粒物的监测管理力度，将 PM 2.5 的监测指标纳入 2012 年最新修改的《环境空气质量标准》中。2011 年，全国 325 个地级及以上城市（含部分地、州、盟所在地和省辖市）中，空气质量达标城市比例为 89.0%，超标城市比例为 11.0%。

---

① 参见刘淇《全力推动首都科学发展为建设中国特色世界城市而努力奋斗——在中国共产党北京市第十一次代表大会上的报告》，2012。
② 参见俞正声《创新驱动转型发展为建设社会主义现代化国际大都市而奋斗——在中国共产党上海市第十次代表大会上的报告》，2012。
③ 《学习贯彻省第十一次党代会精神》，《广州日报》2012 年 5 月 21 日。

113 个环保重点城市中，空气质量达标城市比例为 84.1%。相比 2010 年，达标城市比例提高 10.6 个百分点。2011 年 7 月 1 日，全国范围内实施了轻型汽油车国家第四阶段排放标准，单车污染物排放水平比国家第三阶段排放标准降低了 30%。北京、上海、广州等部分城市提前实施第四阶段车用燃料标准。①

2. 城市饮用水安全管理水平得到很大程度的提升

2011 年，全国新增城镇污水日处理能力 1100 万吨，构建了全国饮用水安全监控及预警技术平台，开发了覆盖 30 多个重点城市的城市供水水质信息管理系统，并在济南等城市示范应用。全国 113 个环保重点城市集中式水源地达标水量占 90.6%，比 2010 年提高了 14.1 个百分点。②

3. 城市声环境管理力度有待加强

2011 年，全国城市各类功能区噪声昼间达标率为 89.4%，比上年提高了 1 个百分点；夜间达标率为 66.4%，比上年下降了 6.4 个百分点。③ 这说明城市声环境日间管理力度提升的同时，有待进一步加强对夜间扰民噪声的控制。同时，大部分城市采取积极措施控制噪声污染，例如，逐步扩大城市交通车辆禁止鸣喇叭的路段范围，合理调整城区特别是交通密集区的交通流量；控制建筑施工的震动与其他噪声污染，城市居民区的企业和锅炉房必须达到国家规定的噪声标准，凡是噪声超标的，必须采用消声、隔声、防震等措施，等等。

4. 城市绿化生态环境质量得到很大改善

截至 2011 年底，城市建成区绿化覆盖面积达 171.9 万公顷，建成区绿化覆盖率由上年的 38.6% 上升至 39.4%。全国拥有城市公园绿地面积 48.2 万公顷，人均公园绿地 11.8 平方米，比上年增加 0.6 平方米。④

5. 城市市容环境卫生可持续管理长效机制得到进一步加强

城市垃圾量的增长与城市人口增长基本同步。全国各城市政府愈益加强对生活垃圾的全过程综合管理，努力加快处理设施建设。2011 年，全国各城

① 国家环境保护部：《中国环境状况公报》（2010～2011 年）。
② 国家环境保护部：《中国环境状况公报》（2010～2011 年）。
③ 国家环境保护部：《中国环境状况公报》（2010～2011 年）。
④ 国家环境保护部：《中国环境状况公报》（2010～2011 年）。

市建有生活垃圾无害化处理厂683座，无害化处理能力达41.1万吨/日，生活垃圾无害化处理率达到79.7%。城市生活垃圾清运量1.6亿吨，粪便清运量0.2亿吨。全年道路清扫保洁面积63.2亿平方米，公厕12万座，市容环卫专用车辆设备总计达10.9万台①。同时，先进的垃圾处理技术开始逐步得到应用。例如，为增强填埋场的防渗功能，一些城市采用高密度聚乙烯膜作为防渗材料；为提高填埋作业效率，一些大型的填埋场采用了填埋压实技术。

6. 城市生态文明建设和生态示范区建设在全国范围内形成梯次推进、逐步扩大的趋势

党的十七大提出生态文明建设的新要求，截至2012年8月，全国生态文明建设试点已有53个。② 目前，全国范围内初步形成梯次推进的生态文明建设格局。2011年，全国27个市（区、县）获得"国家生态市（区、县）"称号，139个地区获得"国家级生态示范区"称号。自2002年国家级生态示范区评比以来，全国范围内的示范区增长趋势如图1所示。从图1中可以看出全国生态示范区建设处于稳步上升发展趋势，尤其2011年的生态示范区建设数量实现了较快的增长。

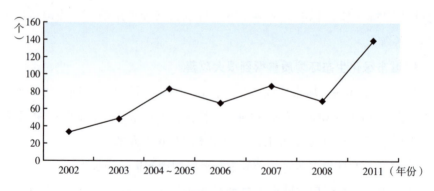

图1　历年国家级生态示范区变化趋势

资料来源：国家环境保护部发布《国家级生态示范区名单》，2012。

---

① 国家环境保护部：《中国环境状况公报》（2010～2011年）。
② 《国家环保部称：全国生态文明建设试点已有53个》，http：//www. lowcn. com/news/china/201208/2258652. html。

（二）城市政府普遍注重以民生为核心的城市建设与管理，努力营造更加和谐的城市社会生态文明

城市基础设施建设和交通、住房状况等因素直接关系到城市居民日常生活和生产的顺利进行。近年来，中央政府更加关注以民生为核心的社会建设。伴随着城市化进程的加速，中国各城市人口与基础设施、交通、住房之间的矛盾愈益凸显，各城市政府积极响应中央决策，在围绕以民生为核心的城市建设与管理上做出了更大的努力，缓解城市社会问题，积极营造更加和谐的城市社会环境。

1. 基础设施建设规模逐步增大，城市运行能力提升

2011 年是"十二五"规划实施的开局之年，全国各城市进行了大规模的基础设施和公共服务设施建设，城市运行能力有一定程度的提升。

城市基础设施涉及城市生产生活所必需的供水、排水、道路、交通、供热、供气、园林、绿化、环境卫生、防洪等方面，是城市运行的基础，也是城市活动所产生的人流、物流、信息流的基本载体。随着城市化进程的推进，城市基础设施建设也要求随之发展。可以说，城市化的发展速度与发展水平，直接受城市基础设施承载能力的制约。

2011 年，全国城市建成区面积扩大，城市人口密度增加。2011 年我国城市城区面积达到 183618.02 平方公里，比上年增长 2.76%；建成区面积 43603 平方公里，比上年增长 8.85%；城市人口密度 2228 人/平方公里，比上年增长 0.86%。①

城市用水普及率和煤气普及率提高。2011 年我国城市全年供水总量 513.4 亿立方米，比上年增长 1.08%，用水普及率达到 97%，比上年增长 0.3 个百分点。城市排水管道长度达到 41.4 万公里，比上年增长 11.89%。城市排水管道密度为 9.5 公里/平方公里，增幅为 5.6%。燃气（包括人工煤气、天然气、液化石油气）供应量 1929.3 亿立方米，其中家庭用量 786.9 亿立方米，燃气普及率达到 92.4%，比上年增长 0.4 个百分点。供气管道长度达到 34.9 万公里，

---

① 国家统计局：《中国统计年鉴（2012）》，中国统计出版社，2012。

比上年增长 12.9%。集中供热面积为 47.4 亿平方米，比上年增长 1.83%。①

从重点城市的情况看，2011 年，北京市全年完成基础设施建设投资 1400.2 亿元，比上年增长 0.3%，主要投向交通运输和公共服务业。其中，用于交通运输业的投资额为 680.7 亿元，占全年基础设施建设投资总额的比重为 48.6%；公共服务业投资 379.4 亿元，所占比重为 27.1%。②

上海市在 2011 年全年完成城市基础设施建设投资 1157.34 亿元，比上年下降 16.9%。其中，交通运输邮电通信投资 668.52 亿元，占全年基础设施投资总额的比重为 57.8%；市政建设投资 315.8 亿元，所占比重为 27.3%；公用事业投资 54.22 亿元，所占比重为 4.7%。③

2. 交通道路建设增幅显著，城市公共交通运载量加大

从上面的数据可以看出，2011 年，全国几个一线城市基础设施建设投资的主要流向是交通运输业。因此，可以得出的结论是，城市交通设施的供应量在逐步增加。

首先，城市轨道交通进入快速发展阶段。从 2000 到 2005 年，中国内地城市轨道交通每年新增运营里程约 80 公里；从 2006 到 2010 年，每年新增运营里程 177 公里。2011 年，中国内地城市新增轨道交通运营里程 283 公里，城市轨道交通已进入快速发展阶段。④

目前，除了 4 个直辖市和沿海地区一些经济较为发达的城市外，位于中西部的武汉、成都、西安、长沙、郑州、南宁、昆明、南昌、贵阳、合肥等省会城市都在积极进行轨道交通建设，东北地区的沈阳、长春、哈尔滨和大连也在快速跟上。2012 年，国务院新批常州、厦门和兰州 3 座城市的轨道交通规划，加之此前已获批的 28 个城市，中国内地累计有 31 个城市轨道交通已经或即将开始运营。预计到"十二五"规划末期，中国内地城市轨道交通运营里程将从 2011 年底的 1630 公里增加至 3000 公里左右。未来 5 ~ 10 年，轨道交通将

---

① 国家统计局：《中国统计年鉴（2012）》，中国统计出版社，2012。
② 北京市统计局：《北京市 2011 年国民经济和社会发展统计公报》。
③ 上海市统计局：《上海市 2011 年国民经济和社会发展统计公报》。
④ 新华网，2012 年 5 月 29 日，http://news.xinhuanet.com/politics/2012 - 05/29/c _ 112063857. htm。

成为中国城市公共交通的最主要组成部分。①

其次，公共交通便捷度提升，部分一线城市公交出行比例提高。2011 年，北京加快轨道交通建设，3 条线路顺利开通，新增运营里程 36 公里，总里程达到 372 公里；加大城市次干道、支路建设力度，完成 15 项微循环、90 项疏堵工程建设；进一步缩短地铁发车间隔，平均运力提高 10%；启用京通快速路公交通勤走廊，实现市郊铁路公交化示范运营，开通一批"袖珍公交"和社区通勤快车；加强交通秩序管理，调整中心城区非住宅区停车收费价格。北京公交出行比例达到 42%，小汽车出行比例首次下降。②

截至 2011 年底，上海市共有 12 条轨道交通线路（含磁浮）投入运营，运营线路长度达 454.1 公里。线路实际运力供应量达 466 列编组 2899 辆车。上海市基本形成了轨道交通网络化运营格局，换乘便捷性和可达性大幅提高。在城市公交车运营上，全市公共汽电车运营线路 1202 条，运营线路长度 22906 公里，配车总数 16589 辆。其中，区域公交发展迅速，郊区行政村除道路或桥梁不具备通车条件的外，公交线路通达率达 100%。全市已建公交站点 19590 个，其中公交枢纽站 226 个、首末站 1008 个、中途站 18356 个，已建公交停车保养场 135 座，设计停车能力 11957 辆，以"枢纽站、首末站、中途站"为主体结构的三级公交站点体系逐步完善。由于城市公共交通便利度提升，中心城公共交通出行比重提高，使用公共交通工具出行的次数占出行总次数的 37.1%，占使用交通工具出行总次数的 49.9%（已接近上海市"十二五"规划提出的 50% 的目标），占使用机动车出行总次数的 68.5%。通勤交通中，使用公共交通出行比例更高，占出行总次数的 47%。③

3. 大城市房价增速放缓，保障房建设速度加快，城市中低收入群体住房困难有所缓解

2011 ~ 2012 年，为进一步加强和改善房地产市场调控，稳定市场预期，

---

① 新华网，2012 年 5 月 29 日，http：//news. xinhuanet. com/politics/2012－05/29/c_ 112063857. htm。

② 北京市旅游发展委员会官网，2012 年 6 月 13 日，http：//www. visitbeijing. com. cn/transport/tips/n214705127. shtml。

③ 上海市交通运输和港口管理局，2012 年 7 月 20 日，http：//www. shanghai. gov. cn/shanghai/node2314/node2319/node2405/node21688/userobject8ai68. html。

确保调控目标和各项政策措施全面落实到位,中央政府始终对房地产市场调控保持从严态势,国务院各级领导多次重申楼市调控不动摇,并从金融、税收、住房保障等方面出台了一系列政策措施以确保房地产市场平稳、健康、可持续发展,促进房价合理回归。同时,为确保完成全国保障性安居工程建设任务,财政部、国家发改委、住房和城乡建设部等部门分别发布政策,多渠道、多层次确保安居工程建设资金到位,力促保障房建设顺利推进。在这样的政策背景下,2011~2012年,全国城市住房管理呈现如下特征。

第一,房地产投资增速明显降低,房价涨幅回落。2011年,我国国民经济继续朝着宏观调控预期方向发展,实现了"十二五"时期经济社会发展的良好开局。初步测算,全年国内生产总值471564亿元,按可比价格计算,比上年增长9.2%。分季度看,一季度同比增长9.7%,二季度增长9.5%,三季度增长9.1%,四季度增长8.9%,增长势头在逐步降低。经济增长的逐步趋缓对房地产地产投资也带来了影响。在宏观调控政策影响下,2011年,全国完成房地产开发投资同比增长27.9%,增幅同比回落5.3个百分点。全国房地产市场运行呈现以下特点:一是全国房地产开发投资增速自2011年8月开始持续回落,全年增速降为年内最低;二是房地产开发企业各项资金来源增速与上年同期相比均呈回落态势,开发企业资金压力正在加大;三是在全国商品房累计施工面积和新开工面积平稳增长的情况下,全国商品房累计竣工面积增速与上年同期相比呈上升态势,市场供应量增加;四是消费者观望气氛浓厚,购房意愿继续下降,全国商品房销量同比增速持续回落;五是全国房价继续延续着下调回稳的趋势,调控效果日渐显著,但部分城市房价上涨压力仍然较大。①

总体看来,2011~2012年房地产市场发展的政策环境持续从紧;从市场运行指标来看,政府频频放出政策不放松信号或将再度抑制市场需求,而全国市场潜在供应面临放大趋势,这将促使房地产市场供求关系逐步改善,在此背景下,房价涨幅继续回落。

---

① 数据来源:住房和城乡建设部,http://www.mohurd.gov.cn/xwfb/201109/t20110913_206191.html。

第二，保障房建设开工量明显加大。自党的十七大提出"住有所居"的住房理念以后，特别是2010年6月出台的大力发展公租房的住房政策后，全面推进廉租住房、经济适用住房、公共租赁住房和限价房"四位一体"的住房保障体系建设，让更多的住房困难群众住有所居，逐步改善居住条件，不仅是中央政府的一项民生工程，也成为全国各城市政府的一项政治任务。

住房和城乡建设部要求全国城市在2011年完成1000万套保障房的开工任务。到2011年底，全国全年城市保障性住房基本建成432万套，新开工建设1043万套，较2010年的590万套大幅增长了76.8%，超额完成年度任务。2012年1~9月份，全国城镇保障性安居工程新开工720万套，开工率为97%，基本建成480万套，完成投资9600亿元。①

从全国重点城市来看，到2011年底，北京市开工建设收购保障性住房23万套，竣工10万套，超额完成年度任务，总投资1000亿元。整个"十二五"期间，北京将建设、收购各类保障性住房100万套，并将调整供应结构，大力发展公租房，五年建设30万套公租房，占公开配租配售保障房50万套的60%，总投资预计1500亿元。另外，上海市也构建了"租售并举"的保障房模式，"十二五"期间，计划新增供应廉租住房7.5万套、经济适用住房40万套、公共租赁住房18万套、动迁安置住房35套。到2011年底，上海新开工建设和筹措保障性住房22万套（间）1500万平方米，实际供应保障房17万套（间）左右1150万平方米。②

从各省的情况看，"十二五"期间，各省保障房预计开工规模较"十一五"期间都有了明显提升。其中，河南、陕西、安徽保障房预计开工量都超过了200万套，三省合计占比超过了全国的1/6。2011年，全国31个省、区、市中，有4个省、区、市的保障房开工量超过了40万套。其中，黑龙江以69.2万套的开工量居首，重庆、陕西、江苏三省保障房开工量分别为49.45

---

① 数据来源：住房和城乡建设部，http://www.mohurd.gov.cn/xwfb/201109/t20110913_206191.html。

② 数据来源：住房和城乡建设部，http://www.mohurd.gov.cn/xwfb/201109/t20110913_206191.html。

万套、47.43 万套和 45 万套。①

第三，以公租房和廉租房为主体的城市保障房供应体系开始显现。从保障性安居工程的构成来看，以廉住房和公租房为主的保障体系已经确立，公租房更成为未来主要发展的保障房类型。2011 年中央经济工作会议明确提出"大力发展公共租赁住房"。2011 年全国开工建设的保障性住房中，廉租房和公租房共约 400 万套，占保障性住房工程的比例达到 40%。② 从重点城市 2011 年保障房开工情况来看，七成城市公租房占比超过 30%。贵阳、哈尔滨、广州、石家庄、成都、天津和厦门等 7 个城市公租房在保障房开工建设中所占比例也都超过了 50%。我国的保障房供应体系逐渐出现了以公租房和廉租房为主、以经济适用房和限价房为补充的格局。

保障房的建设目的是缓解城市中低收入群体住房困难问题，这是城市管理中切实的民生工程。随着保障房供给范围的扩大、门槛降低以及满足转让年限后的上市，将会对商品住房市场的价格和供求产生一定的影响。当然，这一影响可能在未来的 3~5 年之后才会出现。

总体而言，各大城市保障性住房缺口较大，需要中央政府和地方政府协同合作，吸纳社会力量共同参与，妥善解决保障房建设的土地供给、投资渠道、制度保障等问题，确保未来几年城市住房安居工程的发展持续性。

（三）注重城市文化品位提升和城市品牌的打造，各具特色的城市人文生态文明逐步呈现

城市人文精神是城市的整体风貌和特征，是城市的内在素质和文化内涵的外在表现，也是加强城市管理的辅助器。当前中国各城市管理的主体也日益认识到，城市人文品牌能够发挥升华城市形象、凝聚城市精神的作用。各城市政府充分挖掘城市的各种资源，根据自身条件、竞争环境、消费需求等的动态变化，科学确定自身发展的目标、占据的空间、扮演的角色、竞争的位置，努力

---

① 数据来源：住房和城乡建设部，http://www.mohurd.gov.cn/xwfb/201109/t20110913_ 206191.
html。

② 数据来源：住房和城乡建设部，http://www.mohurd.gov.cn/xwfb/201109/t20110913_ 206191.
html。

提升城市文化品位，促进城市整体素质的提高。

2011 年 12 月，由主流媒体举办的关于中国人文城市的评选在香港发布，台北、香港、广州、成都、澳门、拉萨、苏州、扬州、青岛、北京 10 个城市上榜。评选以城市是否具有人文空间、人文空间的开放度与城市居民生活是否形成良性互动、城市人文的积淀性与成长性如何、城市是否形成独特的城市人文性格、城市对人文教育的重视度等标准，从人文角度来观察与审视人们自身所处的城市，并给出对城市人文价值的审慎评价。以苏州为例，入选理由是：有众多民间的博物馆与艺术馆，市民对生活有着精致的要求，有着对园林的看护与想象，并有着对传统艺术日常化的勇敢尝试，有将古老文化传统转化为新的文化形式的力量，昆曲与评弹依然在滋养着这里的日常生活，苏绣与桃花坞木刻年画等民间工艺也同样还在彰显苏州作为有历史传统及创新意识的人文城市的底蕴。这是中国城市主体首次从城市人文视角审视城市，展现了中国城市主体开始意识到城市人文底蕴对城市发展与特性张扬的重要性。①

注重城市人文形象的树立和城市文化品牌的营造，是体现城市文化价值的重要方面，只有提升城市文化品位，才能有效实现城市管理的目标，提升城市的竞争力。2011 年，首都北京以弘扬"北京精神"为核心，发掘和识别首都城市特色和城市魅力，推动首都文化大发展大繁荣，积极加强历史文化名城保护。以"爱国、创新、包容、厚德"为核心，弘扬践行"北京精神"，筑牢全市人民团结奋斗的共同思想道德基础。城市历史文化资源得到有效保护、挖掘、传承和利用，文化事业和文化创意产业健康快速发展，公共文化设施和服务质量达到世界先进水平，文化创新活力充分彰显，全国文化中心的示范作用得到充分发挥。以"做文明有礼的北京人"为主线，北京深化群众性精神文明创建活动，深入推进公共文明引导行动，扎实推进公民思想道德建设，加强未成年人思想道德建设和大学生思想政治教育，不断提升市民文化素质和城市文明程度。通过推动学雷锋、百姓宣讲等活动的常态化，志愿服务活动也成为代表首都风范的亮丽名片。

---

① 《2011 十大人文城市榜揭晓》，中国网，http：//www. china. com. cn/chinacity/2011－12/15/content_ 24162521. htm。

2012 年，杭州市提出要打造"东方品质之城"，建设幸福和谐的杭州。杭州市着眼于打造世界级城市群的战略定位，以全球视野审视杭州发展，以自身优势彰显特色，凸显东方文化的精神品格，全面提升城市品质，进一步提高城市的知名度、美誉度。"东方品质之城"的目标是要把杭州建设成为精致和谐、大气开放、充满活力、富有魅力的城市，成为生活富裕、精神富有、城乡融合、社会文明的幸福和谐的杭州。① 打造"东方品质之城"体现了城市管理主体对城市生态物质追求与精神追求、富民与强市、个体与社会的有机统一。

当然，城市人文品牌是社会诸多要素的综合体现，城市建设的硬环境是短时间内可以见成效、易衡量的方面，而城市文化品位的提高，包括城市管理、市民素质、法制意识、人文精神等方面的体现，则需要长时间的培育和引导。中国不同城市名片的打造，需要明确的城市定位。一般而言，城市定位包括资源环境定位、产业定位、基本功能定位、总体属性定位、综合定位。在这些定位内容中，产业定位是基础，基本功能定位是核心，综合定位是灵魂。因此，城市定位应该强调城市功能的特殊性和主导性，也就是"城市差异化战略"的定位。另外，一座城市的自然环境特色和经济、历史、文化、风俗、民族等人文特色，亦即城市特色，是城市个性中最重要的因素，也是一个城市最持久、最具资源潜力的定位趋向。

二 中国城市管理面临的问题与挑战

随着中国城市管理主体理念的转变与提升，中国城市的整体管理水平有所提升，全国各级各类城市面貌和人居环境取得了明显改善。然而，中国目前正处于城市化的快速发展期，急剧增长的城市人口与资源环境矛盾突出，"城市病"严重；同时，中国越来越多的城市人均 GDP 已达到或正在接近 1 万美元大关，这一时期也是城市社会问题的高发期。打造城市大生态文明，中国各城市的管理主体还面临着突出的问题和严峻的挑战。

---

① 《杭州：打造东方品质之城　建设幸福和谐城市》，《浙江日报》2012 年 6 月 8 日。

（一）城市基础设施建设投资欠账多，未来城市基础设施建设与投资压力大

近年来，尽管中国城市基础设施建设投资总额在逐年增加，但基础设施建设投资在同期社会固定资产投资总额中所占的比重有升有降，一直保持在低于5%的较低水平。同样，基础设施建设投资额在同期国内生产总值（GDP）中所占的比重也持续低迷，保持在2.14% ~ 3.29%（见表1）。

表1　2001 ~ 2009 年城市市政公用设施建设固定资产投资

单位：万元，%

年份	国内生产总值	社会固定资产投资	城市市政公用设施建设固定资产投资			
			投资完成额	环比增长率	占同期社会固定资产投资比重	占同期国内生产总值投资比重
2001	109655.2	37213.5	2351.9	24.40	6.32	2.14
2002	120332.7	43499.9	3123.2	32.79	7.18	2.60
2003	135822.8	55566.6	4462.4	42.88	8.03	3.29
2004	159878.3	70477.4	4762.2	6.72	6.76	2.98
2005	183217.5	88773.6	5602.2	17.64	6.31	3.06
2006	211923.5	109998.2	5765.1	2.91	5.25	2.75
2007	257305.6	137323.9	6418.9	11.34	4.68	2.57
2008	300670.0	172291.1	7368.2	14.79	4.28	2.45
2009	340506.9	24598.8	10641.5	44.42	4.74	3.13

资料来源：《中国城市建设统计年鉴（2010）》，全国历年城市市政公用设施建设固定资产投资（1978 ~ 2009）。

根据联合国开发计划署的研究，发展中国家城市基础设施建设投资建议占固定资产投资10% ~ 15%的比例，占GDP 3% ~ 5%的比例，才能使城市基础设施建设的状况基本满足国民经济社会发展的形势。世界银行对发展中国家基础设施建设投资在固定资产投资和GDP中的推荐占比更高，分别达到2% ~ 8%和20%。但是，2009年，中国城市建设基础设施建设投资占固定资产投资的比重为4.74%，占GDP的比重为3.13%[1]，远未达到合理水平，逐年累积

---

[1]　《中国城市建设统计年鉴（2010）》，全国历年城市市政公用设施建设固定资产投资（1978 ~ 2009）。

形成巨额投资欠账。

随着城市化进程的加快和城市人口的增长，城市供水排水、燃气、热力管网等市政设施不能有效满足城市发展的需要，城市垃圾无害化处理、污水处理设施不足以及处理率低等问题凸显，市政公用设施供需矛盾仍然比较突出。如果按照人均国民收入 3000 美元以上，用于基础设施建设的投资占当年 GDP 的比例应当提高到 6% 以上的水平计算，该投资欠账接近甚至超过 10 万亿元。按照这一形势判断，未来几年，如果中央政府和地方政府对城市基础设施建设投资不提速，或者投资提速较慢，会形成城市基础设施建设新的"欠账"。

（二）城市规划与建设的科学性和前瞻性欠缺加剧了城市功能的过度集中

由于规划上的科学性与合理性欠佳，我国大多数城市经过长期的历史积淀，普遍形成了城市功能过度集中、土地连绵开发成片的单中心城市形态和土地利用结构。这种结构导致城市中心区人口、经济、建筑总量和交通强度不断攀升，一个显著的后果就是交通出行的刚性需求迅速增长，成为当今中国大多数城市交通拥堵产生的根源之一。英国雷格斯公司 2011 年对 13 个国家和地区的一项调查显示，中国内地城市上班族每天在上班路上（从家到单位单程）花费的时间领先全球。这项调查显示：中国内地城市上班族上班平均需要 42 分钟，其次是印度，为 39 分钟，而美国和加拿大排在第 9 位和第 10 位，分别只需要 23 分钟和 22 分钟。一线城市北京、广州和上海的交通拥堵问题严重。[1]

交通拥堵，一个显现的原因是大城市机动车保有量的急剧增加，背后隐含的原因是城市规划对城市功能定位与区域布局缺乏科学合理的考虑与安排。比如，由于城市规划过程中缺乏对居民出行特征的深入分析，导致部分城市潮汐交通、单向不均匀性大大增加，同时，由于居民居住地与就业、上学、就医、娱乐等主要出行需求场所之间缺乏有效的整合，导致出行距离增加，对机动化出行方式的依赖日益增长。交通拥堵是城市交通管理方面的核心问题。目前国

---

① 孙彦斌、刘丽娟：《城市交通拥堵问题初探与分析》，《商业文化》2011 年第 3 期。

内大都市交通拥堵问题持续恶化，成为影响城市生活水平和经济发展的一大阻碍。因此，如何有效缓解交通拥堵问题已成为摆在政府及城市建设决策者面前的一道难题。

城市规划既要解决城市发展的现实问题，也要考虑到城市的长远发展要求，要充分考虑各种可能出现的新问题。因此，城市规划应当具有前瞻性和预见性，应当充分预测到城市经济、社会、环境、人文、科技、教育等若干变量因素的发展变迁。从规范意义上讲，由于任何人的理性都是有限的，因此，准确进行社会预测是很困难的。凭借今天的知识和经验，任何人都难以准确判断遥远的未来将要发生什么。但就短期效应而言，社会预测还是具有一定的准确性的。对于发展中国家而言，由于有早发国家的经验和教训可以借鉴，这就进一步增强了发展中国家进行发展预测的准确性。所谓城市规划应当具有前瞻性，从一定意义上说，就是要充分参考其他发达城市曾经或已经出现的问题，并在城市规划中事先为未来的城市发展留有广阔的空间。

（三）城市人口与资源、环境矛盾突出，城市管理负担沉重

随着城市化水平的加剧，中国城市人口数量迅速增加，城市可持续利用资源相继减少，城市人口增长与经济发展和城市生态环境容量之间的矛盾越来越突出。中国城市环境的日趋恶化已使城市人居环境受到严重威胁，大多数城市正在被环境污染、交通拥挤等严重的城市问题所困扰。

城市人口密集，在利用和消耗大量自然资源和能源的同时，产生了大量的污染物质和废弃能量。当这些污染物质和废弃能量超过城市环境的自身净化能力时，城市的环境就会受到污染和破坏，给城市居民的健康和城市景观带来负面影响。以城市人均占有绿地面积为例，虽然政府在努力提高城市建成区绿地面积，部分城市绿地覆盖率也有所提升，但以城市人口计，我国目前城市人均公共绿地面积仅11.8平方米，比发达国家低得多。从能源的供求看，我国城市能源需求矛盾日益突出与能源消费结构严重不合理同时并存，这是我国目前能源问题的主要特征。我国能源主要产地在北方和西部内陆地区，而主要消费则集中在东部和南部沿海城市地区，这种地区能源供求矛盾正日益加大。以上海为例，在资源方面，缺水问题日益突出，城市规划用地日趋减少，能源需求

量的缺口越来越大。我国目前城市资源供给量普遍短缺，加之城市资源利用效率普遍较低，已成为影响我国城市可持续发展的最大挑战。

再从城市交通状况考察，虽然全国各城市加大了城市交通基础设施投入和建设力度，全国城市道路里程、城市道路面积和人均城市道路面积近十年年均增长 6% ~9%，轨道交通与快速公交系统（BRT）发展也取得较大成绩，但与年均 13% 以上的民用汽车增长速度和 20% 以上的私人汽车增长速度相比，城市交通基础设施建设还远远跟不上机动车增长的速度。而且，目前我国每千人拥有的汽车数量仅为 64 辆，这与美国 813 辆、日本 595 辆、韩国 322 辆相比还有很大差距，而且我国人均汽车拥有量的发展潜力非常巨大。未来的10 ~20 年，仍然是中国机动化快速增长时期，这将给未来的中国城市交通带来更加严峻的挑战，如果在管理上不能有所突破，城市交通拥堵问题将会愈演愈烈，这将给整个国家经济社会的可持续发展带来巨大影响。①

（四）城市管理部门统筹力度不足，管理效能难以充分发挥

城市化快速发展的同时伴随着社会转型，诸多矛盾交织在一起，使当前的城市管理面临不少问题。从管理体制来看，中国城市建立了二级政府（市政府、区政府）、三级管理（市、区、街道）、四级网络（市、区、街道、社区）的管理体制，但问题在于各级管理主体的责任都不很明确。以排水系统管理为例，中国大城市一般实行四级运行管理体制，市管排水系统由市排水集团、市政工程处实施日常管理、养护；城市道路行业管理排水系统由市公联、绿隔、地铁、公交等部门实施管理；区管排水系统则由城区政府负责；街、乡、地区级排水系统由各街道办、乡镇、地区负责。但是，在部门分散管理格局下，在条与块的职责权限关系中，职能部门原有管理权的强势和区、街道责任主体的弱势在实践中形成职能部门和街道权责不对等，条、块之间在权力责任分担中矛盾突出，使城市管理的效能弱化。

在"十一五"时期，全国部分城市为提升城市管理的效能，实现城市管

---

① 中国网，2011 年 3 月 7 日，http：//www. china. com. cn/2011/2011 – 03/07/content_ 22079254. htm。

理部门协同化和扁平化，在城市管理实践中涌现出了一些捆绑执法、联合执法的新模式，也取得了良好的管理效果。例如，为顺应城市管理日益复杂化、系统化的趋势，打破城市管理部门分割的体制弊端，2010 年 5 月，北京市成立了首都城市环境建设委员会，全面统筹协调首都环境建设资源，推进环境建设常态化，这是完善首都环境建设体制的重要举措，也是实现城市管理体制高位协调的重要支撑。实际上，不仅首都环境建设需要强有力的协调体制作为保障，而且大城市管理涉及的许多重大问题，诸如人口膨胀、交通拥堵等城市管理中的现实难题的有效缓解，也必须依靠跨部门、跨行业、跨领域的统筹协调机制的建立和完善。以控制北京人口规模为例，北京要有效疏散人口，离不开中央推动在京教育、科研、文化、卫生等资源的有机疏散，离不开中央支持北京市和周边省市加强合作平衡人口分布的探索，离不开中央支持北京市继续实施关于适度限制外来人口购房等一系列政策的配合。

然而，要真正实现城市的和谐稳定运行，城市管理还必须彻底摆脱末端管理的束缚，真正实现从规划、建设到运行管理的全过程、闭合式、协同化管理。也就是说，城市管理不能仅仅局限于消极地应对和解决城市管理中业已存在的现实问题，还必须有效预防和避免城市管理问题的发生，这就需要推进城市管理模式的根本变革。

（五）一元化管理特征依然突出，城市管理的社会参与度低

在中国城市目前的管理系统中，政府依然强势，传统的以政府为管理主体的城市管理模式依然处于支配地位，城市社会的独立性没有得到体现。在城市公共产品和公共服务的生产与供给上，政府依然习惯于亲力亲为，不能动态地反映公共服务消费者的需求结构变化。比如，全国大多数城市市政建设投资主要靠政府拨款，融资渠道单一。资金主要来源于财政预算投资、土地批租费、市政维护费，基本上没有使用如 BOT 建造－运营－移交、ABS 资产证券化等国际流行的基础设施融资方式。随着我国城市总体经济规模的发展，市政建设投资将不断增大，仍然依靠财政收入和土地批租等传统形式筹集资金，已远远不能满足市政工程建设的需要，难以适应现代化城市的建设步伐。

此外，近年来城市在数量、规模、功能上的急剧变化，以及各种新问题的

出现，直接刺激着城市管理的工作量成倍增长，而城市系统内多方主体之间管理参与功能没有被发挥出来。以企业为例，企业是城市管理中的微观主体。无论是城市资源节约，还是城市生态环境的保护，都与企业的行动密不可分。由于市场机制的不完善，某些资源的使用价格不能真正体现在产品价格中，致使企业资源利用效率低下，浪费现象普遍存在。而且，在传统模式下，企业的发展没有受到现有资源紧张的约束。企业可以以低廉的资源，以牺牲环境为代价，从而以低价格在市场竞争中获得优势。而且，对企业责任的规制更多集中在生产领域，只是对生产过程中的污染防治责任规定比较全面，而对使用后的产品和包装的回收利用及处置责任涉及不多。资源的耗竭和生态环境的破坏是典型的累积性、时滞性事件。如果不改变传统的城市管理模式，企业的经济绩效与环境绩效将会背离得越来越远。只有使企业成为城市管理的参与主体，通过对企业责任再造，将其对产品的责任贯穿于整个产品生命周期，企业才会有动力将利润最大化目标与社会绩效进行整合，对企业生产垃圾加以回收，增加再利用性，减少对资源的浪费。

（六）城市管理的政策法规不健全，管理规范和依法行政水平有待提升

依法管理城市，发挥法制在城市管理中的导向、促进和保障作用，通过严格、刚性的法律法规实现对城市的管理与服务，是许多国家城市管理的共同特点。以美国为例，城市政府通常根据城市运行的实际情况，对城市运行环境管理中的各种事项在法律中做出严格规定，几乎不存在法律盲区。纽约市《城市宪章》（City Charter）作为纽约城市管理的指导性法律，详细规定了每个政府机构的职责范围、运行程序等，并设立了专门的"城市宪章修订委员会"，及时吸收来自公众及辖区机构的意见，根据新出现的情况修订《城市宪章》，使之始终符合城市管理的要求。香港在城市管理方面出台了一系列健全配套的法律、法规，如《建筑物条例》《城市规划条例》《空气污染管制条例》《废物处置条例》等数百项，确保城市各项管理中都能做到有法可依，并且严格依法按章办事。香港城市美观、整洁，交通舒畅，工作效率高，人流、物流井然有序，很大程度上是长期坚持依法从严管理城市的结果。

中国城市管理的法治化保障较为薄弱，突出体现为城市管理立法相对滞后、部门立法的综合性协调性不足、立法可操作性不强。另外，城市管理的执法方式有待改进，市民的守法意识也有待加强。值得肯定的是，"十一五"时期，围绕重大活动保障形成的一系列城市管理的创新实践，为加强城市管理的法治化建设提供了有益的借鉴，一些行之有效的管理方法有望在未来几年逐步上升到地方立法的高度。

三 努力提升城市管理能力，塑造自然 – 社会 – 人文和谐的城市大生态文明

目前，全世界已有一半人口生活在城市中，预计到 2025 年将会有 2/3 的世界人口居住在城市。作为社会生产力和商品经济发展的产物，城市集中了大量社会物质财富、人类智慧和文明；同时，城市也集中了当代人类的各种矛盾，产生了诸如大气污染、水污染、垃圾污染、地面沉降、噪音污染等所谓的"城市病"；另外，由于很多城市基础设施落后、水资源短缺、能源紧张，城市的人口膨胀、交通拥挤、住宅短缺、土地紧张，以及城市的资源被污染、特色被破坏等，这些都严重阻碍了城市所具有的社会、经济和环境功能的正常发挥，甚至给人们的身心健康带来很大的危害。今后十年是中国城市化高速发展的阶段，中国作为世界上人口最多的国家，城市管理是否有效、城市问题是否处理得当是涉及全球人居空间改善的重要方面。

2012 年，党的十八大报告第一次提出"推进绿色发展、循环发展、低碳发展，建设美丽中国"。报告同时指出，建设生态文明，是关系人民福祉、关乎民族未来的长远大计。面对中国城市资源约束趋紧、环境污染严重、生态系统退化、社会矛盾和风险高发的严峻形势，中国各城市要塑造自然 – 社会 – 人文和谐的城市大生态文明，更要把城市生态文明建设放在突出地位，在提升政府管理能力的同时，调动全社会力量，扩大政府与非政府组织、社会、公民之间的广泛合作，力求公众和非政府组织更积极地参与城市的管理，将城市生态文明建设融入城市经济建设、政治建设、文化建设、社会建设的各方面和全过程，促进城市社会平衡和谐发展。

（一）树立以人为本，以需求为导向的城市管理理念

对城市生态文明的追寻体现了在城市管理理念中向理性的人本主义理念的转变，反映出城市管理主体在认识与处理人与自然、人与人关系上取得新的突破，使其在对城市的管理中不仅仅追求物质形态的发展，更追求文化上、精神上的进步，即更加注重人与人、人与社会、人与自然之间的紧密联系。

以人为本的城市管理理念在联合国人类环境会议报告《健全的城市管理：内罗毕宣言》（以下简称《宣言》）中得到了全面的阐述。《宣言》倡导一种包容性的城市精神。富有包容性精神的城市管理，是指城市中的每个人不论财富、性别、年龄、种族或宗教信仰，均可以参与城市所能提供的机会，城市管理是与全体居民的福利紧紧连在一起的。健全的城市管理必须使所有的城市居民都能享受到城市市民的利益。人类的大部分都将生活在城市，城市化的趋势显然是不可逆转的。城市作为经济和社会发展的引擎，有着巨大的潜力，可以通过规模经济创造工作机会和构想。但是，城市也会产生和强化社会排斥，使穷人、宗教和民族中的少数以及其他边缘化群体得不到城市生活的惠益。

实现"包容性城市"的关键并不是钱，也不是技术，而是健全的城市管理的理念。富有包容性精神的城市管理理念强调，任何人，无论男女老幼，均不得被剥夺取得城市生活必要条件的机会，包括适当的住房、房屋租用权保障、安全的饮水、卫生、清洁的环境、保健、教育和营养、就业、公共安全和流动性。通过健全的城市管理，使市民们得到发表意见的讲坛，充分发挥其才智，以便改善其社会和经济状况。

（二）构建多元主体积极参与的城市治理结构

城市管理能力的提升不仅要有管理理念的提升，更要有管理机制的创新。富有包容性精神的城市管理不仅是一种理念，还是一种机制，它对每一个城市中的公民给予平等的参与机会。由于利益差异和冲突的存在，对某一问题的居民认同是在反复博弈、充分对话、彼此互惠的社会共同体交往中逐渐形成的。它经由主体的参与、协商、对话、化解冲突、容忍差异、相互尊重的过程，求同存异，获得或创造了共同的价值目标和信仰准则。因此，市民不再仅仅是传统意义上的纳税人、服务的接受者，而是公共问题的发现者，通过各种渠道和方式，积极参与公共事务，帮助政府部门界定重要问题，提出解决方案，判断目的与效果是否达成。市民作为"城市主人"有权利享受城市完善的公共服务和优美环境，也有责任和义务积极参与到城市管理中来。

近年来，发挥市场机制和培养社会力量参与公共治理已经成为国际大都市推进和巩固城市管理成果的重要方向。在韩国，首尔市以建立"绿色首尔市民委员会"为载体，构筑起一个能够联系市民、企业、非政府组织等力量的社会网络体系，动员社会力量完成城市环境建设目标。"绿色首尔市民委员会"成立之初，就设定"鼓励公众参与拯救环境"目标，由环境专家、宗教界、市民、企业、非政府组织和政府的 93 位代表联合组成委员会，下设"首尔议题 21 实施协议会"、"可持续发展政策"和"环境宣传教育"等三个专业小组。"首尔议题 21 实施协议会"的职责是确定编制行动议题和行动纲领，其涵盖大气整治、水质、交通、废弃物、生态、都市规划、文化和福利等 8 个议题的 30 条行动纲领；"可持续发展政策"和"环境宣传教育"专业小组的任务是开展环保宣传教育、做好环境监督和进行改善环境行动。此外，专门成立保护汉江环境的"爱江会"，由环境、治水、造景和历史文化等 4 个小组组成，共计 85 位成员。各专业组的活动得到社会各界的广泛支持，为首尔城市生态环境的改善做出了积极贡献。

（三）建立市民共同遵循的城市行为规范和公共秩序

当前困扰城市管理的问题主要集中在市容景观、生态环境、公共空间无序等方面。这些问题根本上是人的行为的不规范所导致的。人的行为的规范化、有序化涉及人的素质的提升和公共精神的培育，这些问题比对城市基础设施和公共服务设施的管理复杂，单纯依靠政府力量成效低，而且容易激化矛盾。借助社会力量，在公众参与过程中，塑造市民自觉遵循城市公共行为规范的习惯，推动其参与城市公共秩序维护，形成政府与市民在城市管理中互动的稳定性结构，有助于解决城市公共问题，提高城市管理的效率。

国外政府在引导市民规范行为方面采取了许多具体细微、行之有效的办法。例如，2008 年 4 月，法国政府推出一项"生态消费"管理计划，旨在通

过改变居民的购物习惯、出行方式和其他日常行为，最终减少温室气体排放以缓解气候变化、温室效应、垃圾过量等城市环境问题。该计划涉及的内容包括：引导居民衡量自我需求，倡导适度消费，宣扬积极的消费观，例如：购买体积更小、更节能的冰箱，购买半份食物避免丢弃等；推荐优先使用带有生态标志的产品，减少对环境造成的负面影响；引导居民多购买服务，少购买产品，如果短期使用汽车可采用租赁的方式，或者到汽车使用者联合会参加"共用汽车"活动；尽量节约使用一次性产品，如在纸张背面打印，能够节约30%的用纸。一次性产品（如电池和湿纸巾等）一旦使用，则丢弃后不易循环使用，因为这样带来的成本更高；倡导居民就近购物，来回3公里以内的路程，应避免驾车购物以减少废气排放；购物时尽量使用编织篓或篮筐购物，选择包装简易的产品。能源管理与环境署倡导市民尽量选择散装产品，当消费者发现某些产品包装多余时，应该向销售商提出意见，让其反馈到产品供应商处，以便生产企业简化包装，从源头上减少垃圾；尽量修复损坏物品，不要随意丢弃。一些无法修复的产品可以送到专门机构进行处理，如艾玛于斯（Emmaus，搜集居民闲置物品用于资助穷困人口的慈善机构）、垃圾回收与处理网等。

（四）实现城市管理手段的信息化与智能化

城市管理的信息化是以城市基本信息流为基础，依靠法律、行政、技术等手段，对城市运转过程中所产生的问题及时反馈、处置解决，以维护和强化城市功能，满足城市发展和人民生活需要的一个完整过程。

在城市管理活动中，通过将城市管理对象的地域特征、形象特征、属性特征数字化，并将这些数字化后的特征数据采用计算机、通信网络等信息技术手段，进行汇聚、分析、处理、存储、传输、共享，最终以声音、图像、图形、文字等形式输出，作为城市管理的重要技术依据，以提高城市管理效率、质量和整体水平，维护和拓展城市综合功能的整个过程。利用信息化技术进行城市管理，可以将法制、行政的定性管理方法加以量化，其汇聚、处理、传输、存储信息的数量、速率是传统人工方式难以达到的，城市管理的效率将成倍提高，整个城市管理也将实现质的飞跃。

目前的先进技术能够使组织用以往不可能的方式与外部伙伴进行实时合作。伴随着电子邮件和其他沟通技术的发展，互联网已经将跨越组织界限之间的伙伴沟通和合作变得更好、更快，也更廉价。现代技术能够允许组织与组织之外的伙伴共享数据，整合商业过程，并令他们实时分享产品供求和顾客喜好的信息。数字化革命已经能以一种崭新而不同的方式将复杂的系统组织起来。这些技术上的进步有力地促进了网络化组织模式的发展。①

提升城市管理精细化、智能化水平，首先需要强化基础信息的整合，大力培养信息专业分析人员，加强持续的信息分析统计，提高城市管理信息与科学决策的关联度。尤其是市级层面必须进一步强化对城市管理信息的统筹，挖掘现有城市信息化管理平台的潜力，提高信息化管理平台防范、发现、处置、评价、预警等综合管理能力，实现早发现、早预警、早预防、早处置，逐步推动城市管理的精细化、智能化水平上升到新的台阶。纽约、巴尔的摩等城市运行管理系统为我们提供了城市管理精细化、智能化榜样。它们的城市管理系统均建立了面向决策的分析系统，让市长能够看到各部门的实际运行情况，在出现新问题时，能够提升问题识别、问题回应和采取行动的能力。过去，各部门分别独立运作，彼此之间缺少交流。各部门负责人提交厚厚的工作报告，市长难以从中把握各部门的绩效状况。城市运行绩效管理要求根据统一的标准收集信息和数据，由专门人员进行独立分析，并通过图表、曲线图和地图等简洁方式显示出来，便于决策者迅速捕获有效信息和识别问题，并采取有效的决策行动。

（五）倡导基于差异化的城市多样化管理模式

城市管理的模式不追求同一性和一致性。首先是基于不同城市发展的不平衡和功能的多元化，要求寻找适合各自城市发展阶段和功能定位的城市管理模式。目前，中国大部分一线城市人均国民生产总值已经超过 1 万美元，越过世界银行确定的从发展中状态进入发达状态的标准线；一些城市第三产业比重超

---

① 〔美〕斯蒂芬·戈德史密斯、威廉·埃格斯：《网络化治理：公共部门的新形态》，孙迎春译，北京大学出版社，2008，第 9 页。

过70%，城市化水平也达到70%～80%，这些指标标志着这些城市已经进入后工业化时期。步入后工业化时期的城市意味着城市管理内容将发生新变化，对城市管理的要求也将更加严格。后工业化时期是以服务经济为主体的产业结构，以消费作为拉动经济发展的重要动力，决定了就业人群结构的多元化，进而对城市管理提出了更加多样和个性化的需求。英国学者哈维认为，处于消费时代的城市，真正的竞争力主要体现为吸引消费的能力。城市为了吸引消费，应该将投资集中于生活质量提高、空间改善、文化创新和城市环境质量的改善，将城市塑造成为一个创新的、安全的生活、参观、娱乐和消费的场所。

城市管理的模式还取决于城市的文化、历史的差异性特质。城市人居环境差异性的一个重要特征或本质就是长时段性，它通过长时段的历史逐渐形成并显现出来。历史性通过两个方面获得现实凸显，即城市物质环境的延续和文化与心理的延续，前者可认为是城市的历史存在，后者则是城市的历史记忆。在城市作为一个历史的延续和发展过程中，每个历史时期都会在城市中留下印记，它们共同构成了现实中的城市物质环境。这些历史存在包括城市中的历史建筑物、传统的街区和街道，等等。正是这些作为城市历史载体的存在，使得城市的地区特征得以凸显。例如，作为六朝古都的西安，虽然大部分历史的建筑和遗迹都已经不复存在了，但仍然能看到大量汉唐时期的宫殿建筑和宗教建筑遗迹，以及住宅建筑的存在，它们对于今天西安的城市构架和地区性特征而言，仍然是不可缺少的元素。

所以，城市物质环境的历史存在是城市历史性的重要见证，也是城市地区性凸显的重要方面。城市的历史性不仅存在于城市历史环境的物质存在中，更存在于城市的记忆中。由于有城市记忆的存在，城市的差异性才能够得到最明显的区分。在城市的历史记忆中，城市的文化和传统、城市的历史事件和社会生活才被延续和继承下来，使城市的差异性脱离物质的环境而通过别的方式获得保存和延续。因此，针对每个城市历史文化的差异性，每个城市管理过程都会形成别具一格的模式风格。就共性而言，现代城市不论其管理要素如何调整和优化，其管理过程的科学性、民主性都是共同原则，其共同目的都是提高城市居民生活质量，促进城市管理与发展方式的现代化。因此，多元化的时代尊重迎合个性和差异性的多样化城市管理模式，只要这种模式能够有效实现城市管理的目的——通过建设安全、有序、美观、宜居、和谐的城市公共空间环境和人文环境，为城市生产和居民生活提供良好的场所。

Pursuing Harmony of Nature-society-humanity for Urban Ecological Civilization

—Situation and Expect for Urban Management in China

Abstract：With increasing of city's scale and complexity, transformation is happening in traditional model of urban management in China. The concepts of harmony, livability, equity, orderliness and sustainability are becoming the goals of urban management in China. Faced with numerous problems of urban management in China, city's Governments have to make many efforts for forming a nature-society-humanities' harmony of ecological civilization in china's cities.

Key Words：Urban Management；Nature-society-humanities；Ecological Civilization；Harmony

综 合 篇

Comprehensive Report

B.2

新时期城市管理的形势与任务

中国城市研究中心 *

摘　要：

　　本文在分析了新时期城市的问题与特征的基础上，指出城市管理体制是城市管理的核心，介绍了新时期城市管理的形势及城市管理体制的发展和形态。探讨了新时期城市管理的任务，新时期城市管理的目标与思路、任务分解与职责界定和城市管理的未来特征与愿景，指出城市管理的目的是"两型社会"的科学发展和"美丽城市"的塑造！

关键词：

　　城市管理　体制　形势　任务

　　四周筑墙谓之城，有买有卖谓之市，城市是社会生产方式变革的产物。作为当今人类生活、工作、学习的主要聚集地，城市在不断推动人类社会的发展与进步。

---

* 中国城市研究中心，由北京城市学院和北京市社会科学院于2012年5月16日联合成立，以研究中国城市的发展运行与管理为主要目标，中心已聘请了国内外数十位知名学者作为特聘专家。

目前，我国城市发展存在着城市化水平较低，城市管理与政策滞后于城市发展水平，城市化过程中出现的问题比较严重，城市经营观念不强、办法不多等问题。21 世纪，城市将会扮演核心角色，对城市理论及城市问题的研究将提出新的挑战和要求。

现在，我们正处在一个新的起点上，这是一个新的历史转折时期，在汝信等人所编的《2012 年中国社会形势分析与预测》的总报告中提到，"中国进入了以城市社会为主的新成长阶段"。其提法缘于以下事实：2010 年，中国实现了从农业国家到工业化国家的转变；2010 年，中国已经进入了世界上中等收入国家行列；2010 年，中国的经济总量超过了日本，成为世界第二大经济体。[①] 面对上述事实，学界对目前的形势达成了以下共识，即国家经济形势很好、政治基本稳定、文化繁而未荣和社会矛盾凸显。[②]

一 新时期城市管理面临的形势

（一）新时期城市特征

中国统计局发布的报告显示，2011 年，我国城镇化率首次突破 50%，达到 51.3%；城镇人口为 69079 万人，乡村人口为 65656 万人；城镇就业人员 35914 万人；城区面积 183618 平方公里；城市人口密度 2228 人/平方公里；用水普及率 97.0%；人均拥有道路面积 13.8 平方米；城市排水管道长度 41.4 万公里；人均公园绿地面积 11.8 平方米，城乡结构发生了历史性变化。这代表着我国城乡发展的三个"历史性突破"：由"乡村中国"向"城镇中国"快速迈进，由城乡二元向城乡一体稳步推进，由传统生活向现代生活逐步演进。广大城乡居民的就业渠道、生活方式、保障水平、文明程度正随着城镇化的推进发生着根本性的变化。

---

① 陆学艺：《新时期的战略任务是推进社会建设》，《东方早报·上海经济评论》2012 年 10 月 23 日。
② 陆学艺：《新时期的战略任务是推进社会建设》，《东方早报·上海经济评论》2012 年 10 月 23 日。

城市既是区域经济增长中心和发展极，也是区域内资源和人口的聚集中心。城市有最大量的产业集群、最密的人口、最密的道路交通等基础设施以及学校、医院等公共服务设施。这种资源和人口的聚集，可以产生资源的规模化利用和高效率配置，提高基础设施和公共服务的效率，使城市成为生产和生活服务配套条件最好、资源利用成本最低的地区，成为区域内的生产、生活和政治中心。

同时，城市也是各种问题与矛盾的聚集中心。大量人流和物流在城市空间的聚集，既可以带来城市的繁荣，也可能带来城市的无序和混乱，降低城市对基础设施和公共服务的规模高效利用，失去城市对生产和生活的服务作用。近几年在城市化进程中出现的城市垃圾围城、交通拥堵、脏乱无序、资源紧缺、秩序混乱等现代城市问题，说明了城市的聚集既可以带来规模效率的正效应，也可能产生负效应，后者使城市的宜居性降低，不再是人们的追求和向往。

近十年来，我国完成了西方国家大半个世纪甚至一个多世纪走过的城市化发展进程，在走向现代城市文明的道路上也经历了现代"城市病"的阵痛，经受着越来越严重的城市问题的困扰，城市发展面临越来越严重的管理瓶颈。因此，需要对城市运行进行科学管理，建立资源与人口流动的运行规则和环境秩序，最大化城市聚焦的正效应。因此，研究城市发展的规律，研究城市发展过程中的问题和矛盾，探索有效管理城市的途径和方法，使城市生活继续成为增进人类福祉的良好形态与模式。

（二）城市问题与城市管理体制

当前城市管理问题中矛盾最突出、最集中的是管理体制问题。城市管理过程涉及管理主体、管理对象、管理体制、管理机制、管理技术和管理方法等诸要素，管理体制由于涉及城市管理资源配置和管理职责权限划分等核心要素，在城市管理中具有关键性的作用。目前，城市管理体制不顺及由此带来的机制不活是我国城市管理普遍面临的问题。理顺管理体制、搞活管理机制也是历次我国城市管理改革的主要内容。近期我国许多城市正在进行的城市管理改革，是以推进城市综合管理和大城管为内容的城市管理体制改革。

城市管理体制是一个城市内部关于城市管理的组织机构设置、地位、职责和内部权责关系及其相关的规章制度的总和，主要包括：城市相关部门的行政领导体制、城市管理系统的机构设置及其职能定位，市、区、街道层级的机构设置和职权划分，城市管理中政府、企业、社会的关系所形成的城市管理体系等。其核心是管理主体间的权、责、利的配置问题。城市管理体制是城市管理活动所涉及的各个组成部分以及部门之间关系的制度化的表现形式，是城市管理的基础，是确保城市管理过程得以顺利实施的物资载体和保证，也是支撑城市管理系统的骨架支柱。城市管理体制构成了城市管理活动的制度平台，是城市管理主体进行管理的基本依据。城市管理机构间的责、权、利配置是否科学合理，直接影响着管理的质量和效率。

（三）城市管理体制形态

城市管理体制既是一种制度设计，也是一种管理文化。城市管理体制反映了一个地区城市经济社会发展对上层建筑的客观要求，代表了一个地域的文化传统。城市管理体制作为一种管理模式，也反映了世界城市管理发展的一般趋势和规律。现代意义上的城市发展在西方国家已经有了几百年的历史。工业革命后西方国家经济快速发展，机器大工业生产促进了产业人口在城市的快速大规模聚集，城市人口增长加速，城市化发展进程加快。西方国家在几百年的现代城市发展过程中积累了丰富的城市管理经验，逐步建立了适应城市化发展的管理体制和机制，如美国、英国、加拿大、日本和新加坡的城市管理体制。

目前，我国城市管理体制存在着政出多门、条块分割，重建轻管、管养不分，职能部门与属地之间权、责、利不一致，城市管理法规建设落后、法规体系不健全，城市管理市场化发展不均衡、进程总体缓慢，城市管理体系不健全等问题。随着改革的深入，我国的城市管理体制必将趋向从分散管理到综合管理、从城市管理到城市治理、从政府城管到公众城管、从城市管理到社会管理、从城市管理到公共服务，直至每一位市民都享有均等的、优质的公共服务。

我国各个城市的管理体制在改革开放以前基本相似。所有城市都具有相同的政治体制、行政体制和经济制度，这是由我国的国情决定的。在这种体制背景下，城市管理的职能基本一致，相对封闭的环境下城市管理对象比较明确，城市管理环境比较确定，即大一统的大建委管理模式或大管委管理模式，它体现了政府集中统一管理、令行禁止的特点，但管理过程比较粗放。随着改革开放的深入，市场经济的推进，要求转变政府管理职能，强调政府公共服务；要求注重城市管理效率，降低城市管理成本，提高管理效益；要求转变行政一元化的城市管理模式，推进政治社会化进程，扩大社会在公共管理中的作用。20世纪90年代以来，我国各个城市管理体制改革的步伐加快。各个城市依据本地经济社会发展和文化传承，逐步形成了不同特色的城市管理体制，如杭州市、南京市、武汉市、青岛市、广州市和深圳市，等等。

杭州市的城市管理，在组织上建立"杭州市城市管理领导小组"，设立杭州市人民政府城市管理办公室，坚持重心下移、属地管理，形成"统一领导、分级负责、条块结合、以块为主"的"两级政府、三级管理、四级服务"城市管理新格局。实行相应的监督、考核和激励机制，采用数字化的城市管理手段与工具，推行严格的城市管理处罚制度，实施市场化运作和财政保障机制。

南京市的城市管理是一种"大综合""大城管"模式，在组织上建立高位、综合的城市管理委员会，扩大城市综合管理的功能职权，打破原有分散的管理格局，形成了城市公共服务资源的统筹配置。

武汉市的城市管理建立了市委、市政府统一领导，市城市管理委员会综合协调，相关职能部门主动配合，各区组织实施，街道办事处具体落实的"大城管"体制。成立综合协调的城市管理机构，组建管理权与行政执法权相结合的城市管理局，突出城区、街道在城市管理中的主体地位和基础作用，健全各项城市管理工作机制。

青岛市的城市管理形成"建管合一，管理与执法分离"，"两级政府、三级管理、四级网络"的机制，具体指城管执法与公安的协作机制，明确市、区、街道和社区的城市管理职能，建立城市运行管理的市场化运作机制、考核奖惩机制、财政保障机制和社会联动机制。

成都市的城市管理是以"路段责任制"为基础的"两级政府、三级管理、四级网络"的运行机制，采取"大综合""大城管"模式，建立城市管理考评体系、城市工作招标管理机制、城市管理市场化运作机制、数字化城市管理模式及城市管理宣传教育机制。

广州市的城市管理是在机构重组，整合管理资源，归并城市管理职责，理顺市、区和街道的职责权限基础上的综合管理机制。

深圳市的城市管理建立了城市管理"大委局"体制，理顺纵向管理体制，实现管理重心下移，调整综合执法与专业执法的职责范围，实现城管执法逐步向城市警察过渡。

总之，我国的城市管理体制具有以下特点：城市管理机构设置形式多样，城市管理的职责范围不尽相同；层级分明，两级政府、三级管理，管理重心下移，城市管理和维护作业逐步实现市场化运作。

（四）城市管理体制发展

城市管理体制是一种上层建筑，随着经济基础的变化而不断演进，以适应经济结构变动过程中利益主体的需要。城市管理体制也是一种制度文化，其变化和形成过程有着深厚的社会思想背景和理论基础。城市管理体制还是一种制度设计和制度安排，不仅决定于经济社会发展条件，而且受制于政治制度和行政管理体制的变革，为城市管理发展拓展了制度空间。

近30年是北京城市管理体制变革发展变化最大的时期，这一时期，北京的城市管理完成了从计划时期向市场化时期的转变，初步形成了从粗放到精细、从大一统到专业化、从纵向高度集权到管理中心下移实行属地管理职权分化的转变，初步奠定了市场体制下城市管理的组织格局。

北京是一个特大型的国际化城市，其城市化发展在我国处于较高水平。北京面临的城市管理体制矛盾与我国其他城市具有相近性，更具有典型性。北京人口规模庞大，最发达的第三产业和传统农业并行，现代化的中心城区和大量乡村并存，现代城市发展与古都风貌保护并重，首都和国际化大都市架构与传统模式并行。北京所面临的城市管理问题全面反映了我国不同地区、不同阶段和不同类型城市发展中的共性问题。北京作为我国政治、文化中心的城市属性特征决定了其城市管理体制在我国具有典型性，20多年来其城市管理体制改革发展的经验模式及其发展趋势基本上反映了我国城市管理体制改革发展的历史。

北京城市管理体制存在着如下问题：城市管理专业化改革、部门管理和部门利益造成了城市管理统筹协调功能缺失；规划、建设和运行管理联动缺失，

加大后续管理难度；垃圾分散管理带来治理效果不彰；公共服务资源难以有效整合配置；城市环境秩序治理中部门管理目标和标准冲突；职能部门与属地权责不对等，事权与财权不一致；职能部门与属地权责不对等，部件管理权属混乱；缺乏管理资源和权力，条块之间权责不一致，属地管理功能弱化；城市管理的长效机制缺乏制度支撑，决策、执行和监督体制还不健全；市场化发展不平衡，总体缓慢。

城市管理体制承担着为城市运行管理提供组织保障的功能，其作用是通过对城市运行组织资源的有效配置，对管理职责权限的合理调整，以适应城市运行管理的需要。

二 新时期城市管理的任务

（一）目标与思路

城市管理是一项巨大的系统工程，理应遵循以构建城市综合管理体制为龙头，以建立科学的城市管理长效机制为支撑，形成体制耦合、机制顺畅、政策配套、统筹推进的综合配套改革格局的理念。目前的任务是加快推进城市管理体制和机制的改革，逐步建立起与完善社会主义市场经济要求相适应的管理体制和运行机制，形成政府、市场、社会各主体之间分工合理、职责明确、协调有序、运转高效的现代化城市管理体制，为城市的全面、协调和可持续发展提供可靠保障。

城市管理的目标是，横向上建立起城市综合管理体制，纵向上建立起决策、执行和监督的管理体系。具体落实到两个方面：一是在市一级建立以高位统筹协调为核心的综合协调管理体制，在区一级建立起以管理资源统筹为核心的综合管理体制，在街道一级建立起以职能整合、联动执法为核心的综合管理体制。二是在市一级层面强化城市管理决策功能，突出市一级城市管理战略规划、政策法规制定、综合管理标准制定和监督考核评价功能。将城市管理执行的功能下放到区和街道层面，实行管理重心下移，完善区级城市管理的职能。强化街道一级的属地管理职能，健全城市管理监督体系，形成城市管理决策、执行和监督的科学管理体系。

（二）任务分解与职责界定

城市管理的目的是建立"两级政府、三级管理、四级网络"管理模式，重构条块关系，建立以块为主、以条为辅的属地管理责任制。"两级政府"指市区两级政府主体，市级政府负责城市规划编制、城市资源配置、政策法规和标准制定以及监督检查，将市级管理任务的责任与职权下放到区一级政府，突出区一级政府在城市美化、亮化、绿化和市政基础设施工程建设中的职能，并赋予区级政府在资金管理上的资源配置权，发挥区级政府在城市管理中的主体作用。"三级管理"指建立市、区和街道三级管理主体，科学确定市、区和街道三级管理职责与职权，形成管理重心下移和责、权、利相统一的三级管理架构。"四级网络"指城市管理功能扩展到基层社区，强调社区的自我管理、自我服务的自治功能，把社区管理与市场化物业管理有机结合起来，把市、区和街道三级管理真正落实到基层，形成城市全面管理网络。理顺"条条"之间的关系，关键在建设与管理之间的关系。城市建设与管理是城市运营之双轮，二者相互融合、相互促进，需统筹协调，不可偏废。理顺"块块"之间的关系，确认市政府统一领导、区政府全面负责、街道办事处具体落实的城市管理机制。明确街道作为区政府的派出机构，行使区域管理职能。理顺"条"与"块"之间的关系，要健全属地管理、强化监督考评、完善法规制度、实施市场化运作，统筹兼顾、分步推进。

市一级城市综合协调管理机制是整个城市综合管理体系建立的基础，其基本特征是具有决策指挥、统筹协调功能的城市综合管理。主要包括：建立具有统筹协调功能的组织机构——城市综合管理委员会，该机构的主要职责有三个方面：一是综合协调，在相关的城市运行管理工作中处于牵头位置，分配各主管部门的相应职责；二是组织动员，该机构担负着动员全社会力量参与城市管理的职能，要组织开展相关活动；三是监督考核，促使各个部门切实履行职责。为此，该机构应具备如下条件：第一，超脱性。它不替代各部门、各区县承担具体工作，即"只动口不动手"。第二，层次高。由市级领导负责，具有权威性。第三，具有城市管理资源配置权，包括专项资金使用批准权和人事权。第四，具有对各部门、各区县的检查、考核职权。

市级城市管理最主要的功能是城市管理决策，综合协调管理机制是城市管理决策功能的具体体现，主要体现在以下几个方面：规划管理；政策法规管理，包括决策机制、法规体系以及相应的城市管理的制度和规范；标准管理，它是城市管理监督、考核、评价的主要依据；协调管理，包括联动机制；监督管理，完善问题督办处理机制；绩效管理，涵盖竞争机制、考核评价体系、约束和奖惩机制等；预案管理，建立问题预警和应急机制；资源管理，保障财政投入，避免"重建轻管"，落实"建管并重、突出管理"理念。与功能相对应，应建立相应的专业支撑体系，即各委办局等机构。

区级城市管理是市级、街道城市管理的中间，是属地管理的指导和引领，负有完善城市管理的资源配置的责任机制的责任。其首要任务是成立区城市管理综合委员会，承担全区范围城市管理的整体责任，由区长任主任，常务和主管副区长任副主任，区委、区政府相关部门为成员单位。组织模式构建以后，核定其职能，包括规划职能、协调职能、统筹职能、标准管理职能、监督考核评价职能、应急管理职能，建立工作协调机制、部门联动机制、激励与约束机制、问题督办机制、动员机制、财政保障机制和奖惩机制，不断完善数字化城市问题发现机制、指挥派遣机制、处置机制和监督评价机制。与机制相对应，应建立相应的专业支撑体系，即各区委办局等机构。

街道是城市管理作业和执法的责任主体，应根据管理服务资源配置、机构人员设置、管理任务的变化性、管理对象的动态性以及管理环境复杂性的不同情况，建立具体的管理模式。可从党政领导系统、综合协调管理系统、专业职能系统和监督系统这四个层面分别发挥制定政策、综合协调管理、执行政策、反馈和监督政策功能，实现街道联动执法机制、街道工作协调机制、街道监督与考评机制和街道城市管理服务机制。

三　城市管理未来特征与愿景

（一）城市管理社会化

城市管理社会化，是现代城市管理发展的趋势，也是城市管理科学化的必然要求。城市管理作为一种关系社会全体成员利益的一项公共服务，其价值取向是不断满足公共服务要求。城市管理作为一种公共管理活动，需要各利益相关方的参与，构成多元主体的完整的城市管理体系，才能使城市管理平衡发展。如今，城市面临的交通问题、环境问题、人口问题和资源短缺问题，单靠政府单一力量难以解决，需要社会力量的协同，群策群力，共同应对。推动社会力量参与城市管理过程，建设多元主体共同参与的城市管理格局。推进城市管理社会化，是推进城市和谐发展、完善城市管理体系、优化完善城市治理结构的重要基础。

城市管理社会化起源于西方"政府再造"的理论和现实背景，包括有限政府理论、公共选择理论、新公共管理理论、企业化政府治理理论等等。同时，这也是实现公共治理体制的现实要求，公共治理体制的基本含义是城市管理主体多元化，即以政府为主导，非政府组织、中介组织、企业和公众等多元主体参与的城市管理模式。城市管理的社会化可以降低城市管理成本，提高城市管理效率，增强城市管理效果，实现城市管理的公共服务价值，促进城市管理方式的转型。

城市管理社会化，就是要建立和谐共治的公共治理体制，形成政府主导、社会协同、公众参与的新型管理模式，形成多元主体共同参与城市管理的新格局。其中，各个参与主体的地位和作用不尽相同，其内容和方式也有差异。

政府在城市管理中起主导作用，居于核心地位。政府通过制定参与政策，将那些可以通过市场解决的公共事务交给非政府部门来做，培养其他城市管理主体，扩大他们参与的广度和深度，提高他们参与的积极性。可以通过合同与契约，以"委托－代理"的方式决定和影响其他城市管理主体的活动方式和活动效果，借此政府改变既"掌舵"又"划桨"的局面，将"划桨"的职能交出去，专司"掌舵"职责，主要履行公共服务、社会管理、市场监管和经济调节的职能。在城市管理中凡是可以通过市场解决的，务必确立起市场的主体角色。

社会组织在城市管理中具有不可或缺的作用。一方面，社会组织在一定程度上已成为公众参与决策的组织者和代表；另一方面，社会组织熟悉了解公众

情况和社区发展要求，能够充分代表和反映公众意愿，有助于增进政府对社会公众意愿的了解，促进社会公众对政府政策的理解和认同，有效弥补市场失灵和政府失灵带来的不足，维护弱势群体，动员社会资源，展开社会协调，提供公共服务等。

社会公众是城市管理的基本单元、出发点、目标和终点，是城市公共权力向社会的回归，体现了现代政治发展的要求，在城市管理中可以起到参与城市管理决策、分担城市管理事项的作用，成为城市管理的评价主体。

城市管理社会化目前主要体现在：①城市管理志愿者的作用不断增强，如环保志愿者、社区志愿者、治安志愿者和城管执法志愿者等都发挥了巨大的作用。②社区城市管理功能不断增强，如社区参与城市管理的作用得到日益重视，社区参与城市管理的功能日益加强，物业管理成为社区参与城市管理的重要载体。③城市管理企业的参与责任不断强化，社会组织参与城市管理的作用不断增强，同时，科技进步也为社会参与提供了强有力的支撑。在城市管理社会化过程中，出现了各具特色的社会参与模式，如社区环境秩序劝导队模式、停车服务行业协会管理模式、"门前三包"数字化管理模式、"居民自治车管会"模式、交通文明宣传模式和"周四垃圾减量日"宣传教育模式等。

城市管理社会化一直持续推进，社会力量参与城市管理的格局初步形成。目前面临着新的形势：经济社会发展强化了社会主体意识，城市国际化增强了社会参与意识，奥运筹办强化了社会共建意识，城市管理社会公共服务资源需求不断扩大等。与新形势相适应亦提出了新的要求；培育具有现代文明意识的市民，开展公共文明教育，拓宽市民参与城市管理的途径，强化居民管理社区环境的自主性，健全社区城市服务管理功能，强化社会单位的责任机制，完善城市管理志愿服务体系和建立城市管理社会动员机制等。

（二）城市管理市场化

城市管理市场化，是指将城市管理职能中可以通过市场手段完成的部分交给市场，政府通过制定规则、加强监管、实施购买来保障公共产品和服务的有效供给。城市管理市场体系的建设，都是按照市场规律重构政府与市场的关系，重构政府与公共服务产品生产企业的关系。通过政企分离、政事分开，打破垄断格局，形成竞争态势，建立公共服务的特许经营制度，实现公用事业投资主体多元化和建立健全监督评价制度。

（三）城市管理法制与技术

法制是城市管理的保障系统。城市管理执法作为城市问题的处理机制，是城市运营管理的重要内容。城市管理执法体制是关于城市管理执法系统运行的组织机构和职责权限划分的制度规定，是城市管理体制的重要组成部分。加强立法、执法和司法，实现依法治市，是法制社会的基本要求。通过制定法规，用立法的形式把管理要素加以明确，用法规来调整、理顺城市建设和管理中的各方面关系，使城市管理条文化、规范化，使城市管理工作有法可依并依法推进。

在城市管理领域，信息技术广为采用，物联网、云计算、网格化、3S 技术和数字城市等，对提升城市管理效率发挥了巨大作用。它促进了城市管理组织的扁平化和城市管理流程的再造。

总之，城市管理的目的是提升城市的整体品质，使城市交通更顺畅、出行更便捷、住房更宽敞，基础设施更加完善，生活质量大幅提高；使市民就业有着落、养老有保障、医疗能报销、公共服务均等优质，共享发展成果；使城市绿地增多、河水清澈、污染减少，城市环境更加宜居，"两型社会" 和谐科学发展，塑造 "美丽城市"；使市民能亲身感受由此带来的美好与幸福，对未来充满期待、充满信心！

参考文献

〔美〕戴维·R. 摩根等：《城市管理学：美国视角》，杨宏山、陈建国译，中国人民大学出版社，2011。

周晓华：《新城模式——国际大都市发展实证案例》，机械工业出版社，2007。

吴子俊：《东京、首尔城市管理》，海天出版社，2007。

冯刚：《北京城市管理体制——理论与模式》，北京燕山出版社，2012。

Urban Management in the New Era:
Situation and Tasks

The Centre for Chinese Urban Studies

Abstract: Basing on the analysis of the new era of city problems and characteristic, the paper pointed out that the city management system is the core of management city, introduced the city management's development and morphology under the new situation. Furthermore, the paper Discussed the target, task and responsibilities defined and the future of the city management and pointed out that the city management's goal is the scientific development of "Two-oriented society" and shaping the "beautiful city".

Key Words: City Management; System; Situation; Task

B.3
我国城市管理的现状与展望

刘玲玲*

摘　要：

在新形势下，我国城市人口迅速增长，城市管理过程中面临越来越多的问题，主要体现在城市管理模式、社会参与程度、现有可支配资源、管理体制、执法队伍、管理理念等各方面，通过对以上主要问题的深入分析，探索性地提出我国城市管理的发展趋势。

关键词：

城市管理　问题分析　发展趋势

城市管理与城市建设水平是一个国家经济发展水平高低的重要标志，是一个历史悠久的民族文明程度的重要体现。城市是一个巨大的物质能量聚集场所，集中了大量的物质要素、经济要素、社会活动等，由于各种活动的高度集中，使得城市发展过程中涌现出越来越多的问题。随着城市建设与城市发展速度不断加快，我国城市管理日益受到政府及社会的高度关注，虽然解决了部分不容忽视的问题，但依然存在许多问题急需解决。①

一　我国城市管理存在的主要问题

（一）城市管理运行方式滞后

我国政府部门传统的管理运行方式是拥有的管理机制仅仅依靠政府的权

＊　刘玲玲，博士，北京城市学院副教授，研究方向：城市管理。

①　段仪梓：《我国城市管理问题与对策研究》，《现代商贸工业》2012年第3期。

威，而不是多元合作方式，政府的权力向度是单一的和自上而下的。这种模式下的城市管理主体党政不分，政府管理职能宽泛化、模糊化，政府市场服务意识淡漠化，缺乏提供优质服务的能力和管理方式的行政化。① 目前，我国城市管理职能分散在市政、规划、环保、公安、交通、卫生、工商等多个部门，并且各个部门职能相互交叉、多头执法、重复处罚的现象依然存在，尤其在地方政府更是如此，进而形成"条块分割、多头管理、责权不明、职能交叉、关系不顺"的严重现象。由于从事城市管理工作的部门较多，加上各部门的工作侧重点和法律依据有所不同，因而造成了职责分化、执法信息不对称、执法部门各自为政，导致在工作上相互不予支持、不配合等现象时有发生。例如，执法人员在查处大型广告或道路施工过程中，一开始明明未能出示相关部门的许可手续，可当执法人员着手取证时，当事人又能及时取得相关部门的许可证。另外，执法人员在查处违法违章现象时，想让相关部门出具当事人是否取得许可手续的证明材料，通常比较困难。

（二）城市管理中社会参与力度不够

一个城市的运转是否良好，管理工作是否高效，与该市市民的参与有密切关系，市民对城市建设的关心程度和参与程度决定了城市管理工作的生命力与可持续发展力。由于城市管理者与市民的沟通不够密切，政府信息不够公开透明，城市管理工作宣传不到位，造成城市政府公共管理和社会服务的职能没有很好地展现，很多城市市民基本不关心城市管理工作，对城市发展过程中出现的问题不闻不问，加之群众参与城市管理的渠道比较少，影响了城市管理效果的提升和城市管理水平的提高。

目前，我国广大群众认为城市管理是城市政府的行为，与自身没有太大关系，参与意识不够，参与程度较低，对公民的权利、义务没有充分理解与认识，有些居民知识层面比较低，根本毫不知情，也不关心。造成这些现象的根本原因在于政府总揽公共事务的格局基本没有改变，地方政府也没有培养市民的参与意识，未给市民提供参与管理公共事务的机会。同时，由于市民社会组

---

① 段仪梓：《我国城市管理问题与对策研究》，《现代商贸工业》2012年第3期。

织的不成熟、不完善，导致城市管理缺乏多元主体的参与行为。①

现阶段，我国社会组织机构发育不完善，尚不能发挥出应有的作用。目前，我国每万人拥有的社会组织数量只有 3.2 个，仅为美国的 1/16、日本的 1/31、法国的 1/34。尤其是社会急需的行业组织、慈善组织、基金会等发展滞后。另外，社会组织结构和分布不合理。从服务功能上看，学术性社团组织比例较大，而公益服务类社团组织比例过小。从服务对象上看，社会组织中为优势群体服务的社团组织多，而为弱势群体服务的社团组织少。

（三）城市管理现有可支配资源不足

随着城市化进程的不断加快，城市社会经济迅猛发展，城市发展区域面积不断扩张，与之相对应的城市管理执法人员增长速度没有明显提高，人员增加缓慢，严重影响了城市管理工作。我国城市管理行政执法局承担了城市其他部门不愿承担的工作，职责定位模糊，工作重点放在街头无证商贩，执行措施与执法方式滞后，导致整个管理工作处于混乱状态，没有达到预期的效果，城区面貌无法有新的突破性进展，而且无证经营的街头商贩是最难管理的对象，因而要重视此项工作，加强管理，加强城市管理执法队伍建设，提高执法队伍的素质。② 另外，由于财政经费短缺，城市管理工作线长面广，涉及城市建设过程中的方方面面，情况复杂、违法违章现象普遍，需要的经费额度也有所增加。在中小城市，仅市区清洗小广告、覆盖乱涂写等每年所需资金就要几十万元。由于大部分新城市管理行政执法部门没有自己的办公大楼、固定资产以及管理经费，加上罚款严格按照有关规定实行“收支两条线”，使得各项开支都需要政府财政拨款，这在客观上严重制约了城市管理效率的提高。

城市政府在城市管理形式上，存在事无巨细统办统揽的现象；在管理手段上，不善于运用市场机制的调节作用。同时城市管理工作涉及城市规划、城市建设、市政、工商、卫生、公安、环保、交通等多个部门，由于体制和机制的原因，街道、社区、居委会一些基层管理部门缺乏城市管理的压力和动力，在

---

① 柳青：《武汉城市管理路径选择及发展趋势研究》，《长江论坛》2012 年第 2 期。
② 李晓：《我国城市管理中存在的问题与对策》，《现代商业》2007 年第 12 期。

城市管理工作中的基础性作用没有得到应有的发挥。此外，部门之间的协作机制不完善也影响了城市管理效率。①

（四）城市管理体制不畅

在新形势下，我国城市管理面临很多新的矛盾与问题，传统的管理体制与管理机制不能完全适应当前城市的发展形势。在管理体制上，传统的市、区、街道三级管理模式不够完善，责权不明；在管理机制上，城市管理的各个职能部门之间缺乏沟通，信息不畅通，部门与部门之间的配合不够紧密，严重影响公共事务的办理效果。② 在传统方式下，我国城市政府是以金字塔式的层级组织结构来运行，导致了社会信息自下而上层层传递，逐层汇报，行政命令自上而下层层传递，逐层分配。这种组织领导方式，很容易造成组织结构的僵硬化，缺乏灵活性，使得市民的呼声不能真实地被传达，领导决策层得到的信息多半是被加工过的。

另外，城市管理工作领域涉及的多部法规、规章单条汇总授权的方式给城市管理综合执法带来诸多不便。③ 城市政府内部部门分工交叉重复，在城市管理过程中遇到突发事件时，各部门相互推卸责任，这种行政管理体制严重制约和降低了工作人员的积极性与工作热情，各部门领导决策的结果得不到贯彻执行，直接影响城市管理措施的实施效果。④

（五）城市管理队伍执法素质参差不齐

在我国，有些城市对城市管理部门人员的录用不够缜密，相关法律规定尚未健全，没有制定明确的编制文件，加上人员关系复杂，使得部分综合素质不是特别高的人加入到了城市管理执法队伍，使城市管理行政执法队伍整体素质受到影响。在城市管理过程中，日常的管理手段比较单一，主要依靠行政强制

---

① 陈岩：《"数字城市"视角下房山区城市管理问题的对策探析》，《中国管理信息化》2011年第13期。

② 朱先往：《论提高城市管理的科学化水平》，《中共云南省委党校学报》2012年第2期。

③ 柳青：《武汉城市管理路径选择及发展趋势研究》，《长江论坛》2012年第2期。

④ 李元：《治理理论视野下的我国城市管理研究》，《重庆科技学院学报（社会科学版）》2010年第3期。

手段，对于法律法规的认识稍微欠缺，加之忽视了经济手段、宣传教育手段、技术手段的综合运用，出现了"头痛医头、脚痛医脚"的现象，主要来应付检查，忙于补漏，脏、乱、差等状况得不到根本解决。管理方式存在经验式管理、运动式管理、突击式管理，一些工作多年的老同志，虽然工作热情高，有着丰富的城市管理工作经验，但法律知识和业务知识相对缺乏，在法制意识渐强的今天，这种执法队伍素质与执法者身份不符，更与法制社会不符。还有一部分是新的城市管理人员，一般都具有较高的文化素养和较强的法律意识，同样有着满腔的工作热情，面对特殊的被管理人员，需要执法人员具备非常高的沟通技巧，这对当前的城管执法人员来说确实是一大挑战。[1]

（六）城市管理缺乏有效的源头控制

一般情况下，如果城市规划与城市建设不科学，光靠管理是很难出成效的。如商业网点布局的不合理，给乱设摊点创造了生存空间；建筑设计不科学，造成了环境污染，如户外空调设置。此外，城市基础设施建设不够完善，如环境卫生设施建设滞后于城市建设，导致垃圾死角难以解决，地下管网建设相对滞后，施工单位之间缺乏有效沟通，常常是电力挖了电信挖，燃气挖了有线电视挖，基础设施遭到严重破坏。与此同时，城市管理机制缺乏预见性也导致城市管理效果不佳。就当前形势来看，大部分城管执法人员将大量的时间与精力花费在突击检查、集中整治和事后查处上，没能很好地从源头上加以控制。[2] 城市人口居住相对密集的辖区，城市治理工作相对来说比较艰难。一些外地人员没有固定工作，在街头散发、张贴小广告，在某些区域办理假证件，使用的都是外地手机号，对于这些人群没有很合适的办法予以解决。因为现在社会崇尚的是和谐社会，以人为本，很多时候城市管理者也感到很无奈，这就要求城管队员从源头控制，联合公安部门对这些人员进行批评教育，加大处罚力度，对雇佣者给予严厉的处罚与教育，与外地相关部门建立网络共享平台共同治理此类问题。

---

① 韦正富：《探析我国城市管理中的流动商贩治理问题》，《云南行政学院学报》2011 年第 5 期。
② 陈岩：《"数字城市"视角下房山区城市管理问题的对策探析》，《中国管理信息化》2011 年第 13 期。

（七）城市管理理念落后

城市三分建设，七分管理。一个城市管理的好坏，直接关系到市民的生活质量，直接体现城市的文明程度，直接影响城市的经济社会事业发展。在我国很多城市的管理者依然认为城市管理就是一般意义上的基础设施、环境卫生等方面的日常管理，是维护城市规划建设功能不异化的手段，重建设轻管理、先建设后管理、重视经济效益忽视社会效益的观念较重。

随着城市规模加速扩张，各级城市愈来愈重视建设的速度，强调建设的效率，而对城市科学管理的重要性认识不够，以人为本的管理和服务意识不强，直接影响了城市管理质量和水平的提高。要着力加强党的基层组织建设，不断增强创造力、凝聚力和战斗力，重视人本主义与服务理念。应与时俱进，实现向以人文本、绿色城市理念的转变。

二　未来我国城市管理的发展趋势

城市管理为现代城市的高速运转提供原动力，为城市可持续发展提供有力保障，为和谐社会的建设提供支撑。在城市建设与城市发展过程中，始终密切关注城市管理工作，城市管理工作是城市发展的主旋律。城市管理水平的提高有助于党的执政能力建设水平的提高，加强城市管理、改善公共服务质量也是优化城市发展环境、提高城市综合竞争能力的重要条件。[①] 21 世纪以来，我国城市管理主要呈现以下发展趋势。

（一）城市管理综合化

在城市发展过程中，城市现代化，甚至包括农村城镇化、城乡一体化所带来的所有问题，都要求城市管理者以综合的思维进行管理。全国城市管理队伍复杂，人员较多，很难避免不规范问题的出现，这种现象相关部门应该引起重视。最常见的是称谓问题，不同城市的叫法不同，如市容局、城管局。不同的

---

① 刘文俭：《城市管理的发展趋势与应对策略》，《城市》2011 年第 2 期。

队伍，不同的来源，行使处罚权都不一样，连锁反应也不同。有的地方是不协调、不统一的，以街道为主，或以区县为主，带来的问题非常麻烦，也难以控制。很多职能部门消极办事，彼此都不愿管，城管执法相关部门想进行协调也很麻烦，如果不协助就要承担相应的法律责任，往往关系好就配合，关系不好就不配合。

（二）城市管理规范化

近年来，随着我国城市化进程的不断加快，广大市民对自己所居住的城市环境、生活质量、城市管理水平的期望值越来越高，因此，提升城市管理水平，是摆在每一个城市管理者面前的亟待解决的问题。规范化城市管理就是按照精确、细致、深入的要求，加强各部门的协调配合，降低城市管理成本，建立和完善长效、高效的城市管理运转体系。

城市管理规范化的目的是保障城市的健康有序高效运行。各个城市政府部门为了满足城市管理与城市发展的要求，陆续出台了一系列与市容建设管理有关的标准和规范，如《中华人民共和国城市容貌标准》。一些省市也制定了自己的标准、规范和规程。例如，2009 年上海市对《上海市市容环境卫生管理条例》进行了修订，加大了对"三乱"（乱张贴、乱涂写、乱刻画）行为的处罚力度，强化了对景观灯光设施的管理。① 2010 年 3 月，《宁波市城市管理标准（试行）》出台，中心城区管理标准化试点工作同时启动。2012 年 4 月，京政办发〔2012〕22 号文件《北京市人民政府办公厅关于印发首都标准化战略纲要重点任务分解方案的通知》颁布，文件中强调强化城市管理标准化，提升政府管理水平。2003 年江苏昆山市城市管理行政执法局在全国城市管理系统（涵盖城管执法、环卫、绿化、路灯、河道、市政养护等方面）中率先采用过程管理方法代替制度管理或结果管理的导向模式，建立起了符合 ISO9001：2000 质量管理标准的城市管理服务体系，实现了从"重结果"的传统管理模式向"重过程"的先进管理模式转变、从"管市民"到"服务市民"的真正飞跃。河南许昌市围绕城市精细化、标准化管理等工作，出台了

---

① 刘文俭：《城市管理的发展趋势与应对策略》，《城市》2011 年第 2 期。

《许昌市创建指挥部关于在全市实施城市精细化管理工作意见》《许昌市城市精细化管理标准》，制定了434项管理标准和要求，做到了人人都管理、处处有管理、事事见管理。

（三）城市管理公民化

高品质城市的生活环境如何创造，市民的文明程度如何培养，直接决定了城市化过程中经济水平的高低。从本质上看，城市管理公民化是民主政治在城市公共管理中的具体体现。在城市运转过程中，政府部门进一步增强城市管理工作内容的公开透明度，让市民积极参与城市政府各项制度的制定工作，完善城市建设与城市管理的各项规章制度，公众对于城市治理过程中的一些问题也具有全程参与的权利，并发表个人的建设性意见。[①]城市管理涉及广大市民直接的生活环境和切身利益，市民有怎样的需求，市民自己最清楚，所以希望有关部门首先应更多地直接听取市民的意见，创造更多的机会让更多的市民能够积极参与某些重大事项的决策讨论过程，让全国人民认识城市管理工作，熟悉城市管理内容，关心城市管理过程，参与城市管理活动。

（四）城市管理数字化

信息化的快速发展推动了经济社会的深刻变革，信息技术突飞猛进的发展与广泛的应用，使人类逐步进入了以信息化为主的新时代，信息化成为推动城市管理精细化、规范化、科学化，提高城市应急管理和安全防范能力的强大推动力。目前，由于我国城市管理过程中出现各种突发事件，为了保障城市的安全稳定运行，城市管理者非常关心信息化技术在城市管理中的应用，城市管理数字化是城市发展与社会建设不可或缺的路径选择，也是提升城市竞争能力的重要手段。城市政府必须高度重视信息化发展的作用，充分利用现代信息技术，走数字化城市管理之路。[②]

---

① 刘文俭：《城市管理的发展趋势与应对策略》，《青岛日报》2010年12月25日。
② 刘文俭：《城市管理的发展趋势与应对策略》，《青岛日报》2010年12月25日。

近年来，我国城市政府意识到新型城市信息系统建设的重要性，而且在这些方面的建设取得了重要进展，但各专项部门的信息系统和各类资源尚没有统一的技术标准和组织标准，各个系统之间缺乏联动共享机制，无法统一管理并形成联动效应。为此，国家需要进一步推进标准、融合、智能的综合性城市信息管理系统的建设，使各专项系统尽快达到互联互通，实现跨城市、跨区域、跨部门的联动，解决政府部门信息系统部分标准匮乏的问题，加大城市信息系统的建设力度，增强城市的智能化管理水平。

（五）城市管理柔性化

所谓柔性化管理，从本质上说是一种对"稳定和变化"同时进行管理的新战略，是在研究人的心理和行为规律的基础上，采用柔和的方式，在人的心目中产生一种潜在的说服力，从而把组织意识变为人的自我批评的一种管理形式。

城市管理柔性化主要体现了以人为本的管理理念，承认人的劳动成果，发挥人的才智，尊重人的劳动价值，以文明的方式进行管理，主要体现在人文管理层面。柔性化城市管理从以劳动力、资本、土地等有形资产为重点管理对象，转向以知识、技术、素质修养等无形资产为重点管理对象，建设创新型国家、创新型城市和培养国民的创新精神成为现代城市管理的重要任务和目标。①

城市管理综合行政执法部门应坚持树立"以人为本、和谐执法、服务群众"的工作理念，探索一条人性化的柔性城市管理新模式。具体做到：①宣传，即城市管理执法人员到各个店面宣传城市管理法律法规；②规劝，即以宣传教育为先，规劝为主，争取赢得管理相对人的支持与配合；③警示，即对规劝无效的管理相对人发出警示通知，将违章时间、地点、次数、行为记录在案，以示警告下次处罚；④处罚，即对屡次教育不改的违章户实施行政处罚。②

---

① 刘文俭：《城市管理的发展趋势与应对策略》，《城市》2011 年第 2 期。
② 刘文俭：《城市管理的发展趋势与应对策略》，《城市》2011 年第 2 期。

（六）城市管理网格化

城市管理网格化新模式就是通过搭建城市管理信息平台，采用"万米单元网格管理法"和"城市部件管理法"相结合的方式，实现城市管理的信息化、标准化、精细化和动态化。网格化管理必须从细节做起，实现精细化管理。管理城市需要建立长效机制，网格化管理就是一种长效机制。网格化城市管理的成功实施为城市管理新模式及其信息化管理系统带来了异常广阔的推广应用前景，对于特大、大城市的中心城区、近郊区，以及中小城市管理都有实用价值与现实意义。这将使我国的城市面貌大大改观、城市管理成本大大降低、城市管理水平大大提高、城市管理理念大大提升。

（七）城市管理精细化

在新时期，建设具有中国特色的世界城市，一定要不断提升城市精细化管理水平。城市管理是个系统工程，涉及方方面面，内容繁杂，这就需要我们改变过去粗放的管理方式，在精细化上下功夫。

城市精细化管理的实施主体绝不仅仅限于城管一个部门，具体要"向上延伸，向下拓展"。[①] 在城市管理过程中，涉及城市管理的各个部门，在具体操作方法上，一方面，在进一步提升工作理念的同时，继续深化数字城管系统的拓展应用，将绿地管养、公园广场管理、环卫、城市照明管理、乱摆卖、乱设户外广告等城市管理范畴内各方面的工作全部纳入数字化的监管范围，确保城市管理工作全覆盖；另一方面，进一步建立健全市场化机制，引进实力较强、信誉较好的社会管理单位参与城市管理工作，加大对其作业市场的监管力度，对管理不到位的坚决予以淘汰并给予相应的处罚。

三　结束语

城市发展和城市管理方式方法的变革，对现代城市管理者提出了新的要

---

① http://opinion.people.com.cn/GB/13052210.html.

求。城市管理的综合性倾向、城市管理运行和控制重心的变化、城市管理层次的完善、城市管理主体的多元化、城市管理手段和管理方法的变革等等，使城市管理者重新审视传统城市管理模式的缺陷。过去单一治理模式和传统治理方法、管理理念已不能适应未来城市管理的要求，因此，变革传统思维和方法，推进新型城市管理模式的运行和发展，是完善城市管理的必由之路。

Current Situation and Prospect for China's Urban Management

Liu Lingling

Abstract： In the new situation, it appeared more and more problems in the process of urban management along with rapid increasing urban population. The paper analysed these problems in-depth from aspects of urban management such as urban management mode, social participation, the existing disposable resources, management system machines, and proposed the development trend of Chinese urban management.

Key Words： Urban Management; Problems Analysis; Development Trend

B.4
北京世界城市战略的形成与发展

齐 心*

摘 要:

北京的城市国际化进程肇始于改革开放之初,经历了从国际交往中心、现代化国际城市、现代化国际大都市再到世界城市的演化阶段。建设世界城市,是北京市委、市政府的一个重大决策,这一重大决策的出台经历了酝酿、提出和深化三个连续的阶段。

关键词:

北京 世界城市 中国特色

一 北京城市国际化进程

北京的城市国际化进程肇始于改革开放之初,经历了从国际交往中心、现代化国际城市、现代化国际大都市再到世界城市的演化阶段。20 世纪 80 年代初中央就提出,北京应该成为国际交往中心。1983 年 7 月中共中央、国务院关于《北京城市建设总体规划方案》的批复中要求北京市"要为党中央、国务院领导全国工作和开展国际交往,为全市人民的工作和生活,创造日益良好的条件"。1993 年 10 月,国务院在对《北京城市总体规划(1991 年至 2010 年)》的批复中提出"将北京建成经济繁荣、社会安定和各项公共服务设施、基础设施及生态环境达到世界一流水平的历史文化名城和现代化国际城市"。2001 年,《北京市国民经济和社会发展第十个五年

* 齐心,北京市社会科学院城市问题研究所副所长、研究员,社会学博士,研究方向:城市发展战略、城市居住与住房问题。

计划纲要》提出，到2010年构建起现代化国际大都市的基本框架，到2020年基本建成现代化国际大都市，到21世纪中叶使北京成为世界一流水平的现代化国际大都市。2003年，由北京市规划委员会组织中国城市规划设计研究院、北京市城市规划设计研究院和清华大学等单位完成的《北京城市空间发展战略研究》提出将北京的城市发展目标确定为世界城市、世界级经济中心城市、世界级的京津大都市区核心城市。2005年1月12日，在国务院常务会议上，《北京城市总体规划（2004年~2020年）》经讨论获得原则通过，北京城市发展目标确定为"国家首都、世界城市、文化名城和宜居城市"，提出要"以建设世界城市为努力目标，不断提高北京在世界城市体系中的地位和作用，充分发挥首都在国家经济管理、科技创新、信息、交通、旅游等方面的优势，进一步发展首都经济，不断增强城市的综合辐射带动能力"。北京成为国务院批准的城市总体规划中唯一以建设世界城市为目标的城市。

2007年国际金融危机爆发后，中国积极致力于应对危机，成为稳定世界经济、推动国际金融体系改革的重要力量，进一步展现了中国在国际经济体系中的作用，促进了北京作为大国首都在全球城市体系中层次的提升。尽管受到了世界金融危机的影响，但是北京的经济总量依然保持了两位数的增长，人均地区生产总值历史性地突破了1万美元。北京通过承办2008年奥运会，使全世界增进了对北京的了解，提升了北京的开放性和包容性，为北京的发展提供了新机遇。在这种背景下，中共北京市委第十届七次全会上提出了北京建设世界城市的奋斗目标，得到了社会各界的肯定和认同。

从国际城市到世界城市，变化的绝不仅仅是名词，而是体现了北京在城市国际化道路上的巨大跨越。世界城市是国际城市的高端形态。如果说国际城市重点是"引进来"，即寻求与世界城市体系对接并融入其中，那么世界城市重点则是"走出去"，即极大地提升自己在世界城市体系中的地位，强化对其他城市的影响力和控制力。因此，从国际城市到世界城市，显示了北京在城市国际化问题上由被动国际化向主动国际化的转变。北京不再满足于被动地接受国际化浪潮的影响，而是开始考虑在全球一体化的过程中如何扩大城市的影响力和控制力。

二 北京建设世界城市决策的出台过程

建设世界城市，是北京市委、市政府的一个重大决策，这一重大决策的出台经历了酝酿、提出和深化三个连续的阶段。

（一）酝酿阶段

2009 年 9 月，北京市社会科学院城市问题研究所叶立梅研究员撰写了一篇研究报告《北京建设世界城市需要有新思路——基于新的时代特征和国家战略的视角》①，报告分析了北京世界城市建设中存在的主要问题，进而提出了从国家战略的高度来考虑北京的世界城市定位、将重点从设施建设转向功能建设、确立全国服务经济中心的战略目标、将北京建设成为世界文化城市等对策建议。

2009 年国庆各项工作刚一结束，市委书记刘淇、市长郭金龙相继率北京市代表团赴长三角地区、闽粤地区进行学习考察。11 月 25 日，北京市赴广东省福建省学习考察总结会召开，刘淇强调指出，要着眼于中国的国情和历史，探索首都科学发展的规律，以国际眼光，把北京建设成世界城市。

12 月 9～10 日，北京市委、市政府连续两天召开务虚会。会上市委书记刘淇强调，要准确把握首都发展的规律性特点，提升城市发展的内在活力和动力，瞄准高端，主动发展，着力推动世界城市建设。副市长程红在这次会议上做了《抓住历史机遇加快北京世界城市的建设步伐》的书面发言，在发言中，她重点论述了北京以"世界城市"作为发展目标的必要性和现实可能性。

在 12 月 17 日的北京市政协委员座谈会上，刘淇再次指出，要顺应国际格局的新变化，结合国务院对北京城市功能的定位，从首都实际出发谋划新一轮的建设和发展。以建设世界城市为努力目标，不断提高北京在世界城市体系中

---

① 该报告发表于北京市社科院要报《看一眼》2009 年第 12 期，上报后得到北京市委书记刘淇批示："请发改委阅研"。

的地位和作用，充分发挥首都在国家经济管理、科技创新等方面的优势，进一步发展首都经济，不断增强城市的综合辐射带动能力。

（二）提出阶段

2009 年 12 月 24～26 日，中共北京市委十届七次全会召开，市委书记刘淇作工作报告，市委副书记、市长郭金龙作全市经济社会发展工作报告。会议指出，面对国家国情国力和国际地位的新变化，面对首都在国家工作大局中所承担的重要任务，面对推动首都科学发展、促进社会和谐的历史责任，瞄准建设国际城市的高端形态，从建设世界城市的高度，加快实施人文北京、科技北京、绿色北京发展战略，以更高标准推动首都经济社会又好又快发展。

2010 年 1 月 23 日和 25 日，北京市十一届政治协商会议第三次会议和北京市十三届人民代表大会第三次会议分别开幕。在 25 日市长郭金龙代表市政府向"两会"所作的政府工作报告指出，首都已进入了全面建设现代化国际大都市的新阶段。面对我国国情国力和国际地位的新变化，面对首都在国家工作大局中应承担的重要任务，面对推动首都科学发展、促进社会和谐的历史责任，必须立足当前，着眼建设世界城市。

2009 年底的北京市党代会正式确立了北京建设世界城市的奋斗目标，标志着北京已经完成了城市总体规划提出来的到 2020 年确立具有鲜明特色的国际城市地位的目标，进入迈向世界城市行列的新阶段。2010 年初的"两会"上"世界城市"的概念首次出现在政府工作报告中，并借助新闻媒体的力量广泛传播，引发了社会的关注和热议。

在推动北京世界城市建设走向高潮的过程中，北京市委书记刘淇身体力行，他在主持会议、参与座谈、实地调研等诸多场合都开宗明义，要求从建设世界城市的高度重新审视首都的各项发展和建设。例如，他与金融机构座谈时表示，北京瞄准世界城市首先需要在京金融机构的大力支持和积极参与；与海外人才座谈时表示，建设世界城市，比过去任何时候都更加迫切地需要更多的高素质人才；到北坞村进行实地调研时他强调，要建设世界城市，城乡接合部地区是首都发展的腹地，是经济发展新的增长点；此外，他还在杂志上刊文阐述北京建设世界城市的必要性。

世界城市的目标也得到了社会各界的广泛响应。仅以研究界为例，2010年间召开的有关世界城市的大型学术研讨会、论坛有十余个之多，这一时期有关世界城市的研究成果也呈井喷状态。

（三）深化阶段

2010 年 8 月 23 日，习近平同志在北京市委书记刘淇等陪同下，到北京市中关村国家自主创新示范区、北京金融街、北京商务中心区进行调研。他在调研过程中指出，北京建设世界城市，要按照科学发展观的要求，立足于首都的功能定位，着眼于提高"四个服务"水平，既开放包容、善于借鉴，又发挥自身优势、突出中国特色，努力把北京打造成国际活动聚集之都、世界高端企业总部聚集之都、世界高端人才聚集之都、中国特色社会主义先进文化之都、和谐宜居之都，充分体现人文北京、科技北京、绿色北京的特征要求。

2010 年 11 月 29 日，中共北京市委十届八次全会召开，会议总结了北京市认真贯彻落实中央对北京工作的指示精神，在工作中以科学发展为主题，认真落实首都职能，全力做好"四个服务"，加快推动人文北京、科技北京、绿色北京建设，明确了建设"五个之都"的努力方向，推动北京向中国特色世界城市迈出坚实的步伐。2011 年 3 月正式发布的北京市"十二五"规划，进一步把建设"五个之都"和加快推进中国特色世界城市建设确定为"十二五"期间的重要任务。

2011 年 12 月 26 日，《中共北京市委关于发挥文化中心作用加快建设中国特色社会主义先进文化之都的意见》正式公布，提出到 2020 年，把首都建设成为在国内发挥示范带动作用、在国际上具有重大影响力的著名文化中心城市，成为全国文化精品创作中心、文化创意培育中心、文化人才集聚教育中心、文化要素配置中心、文化信息传播中心、文化交流展示中心，并做出了实施"两大战略"、推进"九大工程"的工作部署。

2012 年 6 月 29 日，北京市第十一次党代会召开，在刘淇代表十届市委所作的工作报告中，建设世界城市成为贯穿报告始终的主题，这也是建设世界城市的发展目标和任务在市委工作报告中首次明确提出。根据报告，今后五年北京在打造世界城市方面的六个奋斗目标分别包括：经济实力显著提升、城市功能持续优化、社会环境更加和谐、首都文化日益繁荣、改革开放不断突破、市民福祉明显改善等。

2010 年中，习近平同志在北京调研时的讲话反映了中央对北京建设世界城市工作的指导意见，他的讲话包含三层意思：①北京首先应该立足首都职能，全力做好"四个服务"，即为党、政、军首脑机关正常开展工作服务，为日益扩大的国际交往服务，为国家教育、科技和文化的发展服务，为市民的工作和生活服务。②北京建设世界城市应发挥自身优势，突出中国特色。一方面，中国特色理念的提出使得建设世界城市的主题更加鲜明，意义更加重大；另一方面，"中国特色"的提法也暗含北京建设的是特色型的世界城市而非一定是顶级的世界城市的意思，从而使目标更加现实可行，并在一定程度上淡化了竞争的色彩，避免外界的过度解读。③北京建设世界城市近期要以打造"五个之都"作为重点。北京成为世界城市是一个比较长期的奋斗目标，必须通过阶段性的目标和行动来不断推动各项工作的开展。"五个之都"紧扣北京市情和特点，切实而具体，指明了北京建设世界城市的方向，也为北京建设世界城市提供了路标。

北京认真落实中央的有关精神，首都职能重新得到强调，世界城市的建设目标修订为"中国特色世界城市"，"五个之都"建设渐次推进。北京具有深厚的文化底蕴、丰富的文化资源，建设文化之都有着得天独厚的优势。北京选择"中国特色社会主义先进文化之都"作为"五个之都"建设的切入点和突破口，正是发挥自身优势的明智之举。"五个之都"之中国际活动、高端企业总部、高端人才聚集更多地属于建设世界城市的手段或世界城市的表象性特征，和谐宜居则侧重世界城市的支撑条件，只有中国特色社会主义先进文化之都点出了北京在世界城市体系中的功能定位，因而它是"五个之都"的核心和灵魂。

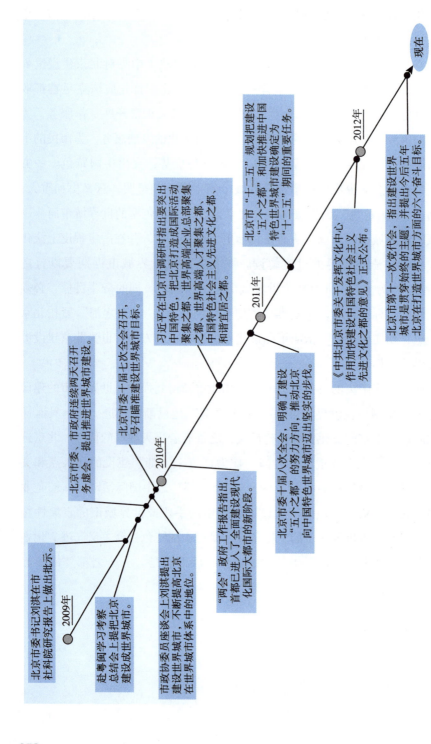

图 1 北京建设世界城市决策出台路线图

The Formation and Development of Beijing's World City Strategy

Qi Xin

Abstract: Beijing's internationalization process began in the beginning of reform and opening up, has experienced several stages from the international exchange center, modern international city, modern international metropolis to the world city. To be a world city is an important decision made by Beijing Municipal Party Committee and municipal government. The decision-making has undergone three successive stages including brewing, Proposal and deepening period.

Key Words: Beijing; World City; Chinese Characteristics

B.5

全球化进程中的北京城市功能演变

肖亦卓 *

摘　要：

从链入全球生产网络的角度分析北京城市功能的变化，总结北京城市国际化进程的特点。北京在国家改革开放战略和北京发展首都经济战略推动下，城市功能迅速转变，在世界城市体系中的地位快速提升，已成为区域性世界城市，将中国与世界经济连接起来。未来北京建设世界城市还应进一步壮大城市发展中的市场因素，促进多元化企业格局的形成，加快完善应对全球化及其影响的城市公共政策，对全球化及其影响进行战略管理。

关键词：

全球化　功能转型　北京

一　历史视野下北京与全球化互动

1949 年以前，北京只是华北地区的一个消费城市。1949 年中华人民共和国成立，定都北京。随着工商业社会主义改造的展开，原先的金融贸易中心——上海和天津的金融功能及对外贸易功能日益萎缩，金融业被管制，资金管理中心向北京转移；北京从以往只有小手工业的消费城市逐步转变成中国的重化工基地之一，成为中央集权计划体制下中国的政治、文化中心。作为首都，北京承担了对外交往的职能，但并非真正国际化意义上的连接，仅是作为对外展示中国社会主义制度优越性的橱窗，中国发展基本上游离于全球化浪潮

---

* 肖亦卓，北京市社会科学院城市问题研究所助理研究员，研究方向：全球化与城市发展、城市比较研究及城市发展战略研究。

之外，处于封闭状态。

20 世纪 70 年代后期，从全球来看，"二战"后形成的冷战格局逐渐趋于解体，全球化进程日益加速。在当时的国际国内背景下，中国实施改革开放战略，在深圳、珠海、汕头和厦门试办特区，以经济特区这种直接参与国际分工的方式，探索链入全球经济体系。中国沿着"经济特区—沿海开放城市—沿海经济开放区—内陆省会"这样一个格局逐步推进对外开放。由于北京的首都地位，是中国对外交往的门户、政治中心，因而实际对外开放要早得多，是初期外国进入中国的重要门户。

二　北京在世界城市体系中的功能

（一）中国最大的战略资源（大宗商品）进口中心

随着中国全方位对外开放格局的形成，北京借助首都地位取得的对外贸易中的份额有所下降。由于中国大宗原材料进口仍然由国企公司垄断，从计划经济体制沿袭下来的北京进口贸易中心地位得以保持，北京成为国家最大的大宗商品进口中心。

2011 年，北京进出口总额为 3894.9 亿美元，比 2010 年增长 29.1%。其中出口 590 亿美元，同比增长 6.5%；进口 3304.9 亿美元，同比增长 34.2%。北京进出口总额在全国排名仍是第 4 位，占同期全国进出口总额的 10.7%。从北京历年进出口额在全国的排名来看，进口排名多数年份为第 2 位；出口的名次从 1995 年的第 3 位降到最低时 2004 年的第 8 位，近年有所回升，2011 年处于第 7 位。从北京历年进出口额占全国进出口额比重分析，北京出口额占全国出口额比重略有下降，从 1990 年的 7% 降至 2011 年的 3%；北京进口额占全国进口额比重从 1990 年的 36% 降至 2011 年的 19%。原油是北京第一大进口商品，2010 年，北京进口原油 1.95 亿吨，占全国进口量的 81.5%，原油进口价值占当年北京进口额的 1/3。

从货物贸易的结构来看，北京出口商品的技术含量逐步提高，反映出北京在参与国际分工过程中实现了产业升级。2011 年，北京出口机电产品 351 亿

美元，占出口总值的 59.5%（1992 年为 28%）；高新技术产品出口 176.2 亿美元，占出口总值的 29.8%（2000 年为 19%）。

（二）快速成长的中国服务贸易中心之一

北京服务贸易发展迅速，近十年年均增长率超过 23%。2011 年北京服务贸易进出口额为 895.37 亿美元，占全国服务贸易总额的 20.63%，同比增长 12.16%。其中，服务贸易出口 414.99 亿美元，占全国出口总额的 20.52%，同比增长 6.9%；服务贸易进口为 480.38 亿美元，占全国进口总额的 20.73%，同比增长 17.14%。[①] 以通信邮电、保险服务、金融服务、计算机信息服务、专利咨询、广告宣传、电影音像等为代表的新兴服务贸易进出口额在北京服务贸易中所占比重由 2003 年的 30% 上升到 2011 年的 40.4%，增长 10 多个百分点，显示了北京在服务贸易方面巨大的竞争优势。2012 年，经国务院批准永久落户北京的国家级、国际性、综合型服务贸易交易会——中国（北京）国际服务贸易交易会成功举办，北京将致力于把"服务贸易京交会"打造成类似"商品贸易广交会"的著名品牌，在发展服务贸易方面占得先机。

北京作为中国服务贸易中心的快速发展，源于 20 世纪 90 年代"首都经济"战略的确立及北京城市功能由"生产型"向"服务型"转变。在中央明确指示"北京今后不再发展重工业"的背景下，北京经历了 90 年代初的经济低迷期，确立了首都经济战略方向，通过主动的产业及布局政策推动城市功能转变，服务中心成为北京主导的城市功能。

（三）国家最大的技术贸易中心

2011 年北京技术合同认定登记成交金额为 1890.3 亿元，占全国成交总金额的比重由 2001 年的 24.4% 提高到 39.7%[②]，居全国之首，是排在第二名的上海（550.3 亿元）的 3.4 倍。

"十五"以来，北京一直是我国技术产品的最大输出地，技术产品不仅输

---

① 《北京服务贸易规模居于全国首列》，《国际商报》2012 年 5 月 9 日。
② 中国技术市场管理促进中心《2011 年全国技术市场年度统计报告》。

出到国内其他各省市，同时也向国外出口。2001～2007 年北京技术市场中始终有超过一半数量的技术输出到其他省市。2007 年京外（外省市和出口）交易占北京技术交易成交总额的 70%。2011 年北京输出技术和吸纳技术均领先全国，显示了北京创新资源集聚、技术贸易活跃的巨大优势。

表1　2011 年北京技术合同交易数量及占比

单位：亿元，%

	输出技术			吸纳技术		
	成交额	占比	排名	成交额	占比	排名
全　国	4763.6			4763.6		
北　京	1890.3	39.7	1	679.3	14.3	1

资料来源：据《2011 年全国技术市场年度统计报告》计算而得。

（四）FDI 在华集聚中心之一

由于首都的特殊地位，北京成为中国较早引进外商直接投资（FDI）的城市。随着改革开放的深入，尤其是全方位对外开放格局形成之后，由北京进入中国的 FDI 增幅放缓。北京实际利用外商直接投资占全国同期实际利用 FDI 的比重多年在 3%～4%。2003 年以后，北京实际利用外资增长迅速，占全国实际利用 FDI 比重也迅速上升。"十一五"期间北京累计实际利用外资 281.8 亿美元，是"十五"时期的 2.3 倍。2011 年北京实际利用外资 70.5 亿美元，其

表2　北京、上海累计实际利用 FDI 金额及占全国累计实际利用 FDI 的比重

单位：亿美元，%

	上海		北京	
	金额	比重	金额	比重
八五	102.3	9.0	41.1	3.6
九五	193.7	9.1	99.0	4.6
十五	286.5	10.5	123.2	4.5
十一五	467.7	11.0	281.8	6.6
合计	1050.2	10.2	545.1	5.3

资料来源：根据《中国统计年鉴（2011）》、《上海统计年鉴（2001～2011）》、《北京统计年鉴（2011）》历年计算整理而得。

中第三产业实际利用外资占 88.5%。自"八五"以来的 20 年间北京实际利用 FDI 达 545 亿美元，占同期全国实际利用外资的 5.3%，位列 FDI 在华集聚五大（城市）中心之一。

（五）央企和大企业集团集聚中心

20 世纪 90 年代中期，中国国有企业改革从初期的权力下放开始转向产权改革的新阶段。1997 年党的十五大正式确立了"抓大放小"，组建大企业集团的改革战略。随着这一改革战略的确立及配套措施的落实，我国大企业集团迅速增长。对中国大企业集团形成模式的研究表明，[①] 中央政府、行业主管部门和省级政府在企业集团组建过程中起着主导作用。这种依赖行政权力组建大企业集团的战略实施方式，深刻地改变了国有企业集团的区域分布格局。凭借传统中央集权计划经济遗留优势（集中了主要的经济主管部门），北京成为央企和大企业集团[②]的集聚中心，客观上从这一轮大企业集团战略实施中获益远多于上海等其他城市或区域（见表 3）。1997 年北京的大企业集团在数量、资产、营业收入和利润总额等方面占全国大企业集团的比重仅略优于上海；2008

表 3　北京和上海大企业集团占全国大企业集团比重

单位：%

年份	集团数占比		资产占比		营业收入占比		利润总额占比	
	北京	上海	北京	上海	北京	上海	北京	上海
1997	5.4	4.2	20.3	14.7	18.5	14.5	18.9	12.7
2008	8.5	6.2	51.2	7.4	42.6	6.0	46.8	6.1

资料来源：据《2008 年中国大企业集团》（中国统计出版社，2009）计算而得。

---

① 陈佳贵根据企业集团形成过程中集团公司（母公司）的形成方式和发挥主导作用的主体不同，将中国大型企业集团的形成模式划分为行政机构演变型、联合改组型和企业成长型三种主要模式。参见陈佳贵《我国大型企业集团形成模式的选择》，http://www.csscipaper.com/eco/industrialeconomy/166202_1.html。

② 企业集团的调查范围包括：一是中央企业；二是由国务院批准的国家试点企业集团；三是由国务院主管部门批准的企业集团；四是由省、自治区、直辖市人民政府批准的企业集团；五是年营业收入（主营业务收入与其他业务收入之和）和年末资产总计均在 5 亿元及以上的其他各类企业集团。

年北京以不到9%的大企业集团数，拥有全国大企业集团总资产的51.2%、营业收入的42.6%、利润总额的46.8%，而上海相应比重都降到了8%以下。在中国大企业集团组建成形，向特定区域集聚的过程中北京逐渐占据了绝对优势地位。

北京的企业集团表现出以下几个特征：①以全国国有控股企业集团占区域企业集团比重数据为参照系，北京大企业集团中国有企业尤其是央企占绝对主导地位的特点异常突出（见表4）；②企业集团规模庞大，比较资产和营业收入都在5亿元及以上企业集团的平均规模，北京的企业集团资产是全国企业集团平均资产的5.6倍，营业收入是全国企业集团平均营业收入的4.7倍，利润是全国企业集团平均利润的5.1倍。

表4　北京和上海国有控股企业集团占区域企业集团比重

单位：%

	数量	资产	营业收入	利润
北　京	78.7	99.1	98.9	98.6
上　海	52.5	86.7	83.5	75.5
全　国	43.5	86.9	78.4	78.0

资料来源：据《2008年中国大企业集团》（中国统计出版社，2009）计算而得。

借助原计划经济管理职能集中和受益于大企业改革战略，北京成为中国大企业集团特别是央企集聚中心。随着这些央企在资产等规模上的膨胀，越来越多的中国大企业集团成为世界级大公司。2000年中国入选世界500强的企业为9家[①]，到2012年中国（含香港，不包括台湾）有73家公司进入排行榜，上榜公司数量已经超过日本（68家），仅次于美国的132家，居第二位。北京又集中了其中的44家，借助这些大企业集团的迅速扩张，北京在世界城市体系中的地位迅速提升。

---

① "世界500强"是美国《财富》杂志的一个排行榜，它以销售额和资本总量为依据对全球企业进行排行，每年10月公布。这9家企业分别是中国移动通信集团公司、中国粮油食品进出口集团、国家电力公司、中国电信集团、中国石油天然气集团公司、中华集团、中国工商银行、中国农业银行和中国建设银行。

表5　2012年中国73家世界500强企业总部分布

单位：家

城市	北京	上海	香港	深圳	武汉
上榜企业	44	6	4	3	2

资料来源：据财富中文网2012年世界500强排名统计而得。

　　值得关注的是，北京企业集团改制进度慢于上海，甚至落后于全国平均水平。如表6所示，北京企业集团中母公司出资人明确的不到一半；"三会"健全的也仅占一半；出资人对企业行使主要权利的比重也低于上海和全国平均水平。这些都揭示了北京集聚的大企业集团尚未真正成为产权明晰、治理结构良好的市场主体，大部分依然依靠改革不彻底带来的行政垄断获取利益，而非直面市场竞争。

表6　2008年北京、上海和全国母公司已改制的企业集团占全部企业集团的比重

单位：%

	母公司出资人明确的单位数	母公司出资人行使主要权利		母公司组织机构		
		企业重大经营决策权	选择企业经营者权	成立股东会	成立董事会	成立监事会
北京	48.8	90.3	84.7	50.0	91.9	73.3
上海	85.8	94.3	91.7	66.2	91.1	79.0
全国	85.8	93.6	85.3	73.0	97.2	82.6

资料来源：据《2008年中国大企业集团》（中国统计出版社，2009）而得。

（六）国家金融管理中心和资金结算中心

1. 市场经济条件下金融监管体系的建立与北京国家金融管理中心地位的形成

　　改革开放以后，作为经济体制重要组成部分的金融体制改革迅速推进，改革思路逐步明确为构建多元金融机构、建立以间接调控为主的现代金融调控体系。为适应金融机构多元化带来的竞争，加强金融监管，维护金融秩序，将人民银行的金融监管职能分别赋予证监会、保监会和银监会，"一行三会"共同

构成了我国金融分业监管体系。这种中国人民银行多种职能逐步剥离的改革，以及共同监管的需要，使得"一行三会"在区位上集中于原人民银行所在的金融街，北京西城区金融街逐步成为国家金融监管核心区域。

2. 金融机构的集聚显现其未来金融中心有力竞争者的角色

前述分析已经显示了北京在改革开放过程中作为外国（资本、机构和人员）进入中国的枢纽地位，这一点也体现在外资金融机构在华分布的态势上。在中国银行业尚未完全开放的 2000 年，在华外资银行代表处的 44% 集中在北京（上海为 25%），凸显出在外资进入中国的进程中北京扮演的桥头堡角色；而从事经营活动的外资银行分行则相对集中于上海，占全国的 29%（北京为 11%）。

中国加入世贸时作出承诺，2006 年向外资银行开放境内公民的人民币业务，并取消开展业务的地域限制。在华转制和新进入的外资法人银行绝大多数选择在上海集聚（占在华外资法人银行数量的 52%），显示出外资金融机构对这个昔日东方金融中心的认同程度较高。但是，北京的中资金融机构、大企业集团财务公司远多于上海。随着国有商业银行股份制改革的逐步完成，中资银行在全球银行体系中的资产实力不断上升①，将有助于北京在世界城市体系中地位的迅速提升。

表6 2008 年在华外资金融机构、企业集团财务公司的分布

单位：家，%

	中国	北京		上海	
		数量	占比	数量	占比
在华外资法人银行	33	7	21.2	17	51.5
在华外资证券类机构代表处	119	42	35.3	59	49.6
在华外资保险公司	52	14	26.9	23	44.2
企业集团财务公司	89	35	39.3	10	11.2

资料来源：据《中国金融年鉴（2009）》统计而得。

---

① 《The Banker》以一级资本总额所得世界顶级 25 家银行排名，2000 年中国入围 2 家，2008 年增加到 4 家。中国工商银行排位从 2000 年的第 15 位提升到第 8 位，中国银行排位从 2000 年的第 24 位提升到 2008 年的第 11 位。

3. 经济快速增长和金融机构及企业集团集聚带动金融业和金融市场的发展

1978 年北京金融业增加值是 1.9 亿元，占北京 GDP 的 1.8%。1995 年以来金融业增加值占 GDP 的比重一直保持在 10% 以上，2007 年首次突破千亿元，达 1286.3 亿元，占 GDP 比重提升至 13.8%。2011 年北京金融业增加值为 2055 亿元，占全市生产总值的 13%，金融业占比居全国第一位（上海金融业增加值为 1951 亿元，占 GDP 比重为 11.4%）。

中国主要金融机构、大企业集团总部集聚北京的态势带动了资金的供给和融资的需求，北京汇集了全国 60% 的金融资产、40% 的清算业务、60% 的上市公司总股本和 60% 的债券市场融资额，决策监管、资产管理、支付清算、信息交流、标准制订等国家金融管理中心功能不断强化。

三　北京城市全球化进程评价

综上所述，改革开放后，中国经济重新链入全球生产网络的过程中，北京发挥了外国（资本、机构和人员）进入中国的枢纽作用。尽管与改革开放初期相比，北京传统对外（经贸）功能有所削弱，但是依托特殊的首都地位，通过确立首都经济战略，积极推动城市功能由"生产型"向"服务型"转型，北京成为中国最大的大宗商品进口中心、快速成长的中国服务贸易中心、国家最大的技术贸易中心、FDI 在华集聚中心、央企和企业集团集聚中心、国家金融管理和资金结算中心，成为未来世界城市的有力竞争者之一。

（一）依托国家改革开放战略，北京迈向世界城市的进程加速

一般的，世界城市理论认为跨国公司在全球化进程中起主导作用，全球化削弱了国家独立制定和实施政策的能力，因而国家政策对城市和区域的影响日益减弱。从前述对北京世界城市形成过程的分析可以看出，北京迈向世界城市的过程与国家改革开放战略密切相关。作为首都，北京对稳定有着特殊的需求，因而难以成为优惠政策的"先行者"或是综合配套改革政策的"创新者"，在国家改革开放战略的区域推进序列中并不靠前。另一方面，凭借着首都独特的政治、经济、外交地位和转型期对原有中央集权制度依赖，北京实际

上享受了其他城市没有的国家投资和特殊的政策支持（如筹办奥运会），成功地从国家城市体系中的首都中心地位向中国链入世界城市体系中的区域性世界城市转变。

这一发现有两点意义：①北京是国家改革开放战略的受益者，国家政策在北京世界城市形成过程中发挥了重要的作用。②世界城市应该在世界城市体系中持续保持和提升竞争力，即世界城市最终应能面对来自全球市场的竞争。北京在受益于国家资源支持加快世界城市形成的过程中，如何壮大市场因素，提高城市自我发展能力，是北京建设世界城市需要面对的重要课题。

（二）北京以现代服务业为基础的综合功能的形成，快速提升了在世界城市体系中地位

改革开放初期，北京作为首都，其对外交往功能表现为外国进入中国的门户。随着全面对外开放格局的形成，尤其是加入WTO后对外开放进入新的阶段，北京在改革开放初期取得的对外交往优势正在被削弱和侵蚀，在某些传统对外功能上北京的重要性有所下降，比如北京接待入境游人数占全国游客的比重、国际会议比重等。不过，凭借着北京经济的服务转型，北京逐渐以现代服务业为基础的综合功能链入全球生产网络，服务范围辐射全国，成为中国最重要的技术市场和服务贸易中心，实现了城市功能的转型并快速提升在世界城市体系中的地位。北京依然是中国与世界连接的重要门户城市。

（三）北京链入全球生产网络的特殊性增加了未来竞争的风险

从前述分析来看，北京链入全球生产网络有着极大的特殊性：在全国实物贸易存在巨额顺差的情况下，北京由于出口贸易的垄断而出现增长较快的逆差；全国服务贸易存在巨额逆差的情况下，北京由于现代服务业的发达和大量国内优秀商务人才的集聚多数年份表现为顺差。从企业的主体来看，北京国有企业尤其是央企占绝对主要地位的特点异常突出，国有控股企业集团资产、利润和营业收入占区域企业集团相应比重都在99%以上，中小企业、私营企业规模显得微不足道，在各种优惠政策的竞争中处于边缘地位。尽管在应对金融危机过程中，央企扩张迅速，北京的世界城市地位也迅速上升，但这些央企在

产权关系和治理结构方面改革迟缓,并非真正的市场主体。如果排除行政垄断等特殊因素,央企面对全球市场竞争风险将迅速上升。如果多元化的企业格局难以形成,必然会影响到北京在未来世界城市体系中地位的稳固。

(四)北京应对全球化及其影响的城市公共政策有待完善,未来应更侧重建立协调统筹的政策框架,对全球化及其影响进行战略管理

20 世纪 70 年代末中国实行改革开放,抓住了这一轮全球化进程加速的机遇,利用劳动力的比较优势,通过出口劳动密集型产品重新链入世界经济体系,总体上是本轮全球化的受益者,因而中国对待全球化的态度较为积极。1994 年分税制改革使地方政府成为利益主体,城市区域间对全球化的外资竞争日益激烈,城市普遍采用了一种偏好资本和精英的竞争政策。在这两种背景之下,城市对全球化的回应多强调经济联系,而对社会、文化、政治方面的影响关注不够,中国城市公共政策普遍缺乏应对全球化及其影响的统筹政策框架,北京也不例外。

全球化对世界城市的基本影响之一是世界城市普遍经历过人口的快速增长,是国内国际热门的移民目的地。北京也正处于人口规模的持续快速增长期。从发展现状来看,城市的人口规模控制措施难以超越全球化和城市化影响的一般规律,效果并不明显。市场规律和城市发展规律作用下的人口规模快速增长与北京的资源环境制约,将构成北京城市发展中长期存在的矛盾。如何在现有的经济技术条件下,通过调整政策和提高服务管理水平,既保证资源—人口—环境的协调发展,又增加城市发展活力,提升全球竞争力水平,是北京亟待突破的重大公共政策课题。

全球化对城市区域的另一影响是,地方政府为了竞争全球流动的资本,纷纷采取削减福利、吸引资本、支持增长的政策导向。发达国家这种政策导向变化,是建立在"二战"以后社会福利保障体系完善成熟,社会保障覆盖面广水平高,以及公民运动兴起的基础上。相比之下,中国与市场经济体制相配套的社会保障体系尚在建设之中,保障水平偏低。如果政府仍采取同样的政策导向,使社会弱势群体直接暴露在全球化的风险之下,城市未来发展的前景将不容乐观。

参考文献

中国技术市场管理促进中心《2011 年全国技术市场年度统计报告》。

孟庆欣等主编《2008 年中国大企业集团》，中国统计出版社，2009。

Rising as a World City: Beijing's Functional Transformation

Xiao Yizhuo

Abstract: Analysis of the changes of Beijing urban functions, from the angle of the way chaining into global production networks, this paper summarizes the characteristics of the process of globalization of Beijing. Promoting by national reform and opening up policy and the municipal capital economic strategy, Beijing urban functions rapidly changed and the position in the World City System improved rapidly. Beijing has become a regional world city chaining China and its economy into the World City System.

Key Words: Globalization; Functional Transformation; Beijing

评 价 篇

Evaluation

B.6

中国重点城市管理水平评价[*]

赵继敏 杨 波[**]

摘 要：

通过对城市管理概念的辨析，界定了城市管理水平的内涵。在科学性、时效性、可操作性和目标导向四个原则指导下，建立了涵盖城市行政管理、经济管理、社会管理、环境管理、空间管理、基础设施管理、文化管理7个子系统组成的中国城市管理水平的评价指标体系。考虑到数据的可获得性，本文只对中国包括35个省会城市和计划单列市以及9个沿海开放城市和港口城市在内的44个城市的管理水平进行了评价。评价结果显示，中国城市管理水平与经济发展水平和城市行政管理水平有显著相关关系。中国城市社会管理与总体管理水平、经济管理水平以及其他方面的管理水平都存在较大的差别。从区域差异来看，东部地区的一线城市管理水平最高，中部地区的一些城市管理水平超过东部部分城市，西部地区城

[*] 本文受国家自然科学基金（项目批准号41201134）资助。

[**] 赵继敏，北京市社会科学院城市问题研究所副研究员，人文地理学博士，研究方向为城市管理、文化创意产业等；杨波，北京市社会科学院城市问题研究所博士后，研究方向为资源环境开发与城市可持续发展。

市管理水平整体较低,东北地区城市管理水平位居中游。

关键词:

　　重点城市　管理水平　评价　行政管理

一　城市管理水平的内涵

　　城市管理的定义很多,至少可以在三个层面上有不同的理解:一是对城市的政治体制、规划建设、运行等全方位的管理;二是对应城市政府的行政职能,涵盖除政治体制之外的,包括经济、社会、环境、文化等各方面事务的管理;三是指市政管理,属于城市环境管理和基础设施管理的范畴,包括政府部门对城市公用事业、公共设施等方面的规划和建设的控制、指导。

　　本文所说的城市管理大体上是在第二个层面,是指政府与公民、第三方机构、企业组织等构成的多元主体一起,综合运用行政、经济、法律、教育等手段对城市发展的全过程(规划、建设、运行)进行的综合管理,既包括对经济、社会、环境、空间、基础设施、文化等城市职能的管理,也包括对政府、公民、社会组织、企业等管理主体自身的管理。本文中的城市管理水平,是指城市的政府与公民、第三方机构、企业组织等构成的多元主体协同合作的能力,及在促进城市发展、改善居民生活质量、提高公共福利等城市管理内容方面所达到的高度。

　　城市管理与城市发展是既有区别又有联系的一对概念。首先,二者涵盖的范畴和出发点不同,无法相互替代。城市管理强调的是一个调和各种相互冲突或彼此不同的利益以及可以采取合作行动的连续过程[1],是从城市的规章制度、运行机制、文化观念出发,通过维护城市秩序,协调各种要素,对城市经济进行的引导,对社会公平、文化发展、环境建设等提供的支持。城市发展则强调的是一种状态,常常与城市增长表达类似的含义,是一定时期内城市经济、社会、文化等领域所达到的结果。其次,二者相互推动,互为基础。一方

---

① 张波、刘江涛:《城市管理学》,北京大学出版社,2007。

面，城市管理是实现城市发展的必要手段。只有建立了好的城市管理机制并高效运行，才能实现城市的最终发展。另一方面，城市发展是城市管理得到提高的根本保证。只有城市发展达到一定程度，才能有足够的积累，从而投入更多的资源，提高城市管理的效率。

城市管理是一个过程，这决定了城市管理水平难以直接度量。在评价的实际操作中，我们对城市管理的测度只能通过对相应方面所投入的要素和产出的结果来进行估计。比如对城市经济管理的测度，可以选择第三产业的比重这一结果来表征产业引导水平，选择人均财政支出表征财政管理水平，选择恩格尔系数表征居民生活水平。

二 指标体系框架

（一）评价原则

1. 科学性

城市管理涉及的面很广，科学地评价城市管理水平需要针对城市管理的主要内容，选取关键性的指标和恰当的评价方法。包括评价样本的选择、指标体系结构的拟定、指标的取舍、指标的计算方法都需要有科学依据。样本和指标需要具有代表性，指标体系结构需要全面反映评价的最终目标，指标的计算要在合理分配指标权重的前提下，运用恰当的方法合成相应的指标。

2. 时效性

指标的选取不仅要反映一定时期城市管理的实际情况，而且要跟踪其变化，以便及时发现问题。指标体系应随着经济社会的发展不断调整，否则，可能会因不合时宜而导致评价指标不具代表性，或者评价的结果与真实管理水平相反。比如，在我国城市土地开发普遍过度，土地利用效率不高的背景下，人口密度越高，可以近似理解为城市空间管理越合理。然而，当我国城市土地过度开发不再是普遍现象时，人口密度与城市空间管理水平的关系就需要重新界定了。

3. 可操作

科学全面地度量城市管理水平是我们研究的第一原则。然而，操作过程中，不得不面临两个难题：一是有些数据难以获得；二是有些评价指标只存在于理论之中，难以使用现实中的资料进行完全客观的反映。

针对这两个问题，我们采用一些近似的数据来代替那些难以获得的数据，使用能够在一定程度上反映评价最终目标的指标。虽然这对评价结果的科学性会造成一定影响，但是，这是现实中不得不采取的手段。

4. 目标导向

城市管理是我国当前经济社会发展中面临的重大问题。城市管理水平评价的最终目的不是简单地比较哪些城市的管理水平更高，而是试图通过这种比较发现我国城市管理中存在哪些问题，在经济、社会、环境、文化等哪些领域的哪些方面需要完善，在东中西部等各区域城市管理水平呈现怎样的状况，驱动城市管理水平提高的深层次原因是什么，从而为我国城市管理水平的普遍提高提供一些思路。为此，我们的指标体系需要综合考虑、严格筛选那些最具解释力的指标，为最终分析城市管理现状的成因和发展趋势提供便利。

（二）指标体系的构成及其依据

城市管理是一项系统工程，某个单项指标发展的好坏并不意味着城市整体管理水平高低。因而，只能采用多指标综合评价。城市管理水平主要表现在城市发展状况以及针对城市管理所投入的要素上，可以用一系列的结构和比率指标进行表征。具体表现为以下几方面内容（参见表1）。

表1　城市管理水平评价指标体系

一级指标	二级指标	三级指标	四级指标	权重
城市管理水平	城市行政管理	政府和社会组织运营成本	1. 公共管理和社会组织占总就业人口比例	0.021
			2. 一般公共服务支出费用占财政支出的比重（逆指标）	0.051
		企业社会责任	3. 社会责任排名前100的企业数目①	0.072
	城市经济管理	产业引导	4. 人均财政科技经费	0.013
			5. 第三产业占GDP比重	0.017
			6. 人均外商直接投资	0.021
		居民生活	7. 城镇登记失业率（逆指标）	0.023
			8. 恩格尔系数（逆指标）	0.023
			9. 人均财政支出	0.046

续表

一级指标	二级指标	三级指标	四级指标	权重
城市管理水平	城市社会管理	城镇化率	10. 非农人口比重	0.036
		住房保障	11. 人均全社会住宅投资额	0.012
			12. 经济适用房覆盖率②	0.024
		医疗条件	13. 每万人医院、卫生院床位数	0.018
			14. 每万人医生数	0.018
		社会保障	15. 社会保障与就业支出占地方财政支出比例	0.036
	城市环境管理	城市绿化	16. 人均绿地面积	0.024
			17. 建成区绿化覆盖率	0.024
		"三废"处理率	18. 工业固体废物综合利用率	0.016
			19. 城镇生活污水处理率	0.016
			20. 生活垃圾无害化处理率	0.016
		环境治理投资强度	21. 人均环境污染治理投资额	0.024
			22. 人均市容环境卫生设施建设固定资产投资	0.024
	城市空间管理	土地利用效率	23. 人口密度	0.018
			24. 城市建设用地占市区面积比重	0.018
			25. 地均GDP	0.036
		城市增长效率	26. 建成区土地面积增长百分比减去人口增长百分比的差额(逆指标)	0.036
			27. 建成区土地面积增长百分比减去GDP增长百分比的差额(逆指标)	0.036
	城市基础设施管理	水电气供应设施	28. 人均居民生活用电量	0.016
			29. 人均居民生活用水量	0.016
			30. 人均家庭燃气用量	0.016
		道路交通设施	31. 人均道路面积	0.016
			32. 万人公共汽车拥有量	0.032
		邮电通信设施	33. 万人互联网用户数	0.024
			34. 万人移动电话数	0.024
	城市文化管理	文化设施	35. 每百人公共图书馆藏书	0.024
			36. 每百人剧场、影院数	0.024
		文化就业	37. 文化、体育和娱乐业就业人口占全部就业人口比例	0.048
		教育状况	38. 每万人在校大学生数	0.012
			39. 高校师生比	0.024
			40. 每万人在校高中生数	0.006
			41. 高中师生比	0.006

资料来源:①根据钟宏武等著《中国企业社会责任白皮书》(经济管理出版社,2011)中各城市企业社会责任综合排名前100的企业数目和民营企业社会责任排名前100的企业数目之和给各城市打分得到企业社会责任指数。

②采用2010年各城市经济适用房销售面积与商品房销售面积的比率来表征。

城市行政管理，本文中主要指对管理城市的主体（包括政府、社会组织和企业等）的管理，管理的目标是确保这些主体彼此协同合作，高效率地推动城市发展。20 世纪 70 年代末 80 年代初，新公共管理运动的行政改革浪潮在世界范围内掀起。新公共管理认为政府要从"划桨人"转变为"掌舵人"，把非纯公共物品生产的具体职能让渡给企业和半行政的机构去做，极力敦促政府充分培养和利用中介组织，让中介组织承担一部分社会协调和微观管理的职能，把公共管理放在全社会动员的层面上，使参与公共管理的对象扩大到公众、企业和非营利组织或非政府组织上。因而，作为城市管理水平指数的二级指标，城市行政管理水平的高低往往与企业、公众、社会组织的参与程度有重要关系。由于我国政府和社会组织之间往往有较多的联系，同时考虑到数据的可获得性，我们将城市行政管理分为两个三级指标，即政府和社会组织的运营成本与企业社会责任两个指标。其中，政府和社会组织的运营成本主要表现在政府和社会组织在城市管理中所投入的要素：从人力资源来看，它可以用公共管理和社会组织就业人口占全部就业人口的比例表征；从支出的费用来看，它可以用一般公共服务支出费用①占财政支出的比重（逆指标）② 来体现。因而，这一三级指标又可以用以上两个四级指标来加权合成。企业参与城市管理，特别是一些公益事业，是未来的重要趋势。然而，已有关于企业社会责任的研究很少与城市联系起来。这里我们假定城市中的企业社会责任排名高的企业数量越多，则这个城市中的企业社会责任指数越高，对于城市管理有更积极的参与。我们根据钟宏武等著《中国企业社会责任白皮书 2011》企业社会责任排名进行了相应计算，得到了各城市的企业社会责任指数，再将政府和社会组织运营指数与企业社会责任指数合成城市行政管理指数。

城市经济管理，包括制定和实施战略规划、改革和完善经济管理体制、调整优化经济结构和规模，以及为企业和个人的经济活动做好相关服务等内容。一般而言，引导产业高级化、改善居民生活，以及对公共服务提供充足而又合

---

① 一般公共服务支出费用主要用于保障机关事业单位正常运转，支持各机关单位履行职能，保障各机关部门的项目支出。

② 这一指标越高，一般意味着有更少比例的经费投入到科研、教育、社会保障等城市管理事务方面，因而将其作为逆指标。

理的财政支出①是城市经济管理中最核心的任务，这三方面构成了城市经济管理下的第三级指标。在第四级指标中，产业发展的方向是从低端向高端，从制造业为主向服务业为主转型，这主要表现在政府对创新的支持，产业高级化程度以及吸引外资状况②三个方面。我们选取了人均财政科技经费来表征政府对创新的支持，用第三产业占 GDP 比重表征产业实现的高级化程度，用人均外商直接投资来表征城市吸收外资状况。改善居民生活水平，是城市经济管理的重要内容。这主要表现在促进居民就业和提高居民收入（以及生活质量）两方面。我们分别选取了城镇登记失业率（逆指标）和恩格尔系数（逆指标）来加以表征。财政管理是城市经济活动的重要内容。地方财政效费比是衡量一个城市的财政管理是否合理的更为恰当的指标，但是，财政支出的效果只能定性判断，无法定量表达。从可操作性原则出发，这里仅用人均财政支出表征财政管理水平。与效费比相比，财政支出水平更多地取决于城市的经济实力而非管理能力，但同时，它更能体现城市财政的整体实力，从而更能体现城市在经济管理中可依赖的资源数量。

城市社会管理，是指为解决城市中居民生活的后顾之忧，避免产生社会问题而采取的各种解决措施，包括推动城镇化进程，提高基本公共服务水平，为困难群众提供住房、医疗、收入等基本生活保障等。这里从城市社会管理中最重要的四个方面出发，用城镇化率③、住房保障、医疗条件和社会保障四个三级指标来刻画城市社会管理。其中，城镇化率用非农人口比重表征；住房保障表现在全社会人均住房的数量和政府对于困难群众的住房配置两方面，我们分别选取了人均全社会住宅投资额和经济适用房覆盖率④表征。医疗保障一般是指参加医疗保险人口比率等指标，一定程度上，它是更能体现城市社会管理水平的指标。限于数据来源，我们改用医疗条件指标，即采用每万人医生数和每

---

① 财政效费比是衡量一个城市的财政管理是否合理的较为恰当的指标，但是，财政支出的效果很难度量，这里的测度中仅考虑了人均财政支出的规模。

② 我国经济发展的重要策略是积极吸引外资，推动产业发展，因而这里将其作为测度城市产业引导能力的指标。

③ 单纯的城镇化率高并不一定意味着城市管理水平更高，必须保证城镇化是健康、可持续的。这里采用的是多指标评价，城镇化率仅代表其中一个方面。

④ 采用经济适用房年销售面积与住宅商品房销售面积之比。

万人医院、卫生院床位数合成来表征城市医疗管理水平。与医疗保障相比较，它更侧重于表现城市的医疗的床位、医生等“硬件”资源。社会保障一般用参加社会保险人口覆盖率表征，这里一方面考虑到数据来源，另一方面考虑到本文的研究主题，从政府管理的角度出发，用社会保障与就业支出占地方财政支出比例表征城市对社会保障的支持力度。

城市环境管理的对象包括影响城市人类活动的各种自然和人工环境，它们不仅为城市提供了一定的空间区域和附着于其上的空气、水、植被等自然要素，还通过对城市环境卫生以及各种废弃物的治理，为城市中人类的生存和发展提供了可能。城市自然环境包括空气、水、植被等多方面的内容，但是我国统计资料里对于前两者的统计不够全面，因而在三级指标中，我们主要用城市绿化状况来表征城市自然环境的管理，在第四级指标中，从人均状况和地均状况两方面分别选用人均绿地面积和建成区绿化覆盖率合成表征城市绿化指标。城市人工环境的管理，包括对城市中各种废弃物和市容卫生的治理，从数据出发，我们选用工业固体废物综合利用率、城镇生活污水处理率和生活垃圾无害化处理率三个四级指标合成“三废”处理率这一三级指标来加以表征。另外，无论是自然环境还是人工环境的治理，都依赖于政府对环境的投资，因而我们还选用环境治理投资强度这个三级指标，它主要由人均环境污染治理投资额和人均市容环境卫生设施建设固定资产投资两个四级指标合成。

城市空间管理，其目的是通过城市规划、土地利用规划，引导产业和人口布局，调整城市空间结构，推动城市合理控制发展规模，提高土地利用效率。我国人口多，土地资源稀缺，紧凑型的城市空间结构更为适宜。2010 年全国重点城市平均人口密度仅为 1663 人/平方公里。根据维基百科的资料，2011 年，纽约的人口密度为 10437 人/平方公里，东京为 6000 人/平方公里。2010 年，中国人口密度最高的城市是石家庄市，为 5348 人/平方公里。中国的大城市人口密度严重偏低，土地浪费现象严重。在我国当前“土地财政”的局面下，各级城市普遍面临着土地过度开发、利用效率不高的问题。因而土地利用效率是刻画城市空间管理的一个重要方面，可以作为三级指标。我们用人口密度、城市建设用地占市区面积比重和地均 GDP 三个四级指标合成城市土地利用效率指标。此外，城市空间管理水平的另一表现是对城市增长的控制。土地

利用效率往往是城市长期积累所达到的效果，与之比较，城市增长效率指标则重在刻画城市空间管理的近期状况，我们设计了建成区土地面积增长百分比减去人口增长百分比的差额（逆指标）、建成区土地面积增长百分比减去 GDP 增长百分比的差额（逆指标）来表征城市增长的控制状况，主张土地面积的增长需要与人口和经济规模的增长相适应。

城市基础设施管理，是指对以保障城市安全高效运行为目的而规划建设的各种工程及相关配套设施的管理，具体包括对道路交通设施、水电气供应设施、邮电通信设施、排水设施等的管理。这里采用各类基础设施的人均拥有量反映各城市基础设施的管理水平。考虑到数据的可获得性和指标测度的全面性要求，我们选取了包括人均居民生活用电量、人均居民生活用水量、人均家庭燃气用量合成水电气供应设施指标，人均道路面积、万人公共汽车拥有量合成道路交通设施指标，万人互联网用户数、万人移动电话数合成邮电通信设施指标来综合体现城市基础设施管理水平。

城市文化管理，是指城市政府及文化领域的其他主体依据国家和所属城市的方针、法律、法规，对城市公共文化、文化事业和文化产业进行的规划、组织、调控和监督。城市文化管理是城市硬实力与软实力的结合，既与城市的文化设施、教育资源有关，也与城市中从事文化工作的人员素质和数量有关。从可以度量的指标出发，城市文化管理可以从三个方面加以度量，包括文化设施、文化就业和教育状况。其中，文化设施由每百人公共图书馆藏书，每百人剧场、影院数合成；文化就业由文化、体育和娱乐业就业人口占全部就业人口比例表征；教育状况则综合分析了大学和高中的情况，考量了代表教育规模的在校学生占全部人口比例，和代表教育质量的师生比两方面指标，具体由每万人在校大学生数、高校师生比、每万人在校高中生数、高中师生比四个指标加权合成。

三　评价方法

（一）评价样本的选择

牛文元教授主编的《中国城市发展报告（2002～2003）》曾经对全国 50

个重要城市进行评价。本文借鉴了这一方法，选择其中的 4 个直辖市、26 个省会城市和 5 个计划单列市、9 个沿海开放城市和港口城市进行评价①，具体如下。

4 个直辖市、26 个省会城市和 5 个计划单列市②：

北京、天津、石家庄、太原、呼和浩特、沈阳、大连、长春、哈尔滨、上海、南京、杭州、宁波、合肥、福州、厦门、南昌、济南、青岛、郑州、武汉、长沙、广州、深圳、南宁、海口、重庆、成都、贵阳、昆明、西安、兰州、西宁、银川、乌鲁木齐

9 个沿海开放城市和港口城市：

秦皇岛、连云港、烟台、威海、汕头、湛江、珠海、北海、南通

（二）权重的确定

二级指标各项之间是城市管理的不同方面，对城市管理均具有不可替代的作用，地位同等重要，因而选择平均赋权。三级和四级指标则考虑到各因素对总评价目标的贡献不平衡，对权重进行适当的分配。

假定一级指标权重为 100%，二级指标城市行政管理、经济管理、社会管理、环境管理、空间管理、基础设施管理和文化管理平均赋权，即每项权重约为 14.3%，三级指标和四级指标的权重采用专家打分的两两比较法进行确定，并经过一致性检验。最后，各级指标的权重相乘，则得到四级指标相对于一级指标的权重（见表 1）。

测算方法如下。

1. 数据标准化

数据标准化，也即无量纲化，是对原始评价结果进行的数学变换，目的是对相关指标进行合成，反映整体的城市管理水平。

首先对四级指标的各项得分进行极差标准化，具体如下。

---

① 《中国城市发展报告（2002~2003）》中还有两个资源型城市和 5 个特别选择的城市。本文认为这些城市的样本太少，很难反映某种城市类型的状况，根据有限的资料，选择只评价 35 个省会城市和计划单列市和 9 个沿海开放城市和港口城市的管理水平。

② 拉萨市因缺少相关数据，没有纳入评价范围。

将数据分为正指标和逆指标两类，所谓正指标是指假定直接评价的指标（四级指标）与最终评价目标（一级指标）呈现正向线性关系。对于这类指标采用正线性相关变换：

$$Y_i = \frac{(X_i - \min X_i)}{(\max X_i - \min X_i)}$$

所谓逆指标是指假定直接评价的指标（四级指标）与最终评价目标（一级指标）呈现负向线性关系。对于这类指标采用正线性相关变换：

$$Y_i = \frac{(\max X_i - X_i)}{(\max X_i - \min X_i)}$$

其中 Y_i 为标准化之后的数据，X_i 为四级指标的原始值，即某城市 i 指标的评价结果。$\max X_i$ 为该城市 i 指标的最大样本值，$\min X_i$ 为该城市 i 指标的最小样本值。

2. 加权合成

本文中指标的合成方法如下：

$$Z = \sum_{i=1}^{m} \lambda_i Y_i$$

上式中，Z 为某级指标的某项指数，m 为该指标涵盖的四级指标的个数。λ_i 为该指标所涵盖的四级指标中第 i 项的权重，Y_i 为该项指标标准化之后的数值。比如，城市管理水平指数即为行政管理、经济管理、社会管理、环境管理、空间管理、基础设施管理和文化管理指数的合成。

（三）数据来源

根据国家图书馆所能查找到的最新资料，原始数据主要来自《中国城市统计年鉴2011》、《中国区域经济统计年鉴2011》、《中国人口和就业统计年鉴2011》、《中国房地产统计年鉴2011》、《中国城市建设统计年鉴2010》（数据为2010年数据）和各城市统计年鉴（2011年出版）的2010年数据。个别城市的某些数据缺失，采用类似数据或相邻年份数据进行估计。比如，广州市城镇登记失业率无市辖区数据，用全区数据代替。珠海市无家庭煤气用量相关数据，用液化石油气用量和液化气使用人口数据折算替代。长春、昆明、北海缺失 2010 年一般公共服务支出和一般预算支出合计数据，采用 2007 年、2008 年、2009 年数据回归估算。经济适用房屋销售面积，长春、昆明、深圳、烟台、汕头、湛江、珠海、北海采用多年数据回归估算。

四　中国重点城市管理水平评价结果分析

（一）中国重点城市管理水平整体趋势

1. 城市管理水平与行政管理水平正相关

城市管理水平与城市行政管理水平在 0.01 的显著性水平上（双边检验）线性相关。这表明城市管理主体自身的组织建设、协同能力是城市管理水平高低的重要成因。特别是城市中的企业社会责任指数与城市管理水平高度相关①，表明我国城市管理水平与城市中企业的发展和企业的社会责任有重要关系。从这个角度来看，各城市应当将推动本地企业履行社会责任作为改善城市管理水平的重要内容来抓。

一般公共服务支出占财政支出的比重在评价结果里作为逆指标，结果显示标准化之后的该指标与城市管理水平正相关，也即一般公共服务支出占财政支出的比重越低，城市管理水平越高。这主要是由于一般公共服务支出占财政支出的比重越低，往往意味着城市在科学、教育、社会保障等方面的财政支出比率可能越高。因而，从一定意义上说，提高政府运营效率，将资金更多地投入到城市实际事务的建设和管理对于提高城市管理水平有明显的积极作用。

2. 城市管理水平与经济发展水平正相关

城市管理水平与各市的人均 GDP 显著相关，意味着城市管理水平与城市的经济发展水平可能有很大关系。一般而言，经济收入高，不仅有更强的实力

---

① 采用行政管理的三个指标可以对城市管理水平进行多元回归，结果显示符合线性关系假设，通过了显著性检验。其中，企业社会责任的回归系数远高于其他两个指标。回归方程为：$Y = 19.932 + 22.752X_1 + 13.797X_2 + 10.54X_3$ 其中 Y 为城市管理水平，X_1 为企业社会责任指数，X_2 为公共管理和社会组织就业人口比例，X_3 为一般公共服务支出占全部财政支出比重。

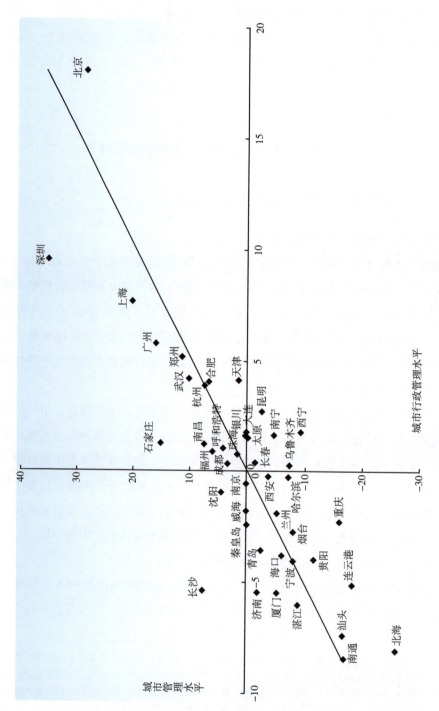

图 1　城市管理水平和城市行政管理水平的散点图及趋势线

对城市经济活动进行管理，同时，有更多的资金投入到城市的建设和管理中来，可以推动城市环境、基础设施、文化等领域的管理；另外，城市内部的企业、社会组织等往往也发育更为完善，有助于城市行政管理水平的提高。我们对这些指标的相关分析，符合以上这种预期。

3. 城市管理水平与城市规模无显著相关关系

城市管理水平与城市经济总量呈显著相关关系[①]，但是与人口规模无显著相关关系，因而这种相关关系是由于经济发展水平（人均 GDP）的差异造成的。由于本文中所选样本几乎均为大中城市（特别是省会城市和计划单列市占据了绝大部分），这一结果表明我国大中城市的管理水平与城市规模没有明显的联系。这与我们通常概念中所认知的大城市各种要素俱全，往往各方面管理水平更高有一定的差别。

4. 城市经济管理水平与城市规模显著相关

与城市整体的管理水平不同，城市经济管理水平与城市的人口规模和经济规模（GDP）以及经济发展水平（人均 GDP）均呈显著相关关系。这在一定程度上印证了我们建立指标的假设，即城市管理水平是多领域的管理，取决于经济、社会、环境、文化等多个方面的建设。单纯经济领域的管理水平和发展水平对整体管理水平的影响是有限的。

此外，城市经济管理水平与城市规模显著相关表明，在我国大中城市中，由于更为集中地掌握各种资源，在引导产业发展和人均财政支付方面具有更强的能力。

5. 城市社会管理水平与经济管理水平、人均 GDP 等指标差别悬殊

经济管理和社会管理是城市管理中的两个重要方面，前者强调效率，后者注重公平。我们的测算发现，2010 年中国城市的社会管理，特别是住房保障水平和社会保障水平与经济发展水平、城市规模都没有明显的联系。上海、北京这样经济发展水平（人均 GDP）、经济管理水平都很高的城市，社会管理水平却接近于平均值。相反，兰州、南昌等城市经济发展水平和管理水平都不高，但是社会管理水平却排在前列。这在一定程度上说明我国城市社会管理水

---

① 城市管理水平指数与经济规模在 0.01 显著性水平上强相关。

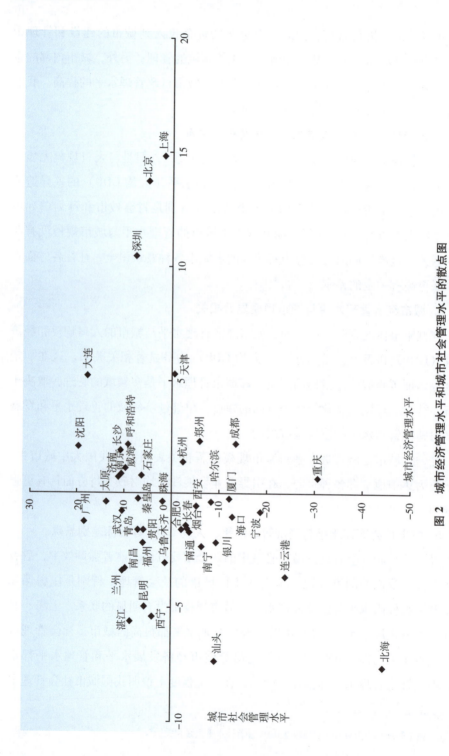

图 2　城市经济管理水平和城市社会管理水平的散点图

平主要取决于各城市对这一问题的重视程度和制定的相关管理政策，而不是经济基础等参与社会管理的资源状况。

（二）中国重点城市管理水平分项特征

作为一个综合评价体系，本文中的城市管理水平包括 7 个子系统，尽管我们对评价结果进行了细致的分析比较，然而，这些子系统呈现的规律性的内容较为有限，这在一定程度上说明各城市的各项管理水平与该城市的自身管理状况关系密切，而不是简单的由经济发展水平、城市规模或其他因素造成的。我们仅发现的中国重点城市管理水平分项特征有以下几点。

城市行政管理和经济管理中，北京、上海、广州和深圳等一线城市分值最高，湛江、汕头、北海、南通等经济发展水平相对低的城市相关分值较低。

城市社会管理中，沈阳、大连两个东北城市位居前列，这可能与东北地区老工业城市经济衰退后，政府对于社会保障、住房保障以及医疗条件的建设都给予了较多的重视有一定关系。相反，重庆、成都、银川、南宁等西部城市社会管理水平普遍较低。

城市环境管理、基础设施管理的对象属于城市建设和管理中的"硬件"。深圳、广州、厦门、福州等东南沿海核心城市在这两个方面表现均很突出，这些城市注重城市的"硬环境"① 建设，舍得投入，同时又有足够的资金支持。

城市空间管理也与其他指标存在较大的差别，郑州、石家庄等其他领域一般的城市，较好地控制了人口密度和城市建设密度，在空间管理方面位居前列。

城市文化管理与其他指标一样，省会城市和计划单列市的分值明显高于沿海开放城市和港口城市，没有呈现其他明显的特征。

（三）中国重点城市管理水平的区域差异

按照《中国区域经济统计年鉴 2011》的划分，我国可以划分为 4 个经济区：东部 10 省（市），包括北京、天津、河北、上海、江苏、浙江、福建、

---

① 如果社会、文化、经济的管理称为"软环境"的话。

山东、广东和海南；中部 6 省，包括山西、安徽、江西、河南、湖北和湖南；西部 12 省（区、市），包括内蒙古、广西、重庆、四川、贵州、云南、西藏、陕西、甘肃、青海、宁夏和新疆；东北 3 省，包括辽宁、吉林和黑龙江。下面，我们从所建立的城市管理指标体系分析位于四大经济区的城市管理水平差异。

表 2　中国重点城市管理水平分项排名前 10、20 位分布

	城市管理		行政管理		经济管理		社会管理		环境管理		空间管理		基础设施管理		文化管理	
	前 10 名	前 20 名	前 10 名	前 20 名	前 10 名	前 20 名	前 10 名	前 20 名	前 10 名	前 20 名	前 10 名	前 20 名	前 10 名	前 20 名	前 10 名	前 20 名
东部地区	6	11	6	9	4	12	3	10	8	12	5	13	6	14	3	6
中部地区	4	5	3	5	2	2	4	4		4	5	6	2	3	4	5
西部地区		3	1	5	2	3	1	4	1	1		1	2	3	1	6
东北地区		1		1	2	3	2	2	1	3					2	3

1. 东部地区城市管理水平最高，深圳、北京、上海等一线城市尤为突出

深圳、北京、上海、广州、石家庄、杭州 6 个东部城市排在城市管理水平的前 10 位。这些城市的共同特点是城市管理水平的各个领域都较为出色，特别是行政管理水平和经济管理水平普遍较高。

2. 中部城市管理水平总体与东部相当，但是缺乏一流管理水平城市

郑州、武汉、长沙、南昌 4 个中部地区的城市排入中国城市管理水平的前 10 位，但是没有一个城市排到前 5 名（见附录）。由于中部地区进入测评的城市远少于东部，因而可以看作中部城市管理水平总体与东部相当，但是缺乏一流管理水平城市。

中部城市往往在一些城市管理的方面表现较为突出，比如郑州的空间管理、长沙的基础设施管理和文化管理、南昌的空间管理和文化管理都非常出色。这些城市如果能够全面发展，特别是在经济管理、文化管理等方面进一步提升，有可能达到东部一线城市的管理水平。

3. 西部城市管理水平欠佳，缺乏一流管理水平城市

西部共有 11 个城市进入测评，没有城市进入前 10 名，呼和浩特、成都、银川和昆明是西部城市中管理水平最高的城市，分别排在第 14、15、18 和 27

位。因而，整体城市管理水平不高。然而，西部城市并非一无是处，比如，呼和浩特的文化管理、成都的环境管理和银川的基础设施管理等排名均很靠前。然而，各城市也往往在不同的方面存在一些短板。比如，昆明的环境管理只排第 29 位，呼和浩特的环境管理仅排第 37 位，成都的社会管理排在 40 位，这些影响了它们的总体排名状况。

4. 东北地区城市管理水平位居中游

东北地区进入测评的城市仅有沈阳、大连、长春、哈尔滨 4 市，城市管理水平分别排在 13、21、24 和 33 位，位居中游。沈阳、大连的社会管理和经济管理是其主要亮点。相反，空间管理和基础设施管理落后是影响其排名的关键。特别是大连，相较于 2009 年，2010 年建成区面积增长了 51%，在原本城市人口密度中等的情况下，建设用地增长速度明显过快。

5. 沿海开放城市和港口城市与省会城市和计划单列市差距明显

本文中的城市样本分为两类，分别为：①沿海开放城市和港口城市；②省会城市和计划单列市。测算结果显示，前者中排名最靠前的是珠海，排名也仅为16 位。汕头、南通、连云港、北海 4 市排在所有 44 个城市中的最后 4 位，烟台、湛江也全部排在 30 位之后。可见，沿海开放城市和港口城市的管理水平与省会城市和计划单列市差距十分明显。究其原因，一方面可能是这些城市规模普遍较小，影响了城市管理效率；另一方面，与省会和计划单列市相比较，沿海开放城市和港口城市的行政资源相对缺乏，而城市管理中的很多内容与政府的投入有关，相较于省会和计划单列市，这些城市在这些方面存在先天的不足。

Assessing the Management of China's Key Cities

Zhao Jimin   Yang Bo

Abstract：Based on discriminating the concept of urban management, we define the connotation of the level of urban management. And establish the index system of urban management including "executive management level", "economic management level", "social management level", "environmental management level", "spatial

management level", "infrastructural management level", and "cultural management level", under the guidance of the four principles of "scientific, timeliness, actionable, and goal-oriented". In this paper, we only analyze 44 cities of China, because of the deficiency of data of other cities. These cities include almost all the provincial capitals, and some costal cities. With the systemic evaluation, we find there is strong positive correlation between urban management level and "executive management" or economic development level or the urban size. However, there are no obvious relations between social management level and urban management level, economic management level, or other indexes. In view of the regional disparities, the cities of eastern regions have the highest level of urban management, and a few cities of central regions have higher level than some eastern cities. While the management level of the cities of western regions is overall lower. The management level of the cities of Northeastern regions is in the middle.

Key Words: Key Cites; Management Level; Evaluation; Executive Management

附　录

中国重点城市管理水平分项排名及得分

排名	城市管理 城市	得分	行政管理 城市	得分	经济管理 城市	得分	社会管理 城市	得分	环境管理 城市	得分	空间管理 城市	得分	基础设施管理 城市	得分	文化管理 城市	得分
1	深圳	57.2	北京	12.3	上海	9.6	沈阳	8.7	深圳	8.3	郑州	11.3	深圳	11.2	北京	10.0
2	北京	52.8	深圳	8.7	北京	9.3	广州	8.5	杭州	8.0	石家庄	11.0	上海	4.6	呼和浩特	8.9
3	上海	47.4	上海	7.9	深圳	8.2	大连	8.4	广州	7.6	合肥	8.4	珠海	4.1	石家庄	7.6
4	广州	44.6	广州	7.1	天津	6.6	太原	8.0	成都	7.0	南昌	8.2	广州	3.8	福州	7.4
5	石家庄	44.0	郑州	6.9	大连	6.6	济南	7.7	威海	6.6	深圳	8.2	银川	3.6	郑州	6.7
6	郑州	41.6	武汉	6.5	郑州	5.6	长沙	7.6	厦门	6.1	长沙	8.0	长沙	3.1	广州	6.7
7	武汉	40.9	天津	6.4	成都	5.6	南京	7.6	青岛	6.0	上海	7.9	厦门	3.0	长沙	6.5
8	长沙	39.1	合肥	6.4	呼和浩特	5.6	武汉	7.6	石家庄	5.9	广州	7.9	青岛	2.8	南昌	6.1
9	南昌	39.0	杭州	6.3	沈阳	5.6	兰州	7.5	大连	5.9	武汉	7.8	成都	2.7	武汉	6.1
10	杭州	39.0	昆明	5.8	长沙	5.5	南昌	7.5	福州	5.8	秦皇岛	7.8	武汉	2.6	长春	6.0
11	合肥	38.4	西宁	5.5	杭州	5.3	威海	7.5	珠海	5.8	成都	7.6	福州	2.6	哈尔滨	5.9
12	福州	38.0	大连	5.4	威海	5.3	呼和浩特	7.4	长沙	5.7	北京	6.9	威海	2.5	兰州	5.9
13	沈阳	37.0	南宁	5.4	南京	5.2	湛江	7.4	武汉	5.7	太原	6.6	合肥	2.4	银川	5.8
14	呼和浩特	36.8	银川	5.4	石家庄	5.2	深圳	7.2	南昌	5.6	珠海	6.2	杭州	2.4	太原	5.7
15	成都	36.3	太原	5.4	济南	5.1	秦皇岛	7.2	海口	5.6	威海	6.1	昆明	2.4	沈阳	5.7
16	珠海	35.2	石家庄	5.2	重庆	5.1	青岛	7.2	合肥	5.6	汕头	6.1	北京	2.3	西宁	5.7
17	天津	35.1	南昌	5.2	珠海	4.8	石家庄	7.1	烟台	5.5	杭州	6.0	宁波	2.2	上海	5.5
18	银川	34.3	呼和浩特	5.2	秦皇岛	4.8	贵阳	7.1	长春	5.4	南京	6.0	济南	2.2	南宁	5.4
19	威海	34.2	福州	5.1	厦门	4.8	福州	7.1	沈阳	5.3	厦门	6.0	南京	2.1	深圳	5.2

续表

排名	城市管理		行政管理		经济管理		社会管理		环境管理		空间管理		基础设施管理		文化管理	
	城市	得分	城市	得分	城市	得分	城市	得分	城市	得分	城市	得分	城市	得分	城市	得分
20	南京	34.2	珠海	5.0	哈尔滨	4.8	昆明	7.0	南通	5.3	天津	6.0	石家庄	2.1	海口	5.2
21	大连	34.2	长春	4.9	太原	4.8	北京	7.0	天津	5.2	北海	5.9	南昌	2.0	乌鲁木齐	5.2
22	太原	34.0	成都	4.9	西安	4.7	西宁	6.8	上海	5.1	沈阳	5.9	大连	1.9	广州	5.2
23	秦皇岛	34.0	乌鲁木齐	4.8	宁波	4.7	上海	6.6	银川	5.1	福州	5.9	秦皇岛	1.9	合肥	5.1
24	长春	33.2	西安	4.6	武汉	4.7	乌鲁木齐	6.5	宁波	5.1	兰州	5.7	贵阳	1.9	南京	4.9
25	济南	32.8	哈尔滨	4.6	海口	4.6	珠海	6.5	北京	5.1	济南	5.7	海口	1.9	杭州	4.8
26	青岛	32.4	南京	4.5	广州	4.5	天津	6.3	济南	4.9	宁波	5.5	呼和浩特	1.8	济南	4.8
27	昆明	32.4	沈阳	4.3	烟台	4.4	合肥	6.1	南宁	4.7	湛江	5.4	西安	1.8	青岛	4.3
28	西安	31.7	威海	4.0	长春	4.4	杭州	6.1	西安	4.7	昆明	5.4	乌鲁木齐	1.8	贵阳	4.2
29	南宁	31.0	兰州	3.9	合肥	4.4	烟台	6.0	昆明	4.6	长春	5.0	南宁	1.8	湛江	4.0
30	兰州	30.6	重庆	3.8	青岛	4.4	长春	6.0	重庆	4.6	呼和浩特	4.9	西宁	1.8	宁波	4.0
31	厦门	30.5	秦皇岛	3.7	贵阳	4.4	南通	5.9	湛江	4.6	哈尔滨	4.8	烟台	1.6	秦皇岛	3.9
32	海口	30.0	烟台	3.6	南通	4.4	西安	5.8	秦皇岛	4.6	烟台	4.8	沈阳	1.5	昆明	3.8
33	哈尔滨	29.3	青岛	3.2	银川	4.2	郑州	5.7	郑州	4.3	银川	4.7	太原	1.5	成都	3.6
34	乌鲁木齐	29.2	海口	3.1	福州	4.2	南宁	5.6	汕头	4.3	海口	4.7	湛江	1.4	大连	3.5
35	烟台	28.8	贵阳	3.0	南宁	4.1	哈尔滨	5.4	南京	3.9	西安	4.7	长春	1.4	天津	3.2
36	宁波	28.7	宁波	3.0	乌鲁木齐	3.9	银川	5.3	连云港	3.7	乌鲁木齐	4.7	连云港	1.4	厦门	3.2
37	湛江	28.1	连云港	2.6	南昌	3.8	汕头	5.3	呼和浩特	3.0	贵阳	4.5	北海	1.3	北海	3.0
38	西宁	27.9	长沙	2.5	兰州	3.8	厦门	5.0	兰州	2.6	连云港	4.5	哈尔滨	1.3	烟台	2.8
39	贵阳	26.4	厦门	2.4	连云港	3.7	海口	4.9	哈尔滨	2.4	青岛	4.5	兰州	1.1	珠海	2.8
40	重庆	23.4	济南	2.4	昆明	3.3	成都	4.8	乌鲁木齐	2.3	南宁	3.9	广州	1.1	汕头	2.7
41	汕头	23.0	湛江	2.2	西宁	3.2	宁波	4.2	西宁	2.1	重庆	3.5	郑州	1.0	重庆	2.5
42	南通	22.9	汕头	1.6	湛江	3.1	连云港	3.6	太原	2.0	南通	3.0	重庆	1.0	连云港	2.4
43	连云港	21.9	北海	1.3	汕头	2.6	重庆	2.9	北海	1.6	西宁	2.8	南通	0.9	威海	2.3
44	北海	16.9	南通	1.2	北海	2.5	北海	1.3	贵阳	1.3	大连	2.4	汕头	0.5	南通	2.2

B.7
城市管理的路径选择与价值取向分析

石焕霞*

摘　要：

随着社会经济的不断发展，我国的城市化进程越来越快。面对城市化带来的诸多社会问题，急需一套全新的城市管理体系与之相匹配。本文梳理了我国近年来诸多城市在发展过程中，在突破传统管理模式的基础上，为了提高城市管理水平，推进城市管理体制创新所进行的努力和尝试，包括城市管理主体的多元化、城市管理对象的多样化、城市管理方式的数字化以及城市管理目标的人本化，探讨了"十二五"时期中国城市管理发展的价值取向。

关键词：

城市化　城市管理　城市管理体制

城市是当前世界公认的人类群居生活的高级形式，城市的发展与繁荣是现代文明的重要标志。随着世界经济的不断发展，各个国家的城市化进程越来越快。我国在这样的世界潮流之下也顺势而动，改革开放以来城市化步伐逐步加快并深入推进。从改革开放初期到 2011 年，我国的城市化率由 17.92% 上升到 47%，平均每年增加近 1 个百分点。不断加快的城市化进程，带来了诸多的社会问题，例如城市人口饱和、老龄化加剧、公共安全隐患增多等，给城市管理提出了严峻的挑战。传统的单一城市管理模式，显然已经无力解决城市化过程中的各种显性或隐性的问题，因此急需全新的城市管理理念和体制作为借鉴。所以，在快速发展的城市化过程中，提高我国的城市管理效率大有必要。

---

* 石焕霞，博士研究生，北京城市学院研究部讲师，主要研究方向为城市教育、教育史等。

基于此，本文梳理了我国近年来不同城市提高管理水平的路径，探讨了我国城市管理的特征，为当前我国城市的有效管理提供参考。

一　城市管理的内涵

城市管理是指以城市这个开放的复杂巨系统为对象，以城市基本信息流为基础，运用决策、计划、组织、指挥等一系列机制，采用法律、经济、行政、技术等手段，通过政府、市场与社会的互动，围绕城市运行和发展进行的决策引导、规范协调、服务和经营行为。① 广义的城市管理是指以城市中的一切活动为对象进行管理，包括政治、经济、文化、社会以及市政的管理。狭义的城市管理则通常是指市政管理，即与城市规划、城市建设及城市运行相关联的城市基础设施、公共服务设施和社会公共事务的管理。本文所讲的城市管理主要是指广义的城市管理，即为了促进城市的良性健康发展，对城市的政治、经济、文化等一切活动进行的科学、有序、合理的管理。

城市管理从构成要素上来说是一个完整的整体，主要是由管理主体、管理对象、管理方式以及管理目标等要素有机构成，因此，探讨城市管理水平的提高，离不开每个构成要素的变化和发展。各个城市在长期的探索和实践中，都会形成不同的管理风格，也会因其各自的风格不同而表现出不同的管理水平。而城市管理风格是不同城市发展历程中管理经验的凝练和总结，是共性与个性的统一。就共性而言，现代城市不论其管理要素如何调整和优化，其管理过程的科学、民主、高效都是共同原则，而其共同目的都是提高城市居民的生活质量，促进城市管理与发展方式的现代化。就个性而言，城市管理模式还取决于城市的地域、历史、文化以及政治意义上的区位、行政隶属等特质，因而每个城市管理过程又会形成别具一格的模式或风格。共性的存在为管理水平的探究提供了前提，而个性的张扬又为管理水平的提升提供了特色。

现代化的城市具有综合性和复杂性的特点，功能齐全，层次多样，城市各个体系相互依存、互相制约，因此探索提高城市管理水平的路径迫在眉睫。

---

① 宋刚：《超越还原论：现代城市管理之路》，《城市管理与科技》2007 年第 2 期。

二 提高城市管理水平的路径选择

（一）城市管理主体的多元化

随着社会经济的快速发展，城市建设的速度不断加快，面对日益复杂的城市现状，以政府组织为单一管理主体的传统城市管理模式已经不适应现代城市发展的要求。许多西方学者结合当代西方行政改革的实践，努力探索政府管理的新方法，以克服传统模式的弊病。英国匹兹堡大学教授 B. 盖伊·彼得斯把管理模式概括为四种，即市场式政府、参与式政府、弹性化政府和解制型政府，其中参与式政府的理论研究对我国城市管理领域产生了极大的影响。[①]

参与式政府的研究者首先提出城市管理主体的多元化，即市政府不是公共管理的唯一主体，而是形成市政府主导，公共事业组织、第三部门组织、营利性企业、社会公众等多元主体积极参与的新型城市管理模式，改变以往政府在城市管理中孤军作战的状态，杜绝政府在管理过程中的"一言堂"现象。

1. 多元主体管理中的政府

在多元主体管理模式中，政府依然占据城市管理的主导核心地位，不因其他主体的参与而有所动摇，是城市管理中不可替代的组织者和指挥者。例如，城市当中一些基础性、公共性的产品和服务是必须要由政府部门直接提供的，如教育、公共服务设施、文物和自然资源保护、煤气、供水与排水、博物馆和图书馆等。也就是说，政府应该归还社会和市场的"权力"，转为"有限政府"，集中力量重点抓好宏观调控、综合决策，具体包括经济的宏观调控、社会公共事业的管理、市场运行的监管，真正起到"导航"的作用。

2. 多元主体管理中的社会组织

"社会组织"是中国特殊语境和制度环境中的概念，是指"依法建立的，相对独立于国家政府系统，以社会成员的自愿参与、自我组织、自主管理为基

---

① 〔美〕B. 盖伊·彼得斯：《政府未来的治理模式》，吴爱明、夏宏图译，中国人民大学出版社，2001，第 237 页。

础，以社会公益活动或者互益活动为主旨的非营利性、非政治性、非宗教性的一类组织"。① 当前我们所说的社会组织还是一个相对模糊的概念，通常指介于政府与社会、政府与企业之间的组织，泛指日常所说的公共事业组织、第三部门组织，以及非营利组织等。

社会组织是现代社会结构分化的产物，是一个社会政治制度与其他非政治制度不断趋向分离过程中所衍生的社会自组织系统的重要组成部分。由于其生成于社会的公共空间，因此可以通过动员社会资源、提供公益服务、推动社会协调发展，起到维护弱势群体的利益、提供公共服务等作用。例如，我国政府近些年来通过划拨专项资金的方式，向各行各业的社会组织购买公共服务，这些服务以公益性、公共性和服务性为主要特征，通过政府承担、定向委托、合同管理、评估兑现的运作机制交由社会组织承担。目前，民政部门鼓励的政府向社会组织"购买"服务的方式主要分为三种：一是"费随事转"，即政府提供相应的经费保障或补贴，将一些社会事务交给社会组织来办理；二是项目发包，即政府通过项目发包的方式，将一些工作交给社会组织，由其组织人力、物力资源完成；三是公开招标，将政府可以交由社会组织来承担的工作，通过招投标的方式向社会组织发布，最后择优而行。②

社会各行各业的组织通过承担项目的方式，加入到政府公共服务体系当中，不仅可以拓展公共服务的空间，而且可以提高城市管理的效率。特别是第三部门具有专业性，因此可以采用更专业的技术和方式承担某项事务，另外第三部门的灵活性决定其可以更好地和其他组织开展合作。

3. 多元主体管理中的营利性组织

城市当中的营利性组织主要是以企业为代表，目前有许多私人企业以生产公共产品的方式加入到城市管理过程中来。美国学者萨瓦斯的研究表明，与非营利政府部门相比，营利性组织总的来说能以更低的成本提供更高质量的服务。需要注意的是，由于利润最大化的价值取向，可能会使企业在追求公共产品或服务高效率、低成本的指导下，忽略社会责任。因此，营利性组织在参与

---

① 程玥：《论社会组织管理的创新》，《中国行政管理》2008 年第 10 期。
② 《民政部：鼓励各地政府向社会组织"购买"服务》，2007 年 11 月 21 日，http：// news. xinhuanet. com/newscenter/2007 – 11/21/content_ 7122567. htm。

城市管理时，要强调其社会责任感，要时刻以社会公众利益为前提。

4. 多元主体管理中的社会公众

公众参与是指公众通过一定的方式和渠道试图影响政治过程的行为。公众参与是建构以人为本的服务型政府，提升政府公共服务能力的内在要求。公众参与可以提升公民的公共责任感，是培养合格公民的有效手段，有利于促进政府职能转变，促使城市管理逐步由自上而下的行政模式向上下互动的公众与政府合作的治理模式转变。①

另外，为了保证公众参与的实效性，要求政府为公众提供多元的参与方式，既有制度化的参与，如听证会、诉讼、复议、信访，也有非制度化的参与，如民生热线、网络论坛、志愿者服务以及政府开展的咨询、走访，参加区域性活动、公众评议等。例如，武汉市政府向市民承诺，在征集意见和论证调研的基础上，每年从群众提出的要求当中办十件实事。2010 年，政府再次以"市民最希望哪些方面的事情能纳入明年十件实事"向市民征求意见。市民可以通过热线电话、电子邮件、汉网论坛、信件等渠道，谈意见、提建议。通过《长江日报》的问卷调查和实地访谈，发现武汉市民对于政府的这种承诺九成多都持肯定的态度，其中 39.41% 说"很好，说明市政府有一诺千金的自信"，34.53% 称"不错，有勇气主动让市民监督"，18.85% 强调"信守承诺，笃实行事，才能获得市民信赖"，另有 7.21% 选择"其他"。② 从这一案例可以看出，我国在公众参与城市管理方面已经取得了诸多的成效，公民在参与城市管理过程中，除了非制度化的形式之外，还有通畅的法律通道。

尽管有许多公众成功参与城市管理的案例，但是也不乏失败的教训。公众已经"习惯"了处于被支配和被领导的地位，默认了政府的一切行为，因此我国公众参与城市管理大部分仍处于"象征性参与阶段"，即被动式参与多、主动式参与少，非制度化参与多、制度化参与少。

联合国人居中心在《城市化的世界》中指出：支持一个城市中的数百个社区组织的努力，由此而取得的成果将会远远超过任何一个政府机构依靠自己

---

① 徐林、黄萍：《公众参与和城市管理——基于杭州市的实证研究》，《中共浙江省委党校学报》2012 年第 1 期。

② 《2011 年市民最希望政府做什么？》，《长江日报》2010 年 11 月 15 日，第 3 版。

所做的一切。所以，城市管理方式的多元化模式无疑是社会发展的必然趋势。政府仍然是毫无争议的"掌舵者"；社会组织和营利性组织则是为城市管理提供殊异于政府的服务；而社会公众是组成城市的基础细胞，他们的加入使城市管理模式彻底发生了改变，由被动而主动，是城市化进程的主动力。

（二）城市管理对象的多样化

随着城市经济社会的快速发展，城市中外来流动人口的增多以及城市化进程的不断加快，城市管理的对象呈现复杂化和多样化的发展趋势，传统经济型的城市管理模式已经不能适应日益发展的城市管理需要，急需向综合性和系统性转型。

1. 由经济管理转向城市复合系统的整体发展

随着城市的不断发展，我国城市政府从单纯管理城市经济增长和物质性扩张转变为管理城市经济、社会、环境、科技、教育等复合系统的整合发展。

传统的城市管理对象一般都是以经济为主导，这一管理模式在建立我国城市经济体系、促进城市经济发展、提升生产力和人民生活水平等方面发挥了巨大作用。但是，随着城市社会经济的持续推进，该模式的弊端也在不断凸显。这种模式的一个重要特征就是经济管理的行政性，通过行政区域和行政组织利用行政的方法实现，城市政府往往要花费主要的精力去对付诸多经济组织的计划安排、资金调拨、人员配备、物资供应、产品销售等，而忽视了对城市社会和经济发展的公共社会环境和物质条件的建设和管理。

传统的经济主导模式意味着政府没有正确认识到经济的发展从本质来说与经济是一致的。同时，这种城市管理模式必然会使城市政府往往不考虑城市经济社会和生态环境诸方面发展的协调和结构优化，而片面地追求城市工农业产值的增长、经济发展速度的提高和经济规模的不断扩展，从而不可能实现对城市建设和发展有效、科学的管理。因此，随着社会的发展，城市政府越来越意识到城市经济与城市社会等其他方面的联系，管理重心逐渐从经济转移到社会公共事业、社会治安和社会保障，以及卫生保健等社会公共福利的管理。

2. 由市政管理转向人、事、物的管理

城市管理的对象从原来的市政管理，即对城市基础设施与环境的管理，扩

展到对人、事和物的综合管理，使得现代城市管理对象复杂化。

城市管理首先以管理人为出发点，包括城市人口管理、社会治安管理、城市生活服务管理、城市安全管理与城市文化管理，是对城市社会的运行管理，通过管理人达到对城市其他方面的管理。对"事"的管理，即对城市公共空间、公共信息、公共活动和公共安全的运行管理。对"物"的管理，涉及城市交通、水务、房地资源、住宅、市政和绿化、市容环卫、建筑以及相关的规划、环保、公安等，是对城市公共设施的运行管理。

当前除了人、事、物的管理之外，还注重对信息流的管理，通过对各种信息流的有效分析、利用和管理，做出科学的决策和判断，进而实现对城市中人和物的正确引导和管理。这是一种思路的转变，不是不再管理人，也不是抛弃以人为本的管理理念，只是管理初始节点的变化和管理对象的转变。

城市管理对象的多元化、复杂化，导致社会矛盾大部分集中于具体执法的城管人员，这也是造成城管执法人员受到指责和误解的原因。这种现状迫切要求城管执法人员提高综合素质，创新工作方式，积极争取人民群众的理解和支持。

（三）城市管理方式的数字化

数字城市（Digital City）起源于美国前副总统戈尔 1998 年提出的数字地球概念，是数字地球的一个组成部分。数字城市是一个非常广义的概念，是依托于信息技术和信息产业，以信息服务为中心的一系列数据库和信息系统的一种城市发展模式。城市发展的信息化相应地要求管理模式的匹配和发展，因此进入 21 世纪以来中国各个城市就不断在探讨城市管理的信息化模式。目前应用最为广泛的是"12319"数字城市管理模式，因其较低的成本和便利的服务赢得了许多城市的认可。目前，在扬州、深圳、汕头等 20 多个城市试行的主要是"12319"市政服务热线。

该服务热线主要把该城市管理部门的各个职能统一到一个服务平台上，凡涉及市政、市容环境卫生、城市交通秩序、园林绿化、城乡规划和环境保护等方面的问题，例如咨询、建议、投诉、表扬等，市民都可通过拨打"12319"城市管理服务热线来获得解决，改变了"一个行业一个热线"的传统，方便市民简便快捷地参与到城市管理过程中来。

"12319"城市管理服务热线平台由多层次网络组成。中心为一级工作网络，市直属有关部门和各区政府为二级工作网络。工作网络具有存储量大、处理速度快捷、功能强大等特点。"12319"热线相比于目前更为盛行的网络管理模式具有低成本的优势，一个电话、一个电邮就可以将问题从市民的手中转给政府人员，因此城市管理效率大为提高。例如，成都市锦江区城管监督中心，上午10点24分接到"12319"服务热线，内容是"家门口有流动商贩占道卖水果"。10点35分，一名城管监督员便匆匆赶过来开始清理占道游商。10点47分，监督中心在核实了案件处理情况后回复举报该情况的市民。① 事件的全程处理不到半个小时，展现了数字化城市管理的高效率。

另外，北京市东城区万米单元网格管理法和城市部件法也因其精细和高效的管理效果成为诸多城市纷纷效仿的对象。不过，尽管北京市东城区数字化城管模式具有极大的推广价值，但是依然有更多的城市由于技术和资金的局限，没能将这一模式完全实施和推广。网格化城市管理模式和"12319"热线管理模式都是数字化城市管理的具体实施，两者都是以信息化为手段，将各种社会资源集中起来，统一解决各类问题。两者都是通过引导公众参与城市管理，将问题分配给各个城管部门，提高城市管理成效。

（四）城市管理目标的人本化

现代城市经济主义观点认为，城市是从属于经济需求的，城市发展是以抹杀城市个性、牺牲市民生活质量为代价的，城市实际上是经济和商业的附庸。② 在这一观点的指导下，长期以来我国许多城市在城市管理过程中，将"以经济建设为中心"绝对化，甚至理解为完全"以GDP为中心"，以至于在城市发展的过程中，不管人类的可持续发展，更不顾资源、环境的承受能力，一味地强调经济的增长速度。最典型的例子是，我国在教育领域的投入一直未能达到GDP的4%。教育投入的严重短缺和不足，反映了整个城市管理过程中对人的发展关注不足，长远来看对人的全面发展的重要性认识不够。因此，人

---

① 《数字化城管带来城市管理工作的高效率》，2009年11月5日，http：//www. chengdu. gov. cn/news/detail. jsp？id＝289288。

② 唐亚玲：《我国城市管理以人为本的现状分析》，四川大学学位论文，2007，第22页。

本化的城市管理要改变传统的管理方式和策略，在城市规划、建设、运行管理的全过程中，把人作为城市管理的主体和中心，一切以人为目的，充分考虑人的需求，满足人的需要，理解人、尊重人、关心人、依靠人并服务人。简言之，就是在城市管理全过程中以满足人的需要、提升人的生活质量、实现人的全面发展为终极目标。①

1. "以人为本"管理理念的确立

当前许多城市已经从以经济为本逐渐转向以人为本，"人的城市"的观念日益得到了有些城市的关注，比如北京市的城区改造，"住在北京老城区里的居民，他们可能几户人合住在一套四合院，用水、用电什么的都不是很方便。但如果他们自己觉得住在那里很快乐，我们就不应该强迫他们接受改造，让他们搬走"。尊重城市人的精神自愿，直到他们觉得需要改造了，有能力改造了，甚至感到了住在这里内心不快乐，再进行城市改造，顺其自然，让政府改造成为"人们自己心里想要的东西"，以人为本的城市现代化才能得到更圆满的落实。② 因此，在城市管理过程中要时刻谨记城市不仅仅是建筑、交通、生产等系统在空间上的构成形式，更重要的是人所构成的社会关系网络包罗着这一切，城市的任何一个部分都离不开人。

另外，人本化的城市管理是社会和谐的基础。政府要本着服务于民的精神，一切以人为中心，强化城市规划、基础设施建设、保护环境、科技文化教育、社会共用事业、卫生保健等社会公共福利的管理，推动城市政府向"公共服务型"政府转型。

人本化的城市管理理念，需要具体内容与之相匹配。具体来说，包括三个方面：第一，尊重于人。城市管理在规章制度的制定、执行中要充分考虑同时作为执行对象和服务对象的市民的生活风俗、习惯及其思想状况，"想其所想，急其所急，解其所惑"，使其得到充分的尊重。例如，江苏省南京市在城市管理过程中，明确提出"亲民、富民"的重要目标，他们建立了"市长信箱""市民论坛""群众来访接待日"制度，市民遇到烦心事、想起好主意，

① 孙长虹：《现代城市管理人本模式研究》，吉林大学学位论文，2009，第48页。
② 《"被城市化"呼唤人本城市的回归》，《承德晚报》2010年6月5日，第A11版。

一个电话、一封电子邮件就可以同市长、局长对话。市长、局长确定"党政领导接待日",参与"市民论坛",到信访接待室、电台和电视台的直播室、报社的"读者热线",面对面地与市民交流。[①] 第二,服务于人。城市管理的最终目的是服务于人的需要,服务于整个城市的发展,服务于整个城市的人。而当前许多城市的交通规划,却是"以车为本",只注重车行道的建设,甚至许多车都挤上了人行道,也就是说在城市交通管理中只看到了车,却忽视了"驾车的人"。城市是人们生活和工作的地方,城市建设与人民群众的利益息息相关。城市管理应从最广大人民群众的根本利益出发,把人的需要放在第一位,从方便群众、服务市民的角度去规划、设计、建设和运营,增强现代生活气息,提高文化品位,改善生活质量,为群众创造方便、舒适、优美的生活和工作环境。第三,归属于人。城市,是人们的聚居地;城市管理,是为了满足人们的需要。人作为决定城市存在价值和意义的主体,应该是当之无愧的城市管理者和建设者,因此城市管理不应仅仅是政府的责任,同样也是每一个生活于其中的人的责任。每一个人都应该加入到城市管理的队伍中来,从传统的"被管理者"真正成为城市管理的主体。[②]

2. 关注弱势群体

城市管理中的人本化目标,特别要求对弱势群体的特殊关照。城市管理的核心理念是关注民生,因此除了关注大部分市民的生活状态外,还要关怀那些处于不利地位的人,关心那些生存艰辛的人,而不仅仅是强调城市的卫生、秩序以及表面的繁荣。中国人民大学行政管理学系毛寿龙教授直言,"美好的城市绝对不是不容纳下层人民的城市;绝对不是对一部分人来讲是天堂,而对一部分人来讲是地狱的城市"。[③] 例如,对于小商小贩乱设摊位,城管部门经常采取突袭的方式进行驱逐,这种粗暴执法的直接结果就是导致商贩的对立情绪,从而引发激烈的社会矛盾。而今在人本化的管理理念指导下,许多城市都对这类弱

① 韩卫华:《以公众满意为价值取向的城市管理模式初探》,厦门大学学位论文,2005,第30页。
② 孙长虹:《现代城市管理人本模式研究》,吉林大学学位论文,2009,第48页。
③ 《美好的城市,绝对不是不容纳下层人民的城市》,2006年6月18日,http://www.people.com.cn/GB/32306/54155/57487/4720111.html。

势群体采取了新的管理方式。成都市分时段、有条件地开放一些背街小巷，让城市贫困群体和农转非低收入人员摆摊设点；乌鲁木齐市则提出"引摊入市""引摊入巷"的政策，引导流动小贩入室进店经营，或在一些背街小巷设置临时市场，集中摆摊。这些政策都体现了城市政府对于弱势群体的关注。

3. 尊重城市的文化和个性

文化是一个民族历史的沉淀与积累，也是一个城市区别于另一个城市的重要特征。一座城市之所以能够延续发展，除了经济的因素之外，很大程度上源于文明的延续。长期以来，我们只关注城市的物质功能，比如城市可以为人们提供的居住环境、办公高楼、便利的交通、商业网络等，而对城市的精神功能却大为忽略，这也是城市在发展过程中特色、个性和定位都逐步模糊的重要原因。近年来，山东省临沂市根植于本土文化的土壤，大力推进文化名市建设，在培育城市文化个性和特色上做了大量富有成效的工作。临沂市委全体会议学习贯彻落实党的十七届六中全会精神，进一步明确了文化强市建设的总体要求，提出到 2020 年，实现市民整体素质和城乡文明程度、沂蒙文化影响力、文化基础设施建设和管理水平、文化产业竞争力、文化改革发展活力、文化发展保障力"六个显著提升"，着力打造历史文化、书法文化、兵学文化、红色文化、民俗文化、商贸文化"六大品牌"，努力实现把临沂建设成为鲁南苏北区域性文化中心的奋斗目标。[①] 城市是有生命的，独特的城市个性、品位和文化内涵，体现着一个城市卓尔不群的风格与魅力。

城市管理者面对丰富多彩的城市，一定要尊重每个城市的文化个性、文化风格和文化品位，维护好生成该城市的格局、风貌以及空间特征、整体环境、人文精神等，以留住城市的文化个性，在此基础上努力传承和弘扬这种文化特色，把文化个性忠实地反映在城市建设上，以固化城市特色。

城市管理的根本目的，归根到底还是"以人为本，以民生为本"，应当想方设法让更多的市民衣食无忧、安居乐业，以求整个城市能够长治久安，持续均衡快速地发展。任何脱离"人"的城市管理模式都是不现实的，也是毫无价值的。

---

① 高明：《培育个性，以文化城》，2011 年 11 月 25 日，http：//meili. lywww. com/2011/1125/16957. html。

三 我国城市管理的特征分析

我国城市管理仍处于摸索阶段，许多理念和方式有待进一步更新。因此，要适应城市化的快速发展，必须对管理体制经验进行总结和完善。综上所述，"十二五"期间我国城市管理主要体现了以下几个特征。

（一）民主成为城市管理的主流价值

民主是社会发展的根本动力。城市管理过程中需要各个主体自主参与，而不需要政府的外在约束和强制。民主管理的特征包括三个方面：一是平等参与，二是共同决策，三是相互制约。城市政府多元管理主体模式的实现，改变了传统的政府一元管理体制、"一支独大"的现象。

而当前城市管理多元主体的参与，会促进"协商谈判"机制的形成，为政府提供足够的资讯，而各个参与方利益的博弈也使得政策成为各主体的共同福利，因此降低了执行成本。例如，首都城市综合信息服务平台整合了北京市各个政府部门和相关商业机构的公共服务资源，利用奥运官方网站、政府网站、信息亭、移动电视、手机电视等多种渠道，为公众提供全面、权威、丰富的城市综合信息服务。信息的公开和资源的共享，使公众成为自然而然的决策主体。民主管理是其他管理理念实现的基础和前提，多元利益主体的真正参与和相互制约是必不可少的。

（二）节约成为城市管理的重要特征

政府是社会秩序安排的主导者。作为先天的社会事务的组织者和管理者，政府的运行和发展是需要成本的。政府成本按结构可以分为人力资本、采购成本及决策成本。弥补市场缺陷和组织管理社会事务使政府成本产生有其存在的必然性，而其无力承担自身生产的成本与政府成本转嫁这一特征，使得政府自身并不重视政府成本大小问题。① 例如，当前中国许多城市无序发展，随意

---

① 王志锋：《新时期我国城市管理模式创新取向及路径选择》，《经济体制改革》2005 年第 6 期。

"摊大饼",城市基建工程重复建设,拆了建、建了拆;城市结构不合理,不考虑就业、文化、教育、商务等配套设施,呈单中心高密度饼状布局等,不仅浪费了大量的人力和物力资源,也使得城市的发展处于断代状态。城市规划的"一厢情愿",必然会导致规划跟着开发商的项目走,心中无数,盲目地"摊大饼"。

另外,公共服务具有垄断性,因此使得政府履行服务的过程中因缺少外在的竞争对手而失去了内在动力。美国学者萨瓦斯的一项研究表明,"公共部门提供服务的成本费用平均比承包商提供服务的成本费用要高出 35% ~ 95%"。政府活动以消费性为主,本身并不产生社会收益,因此政府运行成本必然会加诸其他利益主体。居民和企业面对这样的利益侵害,定然会与政府相龃龉,从而影响政府在市民眼中的形象。

而当前城市管理模式转变,公众参与城市管理过程,可以减少政府在规划城市发展中的盲目性;管理对象的多样化,使得政府在发展城市经济的同时,充分参考环境、教育、历史文化等多种因素;城市管理人本化目标,也促进政府积极地把循环经济、节约型社会等重要理念进一步具体化。因此,城市管理模式的发展体现了城市发展的节约价值取向。

(三)高效成为城市管理的主要目标

城市政府管理模式改革之前,属于"全能型政府",既要进行城市发展的规划和决策,又要执行城市发展的具体措施,因此属于既"掌舵"又"划桨"。另外,由于其他城市主体的"缺席",政府在进行城市管理过程中不计成本,因此大大增加了成本。而且我国科层制的管理体制,使得各级政府拥有不同的审批权,层层审批也会加大政府成本。在经济全球化的发展趋势下,我国越来越重视政府的行政成本和办事效率,因此高效成为城市治理的重要因素。

(四)城市管理的可持续发展取向

著名的生态学家李嘉图(Ricardo)、马尔萨斯(Malthus)和穆勒(Mill)等人明确指出,人类在发展经济活动的过程中,对生态环境的索取有一个极

限。20 世纪 70 年代，P. R. Ehrlich 和 J. P. Holdren 从生物地球物理的角度提出了影响深远的环境影响方程和迫害方程：

$$I = P \times A \times T$$

其中：I 为环境影响，P 为人口，A 为人均富裕程度，T 为由谋求富裕水平的技术所造成的环境影响。

环境损害 ED 为：

$$ED = P \times E \times R \times EP \times D$$

其中：E 为人均经济活动，R 为每次经济活动所使用的资源，EP 为每种资源的利用对环境的压力，D 为每种压力的损害。

按照这一方程计算，我国很多城市在发展过程中都多少存在着对环境的破坏和损害。"从 90 年代起，昆明进入城市化、工业化高度发展期，由于不科学的发展观，造成了交通堵塞、滇池污染、建筑高密度、城市特色欠缺、人居环境差等城市病。由于不科学的发展观，尽管昆明的 GDP 高速增长，但是与财富的积累不成正比。因为，我们的增长方式是破坏式的、折腾式的，而不是保护式的、积累式的。"[①] 这是一个城市在城市化过程中的问题，由于管理模式的不科学导致破坏式发展、暴发户式发展成为中国许多城市的通病。面对这样的发展现状，《中国 21 世纪议程》提出了我国城市可持续发展的目标：建设成规划布局合理、配套设施齐全，有利工作、方便生活，住区环境清洁、优美、安静，居住条件舒适的城市。

城市的可持续发展，从客观上要求人们把社会发展与城市大环境作为一个整体纳入现代化管理范畴，只有当城市内部诸要素以及城市同外界环境之间协调一致时，城市才会有活力。因此，当前城市管理模式的发展均是基于此目的，多元主体参与城市管理、城市管理的人本化，无一不体现着可持续发展的理念。而城市管理对象的多样化，也使得城市政府为了给居民提供一个良好的工作和居住环境，坚持做到经济、社会、生态三者协调发展。

---

① 宣宇才：《昆明"城市病"严重建设节约型城市：别无选择》，2005 年 8 月 2 日，http：//politics. people. com. cn/GB/14562/3586874. html。

因此，城市管理模式的发展，可以促进城市政府积极解决、协调城市发展中的各种矛盾，推动城市政治、社会、经济和文化的繁荣，为城市在社会上树立良好的形象，增强城市在经济、信息和人才等方面的凝聚力，促进城市真正快速、高效、可持续的发展。

参考文献

陈平：《数字化城市管理模式探析》，《北京大学学报（哲学社会科学版）》2006 年第 1 期。

韩卫华：《以公众满意为价值取向的城市管理模式初探》，厦门大学学位论文，2005。

任志儒：《数字化城市管理模式研究》，北京工业大学学位论文，2007。

孙长虹：《现代城市管理人本模式研究》，吉林大学学位论文，2009。

诸大建：《管理城市发展：探讨可持续发展的城市管理模式》，同济大学出版社，2004。

The Way to Enhance China's Urban Management

Shi Huanxia

Abstract：With the development of Chinese social economy, city urbanization is being in process more and more quickly. Faced with a lot of social problems, city government needs a pattern of Chinese Urban Management to reply. The paper analyzes the trend in development of the pattern's dimension geometries, such as plural subject, diversified and complex target, numerical management and humanistic objectives of management. At the same time, the paper approaches the applicable styles of city from different angles. Based on this, we sum up the features of pattern of Chinese urban management.

Key Words：City Urbanization；Urban Management；System of Urban Management

B.8
城市化进程中城乡接合部发展的战略思考

李 胜 陈文娟*

摘 要：

改革开放以来，中国城市化进程进入了一个新的发展时期。随着我国城市化进程的加快，城乡接合部的战略地位显得越来越重要。尽管近年来我国在城乡接合部管理方面取得了较大成效和积累了诸多宝贵经验，但还有许多新问题需要解决，主要体现在：社会管理和公共服务难度增大，规划管理不够完善，行政管理体制改革滞后，产品质量和食品安全管理薄弱。本文阐述了城乡接合部选择发展战略的一般原则和发展目标，探讨了城乡接合部创新发展的战略思路：一是创新管理手段，更好地实施公共服务；二是突破二元体制，统筹城乡发展；三是明确主导产业，促进产业升级。

关键词：

城市化 城乡接合部 战略思路

改革开放以来，我国进入了城市化高速发展时期。国家统计局数字显示，2010 年，我国大陆 31 个省、自治区、直辖市和现役军人的人口中，居住在城镇的人口①为 665575306 人，占 49.68%；居住在乡村的人口为 674149546 人，占 50.32%。同 2000 年第五次全国人口普查相比，城镇人口增加 207137093

---

* 李胜，北京城市学院研究部副主任，教授，博士，主要研究方向为城市经济、循环经济、园区规划、可持续发展战略管理等；陈文娟，北京城市学院助理研究员，主要研究方向为教育经济。

① 城乡人口是指居住在我国境内城镇、乡村地域上的人口，城镇、乡村是按 2008 年国家统计局《统计上划分城乡的规定》划分的。

人，乡村人口减少 133237289 人，城镇人口比重上升 13.46 个百分点。[1]

2011 年是中国城市化发展史上具有里程碑意义的一年，城镇人口占总人口的比重首次超过 50%，达到 51.3%。它意味着人们的生产方式、职业结构、消费行为、生活方式、价值观念都将发生极其深刻的变化。[2] 2000～2011 年中国城市化率的变化趋势如图 1 所示。

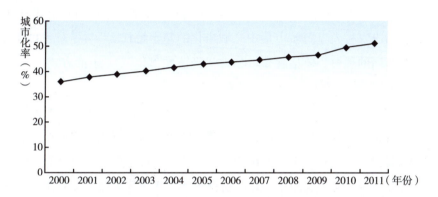

图 1   2000～2011 年城市化率变化趋势

资料来源：根据中华人民共和国国家统计局全国年度统计公报整理。

一   城市化的内涵和城乡接合部的界定

（一）城市化概念的内涵

1858 年，卡尔·马克思在《政治经济学批判》中论述城市发展和城乡分离问题时使用了"乡村城市化"一词。西班牙工程师塞达 1867 年在所著的《城镇化基本原理》一书中首次使用了 Urbanization 概念。

Urbanization 的词头 Urban 意为都市的、市镇的；其词尾 ization 由 iz + ation 组成，表示行为的过程，意为"……化"。诺贝尔经济学奖得主西蒙·库兹涅

---

① 中华人民共和国国家统计局《2010 年第六次全国人口普查主要数据公报［1］（第 1 号）》。

② 汝信、陆学艺、李培林主编《2012 年中国社会形势分析与预测》，社会科学文献出版社，2011。

茨（1989）将城市化定义为城市和乡村之间的人口分布方式的变化。[①] 路易斯·沃斯认为城市化是乡村生活方式向城市生活方式发展、质变的全过程。需要说明的是，这里所指的城市生活方式不仅不同于农村的日常生活习俗、习惯，而且还包含了制度、规划和方法等方面的内容。[②] 国内学者李保江认为城镇化是以农村人口向城镇转移和集中，以及由此引起的产业－就业结构非农化重组的一系列制度变迁过程。[③] 林国先对发达市场经济国家城市化的进程进行了研究，指出农村人口向城市集中是城市化的基本特征。[④] 学界对"城市化"一词存在不同的理解，概括起来可分为"经济城市化"、"生活方式城市化"、"人口城市化"和"制度城市化"等观点。

城市化实践表明，城市化是具有丰富内涵的概念，应从多维角度揭示其本质。城市化是变农村人口为城市人口、变农村地域为城市地域的过程，这是城市化的数量过程；城市化也是城市的经济、社会、技术变革在城市等级体系中的扩散并进入乡村地区，城市文化、价值观和生活方式等城市文明在农村的地域扩散过程，这是城市化的质量过程。[⑤]

（二）城乡接合部概念的界定

1936年，德国地理学家赫伯特·路易最早提出了城市边缘区（Stadtrand Zonen）的概念。[⑥] 20世纪80年代中期，国内学者开始关注这一地域现象，主要包括两个方面：一是学界借鉴国外的"城乡交错带""城乡过渡带""城乡交缘带""城乡边缘带""城市边缘带""半城市化地区"等概念；二是规划界与土地管理部门提出的"城乡接合部"概念。[⑦] 国务院在2002年发布了《国务院关于加强城乡规划监督管理的通知》，提到了"城乡接合部"的概念。

---

① 西蒙·库兹涅茨：《现代经济增长：发现与思考》，戴睿、易诚译，北京经济学院出版社，1989。
② Wirtih, Louis, "Urbanism as a Way of Life," *American Journal of Sociology*, 1989.
③ 李保江：《中国城镇化的制度变迁模式及绩效分析》，《山东社会科学》2000年第2期。
④ 林国先：《城镇化道路的制度分析》，《福建农林大学学报（哲学社会科学版）》2002年第3期。
⑤ 刘洁泓：《城市化内涵综述》，《西北农林科技大学学报（社会科学版）》2009年第4期。
⑥ 张建明、许学强：《城乡边缘带研究的回顾与展望》，《人文地理》1997年第3期。
⑦ 陈佑启：《城乡交错带名辩》，《地理学与国土研究》1995年第1期。

该通知给出的"城乡接合部"概念解释是：规划确定为建设用地，国有土地和集体所有用地混杂的地区，以及规划确定为农业用地，在国有建设用地包含之中的地区。付承伟、陈明星等指出城乡接合部更能体现城乡之间独特的地域空间本质，他们给出的解释是①：一方面，"城乡"指城与乡之间的地域属性，"城乡"更能反映这一地域的区位状态，"接合部"更能反映出该地域过渡的性质。另一方面，相对于其他相似概念，城乡接合部并不带有明显的地理学范畴，从而能更充分地表达这一地域兼具自然特性和社会特性的本质。

二　快速城市化进程中城乡接合部的管理问题

尽管我国近年来在城乡接合部管理方面取得较大成效，并积累了诸多宝贵经验，但也存在许多新问题，主要包括以下几个方面。

（一）城市组团式发展模式使城乡接合部问题突出

与单纯的城市边缘地区的城乡接合部不同，随着城市化进程的加速推进，尤其是以重点新城为代表的城市组团的发展，在中心组团和新城组团之间的城乡接合部地区所呈现的矛盾和问题更为突出。由于在空间上采用了组团式的发展模式，中心城区和各新城之间的"夹心"区域成为城乡接合部最具特色的区域。在"夹心"区域，一方面，在政府推动下建设居住社区，承担着原有中心城区的人口居住功能，显现出城市特征。但另一方面，在这些"夹心"区域内，部分原有村镇形态仍然存在，其区域人口流动性强，环境、治安等问题突出。

（二）社会管理和公共服务难度增大

2011 年，全国人户分离的人口（居住地和户口登记地所在乡镇街道不一致且离开户口登记地半年以上的）为 2.71 亿，比上年增加 977 万人；其中，流动人口（人户分离人口中不包括市辖区内人户分离的人口）为 2.30 亿，比

---

① 付承伟、陈明星：《国内城乡结合部研究进展》，《地理科学进展》2010 年第 12 期。

上年增加 828 万人。① 城乡接合部流动人口数量占全部流动人口总数的绝大部分，2010 年北京含有城乡接合部的区（县）的流动人口数量占北京市全部流动人口总数的 91.5%。由于北京城乡接合部流动人口数量巨大，所以给北京市的社会管理和公共服务造成较大困难。

（三）规划管理不够完善

1. 城乡接合部布局混乱，不符合城市总体规划

受我国城乡二元管理体制影响，政府对城乡接合部的规划工作重视不够，许多道路并没有纳入城市道路整体规划，不能满足人流、物流、消防和停车的基本要求。城乡接合部的空间形态紊乱，建筑风格低下，也严重影响了城市空间规划的科学性、层次性和完整性。虽然有些地区有比较完善的详细性规划，但没能得到严格执行。

2. 公共基础设施不足，公共服务落后

城乡接合部村庄道路尚未完全硬化，路面不尽平整。谢宝富等实地观察的 134 个城乡接合部的道路情况见表 1。②

表 1　134 个城乡接合部道路硬化情况

单位：%

	硬化	基本硬化	大部分硬化	小部分硬化	基本未硬化	未硬化	不知道
主要道路	65.41	27.82	3.76	0.75	0.00	0.00	2.26
次要道路	21.80	30.83	29.32	10.53	3.01	0.75	3.76
小　　巷	8.27	12.78	25.56	32.33	8.27	9.02	3.76

表 1 显示，城乡接合部主要道路、次要道路、小巷硬化比例分别为 65.41%、21.80% 和 8.27%。接合部居住者多，流动性大，再加上工作地点与生活地点的分离，经常出现道路堵塞、交通拥挤的现象，交通管理滞后；普遍缺乏城市基础设施，排污设施不完善，大多没有与市政排污管网接通，排污系统是利用村落沟渠改造的，雨水污水"一锅粥"，排污能力不足；供水、供

① http：//www.stats.gov.cn/was40/gjtjj_ outline.jsp.
② 谢宝富：《我国城乡结合部治理面临的问题及对策研究》，《中国软科学》2009 年第 S1 期。

电、供气和供暖等的管网线路设施不全，村落用地功能紊乱，树木和绿地缺少，随处可见生活垃圾和建筑垃圾，生态环境较差；公共服务落后，中小学、幼儿园、垃圾站、社区活动服务中心等缺乏。无论是公办中小学、幼儿园，还是民办流动人口小学、幼儿园，教学条件都需要改善。北京已进入小学入学高峰，今后一个时期，北京市将面临京籍和非京籍适龄入学人口双重高峰压力。数据显示，北京小学适龄儿童人口从 2010 年起逐年增加，2012 年达到 13.7 万人，预计 2014 年将达到 18 万人左右，在校生也将从 2011 年的 68 万人增加到 84 万人，之后连续几年仍将保持增长势头。① 学生数量激增的地区多位于城乡接合部和城市新区。除中小学资源总量明显不足外，北京市中小学教育还面临着学校布局结构性失衡、部分办学条件未达标准、随迁子女义务教育保障机制有待进一步完善等问题。②

3. 违法建设泛滥，急需治理

违法建设一般包括违法用地和违法建筑两类。违法用地指违反《土地管理法》《城市规划法》及其他相关法规的土地，包括非法转让、非法审批、非法占用的土地。违法建筑则指违反国家或地区相关法律、法规的所有建筑，包括违法用地上的建筑和部分合法用地上不符合相关法律和法规建设的建筑。③ 2012 年 10 月 15 日，国土资源部执法监察局召开汇报会，就 9 月底开展的 2011 年度土地卫片执法检查实地督察工作进行汇总梳理。督察发现，各地 2011 年度土地卫片执法检查工作存在的主要问题有：个别地方违法用地问题仍然较多，农民违法建房用地、重点工程违法用地等问题依然较为突出，违法用地查处整改没有到位，形势不容乐观。④ 国土资源部最新公布的 2012 年上半年土地违法查处情况显示，半年内共发生 2.9 万起土地违法行为，涉及土地 17.7 万亩，耕地 6.5 万亩，新的违法用地面积逐月上升，农民建房等小宗违法用地增加，以设施农业等为名的非农业建设违法用地行为有增多之势。

---

① http://www.bjnews.com.cn/news/2012/10/28/230155.html.

② http://www.bjnews.com.cn/news/2012/09/30/225762.html.

③ 谢宝富：《我国城乡结合部治理面临的问题及对策研究》，《中国软科学》2009 年第 S1 期。

④ http://www.gov.cn/gzdt/2012-10/16/content_2244721.htm.

（四）行政管理体制改革滞后

城乡接合部产业在自然属性上非农化，居民职业构成非农化，而在社会属性上城乡接合部农村部分被定位为农村社区。城乡接合部接受管理城市为主的"区"的领导，却没有实施城市社区管理体制。虽然它是农村社区的组成部分，但大部分的劳动力已转向了非农产业，使许多农村政策失去了贯彻对象，城市的优惠政策难以进入城乡接合部地区。近年来，城市政府虽然已介入城乡接合部的管理工作，但由于存在街道管理和乡镇领导的职责不清、地域交错等现象，在实际工作中往往相互推脱责任，很多工作开展困难。

（五）产品质量和食品安全管理薄弱

质监部门调查表明：我国食品加工小作坊大多没有食品生产许可证，从业人员没有健康体检合格证，生产设备简陋，卫生设施不健全。造假者通过租用民房开办加工场所，具有极强的隐蔽性。而且，由于交通便利，与城市距离很近，加工好的假冒伪劣产品能够直接流向城市市场，完成销售快，城乡接合部已成为造假的"重灾区"。[1]

三　创新城市化进程中城乡接合部的战略思路

党的十八大报告提出："城乡发展一体化是解决'三农'问题的根本途径，要加快完善城乡发展一体化体制机制，着力在城乡规划、基础设施、公共服务等方面推进一体化，促进城乡要素平等交换和公共资源均衡配置，形成以工促农、以城带乡、工农互惠、城乡一体的新型工农、城乡关系。要改革征地制度，提高农民在土地增值收益中的分配比例。"这是党中央对推动城乡发展一体化所做出的前瞻性、战略性、科学性部署，是解决我国城乡接合部管理问题的落脚点。

---

① 黄序和：《城市化进程视野下城乡结合部问题研究》，《质量技术监督研究》2011年第1期。

（一）城乡接合部战略选择的一般原则和发展目标

城乡接合部战略选择的一般原则主要有三：①可持续发展原则。要充分体现可持续发展理念，把眼前的发展与未来的发展结合起来，把经济发展与资源的有效利用和环境保护有机地结合起来。②区域协调性原则。城乡接合部作为区域重要组成部分，应注重保持与其他部分的协调发展，要在谋求自己发展的同时，支持和促进其他部分的共同发展。③互补性与特殊性原则。制定城乡接合部发展战略，要充分发挥城乡接合部的优势，注重与其他区域在经济功能和生态功能方面的互补性与差异性，突出其经济发展中的特殊作用。城乡接合部发展目标主要有城市经济多元化、城市管理社区化、公共服务均等化、地区环境景观化和生态化。

（二）创新战略思路

1. 创新管理手段，更好地实施公共服务

管理手段的合理应用是有效管理的重要前提。在城乡接合部管理过程中，我们要以服务为前提，寓管理于服务之中，进行管理手段创新，更好地为城乡接合部居民服务。

（1）发挥政府作用及加强总体规划。城乡接合部地区产业布局、人口分布、市政设施等要与全市总体规划符合。为了全面贯彻实施总体规划，应该编制城乡接合部控制性规划。市、区两级政府在符合全市总体规划的前提下，可根据城乡、农居二元并存的具体情况，下放规划和其他执法管理权。鼓励乡镇街道对本地区内的违章建筑进行监督管理，从而确保总体规划在城乡接合部能得以顺利实施。

（2）居民劳动再就业服务体系的建立。努力推进城乡接合部劳动力向第二、三产业以及现代农业的转移，加快推动促进就业的政府责任体系、政策扶持体系、管理服务体系和技能培训网络等向城乡接合部延伸。积极实施促进就业政策，拓宽就业渠道，完善就业服务，打造就业平台。要进一步制定和完善扶持鼓励创业的政策措施，降低创业门槛，加强创业培训，激发创业活力，优化创业环境，引导和促进更多的人通过开展形式多样的自主创业增加经营性收

入，促进被征地农民和下岗职工就业，带动和增加社会就业。[①]

2. 突破二元体制，统筹城乡发展

随着市场经济体制的不断完善，传统的城乡"二元结构"管理体制逐渐被突破。尽管我国目前不可能完全取消城乡二元管理体制，但是我们可以以利民、惠民为起点，从城乡接合部的区位特点、发展水平出发，在这一地区率先推进管理体制改革。

（1）改革户籍管理制度。建立城乡居民自由迁徙和政策调控相结合的户口迁徙制度，逐步放开城镇户口限制，推进农村人口的城市化。取消农业户口和非农业户口的划分，以居住地为主要标准，着力解决流动人口居住、就业、子女就学和就医等问题。按照公平对待、合理引导、服务至上及完善管理的原则，把流动人口纳入当地经济社会发展规划。要积极探索"以证、以房和以业管人"的流动人口服务管理新模式，提升流动人口服务管理水平。

（2）构建社会保障体系。进一步扩大城乡住房、养老和医疗等各类保障覆盖范围，加快构建城乡一体的社会保障体系，提高保障能力和保障水平，让农民分享土地增值收益，增加农民资产性、保障性收入，使城乡居民收入差距逐步缩小。要不断加大对特殊困难群众的救助帮扶力度，更加重视解决重病、残疾、孤寡等特殊困难群众的生活困难。

（3）创新城市社区管理体制。实施单一的城市社区管理体制，使城乡接合部成为真正意义上的城市城区。城乡接合部管理体制改革的核心和基本内容就是打破城乡分割架构，从根本上破解二元结构体制，取消农村社区管理体制，农民改为居民，社会管理体制由村委会过渡为社区居委会，集体经济改为股份公司，土地村集体所有改为土地国家所有。

（4）完善土地开发管理机制。要控制地方政府的征地权，确保政府征地权的行使建立在公共目的的基础上。非公共目的使用集体土地，应通过市场机制来配置。要完善市场价格形成机制，建立公开竞争的土地有形市场。土地价格由市场机制决定，纠正价格扭曲及降低市场运行的效率损失。

（5）实行征地补偿款预存制度。为切实维护被征地农民的合法权益，全

---

① 孙靖雅：《城市化进程中城乡结合部管理存在的问题及对策探究》，《经济师》2010 年第 4 期。

面实行征地补偿款预存制度和征地区片综合地价与被征地农民社会保障费用相分离制度。按照谁用地、谁承担的原则，由申请用地单位在征地区片综合地价外另行支付被征地农民社会保障费，并在征地报批前存入市级财政开设的被征地预存专户。公开出让用地，被征地农民社会保障费用可先由区县人民政府在用地报批时承担，供地时再计入建设单位用地成本。被征地农民社会保障费不落实的，不予批准征地。

3. 明确主导产业，促进产业升级

"产业规划的可持续性和产业模式的创新性"是城乡接合部产业发展的前提，明确主导产业，促进产业升级，使城乡要素在城乡接合部区域内合理流动并有效配置，促进城乡接合部第一、二、三产业全面协调可持续发展。

（1）探索开办科技园区新路径，破解城乡接合部产业发展困局。北京市第一个由乡镇自主建设的"中关村东升科技园"地处海淀区、朝阳区、昌平区3个行政区的交界处，所在的西小口地区是典型的城乡接合部。该园区所有权和收益权归全乡农民集体所有，解决了农民失地后被剥夺生活、生产资源，以及产业转型升级等诸多问题，为农民提供了长期的保障。目前，当地210多名农民已经就业，东升镇的股东总人数达到了6000多人。随着园区的发展、企业效益的提高，这些股东的分红也会进一步增加。中关村东升科技园已探索出集体产权开办科技园区的路径，并成为城乡接合部产业发展的样本。

中关村东升科技园集总部基地、高科技产业研发基地、加速器及企业孵化基地、高新科技成果展示及相关配套服务于一体。园区定位为高端产业研发区、高科技成果辐射区、高科技服务配套区。该园区吸引了国科激光、清华工业研究院等高新技术企业入驻，一期签约客户已达80多家，入驻率达到100%。据统计，园区企业拥有知识产权347项、申请专利182项，承接国家"863"和"973"计划多项，有一家企业设立了博士后工作站。在入园企业中，41%是电子信息技术类、21%是生物与新医药技术类、12%是资源与环境技术类。2011年，园区总产值达30.8亿元，上缴地方税收3.8亿元。①

中关村东升科技园的创新实践，是我国农村集体经济产权改革的成功案

---

① 中国搜地网，http://www.soudi.cn/soudi/news_80760.html。

例。北京市海淀区北部的西北旺镇、苏家坨镇、温泉镇和上庄镇，按照"一镇一园"的布局，借鉴东升科技园的经验和发展模式，启动了由农村集体经济组织自办的4个科技园区。

（2）发展观光休闲产业、打造环城景观带。改善农村生态景观，发展设施农业、现代生态循环农业，建设旅游、休闲观光园区，将城乡接合部打造成适宜城市居民休闲旅游度假的环城景观带，同时又不造成新的生态破坏。为此需要采用现代生态循环农业方式加以建设，北京蟹岛园区便是典型的案例。该园区位于北京市朝阳区金盏乡城乡接合部，是北京市朝阳区一家集旅游、生态农业、观光、餐饮为一体的大型品牌企业，国家4A级景区、现代生态农业示范园区、北京循环经济产业园区示范基地。园区总占地面积3180亩，其中，农业用地2700亩、水面350亩、旅游度假用地130亩。近年来，蟹岛以市场为导向，不断完善生态农业和农业旅游产业链，为国内都市农业的产业化摸索出了一条可资借鉴的成熟发展模式。更为难能可贵的是，蟹岛通过"龙头带动、产业联动、城乡互动"，建立了第一、二、三产业相互支撑，形成城乡互利的经营模式，真正实现了城乡协调、共同发展的良性循环。北京蟹岛集团"以产业联动创新城乡统筹模式"项目荣获"2009年中国城市管理进步奖"。蟹岛园区的支撑要素涵盖三个方面，其要素结构见图2。

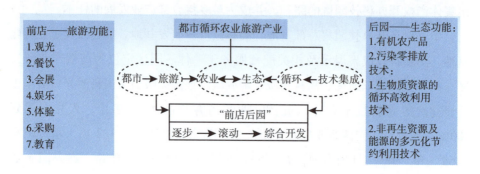

图2　蟹岛模式的要素结构

图2不仅涵盖蟹岛园区的三对关键要素：都市→旅游、农业←→生态、循环←技术集成，还点明了蟹岛园区的"前店后园"式布局特色、"逐步→滚动→综合开发"发展路径，体现了"前店后园"的各种功能集合，以及各种

技术集成。由于蟹岛园区采取了生态产业链循环模式、资源的循环高效利用及能源多元化利用模式、系统技术集成创新模式、"前店后园"生态旅游经营布局等一系列生态模式，因而取得了良好的经济效益、生态效益和社会效益，实现了经济、生态和社会的协调发展。蟹岛都市循环农业的发展为农村剩余劳动力提供了更多的就业机会，在蟹岛园区 2011 年 1244 个从业人员中，直接参与第一、第二产业的员工共有 196 人，占从业人员的 15.8%；从事第三产业的从业人员共有 1048 人，占从业人员的 84.2%。从 2008～2011 年蟹岛各产业从业人员变动情况看（见表 2），第三产业在蟹岛园区的稳定发展，为社会提供了大量就业机会，形成了较强的对农村剩余劳动力的吸纳能力。

表 2　蟹岛各产业从业人员变动情况

单位：人，%

产业	2008 年		2009 年		2010 年		2011 年	
	人数	占总产业比例	人数	占总产业比例	人数	占总产业比例	人数	占总产业比例
第一、第二产业	168	15.8	175	15.9	188	16	196	15.8
第三产业	892	84.2	926	84.1	987	84	1048	84.2
各产业总计	1060	—	1101	—	1175	—	1244	—

（3）实施"一城两区百园"总体战略，推动第一、二、三产业融合。2010 年 8 月 16 日，国家现代农业科技城（简称农科城）建设正式启动。2012 年 3 月，科学技术部印发了《关于贯彻落实中央一号文件精神加快农村科技创新创业的意见》，启动了"一城两区百园"工程①（简称 121 工程）建设。实施国家现代农业"一城两区百园"总体战略，推进"一城两区"战略同盟，是用现代服务业引领现代农业发展的创新举措，是破解城乡二元结构、实现城乡统筹的创新途径，通过完善"一城两区"农业科技协同创新战略结盟体制机制，利用信息化、金融等多种手段促进结盟发展，推动第一、二、三产业融合，加快转变经济发展方式。国家现代农业科技城"密云国际休闲生态农业

---

① 北京国家现代农业科技城、杨凌现代农业高新技术产业示范区和黄河三角洲国家现代农业科技示范区，以及 100 多个农业科技园区。

科技示范园"建设与发展的核心之一就是实现产业和发展领域的多元融合，主要融合内容是密云农业、科技与休闲旅游、现代服务、文化创意等的技术融合，产品或业务融合，市场融合，企业融合，服务融合，管理融合和网络融合。"一城两区百园"总体战略的推进，必然会对城乡接合部的产业升级、产业融合、城乡统筹等方面提供难得的发展机遇。

The Strategic Thinking about Developing Urban Outskirt Areas in the Process of Rapid Urbanization

Li Sheng   Chen Wenjuan

Abstract： Our country has entered a period of rapid urbanization since the reform and opening-up. The strategic significance of urban-rural fringe area becomes evident as the acceleration of rapid urbanization. The problems for the management of urban-rural fringe area in the process of urbanization include still lagging social management, relative chaos of economic management, un-perfected planning and management, lagging systematic reform of administrative management, and frail product quality and food safety management. This paper elaborated the general principles and developing objective, and discussed the developing ideas of innovative strategy for urban-rural fringe area： Firstly, innovating management measures and implementing public service better; Secondly, breaking dual structures, and integrating urban and rural development; Thirdly, making clear dominant industry, and promoting industrial upgrade.

Key Words： Urbanization; Urban-rural Fringe Area; Strategic Viewpoint

B.9

从"全地域城市化"走向 "全领域城市化"

——对我国发达地区城市化战略的反思

梁 言*

摘 要:

本文分析了全地域城市化战略提出的背景及其多重含义,指出全地域城市化往往意味着土地过度城市化,造成资源浪费的同时,还可能引发城市的经济、社会、人口等空间布局不合理,损害经济效率和社会公平。由于城市化进程的最终目标是人的发展,本文主张用全领域城市化取代全地域城市化。

关键词:

城市化 地域 领域

近年来,我国一些地方政府(包括成都、重庆、宁波、大连、青岛等),相继提出全地域城市化的发展战略。在实际操作和学术研究中,全地域城市化有着不同的解读,但是总体上可以概括为三种:一是特定时间、特定地域内全部农民转化为市民。2005 年,深圳通过将宝安和龙岗两区农民一次性"转非"率先在全国成为没有农民的城市,被认为是对这一战略的一次实践。二是指全地域谋划新城建设,同时推动城乡一体化发展。比如,大连的新城建设被看作连接城乡一体化的新枢纽,将全地域城市化战略看作推进全市城乡一体化建设的重大决策。[①] 三是指

---

* 梁言,北京市社会科学院城市问题研究所副研究员,博士,研究方向为城市发展和城市管理。

① 全域城市化项目组:《全域城市化进程中农民利益保障问题研究》,《大连干部学刊》2011 年第 6 期,第 58 ~ 61 页;冯云廷:《新城建设与全域城市化——以大连市为样本的研究》,《城市》2010 年第 11 期,第 12 ~ 20 页。

"城市化的高级状态，是城市化的终极目标"①②，人口、产业、生活环境等全面向城市转型，同时，城乡一体化发展，实现高度融合。

不难看出，上述对全地域城市化的理解存在一定的差别，反映了全地域城市化的内涵不够清楚和统一。这可能导致两种不好的结果：其一，政府政策的实施与设想的目标不一致；其二，学术研究难以进一步深入，与其他关于城市化的学术思想（比如，健康城市化）难以对话。为了解决这两个问题，本文将从分析我国发达地区城市化的背景入手，深入剖析全地域城市化战略的内涵及其对我国城市化发展的影响，探讨适宜我国经济发达地区城市化的发展战略。

一 我国发达地区城市化的背景及"全地域城市化"的提出

（一）发达地区城市化进入中后期阶段

改革开放后，我国城市化经历了 30 多年的快速发展。按照市镇人口的比重计算，城市化率从 1978 年的 17.92% 增长到 1996 年的 30.48%。按照国际标准，城市化率超过 30%，已进入城市化中期的快速推进阶段。根据最近的统计，2011 年的城市化率首次超过 50%，这意味着近些年每年城镇人口新增近 2000 万。

我国区域经济发展不平衡，各地的城市化速度不均，地处东南沿海的浙江、广东、江苏、山东等省份的城市化已进入中后期阶段，很多城市主要通过在老城区之外建设新城推动城市化发展。一些比较发达的城市（特别是大城市），不满足于原有的城市化这一概念，"发明"了"全地域城市化"这样一个名词，用以表征新时期、高标准，特别是在更广阔的地域内的城市化发展战略。比如，2006 年宁波市市域总体规划提出了"全域都市化"的概念，2009

---

① 金明强、李宪坡：《全域城市化的战略内涵与实施路径——以宁波市镇海区为例》，载于《转型与重构——2011 中国城市规划年会论文集》，中国城市规划学会、南京市政府，2011，第 151~159 页。

② 李宪坡、高宏良、董印：《全域城市化：理论与实践》，《小城镇建设》2011 年第 2 期，第 27~32、45 页。

年大连市政府提出了"全域城市化"的战略构想。从这个意义上说，全地域城市化可以近似理解为更广阔地域内的城市化。

（二）城乡一体化与城市化问题紧密交织、互为因果

城乡一体化是指给予乡村和城市同等水平的公共服务以及推动人口、土地等要素在城乡间自由流转。它与城市化紧密交织、互为因果。一方面，城乡一体化已经成为影响城市化发展的关键因素。当前，农村人口向城市的流动仍然受到阻碍，已经进入城市的农民工也只是处于"半城市化"状态。消除这些阻碍因素，才能推动城市化进程的进一步发展。另一方面，城市化也可以带动城乡一体化。比如，经过十几年的发展，珠江三角洲发育了具有现代化文明的城市群，原来的农村地区迅速发展为城市地区，城乡间差距迅速缩小。

这种局面下，城市化和城乡一体化问题被放在一起考虑，决策部门希望提出一种战略同时包含二者。全地域城市化战略一定意义上也是对这一趋势的响应，含有推动农村地域的经济、社会状况发展为像城市一样的含义，主张在加快城市化进程的同时，推动城乡一体化建设。

（三）人口、土地、经济、社会城市化发展不协调

完整的城市化概念包括人口、土地、经济、社会等几个方面的转变。近年，我国土地城市化的速度远远超过了人口和其他方面的发展，农地过度非农化现象严重①。据统计，全国城市建成区面积由 1981 年的 7438 平方公里增加到 2010 年的 40058 平方公里，建成区人口密度则由 1981 年的 26849 人/平方公里，降低到 2010 年的 16720 人/平方公里。一些地方甚至出现了农民的土地被城市化了，而农民及其家属却未被城市化的现象。② 此外，在经济、社会等方面的城市化过程中，发展速度常常也不同步，如北京的顺义和亦庄，随着经济开发区的建立，经济城市化之后，公共服务设施、居民小区的建设没有跟上，社会城市化明显滞后。这一背景下，全地域城市化有时也被解读为城市化的高级阶段，希望推动人

---

① 田莉：《我国城镇化进程中喜忧参半的土地城市化》，《城市规划》2011 年第 2 期，第 11～12 页。
② 陆大道、宋林飞、任平：《中国城镇化发展模式：如何走向科学发展之路》，《苏州大学学报（哲学社会科学版）》2007 年第 2 期，第 1～7 页。

口、产业、生活环境等全面向城市转型。然而，这个意义上的全地域城市化与地域已经没有直接的联系，更多的是人口、产业、生活等几个领域的转型。

总之，全地域城市化的提出与城市化过程中出现的多种新现象都有关系。然而，在本质上，它是我国发达地区城市化进程发展到新的历史阶段的产物，反映的是地方政府推动城市化向更高级阶段发展的愿景。然而，究竟怎样才是城市化的更高级阶段？对此存在着多种理解。特别是，其内涵与同一时期我国政府部门提出的"新型城市化""健康城市化"有什么差别？只有回答了这些问题才能对全地域城市化做出较深入的分析，探讨适宜的城市化发展战略。

二 健康城市化、新型城市化、全地域城市化三种战略的比较

2006 年，国家"十一五"规划中提出积极稳妥的"促进城镇化健康发展"的健康城市化战略。同年，我国一些地方政府提出了新型城市化和全地域城市化战略。首先是浙江省政府提出"坚定不移地走资源节约、环境友好、经济高效、社会和谐、大中小城市和小城镇协调发展、城乡互促共进的新型城市化道路"，强调城市化进程的推进需要遵循可持续发展、统筹城乡发展的原则。之后，浙江省宁波市提出了"全域都市化"，同样把可持续发展、城乡统筹作为主要实现目标。这一战略的提出是在浙江省的新型城市化战略之后，因而，它与新型城市化有相承的关系，可以看作新型城市化的另一种表述。然而，在后来大连等地的政策实施中，全地域城市化被赋予了全地域推动新城建设等方面的含义，相反，可持续发展的"健康"理念则被弱化了。

通过期刊、网络等渠道查找相关资料，选择较多的论述，我们得到了健康城市化、新型城市化和全域城市化三种战略的主要特征（见表 1）。当前不同层级政府提出的三种城市化战略的核心理念已经存在较明显的差异。健康城市化和新型城市化，最关注的是可持续发展，强调资源节约、环境友好的城市化发展模式。相反，主要由地方政府推动的全地域城市化战略由于其着眼点放在地域的城市化方面，强调通过新城建设等手段加速推进城市化进程，对于可持续发展等内容关注较少，一定程度上存在过于激进的追求土地城市化扩张的倾

向。全地域城市化战略的另一个重要特征是强调城乡一体化发展。城乡一体化或许是高级产业形态下的一种理想模式，但是在中国当前仍然依靠传统工业带动城市化快速发展的时代，过早提出城乡一体化不一定有益于经济和社会的持续发展。[①] 很多地区，为了追求城乡一体化，盲目上马项目推动农村社区的村改居工程，结果仍然是土地过度城市化。

表1 我国近年兴起的几种城市化战略

城市化战略	健康城市化	新型城市化	全地域城市化
提出时间	2006 年	2006 年	2006 年
倡导者	国家十一五规划	地方政府	地方政府
核心理念	可持续发展	可持续发展、城乡一体化	新城建设、城乡一体化
实施的地区	全国	浙江	宁波、成都、重庆、大连、青岛等

三 全地域城市化可能存在的问题

如前文所述，全地域城市化战略可以有多种理解。但是，对于大多数地区来说，全地域城市化的实施以地域为着眼点，以城市化的数量为导向，有忽视城市化质量的嫌疑，往往意味着土地过度城市化，可能存在以下问题。

（一）破坏资源环境

土地过度城市化，首先将浪费大量的耕地资源，增加市民往来的交通成本和能源消耗。其次，将增加城市生态环境压力。在土地城市化的环境下，植被减少、不透水面积增大、下渗水量减少，致使地表径流量大、洪峰增大、洪涝灾害加剧、气温升高、尘埃和二氧化碳增多、水和空气被污染。[②] 土地城市化面积越大，意味着城市生态承载力面临的挑战也越大。

---

① 袁奇峰等：《从"城乡一体化"到"真正城市化"南海东部地区发展的反思和对策》，《城市规划学刊》2005 年第 1 期，第 63 ~ 67 页。

② 谢守红：《土地城市化的环境效应》，《湖南城建高等专科学校学报》1999 年第 2 期，第 42 ~ 44 页。

（二）损害经济效率

城市的存在部分根源于集聚经济的作用。土地过度城市化，将导致城市密度下降，空间布局过于分散，损害经济效率。从产业布局来看，当前，很多城市在远离市中心地区新建了一些工业项目。这些项目有些是为了扩大城市经济规模，吸引投资而进行合理开发。但是，也有很多有名无实，占用了大量土地，却没有吸引真正有竞争力的企业。从就业来看，土地过度城市化造成了部分农民失业。在城乡接合部的部分农民原本利用便利的交通位置，开阔的院落，以及基于乡缘的社会关系，从事一些非正规经济；"村改居"之后，居民大多搬迁到更远的郊区的楼房居住，原有的"工作场所"消失，社会关系网络不再完整，原有就业结构被迫调整，收入不升反降。

（三）阻碍社会公平

土地过度城市化，导致公共服务的空间布局过于分散，阻碍社会公平。从公共服务设施的布局来看，一些郊区新建的大学城，不仅增加了教师往返的成本，还由于配套设施欠缺，造成了学生与城市生活的隔绝，不利于学生综合素质的提高。从安置小区的建设来看，很多小区位置偏僻，距离市区的商业中心、公共服务中心较远，普遍面临着医疗、教育资源不足的问题。从居民的认同感来看，新建安居小区与商品楼混杂，原本贫富不均的人，在上楼之后，彼此距离被迫拉近，"空间压缩"导致一些贫穷的居民产生相对剥夺感，文化上难以真正认同城市化之后的生活。

总之，全地域城市化战略将土地城市化作为着眼点，可能产生很多问题，因而不适于指导我国发达地区城市化的发展。这些地区真正需要的是在可持续发展原则的指导下，推动城市化走向更高级阶段。这一新阶段的战略，笔者认为可以用全领域城市化来表征。

四 全领域城市化的提出及其政策含义

（一）从全地域城市化走向全领域城市化

全地域城市化作为一种从地域空间着眼的城市化发展战略，可能导致土地和人口的过快增长，而在经济、社会等领域不仅没有真正城市化，很多情况下，甚至反而不如"城市化"之前的状况（比如失地农民的就业问题）。因而，这种城市化战略与城市化的根本目的可能是背道而驰的。

城市化进程的最终目标是人的发展①，而人的发展又依赖于经济、社会、空间（土地）等各领域要素的提供。这里我们认为有必要提出全领域城市化的概念，并主张用这一战略取代全地域城市化。所谓全领域城市化，是指在人口、经济、社会、空间等诸领域协调发展，全面向城市转型的高标准的城市化。在城市化发展的初期，受到资源的限制，我们往往侧重于推动某一两个领域的城市化发展，到了城市化的中后期，我们需要推动城市化诸领域协调发展，从而满足人发展的需要，使得城市化迈向更高级的阶段。这一战略和健康城市化、新型城市化一样，出发点放在人的发展上。所不同的是，全领域城市化强调城市化的广义内涵，从而对于指导我国，特别是发达地区如何推动城市化向高级阶段迈进更具现实意义。

（二）全领域城市化战略的政策含义

1. 破解城市化速率之争

城市化速率的控制是国家政策的重要内容。关于当前我国城市化速度是否适当，学术界存在争议。以陆大道院士为代表的部分学者认为我国城市化速度过快，提出当前城市化冒进和空间失控的问题。② 包括诸大建③、牛凤瑞④等在内的一些学者则认为城市化速度并未过快，甚至相对过慢。

从全领域城市化视角来看，城市化包括经济、土地、人口、社会等诸领域的转型。陆大道院士提到的城市化速度过快是指土地城市化速度过快，而诸大建、牛凤瑞等提到的城市化过慢指人口、经济和社会城市化速度过慢。因而，

---

① 陈明星、叶超：《健康城市化：新的发展理念及其政策含义》，《人文地理》2011 年第 2 期，第 56～61 页。
② 陆大道等：《2006 中国区域发展报告——城镇化进行及空间扩张》，商务印书馆，2007，第 1～8、114～117 页。
③ 诸大建：《中国城市化：转变模式还是放慢速度？》，http：//theory. people. com. cn/GB/49154/49156/4677044. html，《解放日报》2006 年 8 月 8 日。
④ 牛凤瑞、潘家华：《中国城市发展报告（No. 1）》，社会科学文献出版社，2007，第 1～6 页。

政府制定城市化政策应当放弃笼统地控制城市化速度的思想，转而将城市化看作多个领域的转变，放慢过快的部分，推动过慢的环节。

2. 推动真正城市化的实现

完整的城市化概念包括人口、社会、文化、空间、经济等多方面的转换，如果仅出现其中一两个方面的变化，比如土地和人口的集中，这种情况被认为是不完全的乃至虚假的城市化。全领域城市化就是真正的城市化，同时，它明确地提出加快经济、社会等领域的城市化，因而更有利于推动真正城市化的实现。

3. 保障城市化诸领域的协调发展

以往对城市化的分析中大多只关注城市化过程中经济、社会、人口、土地等领域中的某一两个领域之间的协调发展问题。比如，讨论工业化（经济城市化）与人口城市化的关系、土地城市化与农民市民化（社会城市化）的关系。从全领域城市化战略出发，我们强调经济、社会、人口、土地等诸领域的城市化都要协调发展，任何方面的欠缺或者过度都是不适宜的。

From "Full-area Urbanization" to "Full-sphere Urbanization"

Liang Yan

Abstract：This article analyzed the different understandings of "full-area urbanization", and argue that the "full-area urbanization" means the over-urbanization of land in most cases. In this strategy, the urbanization will waste resources, undermine economic efficiency and destroy social justice. So I suggest use the "full-sphere urbanization" strategy instead of "full-area urbanization" strategy.

Key Words：Urbanization；Area；Sphere

经 济 篇

Economy

B.10
中国城市经济管理中的问题
分析与对策思考

孙久文　原 倩*

摘　要：

作为城市管理的首要内容，城市经济管理是保障城乡经济社会发展的重要手段。在城市化进程不断推进的形势下，我国城市经济管理在城市产业结构、基础设施建设管理和住房管理三个方面存在突出问题。为妥善化解矛盾、夯实城市发展基础，必须充分发挥政府经济管理职能，从明确城市发展定位和发展规划、完善城市公共经济管理、加强政府规制和监管三个方面提高城市经济管理水平，破解发展难题，为加快推进我国城市化进程提供切实保障。

关键词：

城市经济管理　产业结构　基础设施　城市住房

* 孙久文，中国人民大学经济学院教授，博士生导师，研究方向为区域经济；原倩，中国人民大学经济学院博士生，研究方向为区域经济。

一　问题的提出

21 世纪是城市大发展的世纪。到 2011 年，我国的城市人口所占比例已经达到 51.3%，超过了农村人口。中国从一个延续了五千年的农村为主的社会，进入到了一个真正的城市社会，这是一个伟大的转变，是中国进入新时代的标志。未来的 10～20 年，中国的城市化水平将进一步提升，将有数亿人口进入城市，面对未来我国将有超过 10 亿城市人口的现实，城市发展将面临巨大的挑战和无数的难题。因此，加强城市管理不但是城市发展的客观要求，更是推动我国城市化进程的重要保障。

在我国不断推进城镇化进程和积极参与全球化和国际竞争的大背景下，经济发展是现代城市关注的重点，城市经济管理也顺理成章地成为城市管理的重中之重。只有在系统把握城市管理全面内涵的基础上，进一步深化对城市经济管理的认识，才能有效解决当前城市经济管理领域中的突出问题，促进城市经济可持续发展。

从职能和范围角度划分，城市管理有广义和狭义的概念。狭义的城市管理等同于市政管理，主要指政府部门对城市的公用事业、公共设施等方面的规划和建设的控制与指导。而本文中的城市管理是广义的城市管理，就其内容而言，它不仅涵盖狭义城市管理的范围，还包括对城市经济、人口、土地、环境生态等方面的规划、控制和管理。现代城市管理，就是城市管理主体以城市的长期稳定、健康发展为目标，以人、财、物、信息等各种资源为对象，采用各种手段对城市运行系统做出的综合性规划、协调、建设、控制和管理等活动。它包括城市规划管理、城市经济管理、城市人口与社会管理和城市生态环境管理等内容。

作为城市管理的首要方面和重要内容，城市经济管理是指城市政府运用经济、行政、法律、制度等手段对城市经济环境和经济活动进行有效控制和协调以获得最佳的城市经济效益的过程和行为。城市经济管理历来是城市管理的重中之重，它直接关系到城乡经济社会的进步和繁荣。众所周知，市场经济存在市场失灵和经济运行周期性波动的弊端，同时，着眼于全国范围的分工协作又要求城市政府发挥其规划和调控的职能，因此，城市经济管理的职能应定位于弥补市场经济缺陷，熨平经济运行波动，合理规划城市经济发展方向。它的具体任务包括制定和实施城市经济社会发展战略和规划，调整优化城市经济结构，提供私人市场无法供给的公共物品以及实施对城市经济活动的管理和规制。

二 当前我国城市经济管理中的突出问题

改革开放以来，我国城市经济获得了令人瞩目的发展。城市的经济规模不断扩大，城市经济管理取得较快进步，城市化、工业化和市场化逐步协调。然而，在国际金融危机、欧债危机造成的外部冲击和"保增长、调结构、转方式"实现经济转型的内部压力的双重困境下，我国城市经济管理面临着严重的问题和挑战，在城市产业结构、城市基础设施建设管理及城市住房和房地产管理三个方面表现得尤为突出。

（一）城市产业结构的问题

产业结构是经济结构的最重要一环。城市产业结构是指城市经济各产业之间以及内部各行业之间量的比例关系及其特定的相互关系，包括城市产业结构本身、技术结构、产业布局、产业组织和产业链五个要素。作为城市发展水平的重要指标，城市产业结构一方面是决定城市经济功能和城市性质的内在因素，继而从根本上对城市空间结构产生重大影响；另一方面，它与城市经济的发展互为因果，密不可分，对城市经济的未来产生根本性的影响。然而，在我国当前的发展形势下，中国城市产业结构存在着一些明显的矛盾和问题，限制了城市经济、区域经济乃至整个宏观经济发展空间，威胁城市经济的可持续发展。

第一，城市间产业结构趋同化严重，区域分工协作不充分。

许多城市性质定位非常相似，产业结构和产业选择雷同，各城市大多选择相同的产业作为本城市经济的主导产业进行竞争，导致产业结构不合理的趋同化和区域分工协作无法有效展开。产业结构趋同化现象既有历史的因素，也有

现实的因素。从历史角度看，计划经济时期在"麻雀虽小，五脏俱全"的城市建设思路的指导下，大中小城市纷纷建设自己的工业体系，导致"大而全、小而全"的重复建设大量出现，为今天各城市产业趋同埋下了历史隐患。从现实角度看，一方面，出于地方利益的考虑，城市政府一味追求自身经济和财政收入的增长，不断强化地方保护和市场分割，导致城市盲目投资、重复建设现象严重；另一方面，城市性质和定位雷同、缺乏个性，忽视对城市个性和城市文化的发掘，导致"百市一面"、千篇一律，进一步助长了城市产业结构趋同化的倾向。

各个城市产业结构的趋同化后果十分严重。就城市经济自身而言，趋同化倾向恶化了城市的竞争环境，导致各城市在要素供给环节、市场需求环节甚至是招商引资环节纷纷展开激烈竞争，限制了城市主导产业集聚效应和规模经济效应的发挥，压缩了城市产业和城市经济的发展空间。就整个国家经济而言，区域分工协作的不充分造成巨大的效率损失。在 GDP 导向的发展思路驱使下，各城市的重复建设现象严重，不但导致规模经济效应难以充分发挥，资本利用效率降低和资源大量浪费，而且造成产能过剩和恶性竞争，从而严重恶化了城市的竞争环境和发展空间。

第二，城市产业结构高度化乏力，一些城市出现逆向变化。

根据产业结构演进规律，随着城市经济的持续发展，第一产业的比重应该不断缩小，第二产业的比重先是增加，经过了一段时间之后又逐渐缩小，第三产业的比重则不断增加。在当前我国城市经济产业结构中，只有第一产业根据产业演进规律发生持续的下降，第二、三产业并没有呈现应有的发展趋势。一方面，第二产业比重仍然很高，近来还有进一步提高的趋势；另一方面，第三产业比重则提升缓慢，回顾近三年的走势，第三产业比重并没有明显的提高。总之，产业结构高度化进程缓慢，并未出现按产业演进规律发生的产业高度化和转型升级。

城市产业结构升级的乏力直接影响整个国家经济的转型发展。一方面，第二产业的比重过高而第三产业比重难以提上去，将对中国的资源和环境产生巨大的压力，威胁城市经济发展的可持续性。另一方面，第二产业对劳动力的吸纳能力远不如第三产业。在中国城市化快速发展、农村劳动力大量转移的时代背景下，产业高度化发展的乏力将无法发挥第三产业在吸纳劳动力就业方面的重要作用。同时，服务业的举足不前不但无法满足人民群众对各种服务的需求，而且在以"产业服务化"和"体验经济"为主流的未来竞争中，中国将处于不利地位。

第三，城市产业结构反生态化问题严重，粗放式、外延式、分散式发展问题突出。

中国前期城市发展过程是粗放式和外延式的，在城市产业发展中体现得尤为明显。依赖资源大量投入、不计环境成本和土地大规模开发支撑起来的城市经济发展道路产生了诸多恶果，已经走到了尽头。首先，城市土地大量流失。据统计，珠江三角洲地区很多城市土地已经告罄，土地的大规模开发和"土地财政"将面临无以为继的困境。其次，城市自然资源急剧消耗，生态环境严重恶化，城市产业结构和产业发展不可持续的问题已见端倪。

（二）城市基础设施建设的问题

城市基础设施是城市经济健康发展、社会正常运行最基本的物质基础，也有广义和狭义之分。从广义上讲，城市基础设施是指为城市直接生产部门和居民生活提供共同条件和公共服务的工程设施，是城市生存和发展，顺利进行各种经济活动和其他社会活动所必须具备的工程性基础设施和社会性基础设施的总称。而通常所讲的城市基础设施则是狭义的基础设施，即工程性基础设施，它包括能源供应系统、供水排水系统、交通运输系统、邮电通信系统、环保环卫系统、防卫防灾安全系统等六个部分。本文所研究的是狭义的城市基础设施，它具有十分明显的特性。首先，城市基础设施具有公共物品或准公共物品性质，这决定了其规划和建设应当纳入城市公共经济体系之中；其次，城市基础设施需要高额初始投资从而具有较高的固定成本，这意味着它具有很强的垄断性，因而它的正常运营离不开政府规制；最后，城市基础设施具有显著的公共性、外部性和共享性，这决定了城市基础设施建设应当先行。然而，当前我国大多数城市的基础设施建设和管理存在着严重的问题。

表1　中国城市设施水平

年份	城市用水普及率(%)	城市燃气普及率(%)	每万人公共交通车辆(标台)	人均道路面积(平方米)	人均公共绿地面积(平方米)	每万人拥有公共厕所(座)
2003	86.15	76.74	7.66	9.34	6.49	3.19
2004	88.85	81.53	8.41	10.34	7.39	3.21
2005	91.09	82.08	8.62	10.92	7.89	3.20
2006	86.67	79.11	9.05	11.04	8.30	2.88
2007	93.83	87.40	10.23	11.43	8.98	3.04
2008	94.73	89.55	11.13	12.21	9.71	3.11
2009	96.12	91.41	11.12	12.79	10.66	3.15
2010	96.68	92.04	9.71	13.21	11.18	3.02

资料来源：2004~2011年《中国统计年鉴》。

从表1中可以看出，近几年以来，尽管我国城市经济发展突飞猛进，但基础设施水平没有相应改善，部分设施的供给甚至出现了倒退的迹象。比如，城市公共交通设施建设方面近两年连续下降，这个走势与我国快速发展的城市化进程形成了鲜明的反差，揭示了我国城市基础设施建设不但难以满足先行性的要求，而且已经严重滞后于城市发展。城市基础设施建设供给不足、建设滞后的原因有两个。最直接的原因是投资不足，融资渠道狭窄，投资主体单一。目前中国城市基础设施建设资金主要来源于国家预算内投资、中央和地方财政拨款、国内贷款、相关税费和国债专项资金。对于很多城市而言，中央和城市财政拨款是基础设施建设的主要资金来源。基础设施建设的民间融资和民营化建设则由于面临税收负担、金融歧视、法律保护缺位等体制性障碍而举步维艰。除上述几个渠道外，中国城市基础设施其他融资方式还处在起步阶段，这一方面使得政府财政不堪重负，在支撑城市基础设施先期性和大规模建设的过程中捉襟见肘，背上了沉重的财政负担；另一方面，融资渠道的单一导致基础设施建设投入资金不足，这是城市基础设施建设滞后于经济社会发展的首要和基本原因。

城市基础设施建设滞后的另一个原因则是相关领域竞争不足和政府经济规制的缺失。国有企业对基础设施供给的垄断造成电信、电力、供水等领域竞争不足，根据微观经济学的不完全竞争市场基本原理，少数企业市场力量的强大和竞争不足必然造成行业供给不足、价格过高以及效率损失。

我国城市基础设施的运营和管理方面也存在严峻的问题。政府垄断经营造成运营效率低下，服务质量不高。目前，我国城市基础设施基本上还是由国有企业垄断经营，市场化程度非常低。一方面，企业缺乏竞争压力，造成经营效率低下，经营效益长期在低水平徘徊；另一方面，服务质量迟迟难以提升，"店大欺客"现象时有发生。政府监督缺失导致约束弱化。政府在基础设施建设过程中监管不力，不但导致设施的施工建设不受预算约束、超预算情况司空见惯，而且难以保证工程质量，"豆腐渣"工程屡见不鲜。

（三）城市住房和房地产管理

城市住房问题是事关国计民生的基本经济和社会问题。加强城市住房和房地产管理不仅是带动城市经济发展的重要引擎，更是惠及民生的关键环节。改革开放以来，伴随着从福利分房制度到货币化分房、产权私有的制度改革过程，人们的住房条件有了很大改善，我国的房地产业也获得了极大的发展。然而，在取得成绩的同时，城市住房和房地产业的问题也逐渐累积和凸显。

第一，房价过快上涨，透支社会有效购买力。

2012 年国家统计局的数据显示，从我国居民消费支出结构上看，食品消费在居民的支出结构中是逐年下降的，而居住消费在居民支出结构中是逐年上升的。1990～2010 年，在消费支出结构中，城镇居民食品消费的比例从 54%下降为 35.7%，农村居民食品消费从 58.8%下降为 41%。从居住支出所占比重看，城镇居民从 1990 年的 7%上升到 2010 年的 9.9%，农村居民则从 1990年的 17.3%上升到 2010 年的 19.1%。对于居民来讲，特别是农村向城镇转移的农民，居住支出的压力已经相当沉重。

我国是一个人口大国和经济高速增长国家，随着改革开放中人民收入水平的提高和住房制度改革前受压制的潜在住房需求的释放，住房价格适度上涨是由市场供求关系决定的，是符合市场经济客观规律的。但是，我国的住房价格却在非正常因素的扭曲下经历了过快的上涨。首先，房地产市场不健全，信息不透明。一方面，作为房地产市场的供给者的开发商行为失当，住房价格一有波动便大肆圈地、捂盘惜售，人为推动房价上涨；另一方面，社会游资纷纷入市投机，致使房价在投资性需求的拉动下不断攀升，大大超过了合理涨幅范围。其次，城市政府住房管理目标不清，措置失当。城市住房具有经济发展和社会保障双重效应，而政府在房地产管理问题上面临双重矛盾。一是经济增长和人民住房的矛盾。众所周知，房地产业是具有极高上下游带动作用的支柱性产业，房价高涨、房市上扬有助于发挥房地产业对经济增长的带动作用，保证经济增长。但房价上涨的同时却加重了人民买房负担，产生"蚁族""夹心层"等各类群体，致使社会矛盾加剧。由于 GDP 仍是最重要的考核指标，政府通常希望房价高涨的同时又不得不兼顾社会的稳定。二是在如何引导住房价格走势问题上，中央政府同地方政府存在着尖锐的矛盾。中央政府从全局出发需要考虑改善民生和社会稳定，希望地方引导房价合理提高而不要过快上涨激起民怨，但地方都从地方利益出发，希望从本地房价上涨、土地开发升温的趋势中获得可观的收入，对中央政府的房价调控政策阳奉阴违。为刺激房地产市场发展，许多城市政府纷纷出台支持政策，比如购房落户政策，通过鼓励房产外销来维持高房价。这在一定程度上阻碍了房产市场的回稳调整，其结果便是房价只升不降。

第二，房地产供需结构失衡，过剩与短缺并存。

由于开发商追逐高利润，热衷于高档住宅和大户型住房的开发，我国房地产市场上供应的住房大多是大户型，中小户型住房供给短缺。国家统计局 2006年 4 月的数据表明，在 24 个大中城市里，每套在 120 平方米以下的住房占商品房总面积的比重还不到 50%，套型、价格与普通居民家庭的合理住房需求不相适应，大多数城市没有按要求提出增加普通商品住房和经济适用房的具体措施。而在需求一方，高收入家庭毕竟在整个住房需求群体中占的比重较小，占比更大的是中低收入家庭的住房需求。可以说，当前高收入家庭的大户型住房需求基本已经得到满足，但中低收入家庭对中小户型住宅的需求却无法满足。大户型住房的过剩和中小户型住房的短缺并存说明房产市场供应和需求结构不再匹配。

房地产市场供需结构失衡的原因是复杂的。一方面，房价居高不下，开发商出于逐利的要求热衷于开发大户型的住房以赚取高利润。另一方面，虽然国务院有规定"对于套型建筑面积 90 平方米以下住房（包括商品房和保障房），其建筑面积所占比重必须达到开发建设总面积的 70% 以上"，并做出其他相关的要求，但没有具体规定各类商品房和保障性住房的建筑面积和用地面积指标，管理力度大大减弱。

第三，保障房建设滞后，管理失范。

首先，保障房供给严重不足。保障房作为改善民生、为低收入人民提供基本住房保障的具有公共物品性质的产品，本应由地方政府负责提供，然而，城市政府却将保障房的建设当成一项"面子工程"和经济增长的累赘，难以做到充分供给。目前，作为我国住房保障制度重要组成部分的经济适用房和廉租房的供应覆盖面非常小，廉租房保障面不足5%，经济适用房开发投资也仅占住宅投资的5%左右，这个供应水平相比于群众巨大的住房需求而言简直是杯水车薪。同时，政府在保障房管理方面存在明显的漏洞。目前由于没有建立完善的住房档案和收入档案并进行科学的动态管理，许多城市难以准确界定住房保障对象，进而导致城市政府的保障房管理和决策缺乏客观依据。而且，保障性住房的退出机制不完善，人们一旦分到了经济适用房或廉租房，就形成了既得利益，导致住房保障制度的福利固化问题突出，进一步削弱了住房保障对人民住房需求的保障力度。

三　应对我国城市经济管理突出问题的思路

在城市化、市场化、全球化的大背景下，妥善化解城市经济管理中产业结构失调、基础设施建设管理落后、住房和房地产管理失范的瓶颈性问题，需要从政府在城市经济社会发展定位和规划、提供公共物品以及政府规制和监督三个方面的职能入手，进一步提升城市的经济管理水平，为城市经济社会发展提供切实可靠的保障。

（一）实现城市产业结构和产业选择的两个对接，推动城市产业向高端化演进

城市产业结构和产业选择要实现同自身条件和所在区域分工协作的两个对接。当前城市间产业结构的趋同化很大程度上是因为没有实现这两个对接。一方面，城市的产业发展需要立足于自身的资源条件和产业基础。这不但是城市自身发展的重要基础，也是区域分工协作的客观依据。另一方面，城市产业选

择要实现同所在区域分工协作的协调，充分发挥比较优势。只有打破市场分割，将产业结构的优化升级建立在区域分工协作的基础上，城市之间乃至更大范围的区域之间的产业发展才能实现优势互补，才能摆脱产业同构和恶性竞争的不利局面。各城市要在立足于自身资源优势和产业历史的基础上，积极参与区域分工协作，实现城市之间和区域之间产业结构的良性互动，相互依赖、互为补充，促进宏观经济效益的提高。

第一，发挥城市经济管理的规划职能，通过加快科技创新和挖掘城市文化来凸显城市特色，推动产业演进。未来的经济是创意经济、服务经济、文化经济，城市产业结构升级应以科技和创新为依托，以城市特色文化为抓手，大力发展现代服务业和高新技术产业。各城市要在立足于自身产业条件和文化特色的基础上，将产业升级与城市文化塑造结合起来，解决产业同构难题。

第二，加强政府经济规制和监督管理，保障城市经济健康发展。政府的规制和监督管理是市场经济条件下政府干预经济的重要环节，对于克服市场失灵、促进市场经济健康发展具有不可替代的作用。在市场化改革的重要时期，城市经济中出现的问题很多是由于市场的不健全和市场失灵导致的。发挥城市政府的经济规制和监督管理职能，对于打破市场垄断、实现外部性内部化和解决信息不对称问题具有关键性作用。

第三，强化资源环境规制，实现城市产业结构生态化。当前我国城市产业结构反生态化问题突出，粗放式、分散式发展一方面大量消耗资源、污染环境，另一方面对土地的不合理利用造成了城市发展的不可持续性。这种现象最根本的原因就是相关产业在生产过程中私人成本小于社会成本，导致生产过程有污染、高耗能产品的供给超过社会最优供给量。对此，政府要发挥经济规制职能，通过税收、监管等手段，使得生产过程有污染的产业负外部性内部化，将产品供给减少到社会的最优水平，从而减轻环境污染和资源消耗，促进产业结构向生态化方向发展。

（二）完善城市公共经济管理，实现城市基础设施的充分供应

加强政府对基础设施行业的垄断规制，改善经营效率。自然垄断行业的行业性质决定了由一家企业进行生产就能够最有效地满足所有的市场需求，但这

不是对自然垄断行业放任自流的原因。政府规制的缺位必然产生无效率的结果，一是供给不足。垄断企业利润最大化的供给数量大大小于社会最有的供给数量。二是价格过高。垄断企业的定价权决定了其过高的产品价格和由此产生的垄断利润。三是福利损失。政府应通过价格规制和数量规制，合理规定自然垄断企业的利润水平，防止此类企业为追求高额利润而造成对社会福利的损害。

第一，拓宽投资渠道，实现城市基础设施建设投资和产权主体多元化。城市基础设施的准公共物品性质决定了其供给应纳入城市公共经济体系。按照营运过程中能否产生现金流、收回成本，城市基础设施可分为经营性、准经营性和非经营性项目三种。非经营性项目无法产生现金来源，只能由政府来供应；经营性和准经营性项目都可对使用者收费从而产生现金流，但区别是前者的利润能够弥补成本，因此可以由市场来解决，而后者的利润只能部分地收回成本，需要政府的补贴。针对我国当前城市基础设施建设滞后的情况，应加快投融资和运营制度的改革，加大政府在基础设施项目上的投入力度。

第二，积极探索新的投融资模式，提高城市基础设施经营效率。打破过去基础设施建设完全由公办公营的融资和运营模式，探索公私合营和私办私营的有效途径，比如PPP和PFI模式。PPP（Public-Private Partnerships）即"公私合伙制"，指公共部门通过与私人部门建立伙伴关系来提供公共产品。在PPP模式中，政府融资平台公司代表政府参与项目建设，通过一定的合作机制与私人部门分担项目风险、共享项目收益，非常适合那些具有准公共物品性质的基础设施的建设和运营。PFI（Private-Finance-Initiative）则是基础设施私人提供的模式。它能够广泛吸收市场上的民间资本参与公共物品供给，将原本需要政府一次性投入的资金分摊到多个时期，减轻政府的财政压力。

第三，加强政府对基础设施行业的监督管理，形成外在于企业的硬约束，确保服务质量。基础设施行业缺乏外在的硬约束必然导致工程建设超预算、供给无效率情况频现，并且工程质量缺乏监督，"豆腐渣"工程时有发生。对此，政府应加强对企业的外在监督和管理，将工程建设费用控制在预算之内，确保工程保质保量完成。将经营性基础设施建设项目充分市场化，打破政府的垄断，放松对国外和民间资本的进入限制，采用营利性企业的运营方式实

现投资和产权主体的多元化，利用市场规律实现基础设施的充足供应和有效运营。

（三）明确城市住房和房地产发展目标定位，妥善化解两个矛盾

城市政府在住房管理的目标上有两个矛盾。其一是经济增长和人民住房需求之间的矛盾。前者要求托起房价，保障房地产业高速发展；后者需要打压房价，满足中低收入基层基本住房需求。其二是中央政府和地方政府的矛盾。前者要求兼顾人民住房需求，适度控制房价；后者要求增加政府"土地财政"收入，进一步推高房价。实现政府对城市住房的有效管理，保证政府政策的一致性和连续性，首先需要明确城市住房管理的定位和目标导向。

我国经济发展的目前这个阶段，政府在经济增长和民生问题之间应更加关注民生。因为住房问题不仅仅是一个纯经济问题，更是满足人们"衣食住行"四大需求之一——"住"的需求的基本手段，是一个重要的社会和民生问题。住房制度改革以来，政府一直将保持房市高速发展以推动经济增长和财政收入增加作为住房管理的目标定位，尽管取得了经济上的成效，但也付出了民生上的代价。高房价的阴影下，人们"住房难"问题日益凸显，透支了社会有效购买力，这不但是对启动内需、转变经济发展方式的重要制约，更是对以人为本发展理念的严重背离。因此，政府要更加关注住房的保障性质，将"惠民生"作为今后住房管理的重要目标，着力保证住房调控的稳定性和一贯性，解决住房和房地产市场的瓶颈问题。

第一，明确政府住房保障责任，加大城市保障房建设力度。城市化过程伴随的人口大量向城市的迁移必然导致城市住房短缺问题，向人们提供基本的住房保障是城市化过程中城市政府必须解决的问题。发达国家的经验显示，在城市住房供应严重短缺的情况下，政府直接投资于公共住房建设是重要举措。要发挥城市政府公共物品供给职能，积极推进保障房建设，切实缓解人民"住房难"问题。通过完善立法工作明确政府责任，将住房保障纳入公共财政体系。从发达国家住房政策实践来看，住房保障应该作为政府的重要职能之一。要通过法律对居民基本居住权利进行明确和保护，作为政府的重要职责。针对保障性住房供给不足、资金短缺的现状，要将住房保障纳入政府公共财政体

系，通过政府有计划的资金安排加大对保障房建设的支持力度。

第二，改革政府补贴方式，从间接补贴转向直接补贴，提高保障效率。当前的政府对住房实行间接补贴或"砖头补贴"，即对生产者进行补贴，通过生产者的供给行为间接作用于消费者。这容易使混入经济适用房市场的高收入群体获得本不应得的住房补贴而降低保障效率。将间接补贴改为直接补贴可确保政府保障全部用到需要保障的低收入人群身上，提高补贴的保障效率。

第三，规范城市住房管理，实现人民住房需求有序解决。一是加强房地产市场秩序管理，提高市场信息透明度。房地产市场的信息不透明和开发商行为失范导致房价只升不降，不但影响人们住房需求的满足，而且长期而言有损于房地产市场自身的健康发展。政府要承担起规范房产市场的责任，有效管理投机资本，制止开发商哄抬房价，规范市场秩序，实现房价合理调整。二是协调房地产供需结构，提高市场上中小户型住房供给比重。城市政府在住房调控过程中应严格执行中央的住房管理要求和规定，将提高中小户型住房的供给比重作为满足广大人民群众住房需求的重要举措，缓解当前市场供求失衡的状况。三是加强住房保障管理，提高保障有效性。政府在积极推进保障房建设的同时，要加强和完善对保障对象的跟踪和管理工作，建立住房档案和收入档案，实现对保障对象的准确界定。同时，完善保障性住房的退出机制，避免福利固化和保障效力的损失。

四　结语

在城市化进程快速推进的今天，城市经济管理对城市经济社会健康发展越发重要。当前我国城市经济管理面临三方面的突出问题，分别是城市产业结构、基础设施建设管理和住房管理。能否妥善化解这些突出问题事关城市化进程能否顺利推进。本文提出，要从城市政府三方面的职能入手，通过明确城市发展定位和发展规划、完善城市公共经济管理以及强化政府规制和监管形成合力，破解城市经济进一步发展所面临的障碍。希望这方面的研究能改善我国城市经济管理水平，推进城市化进程。

参考文献

牛凤瑞主编《城市学概论》，中国社会科学出版社，2008。

王佃利、曹现强主编《城市管理学》，首都经济贸易大学出版社，2007。

张波、刘江涛编著《城市管理学》，北京大学出版社，2007。

王志锋、蔡方主编《现代城市管理概论》，清华大学出版社，2008。

李纪鼎、才旭、席秋红：《浅论我国住房保障制度的建立与完善》，《辽宁行政学院学报》2008 年第 7 期。

杨重光：《推进产业结构优化升级提高城市发展水平》，《中国发展观察》2008 年第 6 期。

尹伯成：《房价、调控与城市住房发展模式的转变》，《东南大学学报（哲学社会科学报)》2011 年第 4 期。

Problems and Corresponding Solutions in China's Urban Economic Management

Sun Jiuwen   Yuan Qian

Abstract：As the primary content of urban management, urban economic management is an important measure to guarantee the economic and social development of urban and rural areas. In the continuously advanced process of urbanization, there exits three prominent problems in urban industrial structure, infrastructure construction management and housing management. To appropriately resolve contradictions as well as compact urban development foundation, we must give full play to the government's economic management functions, and improve urban economic management level by clearly defining urban development orientation and planning, optimizing urban public economy management and strengthening government regulation and supervision, which is aimed to achieve fast advance of China's urbanization.

Key Words：Urban Economic Management；Industrial Structure；Infrastructure；Housing Management

B.11
我国产业集群发展的制度创新

胡雅芬*

摘 要：

产业集群作为一种制度安排，在其发展中也会产生一系列"制度失灵"，如"柠檬市场"、外部效应等。而政府作为制度创新主体，在产业集群制度创新过程中发挥着重要的作用。政府可以通过引导制定发展规划和创新产业政策、加强创新基础设施建设、构建产业集群创新系统、营造创新市场环境、完善制度服务体系等来促进产业集群发展。但是，政府在制度变迁过程中也存在"有限理性"，这可能会扭曲整个系统的合理运作和制度创新过程。

关键词：

产业集群 制度创新 政府

改革开放以来，一些具有产业集群特征的"块状经济"在我国一些地区，尤其是沿海发达地区迅速发展起来，如广东佛山的陶瓷、东莞的电子、家具和服装、潮州的食品加工与不锈钢器具、顺德的花卉、木工机械与家具、中山的灯具、花都的皮革和皮具、浙江义乌的小商品、绍兴的轻纺和化纤业、温州的服装等。在我国经济发展欠发达的中西部，产业集群现象也初现端倪，如郑州的肉食品加工业集群、安徽望江的纺织产业基地等。可见，产业集群已逐渐成为我国区域经济增长和竞争优势的重要来源，这也使它成为政府和学术界重要的关注对象。而作为促进自主创新和经济发展的一个非常重要的动力——制度创新，已经逐渐被引入产业集群的变迁中，而其中很

---

* 胡雅芬，北京城市学院讲师，博士，主要研究方向为城市经济学。

重要的就是建立创新型政府，只有创新型政府才会形成创新型的制度、创新型的文化。

一　产业集群的制度经济学分析

（一）产业集群的本质

1. "交易费用"的概念

交易费用，或者称交易成本，是一个经济学概念，指在完成一笔交易时，交易双方在买卖前后所产生的各种与此交易相关的成本。1937 年，罗纳德·哈里·科斯（Ronald H. Coase）在《企业的性质》一文中提出了"交易费用"这一概念。科斯认为市场运行中存在着的交易费用至少包括两项内容：①获取准确的市场信息的费用。企业搜集有关交易对象和市场价格的确定信息必须付出费用。②谈判和监督履约的费用。为避免冲突就需要谈判，缔约并付诸法律，因而必须支付有关费用。[①]

2. 产业集群的本质：中间性组织

在《企业的性质》一文中，科斯认为企业和市场是资源配置的两种主要制度安排。随后，包括科斯本人在内的一些经济学家，如奥利弗·威廉姆森（Oliver Williamson）、斯科特·马斯滕（Scott E. Masten）、哈罗德·德姆塞茨（Harold Demsetz）等都认为，在科斯认为的两种主要制度安排之间还存在着第三类组织——中间性组织，其本质是一种企业网络组织。伴随着交易费用理论的发展，产业组织理论的分析框架由企业和市场二层次分析框架提升为市场、中间性组织和企业的三层次制度分析框架（见图1）。[②]

图1 显示的是市场、中间性组织和企业之间的关系演变过程。新制度经济学认为，中间性组织是企业与市场相互作用而形成的一种制度安排。它兼具了科层企业的计划性和市场的竞争性：与科层企业相比，中间性组织克服了一体

---

①　张涌：《新制度经济学视角下产业集群形成及发展机理研究》，暨南大学博士论文，2008。

②　张涌：《新制度经济学视角下产业集群形成及发展机理研究》，暨南大学博士论文，2008。

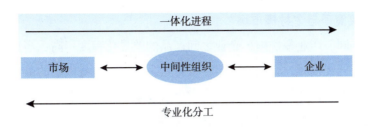

图1　市场、中间性组织和企业之间关系演变

化组织失灵，降低了管理成本；与市场相比，中间性组织又不用负担各部门间协作的交易成本，降低了交易费用。可以说，中间性组织达到了交易费用和管理费用的最小化。而且，市场、中间性组织和企业三种体制组织是并存的，而且数量上也是均匀分布的。产业集群就是一种中间性组织，其本质上是一种介于企业和市场之间的"制度"形式，是一种企业网络组织，是大量专业化分工企业在地域上的聚集，其目的是优化资源配置，提高经济效率和节约交易费用。

（二）产业集群发展中的"制度失灵"

尽管产业集群比其他两种极端假设更能节约交易费用，但其作为一种制度安排，在其产生发展过程中也会产生一系列问题。从制度经济学的角度，我们称之为"制度失灵"。

1. 拥挤效应

拥挤效应（Crowding Effect）是指种群增长过程中随着密度增加而使种群增长速度变慢的现象。由于产业集群较为明显的规模经济特征，它必然要求企业的不断聚集。而随着集群内的企业数量不断上升，集群的规模经济逐渐变为规模不经济，"拥挤效应"便产生了，即当集群内企业数量超过规模经济所能承受的最大数量时，就会引起集群对生产资料的过度需求，而且，集群内的企业彼此在生产销售领域上的相似或者互补导致了需求的相似性，而这种相似性体现在具体的生产要素上。在供给一定的条件下，土地、高技术人才等生产要素的价格必然上涨，从而使生产成本增加，集群竞争能力削弱。此时，企业就会转移其投资区域，最终将削弱区域产业集群优势。

2. 过度竞争与"柠檬市场"

由于在同一产业集群内，企业之间产品的差异化程度不高，当集群内企业数量超过最优规模时，企业为了生存或者是为了实现自身效益的最大化，将采取一切竞争手段，即使是使用不正当竞争手段损害其他企业的利益。加之集群的专业化分工程度和资产专用性程度（威廉姆森把资产专用性定义为"对已经投入生产过程的资产进行再配置的难易程度"）相对也较高，从而形成一个高退出壁垒，也就是说，即使企业有退出集群的意愿，但由于设备转卖或转产相对困难，退出成本高，企业也很难真正退出。长此以往，在集群内必然形成过度竞争的局面，效率也会随之下降，甚至会导致整个产业集群的衰亡（见图2）。

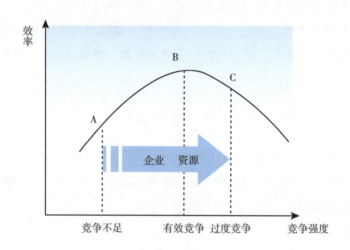

图2 产业集群竞争强度与效率的关系

产业集群内企业的过度竞争很容易导致"柠檬市场"的出现。"柠檬市场"（the Lemons Market）也称阿克洛夫模型。它是由美国经济学家乔治·阿克洛夫（George A. Akerlof，1970）在《"柠檬"市场：质量的不确定性和市场机制》一文中首次提出的。文中认为，在信息不对称条件下，当卖方比买方在产品质量信息上拥有更多信息时，就会出现"劣品驱逐优品"的现象，从而使优质商品逐渐退出市场，在极端情况下，市场还会止步、萎缩甚至消失，这就是信息经济学中的逆向选择。

而产业集群不仅在地理位置上集中，同时集群中的企业还从事着类似的经济活动，如类似的产品、类似的销售渠道与消费群体等，这也会造成企业之间的过度竞争。① 面对激烈的竞争，由于市场信息不对称，就会出现不法企业"搭便车"现象，生产劣质产品，以次充好。根据"柠檬市场"理论，产业集群内产品的平均质量将会持续下降，产品的平均价格也将一跌再跌，其后果将是严重影响产业集群整体品牌和声誉，也会大大削弱企业的竞争能力，在极端情况下，消费者可能认为市场上所有的产品都是低质量的，这将使得集群逐渐萎缩甚至消亡。

3. 负外部性

"外部性"这一概念是由英国"剑桥学派"的创始人马歇尔（A. Marshall）提出，他认为外部性是"一个经济主体的行为对另一个经济主体的福利所产生的影响，而这种影响并没有通过货币或市场交易反映出来"。作为经济学中一个经久不衰的话题，外部性是新制度经济学的重点研究对象。当产业集群的规模经济变成规模不经济时，公共资源的紧缺和生产要素价格上涨等问题就会接踵而来，这将形成集群的外部不经济，进而影响整个社会的资源配置效率，造成社会福利的损失。

4. 技术的路径依赖

路径依赖是指人们一旦选择了某个体制，由于规模经济、学习效应、协调效应以及适应性预期等因素的存在，会导致该体制沿着既定的方向不断得以自我强化。技术发展和制度变迁的路径依赖性决定了产业集群发展同样具有这一特性。路径依赖对产业集群的影响是双重的：一方面，长期的路径路径依赖能够帮助集群实现自我增强的良性循环，增强集群的竞争实力；另一方面，也会降低自身技术进步和组织变化的积极性，阻碍产业集群的技术和制度创新进程，降低集群对环境变化应变能力，从而使技术发展陷入锁定（Lock-in）状态，这样，产业集群内，尤其是传统产业集群内的企业就会面临巨大的市场和技术风险。②

---

① 李长才：《产业集群成长中的政府行为分析》，理论网，http://www.cntheory.com/news/zxzxxxxjl/2009/77/0977151253164g91jg591h5d3ch254.html。

② 陈柳钦：《产业集群的制度风险》，《广西社会科学》2007 年第 11 期。

二 产业集群中的政府制度创新

如前所述，在产业集群的发展过程中，由市场机制对产业集群的发展进行调控指挥，然而，完美的市场是不存在的，现实市场都存在"失灵"。如前所述的拥挤效应、"柠檬市场"、路径依赖与技术锁定等问题，都是市场失灵的结果，这就亟须引入政府这只"看得见的手"来弥补市场失灵。

（一）引导制定发展规划，制定创新产业政策

政府的主要职能之一，就是要做好社会经济发展的宏观管理和总体规划。政府对于集群的影响还在于帮助集群制定科学合理的发展规划，将产业集群与产业政策融合。政府应当在现有产业发展基础和区域发展特色，以及区域创新系统等因素的综合考量基础上，围绕优势产业、特色产业，对产业集群提出明确的、符合国家产业政策和产业集群内在规律的发展规划。此外，政府的发展规划还应该与当地整体规划相衔接，从而确保集群发展中的土地有效利用和区域产业合理布局。

（二）增加创新基础设施建设

如前所述，产业集群是某一特定空间内，大量专业化分工企业在地理位置上的聚集，这种聚集性使得集群内的企业在公共设施的使用上存在明显的外部经济性。同时，随着集群规模的不断扩大，对生产资料的需求就会成倍增加，随之而来的是公共产品的供给不足，而由于公共产品具有非排他性和非竞争性，这两个特性所引起的搭便车问题直接导致了公共产品的供给不足，这就需要政府的介入。因此，政府应该首先加强集群内基础设施等建设，比如公共道路的建设，水、电、信息网络的建设以及产业集群内商业、医疗等公共服务设施的建设。另外，政府还应加强公共信息产品的供给。通过建立公共的信息网络，推动集群内的信息共享。良好的基础设施建设及公共服务的供给，将会进一步增强集群吸引力，提高集群的竞争优势。

（三）促进产业集群创新系统形成

技术创新，指生产技术的创新，包括开发新技术，或者将已有的技术进行应用创新。技术创新是提高产业集聚竞争力的原动力，也是产业集聚的前提条件。但由于研发和知识创造投入的强外部性正效应，即社会收益大于私人收益，因此需要政府介入，以鼓励集群的技术创新行为，促进产业集群创新系统形成。

政府要为产业集群积极搭建创新平台，构筑完善的、更有利于集群创新升级的外部环境，从而增强产业集群的整体知识创新能力。一方面，政府要促进产学研联合。政府可以通过对企业与大学、研究所等公共研究机构之间研发合作的资助，比如设立专项资金，提高研发投入的回报率，使更多的企业从公共研发的努力中受益。另一方面，要积极帮助集群培养高素质专业人才。政府可以促使集群内企业员工与研究部门、高校的人才间的相互流动，不但可以为集群引进人才，而且可以为集群的发展培育相关的专业技术人员。在有条件时还可以建立专业学校，引进国内外职业培训机构，加强职业培训教育。此外，在产业集群升级阶段，政府可以降低进入集群的门槛，使得企业能够自由进出集群，给集群内注入新鲜血液，新技术和新思想也随之而来，促进集群创新，提高集群竞争力。

（四）营造和谐市场环境，完善制度服务体系

任何一个产业集群的发展都离不开公平、合理的市场环境，而政府的权威性和约束性决定了政府在产业集群发展的市场环境监管上具有不可推卸的责任。产业集群实质上是相关企业在空间上的聚集，而这个固定的空间必然是以良好的市场环境为基础的，平等有序的市场环境将阻止因恶性竞争而引发的产业集群的退化现象。因此，关于如何营造公平合理的市场环境、提高市场的资源配置效率，应是政府营造产业集群发展环境的基本着力点。通过对竞争环境的监管和维护，创造一个和谐积极的市场氛围，从而有效规范集群内的过度竞争，防止集群退化，增强集群对外资和外企的吸引力，确保集群的快速健康发展。在完善制度服务体系上，建议政府针对工商注册、资格认定、年检等服务

环节实行减少行政审批手续、降低收费标准等措施，明确与产业集群发展相关政府职能机构的权责，提高政府的工作效率，为产业集群的发展提供高效服务。

（五）实施区域品牌战略，促进区域融合

我国目前许多产业集群内企业大多数规模较小、实力较弱，产品同质化，通常都无法单个进行品牌创建和培育。破解区域品牌的难题，增强产业集群的竞争力，政府应制定区域品牌发展战略，整合产业集群资源，促进资源的自由流动和有效配置，充分发挥区域产业集群效应。因此，政府应积极帮助企业进行产品的广告宣传，树立集群品牌，建立企业对集群的信心，吸引并保留投资，树立"区域品牌"，实施集群营销。[1]

总之，产业集群的发展既需要市场的基础性配置，也离不开政府的引导扶持。正因为"市场失灵"的存在，使得集群内企业面临各种风险，才为政府这只"看得见的手"的介入提供了理论与实践依据，但是政府对产业集群的调控引导，无论是资金支持，改善环境，抑或是调整经济政策，其前提是政府应把握好产业集群的内在成长规律，清楚自身的角色定位，这样才能培育出具有竞争优势的产业集群，才能真正促进产业集群的健康成长，进而充分发挥产业集群的外部经济性。

三 政府在制度变迁中的有限理性

政府在制度变迁过程中存在的"有限理性"，可能会扭曲整个系统的合理运作和制度创新过程。例如，政府的行政属性决定了其行为的"短期性"，即为了短期政绩，政府可能会选择出台强制性的、直接干预市场主体行为的法律法规，这将阻碍市场健康发展。此外，政府的"有限理性"还容易滋生"寻租行为"与"黑幕交易"。最后，政府的权威可能凌驾于法律权威之上，市场将难以脱离政府独立运行。

---

[1] 卢巧玲：《产业集群升级中的地方政府行为研究》，《学术交流》2009 年第 2 期。

总之，在制度变迁过程中，要积极预防及消除政府的消极作用，虽然政府不是万能的，但没有政府又是万万不能的。所以，解决这一问题的有效途径，就在于政府在制度变迁中的恰当定位，构建多元主体的制度创新结构并注意制度规划和方式的选择。目前，很多发达国家的产业集群中都自发形成了一些中介组织，中介组织的存在一定程度上避免了政府的"有限理性"。但是在我国，中介组织由于各种原因很难自发形成，这还需要政府的扶持。例如，政府可以扶持一些信息服务机构、咨询机构和行业协会的成长，支持这些机构积极协调企业间、行业间、企业与政府间的关系，维护集群权益，为集群升级提供各种及时有效的信息。

Institutional Innovations in the Development of Industrial Cluster

Hu Yafen

Abstract：As an inter-firm Organization between the market and the enterprise organization, Industrial clusters has more advantages than market and enterprise organization, but as a kind of institutional planning, It can also cause a series of problem, such as "lemon market", the external effects. Government plays an important role in the process of industrial clusters Institutional Change which can promote the development of industrial cluster by planning the industrial policy, increasing innovation infrastructure construction, construction of innovation system of industrial cluster, improving the service system. However, the government also has " limited rationality", which may distort the system's operation and innovation.

　　Key Words：Industrial Cluster；Institutional Innovation；The Government

B.12
开发区城市化与转型发展

张佰瑞*

摘 要：

本文回顾了国家级经济技术开发区的发展历史，分析了国家体制环境、社会环境和城市空间格局变迁对开发区城市化趋势的影响。提出了开发区城市化背景下转型发展的三个方向：发展战略转型、管理体制转型和产业发展转型。

关键词：

开发区 城市化 转型发展

自1984年第一个国家级经济技术开发区设立以来，开发区在带动经济发展、扩大外汇收入、促进工业聚集、开展体制创新等方面取得了巨大成就。截至目前，国家已批准成立国家级经济技术开发区132家，开发区的数量不断增多，规模不断扩大。随着我国社会主义市场经济体制的不断完善，我国的体制环境、社会环境和城市空间格局不断变迁，开发区①呈现城市化趋势，转型发展成为开发区面临的新任务。

一 开发区发展的历史回顾

（一）开发区设立的历史背景

1984年，邓小平同志视察深圳，对兴办经济特区的决策给予充分肯定，

---

* 张佰瑞，北京市社会科学院城市问题研究所副研究员，经济学博士，研究方向为区域经济。
① 由于开发区规模不一、种类繁多，而国家级经济技术开发区设立早、规模大、体制具有典型性，在以下的讨论中，开发区特指国家级经济技术开发区。

并提出："除现在的特区之外，可以考虑再开放几个点，增加几个港口城市，这些地方不叫特区，但可以实行特区的某些政策。"[①] 1984 年 3 月中共中央书记处和国务院在北京召开沿海部分城市座谈会，学习邓小平同志关于对外开放和特区工作的重要意见，提出了在天津、上海、大连、秦皇岛、烟台、青岛、连云港、南通、宁波、温州、福州、广州、湛江和北海 14 个沿海开放城市逐步兴办经济技术开发区的建议。1984 ~ 1988 年，国家先后设立了 14 个国家级经济技术开发区。

表1　1988 年前批准的国家级经济技术开发区（14 家）

序号	名称	批准时间	序号	名称	批准时间
1	大连经济技术开发区	1984.09	8	连云港经济技术开发区	1984.12
2	秦皇岛经济技术开发区	1984.10	9	南通经济技术开发区	1984.12
3	烟台经济技术开发区	1984.10	10	广州经济技术开发区	1984.12
4	青岛经济技术开发区	1984.10	11	福州经济技术开发区	1985.01
5	宁波经济技术开发区	1984.10	12	闵行经济技术开发区	1986.08
6	湛江经济技术开发区	1984.11	13	虹桥经济技术开发区	1986.08
7	天津经济技术开发区	1984.12	14	漕河泾新兴技术开发区	1988.06

资料来源：商务部外资司《开发区统计》。

（二）开发区发展的历史进程

国家级经济技术开发区的发展大致经历了四个阶段：第一阶段（1984 ~ 1991 年），开发区起步创业期。第二阶段（1992 ~ 1996 年），高速增长期。1992 年，邓小平同志第二次南方讲话，掀起了对外开放和引进外资的新高潮。这一时期，国家级经济技术开发区高速发展。1996 年，首批 14 个国家级经济技术开发区实现工业总产值1887.86 亿元，税收 101.45 亿元，合同外资额 57.88 亿美元。第三阶段（1997 ~2002 年），稳定发展期。在这一阶段，国家级经济技术开发区不断完善体制机制，经济实现平稳增长。第四阶段

---

① 《时评：强县崛起的奥秘 "昆山之路" 的发展历程》，http：//www.ksls.com.cn/news/bendixinwen/7440.html。

（2003 年至今），转型发展期。由于国家宏观政策环境、体制环境、产业环境、经济环境、社会环境发生重大变化，开发区在发展模式和发展战略上开始转型调整。

（三）开发区设立的体制基础和功能定位

1984 年正处于我国改革开放的初期，国家整体上处于计划经济时代，市场经济的理念和市场经济体制还没有确立。在此背景下，国家划定特定区域，设立经济技术开发区，实际上是在微观区域创造一个特殊的体制环境，实行特殊的发展政策，促进工业聚集和经济增长。国家级经济技术开发区设立的初衷是学习特区发展经验，扩大对外开放，其主要功能定位为：发展工业、吸引外资、扩大出口。因此，国家级经济技术开发区起初的目标是"探索中国工业现代化的试验园区"，工业聚集和经济发展是其主要的功能定位。

二 开发区发展环境变迁与开发区城市化

（一）体制与政策环境变迁

与开发区设立早期的体制环境相比，经过改革开放 30 多年的摸索，我国的市场经济体制逐步建立完善，投融资体制、财税体制逐渐完善。原来只在国家级经济技术开发区实施的部分优惠政策在开发区外也逐渐得到施行。各地方政府为了刺激本地经济发展，也相继出台一些优惠政策，这在一定程度上抵消了国家级经济技术开发区的政策优势。可以说，开发区内外的体制环境差异逐渐缩小。

（二）城市化主导下的社会环境变迁

30 多年来，城市化是我国社会发展最突出的特征和事件。我国的城市化率已从 1978 年的 17.9%，上升到 2011 年的 51.3%。

表2　我国的城市化进程（1978～2011）

单位：%

年份	城镇人口比重	年份	城镇人口比重
1978	17.9	1995	29.0
1979	19.0	1996	30.5
1980	19.4	1997	31.9
1981	20.2	1998	33.4
1982	21.1	1999	34.8
1983	21.6	2000	36.2
1984	23.0	2001	37.7
1985	23.7	2002	39.1
1986	24.5	2003	40.5
1987	25.3	2004	41.8
1988	25.8	2005	43.0
1989	26.2	2006	44.3
1990	26.4	2007	45.9
1991	26.9	2008	47.0
1992	27.5	2009	48.3
1993	28.0	2010	50.0
1994	28.5	2011	51.3

资料来源：《中国统计年鉴2011》，《2011年国民经济和社会发展统计公报》。

大量农村人口向城镇聚集，并在城市和工业聚集区就业。这一方面从宏观上改变了开发区的外部社会环境，另一方面也加速了开发区内部的城市化进程，促进了开发区的人口规模和就业规模大幅度上升。以青岛经济技术开发区（青岛黄岛区）为例，黄岛区第六次全国人口普查（以2010年11月1日零时为标准时点）数据表明，全区常住人口为52.42万人（黄岛区户籍人口311955人，流动人口323922人），同第五次全国人口普查（2000年11月1日零时为标准时点）的23.84万人相比，十年共增加了28.58万人，增长119.88%，年平均增长8.20%。2010年，北京经济技术开发区年末从业人员人数为186402人，比2005年的93990人增长92412人，"十一五"时期平均增速为14.7%。① 这些实例表明，无论是从人口规模还是就业规模上，开发区内部均保持着较高的城市化速度。

---

① 《北京经济技术开发区"十一五"时期主要经济指标》，北京经济技术开发区网站，http://www.bda.gov.cn/cms/ndsjfx/46642.htm。

（三）城市空间结构变迁

从区位上来看，我国的经济开发区多属近郊型和远郊型。在设立发展的早期，开发区以工业加工区为主导定位，独立于城区之外，成为一个孤立的增长极。在起步阶段，开发区开发建设的重点是基础设施和工业厂房建设，具有内聚式生长的特点，和城区联系微弱。随着开发区不断发展成长，经济规模、建成区面积、辖区范围不断扩大，开发区与城区的联系逐渐加强。连接开发区和城区的交通干道成为开发区向城区延伸的发展轴，生活配套设施大量增加。另一方面，随着人口和产业规模的扩张，主城区的空间扩张过程也在加速，原来的近郊区或远郊区被逐渐纳入城市的发展规划中，成为城区的一部分。在开发区和主城区双向扩张的作用下，开发区所处的城市空间结构发生了巨大变化，原来独立于城区之外的"孤岛"，无论是从空间上还是从经济联系上都成为城区的一部分。城市空间结构的变迁成为开发区城市化的重要推动力量。

三　开发区城市化与开发区转型发展

（一）开发区城市化与开发区发展战略转型

如前所述，开发区单一的工业加工区的功能定位有其特殊的历史背景和体制环境。在宏观发展环境变迁与开发区城市化的背景之下，开发区的发展战略应该做出相应的调整，由原来单一的工业加工区向综合型的城区功能区转变。不断补充完善居住、金融、商贸、文化、教育、科研等其他城市功能，摆脱单纯的工业生产区的局限，增强自我持续发展能力，实现产城融合发展。

（二）开发区城市化与开发区管理体制转型

我国开发区管理体制主要有三种类型：一是三位一体的管委会模式。开发区管委会作为上级政府的派出机构，负责开发区的开发管理事务，兼具管理和开发的双重功能。专注经济开发、精简高效、有限授权，是管委会模式的主要特点。目前，国内的开发区主要采用这一模式。二是以企业为主体的开发模式。经政府授权，由企业负责开发区的统一规划、投资开发和管理。开发公司不仅要开发工业用地，还要进行公共基础设施建设。上海漕河泾经济技术开发区等采用这一模式。三是开发区与行政区合一的管理体制。其特点是开发区和行政区基本重合，多块牌子、一套人马，一般采用党政联席会议的形式进行协调。除了像招商局、科技局等直属管委会的个别机构外，发展和改革委、财政、建设、城管等机构既隶属开发区管委会又隶属区政府，这些机构的职责和人员编制保持不变。这种模式主要适用于整个行政区域作为开发区，或者开发区是原有城区建制的一部分。比如，青岛经济技术开发区与黄岛区、宁波开发区与北仑区、苏州高新区与虎丘区等就采用开发区与行政区合一的管理体制。[①]

鉴于国内大多数开发区采用的是有限授权的管委会模式，开发区在教育、卫生、城市管理等方面的管理职能缺乏，开发区管委会统筹城市综合发展的能力受到限制。开发区与行政区之间的管理体制摩擦时有发生。为了加速开发区向综合型的城区功能区转变，应当在开发面积大、城市化程度高、与城区联系紧密的大型经济技术开发区实施管理体制改革，逐渐由管委会模式向政区合一型的管理模式转变。这一方面有利于解决开发区管委会职能受限、体制摩擦的问题，另一方面有利于促进开发区的城市功能发育，最终实现开发区与城区的融合互动发展。

（三）产业发展转型

由于产业功能定位的历史原因，开发区第三产业的发展始终处于滞后状态。作为逐渐城区化的城市功能区，一方面大量居住和就业人口的生活服务需要得不到满足，另一方面工业发展所需要的生产性服务也需要配套。综合发展第三产业是增加开发区活力，提高吸引力和综合竞争力的需要。应该破除单纯的工业区规划思路，为生活服务、公共服务以及生产性服务业发展提供空间，实现二、三产业的协调可持续发展。

[①] 周家新、郭卫民、刘为民：《我国开发区管理体制改革探讨》，《中国行政管理》2010 年第 5 期。

城市管理蓝皮书

参考文献

北京经济技术开发区"十一五"时期主要经济指标,北京经济技术开发区网站,http://www.bda.gov.cn/cms/ndsjfx/46642.htm.

周家新、郭卫民、刘为民:《我国开发区管理体制改革探讨》,《中国行政管理》2010年第 5 期。

阮青:《创新开发区管理体制:以上海为例》,《科学发展》2010 年第 9 期。

仇培宏:《开发区城市化效应的作用机制与空间模式——以大连市为例》,《资源开发与市场》2012 年第 5 期。

Urbanization of the Development Zone and the Transformation Development Model

Zhang Bairui

Abstract: The article reviews the history of the development of the National Economic and Technological Development Zone, and analyzes influence of changes in the national institutional environment, social environment and urban spatial pattern to the development zone urbanization trends. This paper presents three directions of the transformation and development of Development Zone under the background of urbanization: transformation of development strategy, transformation of management system, transformation of the industrial development.

Key Words: Development Zone; Urbanization; Transformation Development

B.13
中国国际化大都市商务中心区（**CBD**）的城市管理模式

——以北京商务中心区（CBD）管理为例

冯　刚*

摘　要：

本文认为，商务中心区（CBD）是一个城市国际化、现代化程度最高的部分，CBD的城市管理是城市管理要求最高的地区。本文针对北京CBD城市管理在环境承载压力、公共服务资源配置、管理标准及体制机制等方面存在的问题，从理论和实践上进行了探索分析，提出了完善管理区与属地双层管理责权体系、建立区域综合协调机制、制定区域综合管理标准等建议。

关键词：

大都市　CBD　城市管理

商务中心区（Central Business District）简称CBD，最初起源于20世纪20年代的美国，意为商业汇聚之地。20世纪五六十年代，在发达国家，城市中心区制造业开始外迁，而同时商务办公活动却不断向城市中心区聚集，要求一些大城市在旧有的商业中心的基础上重新规划和建设具有一定规模的现代商务中心区，纽约的曼哈顿、巴黎的拉德芳斯、东京的新宿、香港的中环都是国际上发展得相当成熟的商务中心区。现代意义上的商务中心区是指集中大量金融、商业、贸易、信息及中介服务机构，拥有大量商务办公、酒店、公寓等配

---

* 冯刚，北京市社科院城市管理研究基地秘书长、研究员，研究方向为城市管理、环境建设、城市经济。

套设施，具备完善的市政交通与通信条件，便于现代商务活动的场所。商务中心区不仅是一个国家或地区对外开放程度和经济实力的象征，而且是现代化国际大都市的一个重要标志。城市商务中心区的城市管理是一个城市管理的缩影，是城市管理中的高端管理部分。北京的 CBD 是中国城市最早的 CBD，目前也是中国 CBD 和世界 CBD 联盟的主席，具有很强的代表性。因此，分析北京 CBD 的管理对于分析中国城市 CBD 的管理具有重要的意义。

一　北京商务中心区的城市发展基本状况

（一）北京商务中心区建立及发展

1993 年 10 月 6 日，国务院批准了《北京城市总体规划》。同年，市城市规划设计研究院编制完成了《北京市商务中心规划》，其范围西起东大桥路，东至东三环路，南起光华路，北至朝阳路。1997 年，市城市规划设计研究院在 1993 年总体规划的基础上，根据这一区域的地理环境、建设条件和北京国际大都市未来发展的需要，适当扩大了用地规模，规划范围由三环路向东扩大到西大望路，向北辐射到亮马河地区。规划中的北京商务中心区由一个核心区、一个辐射区和一个混合区组成，并由建国门外大街和东三环路两条大街构成"金十字"，将这几个区连成一体。市城市规划设计研究院 1998 年编制完成的《北京市区中心地区控制性详细规划》，将北京商务中心区范围确定为朝阳区内西起东大桥路、东至西大望路、南起通惠河、北至朝阳路之间约 3.99 平方公里的区域。

北京提出首都经济的概念后，确定了立足北京、服务全国、面向世界的发展思路，制定实施了一系列的政策和措施，开始对经济结构和布局进行较大规模的调整，并在发展规划中确定了首都经济"一线两翼"三大重点功能区的产业发展格局。"一线"是指天安门、故宫、亚运村所在的北京城南北中轴线上奥运村、奥林匹克公园的建设，"两翼"是指中关村科技园区和商务中心区建设。

2000 年 6 月 5 日，市政府第 76 次专题会议决定，将商务中心区建设纳入《北京市国民经济和社会发展第十个五年计划纲要》。2000 年 8 月 8 日，市政府第82次市长办公会决定，全面加快北京商务中心区建设，并成立相应的领导机构。世纪之交，北京商务中心区迎来了全面、快速发展建设时期。北京CBD应成为首都对外开放的重要窗口和率先与国际接轨的商务中心，成为首都现代化新城区和国际化大都市风貌的集中展现区域，成为跨国公司地区总部和国际性金融机构的聚集地，成为首都发展金融、保险、电信服务、信息服务和咨询服务等现代服务业的聚集地，成为首都国际商务活动和国际文化交流的理想社区。

（二）北京商务中心区的发展定位

充分地发挥北京商务中心区的功能作用，立足北京，服务全国，辐射亚太地区乃至全世界。以吸引跨国公司总部和地区总部为重点，以发展现代服务业为主导，以培育国际金融产业为龙头，抓住中国加入世界贸易组织和北京举办第29届奥运会两大机遇，把商务中心区建设成为北京重要的国际金融功能区和发展现代服务业的聚集地。

1. 管理功能

通过聚集众多国内外跨国公司总部，发挥企业战略策划和生产经营决策的中枢作用，发布投资、经营和生产组织的各项指令，实现对辐射区域范围的经济运行控制，使商务中心区成为全球经济循环网络中的重要空间节点。

2. 集散功能

通过吸引国内外跨国金融保险机构、知名传媒公司和各类专业服务机构，建立便捷的国际资本市场，加速信息的中转和使用，汇集众多国际国内高素质人才，使商务中心区成为集散各种经济资源和生产要素的重要地区。

3. 服务功能

按照世贸组织规则和国际惯例要求，不断提高政府公共服务的效率和水平，完善各类市场服务体系，培育市场经营主体，提供信息、法律、会计、培训、会展和物流等服务，降低企业市场运营成本，在商务中心区内构筑高度发达的服务体系。

4. 交往功能

通过建设现代化的展览馆、博物馆、图书馆、影剧院、会展中心等国际交

往设施，举办大型国际会议和展览，加强国内外文化团体的演出交流，吸引国际知名商会进驻，使商务中心区成为不同国家、不同民族、不同文化交流的主要区域。

（三）北京商务中心区的空间布局及设施配套

一位城市规划专家预言，若干年后，一旦 CBD 全面成形，将充分发挥北京商务中心区的管理、集散、服务与交往功能。它将强烈吸引跨国公司总部和地区总部来此落户，从而发展为以现代服务业为主导、国际金融产业为龙头的国际金融功能区和发展现代服务业的聚集地。到 2020 年，北京商务中心区将成为亚太地区经济运行控制中心之一，成为全球经济资源和各类生产要素的集散基地、现代服务业的集中发展基地和经济文化的国际交流基地。

《北京商务中心区控制性详细规划》根据 CBD 区域的道路、交通、地下空间、通信设施、景观、产业聚集等实际需要，研究并制定了 CBD 交通规划、智能交通组织、地下空间利用规划、景观规划、产业发展规划、数字 CBD 规划，以及 CBD 及周边 82 平方公里的交通规划和公交线网调整方案，逐步形成了完整的规划体系。这些规划的逐步实施，将对 CBD 以及泛 CBD 区域的建设与发展起到积极的引导作用。

在规划者的眼中，未来的 CBD 将搭建起各种、各层次沟通平台，形成优质便捷的商务环境，培育起相对成熟的总部经济。打造新的城市品牌，发展商务旅游、都市旅游以及各类会展等；提升传统商业的层次，发展满足 CBD 商务办公和生活消费的现代商业；利用区位、资源、产业与环境四大优势，大力培育总部经济，从而全力推进首都国际城市建设。

二 北京城市商务中心区的城市管理目标和功能定位

商务中心区不同于以开发区和高新区为代表的园区经济，而是具备带动城市经济发展、展现城市形象、引领创新和时尚、凸显文化软实力、实施可持续发展的重要作用，是城市功能的集中展现和城市发展的重大引擎。在城市发展与管理中，CBD 应该具有以下目标和功能。

（一）引领城市经济发展

商务中心区是城市发展实力的象征，是经济发展的增长极，往往聚集了大量的跨国公司总部，以及国际金融机构、资本市场等高端现代服务业，这些将促使 CBD 发挥总部管理决策、金融控制和要素集聚的作用，引导、支撑和带动整个城市成为区域或全球经济的控制和运营中心。纽约、伦敦、东京等世界城市均依赖其 CBD 所迸发的能量，保持了城市经济的持续活力，并在一定程度上主导着世界的发展。因此 CBD 在未来发展中，要进一步发挥城市经济的强大源头作用，整合全球最优秀的资源，汇聚全球精英人才和资本要素，带动整个城市经济水平的不断提升。

（二）塑造城市形象

商务中心区的规划建设，形成了现代化城市的标志景观，能够给整个城市空间带来一种独特的空间形态，成为一个城市现代化的标志和城市形象的亮点。CBD 现代化的楼宇建筑群本身就是城市一道亮丽的风景，能够带来强大的视觉冲击力。城市的地标性建筑也往往出现在 CBD，如纽约的帝国大厦、洛克菲勒中心均在曼哈顿，北京 CBD 的国贸三期、CCTV 大楼均是当前北京的地标性建筑。因此，CBD 在未来发展中，应注重塑造鲜明的城市形象，构筑独特、富有吸引力的城市地标。

（三）推动城市管理创新

商务中心区不仅发挥着财富创造的功能，同时发挥着管理创新的功能。城市发展中很多新的管理理念、发展理念率先在这里产生和延续。特别是在交通、绿化、地下空间、公共服务配套建设等方面，由于 CBD 规划集中、空间集聚，更便于开展创新和探索，试点建立一系列管理新措施，形成城市综合体。在北京 CBD 的未来发展中，我们就将大胆尝试一些创新性的管理理念，例如，规划建设开放的公共空间系统，开展专业定制楼宇服务，完善各类配套设施，大力发展公共交通网络，选择低碳出行方式等，为城市管理创新提供经验和借鉴。

（四）展示城市管理品质

商务中心区是一个城市发展品质和文明水平的集中体现，其发展直接影响着城市的竞争力和影响力。纵观 CBD 的发展历史，它不仅仅是财富的地标，同时也是文化地标，很多知名的文化设施和文化品牌在这里产生，成为一个城市文化文明的代言。例如，澳大利亚悉尼市 CBD 的发展建设，就与城市历史文化环境融为一体，构成了城市独特的文化魅力，对城市旅游业发展和奥运会成功申办起到了重要的支持作用。在各地 CBD 未来发展中，必须将文化文明的塑造作为 CBD 规划建设的重要内容，将文化设施、人文环境的建设融入城市发展中，丰富和提升城市品质。

（五）示范城市可持续发展

当前，可持续发展已经成为全球各国的普遍共识，其核心就是追求经济、社会和环境的动态平衡。CBD 作为一个城市"以最少的资源，获取最大的效益"的最佳选择，是城市发展的集约性、规模性、高端性的集中体现，代表城市发展的最前沿，因此也理所应当要发挥城市可持续发展的先行先试作用。从当前世界 CBD 的发展看，无论是曼哈顿、金融城，还是北京 CBD，都聚集了城市中众多的优秀企业、高端人才和高价值财富，是经济、社会、文化、环境要素的集约化体现。因此，一个城市的可持续发展，离不开 CBD 的先行作用。2008 年，6 个国家的知名 CBD 发起成立了世界商务区联盟，并发布了《拉德芳斯宣言》，号召引领世界各国商务区通过降低能耗、综合利用以及优化商务区治理，实现城市的可持续发展。

三　北京商务中心区城市发展中面临的城市管理问题

（一）区域城市环境承载压力日益加大

1. 商务中心区区域人口、资源、环境矛盾日益突出

北京商务中心区作为北京六大高端产业功能区之一，城市建设规模大，产

业发展速度快，区域人口密度大，面临着人口、资源与环境的突出矛盾，社会管理难度持续加大。随着未来 CBD 核心区建设的逐步完成以及 CBD 东扩的推进，在相当长时期内 CBD 将保持人口高增长的态势。由人口快速增长、经济快速发展所带来的交通和环境等一系列问题，将给区域带来了超负荷的环境承载压力。

2. 城市管理服务需求与供给相对不足的矛盾突出

商务中心区产业层次高，人员素质高，人口密度大，资源流动性大，且随着 CBD 规划建设、产业发展、环境及公共服务的继续深入，对城市管理服务保障要求更高。但是，CBD 城市管理起步较晚，缺乏前期城市管理基础，环境问题日渐突出。当前 CBD 正处于城市管理模式的实践和探索阶段，面对 CBD 城市管理服务的新要求，相当一段时间内，城市管理服务能力相对不足的矛盾依然突出。

（二）区域城市管理与公共服务资源配置不足

商务中心区产业高度聚集，经济活动密度大，单位面积产值高，资源转换频率高，人流物流量大，单位空间范围的经济增加值和贡献率远远高于其他地区。按照生产与服务、贡献与保障对等的原则，应该提供更加优质高效的环境服务。而目前 CBD 城市管理与公共服务基本上是在现行的管理体制和保障标准下实施的，没有兼顾到 CBD 公共服务的特殊需求，没有采取差异化的公共服务保障模式，公共服务资源配置对 CBD 的特殊需求考虑不足。公共服务资源供给不足，在城市管理方面主要体现在环境管理政策供给不足、城市管理服务资金配置不足、城市管理服务人员配置不足等方面。总之，当前公共服务资源供给已经不能满足 CBD 经济社会快速发展的需要。

（三）区域城市管理标准与经济社会发展不匹配

目前，CBD 执行的是以属地一般管理为基础的城市管理标准。属地街道按照北京市、区、街道相关行业标准实施环境作业、执法与管理，既缺乏国际化管理的高标准，也缺乏符合区域环境管理实际的管理标准。城市管理作业、管理资金和人员按照属地日常环境管理标准进行配置，高标准城市管理服务和

高强度环境执法管理要求的政策、资金支持和人员配置不足。而且，CBD 区域内不同街道的环境管理标准及实施力度不同。显然，这种以属地街道环境资源配置为主的管理模式难以支撑 CBD 高标准、高品质城市管理的功能要求。这种标准相对于商务中心区的城市管理要求过低。因而，CBD 现行城市管理标准不能为区域高品质城市管理服务提供有效指导。

当前，北京 CBD 已经进入高品质、高标准城市管理阶段，高端产业聚集的一批高素质的商务人员对高品质环境和优质公共服务的需求越来越强烈。同时，CBD 作为建设世界城市的试验区对环境管理高标准的要求，需要 CBD 以世界城市管理标准指导城市管理作业和管理部门实现高品质、高标准管理。

（四）区域城市管理意识与经济社会发展不匹配

实施有效环境管理的基本前提是城市管理的各相关责任主体责任明确，环境意识到位。目前 CBD 正处于环境管理模式逐步形成阶段，但区域城市管理意识状况与区域城市管理实践发展不相匹配，导致城市管理责任缺位。具体体现在：第一，日常作业管理和执法管理不足，环境管理精细化不够，且商务中心区内多个属地间意识与执行力度不一致；第二，环境管理综合监督责任不健全，未能对属地街道环境管理进行有效监督，及时发现和处置环境问题；第三，环境规划考核评价等综合管理职能缺位，使多部门环境管理缺乏规划指引、标准指导、监督约束和激励推动。

（五）区域城市管理体制不顺、机制不活

CBD 高品质、高标准城市管理的责任主体与城市管理的权力主体不一致，城市管理责任不明确，事权与财权不一致，使城市管理责任没有完全落实到位。

1. 区域城市管理事权与财权不对等

区政府与属地街道的财政税收分配体制使 CBD 城市管理事权与财权不对等。在现行财税体制下，CBD 内的税源培养、产业促进及经济发展由管委会负责，属地街道则负责一般社会管理及环境管理。CBD 内增加的税收贡献则由区政府与 CBD 内属地街道进行财政分成。事实上，CBD 管委会对区域内的

城市管理承担主要责任，是区域内不断增长的城市管理服务需求和高品质、高标准的城市管理服务要求的实际责任主体。但是，在目前财政税收管理体制下，CBD 管委会在承担日益重大的城市管理责任的同时面临财权与事权完全不对等的矛盾，这将严重制约 CBD 城市管理国际化、现代化水平的提高。

2. 属地街道与商务中心区城市管理责任不清

在目前的管理体制下，CBD 内属地街道的一般性社会管理和城市管理职能与管委会产业发展、税源建设所需要的高品质、高标准城市服务管理职能重叠交叉。街道是属地范围一般常规性城市管理的权力主体和责任主体，管委会是商务中心区范围内高品质、高标准城市管理的责任主体。目前，在 CBD 城市管理中，属地街道与 CBD 管委会各自的城市管理责任没有明确的划分，事实上形成了属地街道和管委会对区域城市管理谁都有责任但又责任不清的状况，容易出现重复管理、交叉管理和管理空白的现象。因此，使城市公共服务作业、管理、执法、监督主体责任弱化，导致城市规划管理、政策管理、标准管理、监督管理和考核评价功能缺位，影响属地街道和管委会发挥各自优势有效履行环境管理责任。因此，在 CBD 属地街道和管委会双层管理格局下，急需建立区域城市管理统筹协调机制，促进城市管理责任的真正落实到位。

四　提升商务中心区城市管理的政策选择

CBD 目前所面临的城市问题已经成为 CBD 未来经济社会发展的一个瓶颈。北京 CBD 作为建设世界城市的试验区，率先在城市管理中进行探索与实践，争取在相关领域取得突破，对北京其他地区具有示范意义。因此，完善城市管理相关制度、采用新的管理方法、探索城市管理模式、实现环境管理的全面创新，成为商务中心区城市管理政策的必然选择。

（一）重构 CBD 城市管理体制模式

为加快商务中心区建设发展，对接和支撑北京商务中心区建设联席会，协调各方力量，北京市于 2008 年 9 月 3 日成立了北京商务中心区工作协调组。工作协调组下设城市环境管理小组等 5 个小组。工作协调组及其下设小组的成

立，反映了商务中心区发展中面临的多层面机构和多职能部门工作协调的需求。但是，随着北京商务中心区建设联席会议制度的取消以及工作协调组成员的不断变更，工作协调组事实上已不复存在，原有的城市管理协调职能缺失。

随着 CBD 经济社会的持续高速发展，公众对环境管理服务的要求不断提高，区域城市管理面临市、区相关职能部门及属地街道等多方面的职责权限及利益的协调与沟通，CBD 城市管理中需要区政府相关职能部门及属地街道协作解决的问题越来越多。推进区域城市管理，需要整合不同部门的管理资源，发挥不同部门、不同层级的资源优势，避免由于不同管理职能交叉带来的责任不清、权责不等、管理责任机制弱化等问题，形成城市管理合力，使城市管理效果最大化，需要在协调组原有城市环境管理小组工作模式的基础上，建立 CBD 区域城市管理联席会议工作机制。

联席会议由相关职能部门、属地街道负责人以及主要楼宇商户代表组成，负责 CBD 区域城市管理的政策制定、工作部署、标准制定、综合协调、考核评价、监督执行等工作。

联席会议机制将是未来一段时间内 CBD 城市管理的主要形式，也是 CBD 城市管理资源整合配置、优化利用的有效机制。为此，需要通过政策和制度程序，完善 CBD 区域城市管理联席会议机制的组织模式、工作流程、管理机制、管理制度、保障措施等。通过定期或不定期的 CBD 城市管理工作例会，逐步形成 CBD 城市管理的长效机制和工作模式，落实部门责任，强化执行力。

（二）制定 CBD 城市管理综合标准体系

当前 CBD 实施环境精细化管理，提高环境管理的国际化、现代化水平，需要顺应国际城市管理已经进入标准化管理的发展趋势，建立符合 CBD 城市管理特色的城市综合管理标准，以高标准指导 CBD 城市管理各相关部门全面提升公共服务作业和管理水平。

CBD 城市管理标准制定的基本思路是：以国际化大都市城市管理标准体系和管理规范为参照，以北京市各相关职能部门的行业管理标准为依据，以国际化、高品质城市管理为目标，以解决 CBD 城市管理问题为导向，以建立区域内分区分片城市问题全管、全责、全权的综合管理为原则，制定符合 CBD

特殊实际情况的城市综合管理标准体系。

CBD 城市管理标准体系由指标体系和标准体系组成。主要有设施关键指标、市容环境关键指标、秩序环境关键指标和生态环境关键指标，每一个关键指标对应着不同层级的分析标准及城市综合管理标准的实施方案。具体包括：城市容貌环境指标、环境卫生指标、城市景观环境管理指标、园林绿化管理指标、广告牌匾设置管理指标、市政道路环境管理指标、公共服务供给指标、市民环境素质指标、交通秩序环境管理指标等。针对相关指标建立相应的评价标准。根据上述关键指标和具体指标，对应相关的评价标准，使各类指标的内容具体化。同时，根据 CBD 产业发展和城市建设发展的需要，适时调高指标的具体标准层级和标准权重，以适应 CBD 不同阶段、区域内不同地域城市问题管理强度的实际需要。CBD 城市综合管理标准一般应高于所在区其他地区城市管理标准。

（三）建立相对独立的数字化城市管理体系

建立以全模式网格管理系统 CBD 分平台为核心的区域城市管理监督体系。当前，在商务中心区与属地城市管理交叉的情况下，城市管理监督职能弱化，城市问题发现机制不健全，城市问题的及时、有效处置缺乏快捷的信息支持。由于 CBD 区域国际化程度高、民众对城市问题敏感度强，城市问题发现滞后、处置缓慢，将直接影响到区域内外人员对 CBD 城市管理服务质量和效率的评价。因此，建立以全模式网格管理系统 CBD 分平台为核心的区域城市管理监督体系，建立和完善 CBD 城市管理监督机制，是 CBD 城市管理亟待落实的基础工程。

1. 建立朝阳区网格化管理 CBD 分平台

根据 CBD 城市管理的实际，在现有全模式网格管理系统的基础上设置 CBD 分平台。平台将对区域内城市问题事件和部件问题实行内循环机制管理，特殊区域特殊对待，从而缩短管理链条，优化监督程序，提高监督效率。同时在现有 CBD 网格小组的基础上成立 CBD 网格分中心，相应增加工作人员，缩短屏扫间隔时间，加大视频探头监督力度。

2. 建立高素质的 CBD 环境巡查员队伍

建立一支 CBD 城市管理巡查员队伍，根据 CBD 城市管理标准和服务要求，加大问题巡查力度，扩大城市问题的巡查范围，深化环境问题的巡查内容，建立分时段、分区域、定岗定责的环境问题巡查制度，特别是加大对区域内各种出现频率高、敏感度强的常规城市问题以及突发应急事件的巡查力度，提高发现效率，缩短处置时间。

（四）建立 CBD 城市管理的社会参与机制

世界发达国家城市管理的一个特点和发展趋势是，社会公众在城市管理和公共服务中广泛参与，形成政府与市民共同治理的格局。城市管理社会化是城市管理现代化、国家化的一个主要指标。北京 CBD 是北京国际化程度最高的地区，是北京国际交往的重要窗口。CBD 城市管理和公共服务的社会参与既是 CBD 国际化发展的必然要求，也是扩大 CBD 城市管理的社会资源，提高城市管理效率的需要。CBD 内有大量具有国际视野的高素质人口，对公共空间环境管理服务比较关注，在区域内开展公共事务的社会参与容易取得广泛的认同和支持。这是 CBD 城市管理社会参与工作的一个优势条件。当前城市管理中社会参与的组织化、制度化程度较低，影响了社会参与的效率和效果。因此，建立 CBD 商业楼宇企业参与城市管理的机制，是完善 CBD 城市管理体系、提升管理效率的必然选择。

1. 完善商业楼宇企业参与城市管理的内容

一是指导楼宇物业动员楼内企业和市民从自身做起，参与公共环境维护；二是发动大企业和市民参与城市管理监督，发现环境问题，进行举报；三是建立企业和市民参与的城市管理服务需求管理制度，发动企业和市民提出城市管理服务需求及完善公共服务的建议措施，为制定 CBD 城市管理服务项目提供决策支持。

2. 探索 CBD 区域楼宇物业参与城市管理模式的具体路径

一是建立 CBD 管委会与区域商业楼宇物业联系机制，明确物业公司在管辖范围及周边参与 CBD 城市问题管理的责任及途径，建立商业楼宇物业公司联系和发动所在楼宇企业积极参与 CBD 区域城市管理的激励机制；二是建立 CBD 城市管理志愿者服务模式；三是建立 CBD 区域内部网上社区交流平台，鼓励区内人员对 CBD 发展提出合理化建议，建立相互交流的网络；四是研究 CBD 内物业公司参与城市管理的责任机制；五是创新 CBD 城市管理的社会评价制度。

（五）强化 CBD 城市管理资金保障机制

实现 CBD 精细化、高品质、高标准的城市管理，需要完善财政保障机制。目前，CBD 城市管理的财政保障制度难以支撑 CBD 国际化、现代化的城市管理。因此，需要建立系统的财政保障机制：第一，制定与 CBD 服务人口规模、市政设施维护、城市管理投入相适应的城市管理资金预算定额标准；第二，制定与 CBD 国际化城市管理标准相适应的城市管理维护资金预算定额；第三，建立在目前事前预算管理制度下充分考虑城市管理风险和应急管理的财政保障机制；第四，建立与 CBD 税收增长、城市建设规模、城市管理任务与责任相适应的城市管理资金和人员动态增长机制。

参考文献

〔美〕盖伊·彼得斯：《政府未来的治理模式》，中国人民大学出版社，2001。

〔美〕戴维·摩根等：《城市管理学：美国视角》，中国人民大学出版社，2011。

马彦琳等：《现代城市管理学》，科学出版社，2003。

〔美〕奥吉尼斯·布瑞汉特：《城市环境管理可持续发展》，中国环境科学出版社，2007。

周晓华：《新城模式——国际大都市发展实证案例》，机械工业出版社，2007。

叶南客、李芸：《战略与目标——城市管理系统与操作新论》，东南大学出版社，2000。

饶会林等：《城市管理学的研究内容初议》，中国建筑工业出版社，1998。

冯刚：《北京城市管理体制创新研究》，《北京城乡发展报告（2008～2009）》，社会科学文献出版社，2009。

仇保兴、王俊豪：《中国市政公用事业监管体制研究》，中国社会科学出版社，2006。

周耀东：《中国公用事业改革研究》，上海人民出版社，2005。

冯刚：《北京市"十二五"规划前期课题——北京"十二五"时期城市管理体制改革相关问题研究》，未出版。

城市管理蓝皮书

The Management Pattern of CBD of the Metropolis in China

—Take the CBD of Beijing as a Example

Feng Gang

Abstract: The Central Business District (CBD) is the most international and modern area in the city. The management standard of CBD is also the highest in the city. The problems the CBD meet are environmental pressure, public resources assignment, management stander, etc. The resolutions for these problems are to establish double management system, coordination mechanism, and management standards.

Key Words: Metropolis; CBD; Urban Management

社　会　篇

Society

B.14

北京市社会管理体制的路径选择*

于燕燕**

摘　要：

　　本文提出了社会管理管什么、怎么管、谁来管的问题，揭示了社会管理的基本内涵是提供公共服务、解决社会问题和处理社会事务；社会管理的方法依赖价值基础和规章制度；社会管理的主体是政府、社会组织和私人部门。阐述了完善社会管理的主要路径是转变政府职能，加大社会组织管理改革的力度，加强社区自治建设，建立公共财政机制，形成良好的社会管理新格局。

关键词：

　　社会管理　社会组织　政府　体制　路径

---

* 该成果是在北京社区研究基地召开的"社会管理体制"研讨会会议综述的基础上整理成文的，出席此次研讨会的专家有丁元竹、刘继同、唐钧、夏学銮、陈涛、陈艳、刘艳良、佟新、吴德贵等，在此，对他们在研讨会上贡献出来的才智表示诚挚的谢意。

** 于燕燕，北京市社会科学院城市所所长，北京社区研究基地主任，中国社区发展基金会副理事长，研究员，研究领域为社会政策与社区发展。

自从人类产生以来就有社会，国家是恩格斯所说的私有制的产物，先有社会，后有国家是人类社会普遍存在的发展规律。因此，社会管理不是为了管社会而管社会，而是针对中国国情，发展出一套不同于西方社会的管理模式。在西方社会中，实际上没有社会管理这一名词，这主要源于他们的社会哲学是自然哲学，很多事情不需要政府去管，自治的理念植根于深刻的社会哲学基础之上；而中国现在的状况是政府管了大量的社会事务，那么政府管社会的目标是什么呢？它就是要建立一种社会秩序，为公民创造幸福美满的生活。社会秩序是一个直接的目标，最终的目标就是让老百姓生活得好、生活得幸福美满。这既是社会管理的最高目标，也是国家的最高利益、执政党的最高利益。政府执政能力的高低主要看政府为老百姓提供的社会服务怎么样。因此，从这样一个大的社会背景出发，我们需要对社会管理和社会管理体制的内涵与外延进行界定，对社会管理的领域进行划分，对社会管理体制的现状与问题进行分析，最后希望寻找到一套完善北京市社会管理体制的方法，并在此基础上发现一条具有中国特色、具有地方特色的社会管理体制改革的道路。

一　社会管理的定义与内容

社会管理的概念可以从两个角度进行界定：一个角度是从社会学的组织体制、制度和群体来看社会，另外一个角度是从社会政策、国家和公民福利来看社会。从这两个角度出发，可把社会管理定义为同一社区和不同社区、同一制度和不同制度、同一文化和不同文化、同一组织和不同组织的群体，他们因共同的利益和价值来组织社会公共事务、提供公共服务、解决社会问题。这样给"社会管理"下定义，实际上是为了回答以下四个方面的问题。

第一，管什么？主要是管三个问题，即提供社会公共服务、解决社会问题（解决社会发展中出现的偏离社会发展轨道的问题）、处理社会事务。

第二，怎么管？社会管理的方法实际上依赖于两个法宝：一个是价值基础，另一个是规章制度。为什么要在一定的价值基础上去讲社会管理？因为过去我们在谈社会管理时，对社会的价值讲得并不多。费孝通先生曾说："任何一套社会体制背后都有一套价值体系在支持这个社会，如果你不理解这个社会的价值体系，你就很难理解这个社会。"① 之所以在界定社会管理体制这个定义的时候，以共同的利益和共同的价值为前提，正是因为全社会现在都热衷于讲非政府组织（NGO），谈论 NGO 就离不开对中国人的公民意识和公民责任感问题的关注；谈论非营利组织、公民社会等问题，也离不开对公民社会核心价值问题的探讨。因此，关注公民社会背后的价值体系是至关重要的。

讲管理还要讲"理"，"理"实际上就是规则，只有在规则里面去运行才是管理，这里的规则也就是规章制度。在社会管理方面应该有明确的制度约束和范围界定，比如说社会管理现在遇到了一个很重要的问题就是社会组织的管理和社区的管理，社会组织到底该怎么管。北京市在社会组织的管理方面有一个很好的经验，就是"鞭炮原理"。历史上，政府对居民放鞭炮是不管的，后来每年放鞭炮有很多伤亡且造成空气污染，政府开始出台政策严禁放鞭炮。但是从文化继承来讲，春节放鞭炮是中国文化继承的一个要素，严格禁止放鞭炮，老百姓都偷着放，后来就改成限放五天，但是五天后还不行，初五后老百姓还放，后来宽限到十五，十六之后就没人放了。同样，社会组织怎么管的问题，也是非常适用"鞭炮原理"的。我们国家的哪些社会组织能够放开？即使在美国也有 503C 条款管理非营利组织等八类组织，这些条款的最后有一条就是所有非营利组织不得搞任何政治活动，所以每个国家的民间组织的活动范围都是有边界的。从这个意义来说，我们有必要对我国民间组织管理的边界进行研究，边界搞清楚了，划定好了范围，民间组织才能积极发挥作用，政府的负担也会相应地减少。政府对民间组织的管理实际上需要奉行两条原则：一条是确立价值体系，另外一条是制定规则。

第三，谁来管？社会管理中"管"的主体应该是政府和社会组织，私人和企业也可以参与到社会管理中来，但是政府、民间组织、私人部门在社会管理中发挥的作用是不一样的。政府在社会管理中依然应发挥主导作用，只有政府的积极、主动才能带来高效，其他非政府组织想推动还推动不起来，这是中国的国情。政府应该以开放的胸怀来接纳各种社会组织，处理社会公共事务，

---

① 这段话是费孝通先生生前教导当时还身为学生的丁元竹如何思考社会问题，如何做好社会科学研究的方法总结，丁元竹教授在研讨会上和同行们分享了费老的这番思考。

借用民间组织的力量来解决一些政府自身无法解决的问题，这样做无论是对政府自身的威信还是对民间组织处理公共事务能力的提高都有好处。

第四，为什么要管？社会管理的必要性从两个方面得以体现。一方面是政府在管理一部分社会问题上的无能为力，这个问题在世界范围内是普遍存在的。尽管中国政府为人民服务的意识比较强，显得中国在这方面的问题没有国外突出，但是中国政府也避免不了管理体制的滞后性。西方学者指出，美国在过去的 40 年中，试图研究出通过政府行为来解决社会问题的方案，但至今没有一个方案取得重要的成果，与之相反，非营利组织在解决社会问题方面却取得了重大进展。另一方面是市场在解决社会问题上的无能为力。市场机制中的利益最大化倾向导致企业对解决社会问题无动于衷，绝大多数企业只考虑经济效益，不考虑社会效益。市场一味地追逐利润最大化必然会引发一系列的社会问题。从这两个层面来看目前的社会管理，就会发现无论是市场还是政府，在解决社会问题上都不起作用或者说是"失效"，所以在当下我们提出社会管理的概念就显得尤为迫切。

另外，我们也可以从政府的宏观政策角度认识到加强社会管理的重要性。社会管理既是政府的重要职能之一，也是我国现阶段进行社会建设的重要内容之一，既是政府建设亟待加强的薄弱环节，也是新一届政府机构改革的重要任务和目标之一。总之，社会管理的重要性从中央到地方已经达成共识。

通过对"社会管理"的内涵与外延的界定，可以把"谁来管""管什么""为什么要管"这样一些问题基本讲清楚，但也留下了一系列问题，比如说为什么是社会管理而不是社会治理，社会管理和社会治理的区别又体现在何处等。社会治理这个概念是在 20 世纪 30 年代被提出的。当时的美国基本上还是农业社会，美国政府真正介入社会管理是在"罗斯福新政"以后，提出社会治理的学者在那个时代没能看到美国在 20 世纪后半部分的发展，如果中国的学者依然照搬社会治理的概念，很显然是与中国当代的情况不相符的。

如果从寻找学科基础的角度来理解社会管理，则可以把它界定为围绕着社会政策的制定和实施，如何去组织安排和运作社会服务。从寻找学科基础的角度来理解社会管理的范畴，就会发现现在中国学者所讨论的"社会管理"非常类似于西方学者所讲的"社会行政"。在英国，几个世纪前就有"社会行政"的提法，西方学者最初对"社会行政"的理解非常强调控制与管理的意义，但后来"社会行政"的概念逐渐发生变化，转变为社会服务和社会福利的概念，社会治理是从控制取向到服务取向，再到今天广泛的社会参与过程；从福利国家走向福利社会的过程，扩大了参与性，外国经过了如此一个漫长的演变，但是大的方面从来没有离开"社会行政"这个概念。因此，从概念出发，社会管理可以围绕着社会政策与社会行政两个方向划分为不同的历史阶段，而对我们今天研究社会管理体制的方法与路径真正具有启发意义的是恰当地理解社会管理在今天所处的阶段。只有准确地把握了社会管理在今天所处的阶段，才能把社会管理的概念和社会行政的概念结合起来，并把这种理念贯彻到对中国国情的理解当中。

二 社会管理体制的现状与问题

（一）社会管理体制的现状

在对一种社会体制进行建制和管理的时候，首先需要了解社会的现存状态，对"当今社会是什么样"和"怎样理解当今社会"这两个问题的判断和准确把握确实困扰了很多社会科学研究人员。由于单位制的解体，有学者把当今的社会理解为一个"后单位社会"，那么后单位社会给人们的日常生活空间带来的是什么呢？形象点说，就是被隔断的墙。墙里面的人已经不同于单位制社会中的人，他们彼此不知道对方是谁。生活在这些墙里面的人从地理位置上来说尽管居住在一块，但是大家没有联系、没有沟通，他们可能会利用信息化的平台在"物理空间"中寻找到自己沟通连接的点。尽管大家可以在信息化的平台上无障碍沟通，但是目前我们需要思考这样一个问题：怎么才能把"墙"里面的人引到"墙"外来，从而建立一个"后单位社会"时代下的社区概念？

另外，令人感到困惑的问题就是在贫富分化如此严重、社会变革如此剧烈的中国当代社会，经济却能如此迅速增长，社会还能相对和谐稳定，说明在中国社会中一定有一种内部力量在起作用。很多学者从"下岗职工、城中村"

等问题的调研结果中发现，即便在整个市场化的过程中，社会关系被严重破坏，中国当代社会仍然有自我组织和自我生存的力量，比如家庭的力量、邻里的力量。这正如雪灾中农民工急切回家的心情一样，尽管大雪使回家的路如此艰难，但是人们对于家的理念还特别强，大家努力奋斗也都是为了家。所以在市场经济发达的今天，我们应该重提勃兰尼的那句话："在今天我们要保卫社会。"

此外，自从掀起全球化的浪潮以来，我们就不得不面对流动社会和风险社会的现实，我们该怎样去对风险社会和流动社会做出充分的反应，这个可能需要新的突破。另外，虚拟社会已经出现，它突破了原来的社会关系这个界限，可以说它是信息社会的发展造成的结果。从多元社会文化的层面来谈中国社会就可以发现，传统的成分、现代主体的成分、后现代主体的成分并存于我们今天这个社会之中。因此，在进行社会管理时，如果我们仅仅从传统的社会政策、社会行政中去汲取营养是不够的，在原来的社会组织领域中做社会服务也是不够的，在过去的社会行政中，社会管理体制也没有对这样的现实做出过反应，因此，我们必须从社会现实出发寻找一套有效的方式方法来应对。

社会管理的问题如果从我们的时代背景出发来寻求学术研究基础的话，就会发现我们讲的社会管理与西方国家讲的社会管理背景是不一样的。我国改革开放30多年来，从关注经济发展转向关注社会管理。所以现在政府一再强调我们需要从行政管理转向公共服务，也就是从过去的一个"管制型"社会转向"服务型"社会。另外，我国的政府管理方式也发生了重要的转变，过去是一种单一的行政管理，今后我们管理的方式更多的是依赖于宏观管理、法治管理。在这种管理方式的转变过程中，我们需要考虑社会管理体系的完整与配套。此外，整个社会正在发生迅速而剧烈的变化，就整个社会人而言，过去的人都是单位人，每个人都有个身份隶属，而在改革开放几十年来，这种身份隶属正在一步步地淡化。由单位人转向社会人，过去很多事情可能都是单位在管，而现在作为一个自由流动的社会人，很多社会问题都需要一个与社会需要相配套的管理体制来解决。所以，这种背景的变化导致我们必须要重建一套社会管理体系来支撑和面对现存的社会状态。

（二）社会管理体制现存的主要问题

对我国现行社会管理体制中存在的问题进行分析，我们大致可以归纳为以下几个方面。

第一，公共财政投资方向的问题。目前的公共财政往往只投资于设施方面，设施一建再建，但是服务并没有取得进展。服务本身最重要的是人，其次才是项目，并不是设施。"星光计划"建了那么多的设施，现在下去看看，没有几个得到充分利用。但是一讲社会发展，就是建学校、建老人活动中心，这些建设好像就代表了社会发展，但真正的社会发展并不仅仅体现在这些设施上，我们国家在社会发展领域真正需要改革的是社会服务。判断社会的力量是否真正发展起来有一个很重要的指标，就是要看我国的公民有多少人出来提供服务了，而不是去计算政府配备了多少公共设施。在国外，政府投资于公共服务项目，有70%以上的资金用于支付人工服务费，而我们国家的现状正好与此相反。

第二，目前，社区管理行政化的趋势越来越严重，它不是往自治的方向发展，而是往行政的方向发展。现在居委会都强调要具备办公场地，有了办公场地、电话和电脑，哪个居委会主任还想往下跑？这样的居委会有什么用？居委会这样的发展趋势对居民自治体制的建立影响非常不好。另外，社区发展得越来越大，这是从节约管理成本来考虑的，但是社区规模发展过大，对管理并不一定是一件好事情。一个社区真正要存在，不是一块地上有一定数量的人就行了，最主要的还是要有服务，没有服务，它就不成其为一个社区，那只能是我们在行政区划上把它划定的一个社区，而不是一个真正社会意义上的社区。行政政策的颁布和实行，从上到下开会发文件，在行政系统内部就完成了，但是到了社区这一级，到老百姓那儿，靠这种做法肯定行不通。社区的意义就是怎样把党的要求转化为老百姓的实际行动，不是政府要我做、党要我做，而是引导社区居民自发自愿地去做，如果不能建立这种基本理念，社会管理领域难以展现出真正的活力。

第三，非营利组织的发展与管理问题。非营利组织在我国目前发展中出现了很多问题，它与上面谈的第一个问题密切相关，即公共财政投资方向是采购硬件设施，没有扩展到服务领域。由于部分非营利组织依靠外资资助来维持自

身的生存与发展，所以在政治立场上就很容易发生偏离。那么作为政府如何来对待这些非营利组织？政府要当裁判，不要当运动员，当运动员很被动。政府当非营利组织的"裁判"，做得不好的非营利组织，政府可以批评它，从资金上不支持它，如果公共财政的70%是用于购买服务的，政府的资金支持对于非营利组织的发展和管理就可以起到引导作用。

第四，社工人才队伍的建设。现在社工资格考试报名非常踊跃，如果社会工作师将来走向和政工师一样的道路上去，就显得很没有意义，社会的影响力也会自然消亡。如果从政府购买服务的角度来看待社会工作者队伍的建设问题，将来社工队伍的建设最好还是以非政府性质的方式存在。

三 完善社会管理体制的方法与路径

（一）完善社会管理体制的方法

如果从公民社会的培育角度来看，我国社会管理体制的完善可以从以下几个方面着手。

第一，要进行投融资体制改革，这是顺利实现社会转型的一个重要方面。政府可以通过投融资体制的改革让民间组织建立可持续发展的渠道，这也是让它们稳定发展的一个基本条件。事实上，不论是美国、英国还是日本，政府在民间组织投入上的比例都不是很高，美国占39%，日本占27%，英国占30%多，其他都靠民间组织自己经营，其中有一部分靠社会捐赠，即使在社会捐赠相当发达的美国，其捐赠资金所占比例也不超过20%。

从改革的角度来讲，社会管理体制改革的一个基本着眼点是社会投资体制改革，这涉及两个问题：一个是政府和社会的关系问题，政府主导了社会公共投资领域的体制改革；另外一个是中央政府和地方政府的关系问题，两者之间的责任往往划分不清。这两个问题是改革开放30多年来没有发生重大变革的少数领域，推动这两个领域的改革，有利于公民社会的发育，以及培育社会组织来参与公共服务，让地方政府和公民在社会公共服务领域有更多的接触，从而推进社会公共事业的发展。政府除了在硬件上投入以外，还应主动培育社会组织、民间组织和社区组织，并从居民的需求出发来配置这些资源。这必将涉及更深领域的中央政府和地方政府的关系问题。因此，要完善社会管理体制就必须完善社会公共领域投资体制的改革，完善两者之间的责任划分。

第二，转变政府职能和观念。社会管理本质上就是社会服务，为什么不能直接将社会管理称作社会服务？首先是因为政府的职能和观念尚未改变，如果中国政府的管理不是对"理"的认同，而仅仅是对"管"的认同，研究者就需要呼吁政府的社会管理向社会服务转型。

第三，对社会组织的管理进行改革。现在一些NGO通过经营模式的转变来实现自身的可持续发展，提供更好的服务并产生更多的创新。作为政府部门，应怎样引导这些社会组织发挥更大的作用呢？既然这些组织有很高的积极性，政府就应促进制度的完善，建立一定的机制来激励这种创新。美国就有一个很大的非营利组织，叫TNC（大自然保护协会），其目标是保护环境，其管理完全采取的是企业经营模式。这个组织之所以得到长远发展，是因为美国政府对于从事社会目标的企业管理有一套完整的激励政策。

第四，农民工问题。北京市有400多万农民工，怎样将他们纳入北京市的社会体系非常重要，如果这个问题长期得不到解决，不仅会危及北京的治安，还会给北京带来一系列的社会问题。

第五，奥运志愿者的资源利用问题。北京奥运会动用了150万名志愿者，其中包括奥运志愿者10万、城市志愿者40万、社会志愿者100万。相比较而言，悉尼奥运会用了4.7万名志愿者，雅典奥运会用了6万名志愿者，因而150万这个数字听起来鼓舞人心。但是仔细思考一下，大家就会产生疑惑：北京奥运会动用了150万名志愿者？游客和运动员加在一起有1000多万人，动用了150万人参与志愿服务，公共资源的使用效率体现在何处？显然，政府行为需要进行绩效评估，民间组织也同样需要。更为重要的是，在奥运会之后如何继续发挥这些组织的力量，并把这些志愿者转化为公民参与的社会资源？

第六，北京市全民应急意识的提高问题。"9·11"事件以来，美国的专家研究发现，突发性事件发生时反应最快的是当事人，而并不是政府或者社会组织的工作人员，所以美国在最近几年就建立了一个为全民进行培训的专门机构，引导人们在紧急的时候积极实施自救。2011年，该机构对73%的居民进行了应急

训练，便于人们在有突发性事件时，把损失减少到最低限度。同样，北京也应针对可能出现的突发性问题对全民进行一周的训练，从而提高市民的应急意识。

第七，专业在完善社会管理体制中的重要作用。我们为了实现现代化国家的战略目标，需要在社会领域进行良好的现代管理或者治理，而现代管理方式的实施必然离不开专业机制的运用。例如医生这个职业，它不是一个普通的职业，它有更多的利他性、服务性，那么在社会生活的管理当中，这种职业就成为一种专业。因为它传递了一种社会精神，这种精神就是我们所说的公民意识、公民理念。因此，体现在专业医生、教师针对各种公共需求起到公共作用的一些公共职业，就是所谓的专业。这也是早期的社会学者所讲的专业对社会管理重要性的落脚点，它是社会管理的重要支柱。因此，我们对专业的关注要更高一些，应集中探讨专业运作的逻辑、发展的趋势，以及它对社会管理发挥怎样的作用。中央在讲到和谐社会的建立时，提出了社会重要人才的建设，这是与社会管理过程中重视专业人才队伍的建设密切相关的。

（二）完善社会管理体制的路径

从社会实践的角度出发，我们可以对完善社会管理路径提出以下几点建议。

一是在构建社会管理格局当中找准位置，各司其职。"党委领导"，负责社会管理的方向，制定宏观的战略，这一点在北京市社工委设计职责当中有非常明确的规定；"政府负责"，由过去直接的控制向靠近法律规制方向转变，由过去微观的管理向宏观的管理、过去的"代替社会"向"依靠社会"转变，更多的职能是转向对社会组织的培育发展。公共财政缺乏对民间组织的资金支持，这是政府职能的一个重要缺失。这个问题没有引起政府的关注主要有两方面原因，一方面是政府的意识不到位，另一方面就是部门之间利益协调不到位。现在民间组织完全有能力承接政府的一部分职能，但政府并没有给它提供一个良好的环境，给它承接政府职能的相关政策环境，且在资金上没有相应的公共财政政策支持。因此，政府应在管理方面退一步，引导民间组织向更好的方向发展。"社会协调和公共参与"，这二者也是对政府履行社会职能的有力支持。

此外，政府还应该在社会管理的角色定位上实现"统筹结合"。"统"应该体现在规划、制定发展战略上，包括制定指标体系；"筹"应该表现在谋划整体格局层面，如果从这个层面来看待北京市社工委成立的意义，就可以认为北京市社工委的成立吹响了社会管理的"集结号"。北京市社工委推行的是多主体、多层面的管理体制，力图在两级组织，即市区之间，更好地发挥系统的规划、协调作用。

二是谋划发展的问题。北京市社工委正在着手制定北京市社会发展的三年规划并制定社会指标评价体系。在谋划发展的问题上，政府应该把能做的事情做成，不能做的事情退出一步。政府应把主要职责放在优化配置资源、合理运用公共财政上，努力解决更多的民生问题。

三是整合资源，发展社会多元主体，加强政社合作，培育社会民间组织的力量。民间组织可以通过项目和发展基金的形式来孕育自身的发展。

四是扩大公众参与。公众参与的方式方法应逐步制度化、法治化，通过制度化的方式，使得公众在参与的平台上有更广阔的空间。

五是实施公共财政转移。尽管现在北京市的公共财政增长非常迅速，但是用于社会救助的资金并没有大幅度的提高，且公共财政中的大部分资金都用于购买硬件设施方面，政府在"购买服务"方面的资金并没有增加。

六是社区自治体系的建设。从这几年的实践来看，社区作为社会发展的一个重要节点，社区的民主自治、有序管理程度对社会管理体制改革的进度有直接的影响。

七是合理利用市场。政府需要合理地利用市场的力量来实现社会的目标，这应该是社会管理体制改革过程中值得探索的路径之一。

Path Selection for Beijing's Social Management System

Yu Yanyan

Abstract：This paper put forward three questions：what does the social management control? How and who control? Reveals the basic connotation of social

management is to provide public services, to solve social problems and social affairs. The method of social management includes two means: basic values and regulations. The actors of social management are the government, social organizations and the private sector. The path of improving the social management is the transformation of government function; strengthening the construction of community autonomy, establishing public finance mechanisms, and form a new pattern of social management.

Key Words: Social Management; Social Organization; Government; System; Path

B.15
社会管理体制变革与创新：公众参与的困境与对策

胡勇慧*

摘　要：

　　新中国成立以来我国社会管理格局经历了三次大的变革，而每一次调整都意味着"国家－市场－社会"的关系重构。目前，我国宏观体制改革的重点是加强和深化社会管理体制改革与创新，对"社会"的构建是当下我国社会管理体制改革和创新的主要任务，而健全发达的社会组织是"社会"的基础，公众参与则是建设"社会"的现实途径。然而，政府缺乏多元参与社会管理的理念、公众参与意识薄弱与能力欠缺、参与制度不健全、参与渠道不通畅等问题都阻碍着公众参与的强化与深化。为此，我们需要在政府理念、公众意识、参与制度化建设、参与渠道等诸多方面下大力气，为公众搭建起参与社会治理的更好平台，唯有如此，才能形成多元治理的社会管理体系，最终实现"善治"的目标。

关键词：

　　社会管理体制　社会　公众参与

　　20 世纪 80 年代初，我国基尼系数为 0.275，而 2010 年已达到 0.438。20 世纪 90 年代以来，基尼系数在以每年 0.1 个百分点的速度提高，并且有进一步扩大的可能。这是 2012 年发布的社会管理蓝皮书《中国社会管理创新报告 No.1》中的数据，报告同时指出，中国社会发展到今天具有三个标志性的阶段性特征：人口突破 13 亿、人均 GDP 突破 5000 美元和城市化率突破 50%，

---

* 胡勇慧，博士，北京城市学院讲师，研究方向为社会管理、社会组织。

与此同时，新的社会需求、社会矛盾、社会现象，使得社会系统性的风险不断增加。① 报告还指出，我国社会的一些不稳定因素正处于从潜在风险向公共危机转化的临界点上，诸如贫富差距扩大、通货膨胀、社会分配不公、社会治安形势严峻等，而且，群体事件呈上升趋势，特别是无直接利害关系的群体事件或恶性事件呈现新变化。所有这些都在昭示着，我国改革开放的丰硕成果背后正隐藏着种种复杂多变的不稳定风险，而进一步加强和深化社会管理体制改革与创新，是当前缓和社会矛盾、消解社会危机、维护社会稳定、构建和谐社会的重要路径。

一 我国社会管理体制的变革："国家 –市场 – 社会"的重构

社会管理体制是"国家为了维护社会秩序而用来规范和协调社会关系、社会组织和社会行为的一系列制度和机制的总称"。② 不同历史时期的社会管理体制各有不同。现代社会管理体制则是"适应工业化、城市化、信息化、市场化、全球化的新的社会现实而对相对独立于政治和经济子系统的社会子系统的制度化管理"。③ 由于不同国家针对政府（政治系统）、企业（经济系统）、民间组织和公民（社会系统）三者在社会管理中地位和作用所做出的制度安排不尽相同，因此，横向来看，各个国家具有不同的社会管理体制模式；纵向来看，同一个国家的社会管理格局在不同时期也会有所变化。

中华人民共和国成立 60 多年来，我国社会管理体制的演变大致经历了三个阶段，在此三个阶段中，代表政治系统的国家政府、代表经济系统的市场与代表社会系统的公民社会，面临着不同的制度安排并不断经历着关系的重构。

第一阶段，从 1949 年新中国成立以后到 1978 年底——国家包办社会阶段。改革开放前的 30 年中，我国建立了"国家 – 单位 – 个人"的一元主体社

---

① 《中国首部〈社会管理蓝皮书〉：贫富差距正扩大》，中新网，http：//www. chinanews. com/sh/2012/09 – 14/4185389. shtml。

② 何增科：《我国社会管理体制的现状分析》，《甘肃行政学院学报》2009 年第 4 期。

③ 何增科：《我国社会管理体制的现状分析》，《甘肃行政学院学报》2009 年第 4 期。

会管理格局。这一阶段，我国社会是一种政治整合替代社会整合的"总体性社会"，① 整个社会生活的运作呈现高度政治化和行政化的特征，国家不仅通过计划经济体制对经济进行计划控制，同时又通过高度集权的政治体制对社会资源进行全面掌控，经济、社会都被纳入政治权力和行政体系之中；企事业单位、各种群团组织、社区组织等缺乏独立性与自主权，都附属于一定的政府行政机构。在这一阶段，国家既是社会管理的唯一主体，也是社会服务的唯一提供者，而社会管理也主要依靠行政手段。"政府包办社会"的社会管理体制是这一时期社会管理模式的主要特征。在这种社会管理体制下，许多本该由市场或社会承担的社会事务由政府通过行政权力来管理，如此造成的后果是，政府负担沉重、权力高度集中、机构膨胀、腐败滋生等问题加剧，而另一方面则导致社会管理效率低下、效益不高。

第二阶段，从 1978 年改革开放到 2003 年——国家与社会有限分化阶段。20 世纪 70 年代末，随着国家工作重心从"阶级斗争"转移到了"经济建设"上来，我国开启了改革开放的历史进程，我国社会随之发生了巨大变化。国家总揽社会事务、支配社会资源的"总体性社会"开始瓦解，逐渐转向国家、市场、社会逐步分立的"结构性社会"；② 国家开始向地方放权、向企业放权，以调动各方积极性，政治体制从高度集权逐步转向适度分权；私人经济部门也在公共部门旁边慢慢成长起来，市场开始在资源配置中发挥基础性作用，经济体制也逐步从行政权力的控制下释放出来，由此，市场与国家实现了分离。不过，市场亦有好坏之分，由"资本之恶"所引发的贫富差距、社会不公正等社会问题在现时的中国愈演愈烈，呼唤着一种制约并与之抗衡的力量。③

与此同时，随着改革开放的深入推进，我国社会领域也发生了深刻变化。首先，社会关系呈现多元化。大量的"单位人"转化为"社会人"，社会替代单位成为调解社会关系的主导角色。其次，社会流动加剧。人们自主性的增强

---

① 清华大学社会学系社会发展研究课题组：《走向社会重建之路》，《民主与科学》2010 年第 6 期。

② 赵立波、窦泽秀：《政府转型与社会管理体制》，《科学社会主义》2005 年第 3 期。

③ 清华大学社会学系社会发展研究课题组：《走向社会重建之路》，《民主与科学》2010 年第 6 期。

使得社会流动前所未有地加剧，这是传统社会管理体制无法解决的问题。再次，社会利益格局发生变化。利益分配领域开始引入市场机制，如何协调多样化的社会利益结构以适应社会结构的变化，是当前社会管理领域亟须解决的难题。最后，社会组织形式日益多样。各类商会、行业协会等经济联合组织，各类兴趣团体、文化团体、公益组织、互助组织等草根社会组织如雨后春笋般涌现，这也为社会管理提出了新命题、新任务。资料显示，1997年，我国县级以上社团有18万多个，其中省级社团组织21404个，全国性社团组织1848个；① 截至2010年底，全国共有社会组织44.6万个，其中社会团体24.5万个，民办非企业单位19.8万个，基金会2200个。② 面对新情况与新问题，传统社会管理体制趋于解体，政府社会管理体制和方式越来越不能适应新情况的要求，政府逐渐将部分权利返还给社会，向社会分权。城市的基层社区管理体制普遍建立，农村村民自治也得以推行，新兴的社会组织开始参与社会管理并承担更多的社会事务。然而，社会管理中的行政化特征依然存在，社会管理中的政府功能边界不清，"缺位""错位""越位"现象仍时有发生，社会组织的自治程度不高，社会力量参与社会管理的渠道有待疏通，制度亟须完善。

第三阶段，从2003年至今——国家与社会协作治理阶段。一方面，随着社会从国家掌控下逐渐剥离和成长壮大，一个相对独立于国家和市场的社会生活领域逐步形成；另一方面，利益的分化和多样化伴随着社会矛盾冲突凸显的后果，政府和社会对于社会管理理念的认识日趋深刻，因此，以维护社会秩序为己任的社会管理的重要性也愈显突出。2002年，中国共产党十六大提出了在"全面建设小康社会"和使"社会更加和谐"中，要"在服务中实施管理，在管理中体现服务"，这体现了我国社会管理理念方面的深刻变化。2004年，中共十六届四中全会强调，要"加强社会建设和管理，推进社会管理体制创新"，建立健全"党委领导、政府负责、社会协同、公众参与的社会管理格局"，社会管理体制改革开始成为国家政策关注的焦点。③ 2006年，十六届六中全会提出推进"社会管理体制的改革和创新"，标志着我国在经过30多年

---

① 民政部：《中国民政统计年鉴：1999》，中国社会出版社，2000。
② 民政部：《2010年社会服务发展统计报告》，中国统计出版社，2011。
③ 《中共中央关于加强党的执政能力建设的决定》，人民出版社，2004。

的改革开放之后，将要进入一个全面推动社会管理体制改革的新历史时期。2007 年，党的十七大报告把社会建设和社会管理体制改革提到了与经济、政治协同发展的高度，这反映出，在我国当前利益多元化、各种矛盾关系相交织的关键阶段，宏观体制改革的重心"要从偏重经济体制改革，向经济体制、政治体制、社会体制综合配套改革转变，从非均衡发展向均衡发展转变"。①

这一阶段，我国社会管理体制改革的关键在于转变政府职能，重构国家与社会关系，构建"党委领导、政府负责、社会协同、公民参与"的多主体协作治理的模式，进而实现国家行政管理与社会自治管理的结合。不过，社会管理的社会化，是指政府调动社会力量来管理社会，使"社会"在社会管理中发挥越来越大的作用，并不意味着政府在社会管理中的全面退出，只是政府需要转换其管理角色与手段。我国社会管理体制改革的过程将是向着国家、社会、公民多元协作"善治"（good-governance）的过程，"而公民社会就是'善治'的现实基础"。②

不过，就目前而言，我国的社会管理体制仍然很不健全、很不完善。一方面，在社会政策与立法、规划决策、组织协调、预算支出、基本公共服务供给、公民社会权利的平等保护等方面，政府的主导作用没有充分发挥；另一方面，市场机制（经济组织）和社会机制（社会组织）在动员社会资源、提供社会服务等方面发挥的协同作用也比较弱，公民参与社会管理决策和监督"任重而道远"。这都表明，距离构建"党委领导、政府负责、社会协同、公众参与"社会管理格局的目标，我们还有很长的路要走，我们要进一步深化社会管理体制的改革。

纵观我国社会管理体制的演变历程，第一阶段对应的是传统社会管理体制形成巩固阶段，第二阶段对应的是传统社会管理体制趋于瓦解和现代社会管理体制奠定基础阶段，而第三阶段则是社会管理社会化探索阶段。与这三个阶段相匹配的是改革开放以来我国宏观体制改革的两大转折与"国家－市场－社会"的关系重构：第一次转折，以适应经济发展需要而推进的政企分

---

① 姚华平：《我国社会管理体制改革 30 年》，《社会主义研究》2009 年第 6 期。
② 姚华平：《我国社会管理体制改革 30 年》，《社会主义研究》2009 年第 6 期。

开、政资分开，这一轮需要对国家与市场实施分离；第二次转折，以适应社会发展需要而逐步实施政事分开、政社分开，这一轮要做的是将国家与社会剥离。

自中华人民共和国成立以来，我们用第一个 30 年的实践证明，由政府包办一切是行不通的；我们又用第二个 30 年的实践搞清楚一件事，即市场也不是解决所有问题的灵丹妙药。我们还需要一个健全的"社会"来应对政府和市场的失灵。国家、市场、社会应该各司其职、分工协作、互补互助。就社会管理而言，政府的归政府、市场的归市场、社会的归社会，才能实现社会管理多元化主体协作的"善治"。需注意的是，必须在"国家"和"市场"的关系当中来理解"社会"，即社会是独立于国家和市场之外，但又与二者紧密相关的一个制度空间和行动领域。社会，既包含了安东尼·葛兰西（Antonio Gramsci）所指的相对于国家的"公民社会"，又包含了卡尔·波兰尼（Karl Polanyi）所言的相对于市场的"能动社会"。要形成政府、社会、市场的多元治理模式，培育社会的自组织能力是很重要的一维，用以应对可能的政府和市场失灵，一个健全的社会需要这样一种自组织能力，以降低社会转型的风险，保障社会生活的有序进行。要推广以社会为主体的社会管理，即"主要指各类非政府组织、自治组织、志愿组织以及公民个人等自治主体自主地、自觉地依据一定的道德标准、社会规范和规章制度，指导、约束自身的行动，进行自我管理的活动"。[①] 国家向社会分权、培育社会组织、推进公众参与，是构建社会为主体的社会管理，加强和深化我国社会管理体制改革与创新的重要路径取向。无论是公民社会的培育抑或是能动社会的建设，扩大公众参与都是其现实途径。

二 我国公众参与的现状及困境

基于政府、市场、社会组织、公民等多元主体各自的优势和缺陷，任何单一主体已无法独立有效地应对日益复杂的社会管理问题，因此，包括政府、公

---

① 姚华平：《我国社会管理体制改革 30 年》，《社会主义研究》2009 年第 6 期。

众、专家、新闻媒体、企事业单位、社会组织、人民团体等在内的社会多元主体共同参与社会管理是一种全新的决策和治理机制，各主体共同讨论、共同协商、共同决策社会公共事务，政府敞开民意表达的大门，民众畅所欲言，为政府献计献策。按照阿尔斯坦（Sherry R. Arnstein）的观点，公众参与（或称为公民参与、公共参与）"是一种公民权力的运用，是一种权力的再分配，使目前在政治、经济等活动过程中无法掌握权力的民众，其意见在未来能有计划地被列入考虑"。① 公众参与社会管理，则是指公众通过一定的程序或途径参与社会管理的决策活动，以使其符合广大公众的利益，强调作为决策者的政府与作为利益相关者的公众之间的双向沟通和协商对话。

新公共管理理论认为，政府的职能是掌舵而不是划桨。"社会管理体制变革的基本路径是从政府本位走向社会本位"，② 因此，政府应广泛采取授权或分权的方式进行管理，如建立公益性的非政府机构，加强公民参与社会管理，特别是加强公众参与制度的建立。公民是社会管理主体中的基础细胞，公民的参与使社会管理的机制从被动外推转化为内在参与。公众具有参与社会管理的天然优势，能更真实地检验政府决策对他们现实生活的影响。社会管理中的公众参与可以使公众有机会合法有效地表达自己的意愿，有利于最大限度地满足公众的利益诉求；有利于体现政府决策的科学性、政策的正义性、利益分配的公平性；有利于协调社会各方的利益矛盾，兼顾各社会阶层的利益需求；有利于缓和公众和政府之间日益显著的紧张关系，推动政府与社会的良性互动，维护社会稳定。因此可以说，公众参与是政府创新社会管理，构建和谐社会的有效保障。

但是，在很长一段时间，我国社会管理体制是"执政党领导下的政府主导"模式，没有"社会"与"公共参与"的概念，作为社会发展主体的"公众"的价值及其发展潜能被忽视或扼杀，既缺乏相应的制度安排，也没有相应的资源配置；另一方面，绝大部分公众与社会组织也没有"参与"社会公共事务的意识和能力。尽管近年来公众参与的价值开始逐渐被人所认知，也陆

---

① Sherry R. Arnstein，"A Ladder of Citizen Participation," *Journal of the American Institute of Planners*，1969.

② 龚俊、杨廷文：《多元主体共同参与社会管理机制探析》，《社会》2011 年第 11 期。

续构建了一些公众参与的渠道、平台，但是远不能满足社会管理与发展的需求，前景堪忧，公众参与无论从参与主体意识还是参与的资源环境方面，依然面临着明显的困境。

（一）政府缺乏多元参与社会管理的理念

尽管改革开放、解放思想已经 30 多年，但计划经济时期政府"全能主义"管理模式仍然具有遗留影响，政府工作人员的"官本位"思想仍然残留在其思想意识之中，官员们习惯了做"父母官"，惯于依靠行政性、强制性的手段实行自上而下的社会管理；把公众视为"子民"或被管理者，认为公众只需绝对接受和服从政府的决策和指令，而不应当参与到社会管理中；还有的把公众当成"愚民"，怀疑公众没有能力来理解和掌控社会问题，片面地认为让公众掺和会影响行政效率；或者干脆把公众看成"刁民"，认为公众的参与会成为政府潜在的威胁，公众参与往往遭到简单粗暴的抵制、排斥，使公众无法参与或者遭遇无效参与。而很多现实教训表明，如果公众意见不能够及时地、适当地得到回馈，反而可能会导致公众的过激行为，成为非理性局面的"催化剂"。公众参与是"以人为本"执政理念的重要体现，是提高政府政策合法性的主要途径之一。

（二）公众参与社会管理的意识薄弱，能力欠缺

首先，中国的传统文化造就了更多的"臣民"与"顺民"，而非"公民"和"参与者"，因此，我国普通民众的"公民意识"缺乏。我国公民长期以来对权威具有一种服从心理，往往意识不到自己在国家政治生活和社会生活中的主体地位，认识不到自己应有的责任与权利，因此，普遍缺乏参与社会治理、维护公共利益的"公民意识"。其次，"精英们"的公共参与主动性也比较欠缺。一些专家学者平日里确实比较热衷于写博客、发微博等来表情达意，但是，当政府就某项政策法令、社会管理事务等公开征询建议或意见时，他们却不愿意主动"掺和"，贡献智慧，除非相关部门专门邀请，或者聘任他为顾问，或者购买他的服务。再次，公众的参与能力不高。公民自我管理、自我服务、自我发展的能力还比较低下，公众也缺乏在公众参与和公民意识

方面的培养和训练，公众表达往往表现为某种冲动甚至只是对不满情绪的宣泄，公众参与有时采取不理性甚至不合法的方式，从而造成其合法性和有效性的缺失。

（三）公众参与渠道不通畅

畅通的民意表达渠道，是公众参与的先决条件之一。我国现有的公众参与渠道还远不能满足公众的需求，参与渠道较少，方法也较为简单。目前，我国公民主要可以通过人民代表大会、信访、听证会等几种方式来表达自己的诉求。但事实上，这几种方式的效果都不尽理想。第一，作为我国根本政治制度载体的人民代表大会这一民意表达渠道的作用并没有得到充分发挥。第二，信访解决诉求的实际效果有限。信访是一种比较直接的利益表达形式，公众通过致函、电话、走访等形式向政府有关部门反映情况，提出建议、意见或者投诉请求，其成本一般比司法成本低，并且通常都能取得迅速解决问题的功效，因此，信访成为公众遇到问题时乐于采取的一种方式。但实际情况是，一些官员视"上访者"为"刁民"，认为会损害其形象，影响其政绩，危害社会秩序，于是就会设法阻拦；另一方面，由于信访部门职能设置、办理程序等问题，某些群众的诉求长时间都得不到表达，容易造成群众越级上访等问题。因此，作为民众表达诉求主渠道的信访也未能充分发挥其功效。第三，听证会往往流于形式。很多听证会被一些地方搞成形式主义、表面文章，比如"听证专业户"的出现，公众被"代表"，听证代表普遍低水平和不负责任；听证会的程序设计不规范，无法保证意见收集的代表性和科学性；有的听证会居然事先搞彩排，或者干脆走形式，根本不尊重听证会的结果，你搞你的、我做我的，以至于一些价格听证会被公众和媒体讥讽为"涨价会"；等等。总而言之，我国现有的公众参与渠道和手段未能真正充分地发挥其应有作用，也就无法最终实现社会管理"善治"的目标。

（四）公众参与的相关保障制度不健全

我国在宪法和党的有关文件中已经对"公众参与"提供了根本保证，公众参与是宪法赋予我国公民的民主权利，如 2012 年，中国共产党十八大报告中强调，在加快形成"党委领导、政府负责、社会协同、公众参与"社会管理体制的十六字方针之上，增加了"法治保障"一词。[①] 但是，在具体的制度设计和操作层面，仍然存在着诸多缺失和不足，从而无法保障公众的有效参与。其一，公众参与的法律法规、相关程序、配套制度不健全。在立法和制度层面上，我国对于公众参与的内容、范围、程序等仍然缺乏具体、细化的规范，关于公众参与应当采取什么样的程序和形式、参与的程度如何把握、怎样约束其权限等问题，往往"无法可依""无章可循"，这种情况已经严重影响到公众参与的具体实施。比如，尽管我国在《立法法》和《城乡规划法》等法律中，已经就听证制度与公众参与做了相关规定，却因为程序和配套细则无章可循，不少政府部门随性而为，或主观故意或客观疏忽，从而使公众无法有效参与，无法发挥听证会在公共决策中的功能。再如，我国虽有多元主体参与的法律规定，但现实中不仅缺乏具体制度保障，也缺乏参与的平台，渠道也不通畅，从而各方无法充分表达其见解。其二，信息公开制度不完善。政府透明和信息公开是保证公众有效参与的基本条件，政府信息公开制度是保障公众参与有效性的基础性制度。没有充分透明信息的"盲参"缺乏科学依据和理性基础，而不准确的、有偏向的或被控制的信息则可能导致错误的意见或建议，因此，"知情权是参与权的前提"。[②] 2007 年，我国颁布了《政府信息公开条例》，但与之相配套的有关制度仍存在局限性，尚待完善。其三，政府对公众参与的回应不及时，反馈机制不健全。尽管一些地方创立了诸如现场办公、开放市长接待日、开通呼叫中心和领导热线电话、网络实时互动、公开领导层手机和领导信箱等形式吸引公众参与，但有的只为"博眼球"而摆空架子，落不到实处。2012 年第二季度，全国公共服务热线服务反映测试报告表明，"全国 30 省市仅有 32.9% 的公共服务热线能够'主动礼貌称呼来电者'，五成以上热线先于呼入者挂断电话"。[③] 此外，还普遍存在着反馈和回应不及时，或

---

① 《坚定不移沿着中国特色社会主义道路前进 为全面建成小康社会而奋斗——胡锦涛同志代表第十七届中央委员会向大会作的报告摘登》，http：//cpc. people. com. cn/18/n/2012/1109/c350821 – 19529916 – 10. html。

② 蔡定剑：《公众参与及其在中国的发展》，《团结》2009 年第 4 期。

③ 《广州便民热线抽样调查接通率近七成》，中国经济网，http：//www. ce. cn/xwzx/shgj/gdxw/201208/15/t20120815_ 23587418. shtml。

者干脆没有反馈等问题。究其原因，与之相配套的关于如何回复、如何办理、如何公示，以及监督问责的机制都没有真正建立和完善，因此，公众的意见和建议总是石沉大海，未泛起一点涟漪。公众参与渠道没有形成通畅回路，久而久之，公众的参与热情必定大受影响。

总而言之，截至目前，我国公众参与的理念与意识薄弱、能力不足，而且绝大部分是在非制度化层面进行，公众缺乏充分的参与渠道与手段，公众参与的制度化程度远远低于参与的制度化要求。综上所述，形成有意义的公众参与应当至少具备三个方面的基本条件：第一，认真倾听、尊重公众意见、对公民负责任的政府；第二，信息公开化和透明化程度高的政府；第三，公民社会的培育和发展。目前我国只具备了部分基础，这一方面说明公众参与在当前中国的困境及其局限性，但又从另一方面表明，公众参与在中国"任重而道远"，未来仍具有巨大的提升和完善空间。

三　强化与深化公众参与的对策建议

公众参与从根本上改变了政府获取民意的传统方法，由封闭转为公开透明，由政府和官员主导一切变为公众主动参与，特别是利益相关人有权利参与，从而使政府决策和公共治理变得更加科学、客观和反映民意。然而，如何能够真正地、更好地发挥公众参与的作用，扭转政府"官本位"思想，改变公众参与意识薄弱现状，疏通参与渠道以及完善参与制度化建设等，无论对政府抑或对公众而言，依然任重而道远。

（一）政府树立多元参与理念，开放多元参与

政府要树立多元参与理念，抛弃狭隘的执政理念，通过让最大多数社会主体（个人或组织）参与社会管理来改善和优化政府与公众的关系，从而使政府的社会管理工作获得多数社会成员的支持和理解；政府还应开放决策，"少一些替民做主、多一些让民做主"，分权于民、让权于民，鼓励和引导公众来参与决策。在涉及公众利益的公共决策过程中，要以各种方式听取并采纳公众的意见或建议，形成政府与公众间的良性互动和协同机制。只有政府进一步认

知、认同多元参与理念，开放公众参与，才能构建一套自上而下的良性体制机制，从而推动多元参与社会管理的良性发展。

（二）培育公众参与意识，提高公众参与水平

就作为参与主体的公众而言，还需消除中国传统政治文化中臣民思想对公众的影响，培养公众积极参与社会事务的意识，提升公众参与社会管理的能力。一方面，加强对公众参与的宣传教育。要通过多种形式的宣传教育，塑造公民文化，引导形成现代公民意识，培养公民精神，让"公众参与"社会管理变成一种文化和习惯。另一方面，作为社会主体的公民个人，还需提高自身的知识、政治、民主等素养，不仅要抛弃"事不关己，高高挂起""凡事不出头"的思想，积极主动地参与社会事务的管理，而且要有意识、有目的地学习相关知识，从而更好地表达自己的意见或建议，也只有如此，才能使社会服务与管理决策更好地符合自身的意愿，更好地分享改革开放的幸福成果，保障社会整体和谐。

（三）健全多元参与制度，拓宽多元参与渠道

强化和深化公众参与，必须要提高多元参与的制度化程度。一方面，我国还需进一步制定并完善有关公众参与的法律规定，在法律法规、政策、制度的各个层面来进一步完善、细化、规范多元参与的内容、程序、方式等；另一方面，不仅要充分发挥好现有公众参与渠道的作用，还应该开放更多的体制内渠道，从而为公众参与社会管理搭建更多、更方便、更有效的平台。其中，尤为重要的是，要让制度和渠道真正充分地运作起来。第一，加强公众参与的立法建设。让公众参与"有法可依"，从法律上解决公众参与作为政府决策和治理程序过程的刚性制度问题。比如在旧城拆迁改造决策、城市规划过程中，在具体规划项目的申请、设计、建设等过程中，应该保证公众和利害关系人表达意见或参与决策的机会。第二，健全和完善多元参与社会管理的参与制度，理顺和优化相关程序。比如重大事项集体决策制度、社会公示与听证制度、决策评估制度等等。只有科学的方法、规范化的程序和严谨的执行相结合，才能够切实发挥公众参与在社会管理中应有的作用。第三，拓宽多元参与渠道，吸收先

进的公众参与方法与技术。参与方式不仅仅听证这一种或几种渠道，国外公众参与的方式达数十种，比如社区会议、公民评审团、公共调查、公众辩论、焦点小组、乡镇电子会议、参与式预算、专门帮助弱势群体的参与制、规划援助制度等。① 其中，参与式预算是一种让地方普通民众来参与地方预算决策过程的民主程序。② "他山之石，可以攻玉"，尽管存在国情与发展阶段的差异，但国外的一些公众参与方式和技术同样有可供我们借鉴之处。只有不断创新和完善多元主体参与社会管理制度，拓宽多元参与渠道，才能保障公众参与社会管理的合法性和有效性，也才能为社会各主体理性表达诉求，切切实实参与社会管理提供体制机制保障。

值得一提的是，随着信息技术的日益发达和其在社会公共领域的广泛应用，一些新型的公众参与渠道和平台逐渐出现并被人们广泛使用，诸如电视辩论、网络论坛（如 BBS）、手机短信、博客、微博等。与此同时，通过网络沟通平台，基于对相关议题的共同兴趣或立场，人们汇集成了一些利益群体或网络群体，这是一种新兴的社会组织。公众通过互联网获取政府信息、讨论公共事务、发表个人或群体意见，越来越成为广大网民参与公共事务和公共决策的一种重要方式。截至 2010 年 12 月底，我国网民规模达到 4.5 亿，超过 66% 的网民经常在网上发表言论。③ 网络参与具有实时互动、平等开放、成本低廉等特点，网民们可以随时随地以很低的费用来与其他人展开平等的讨论，同时，网络发言具有的匿名性特征也极大地激发了网民们发表意见的热情。近年来，越来越多的社会事件、社会问题都是通过网络最先发布、传播并引起讨论进而影响到公共决策，这是一种自发性体制外参与方式。另一方面，通过网络进行公众参与这一新的渠道，还需要进行规范和引导，使其更好地发挥其正效应，而避免其负效应，比如"网络暴民"发动的"人肉"搜索就存在对个人隐私和他人权益的侵犯。首先，在立法领域，我们应当完善互联网领域立法，加快

① 戴志勇：《公众参与：撬动风险社会的日常民主》，《南方周末》2009 年 11 月 4 日。
② 陈丹：《城市社会管理创新视角下的参与式预算刍议》，《福建论坛·人文社会科学版》2012 年第 2 期。
③ 《我国网民规模已达 4.57 亿 网络安全形势仍不容乐观》，新华网，http：//news. xinhuanet. com/society/2011 –01/19/c_ 121000618. htm。

步伐，从法律上确认和保障公众的网络参与，让网民们能"有法可依"，让网络公共参与从民间的自发行为转化为依法行使公众权利的合法行为；其次，在公共舆论和网络道德约束方面，还需要正确引导网络文化和舆论，宣传文明、理性使用网络公约，遵循网络伦理，从而规范公众的网络参与行为，使这一新形式能够更好地发挥作用。

四 结语

社会管理体制的终极目标是形成建立在"有限的政府、有边界的市场与自组织的社会"三者之间相互制衡和良性互动基础上的多元社会治理体系和社会治理模式。① 从这个意义来说，和谐社会应该是权力、市场与社会之间的和谐，是权力、市场与社会之间相互协调与制衡的格局以及三者之间的和谐与均衡发展。

对"社会"的构建是当前我国社会管理体制改革和创新的主要任务，健全发达的社会组织是"社会"的基础，公众参与则是建设"社会"的现实途径。社会管理是一个还权于民的过程，在这一过程中，只有不断强化和深化公众参与，推进政府与各级各类社会组织的有效合作与良性互动，才能够使公共利益最大限度得以实现，从而最终实现"善治"的目标。

Social Management System Transformation and Innovation：Predicaments and Policy Responses to Public Participation

Hu Yonghui

Abstract：Since the founding of PRC，the structure of social management has

---

① 清华大学社会学系社会发展研究课题组：《走向社会重建之路》，《民主与科学》2010 年第 6 期。

experienced three major transformations, accompanied by the reconstruction of relationships of state, market and the society every time. At the present time, the main point of macroscopical system reform is strengthening and deepening social management system reform and innovation, and the building of the society is the primary task in China. During the process, healthy social organizations are the bases of the society, and public participation is the realistic way to social building. However, many problems such as government' poverty in the notion of multiple subjects participating social management, publics' lack of consciousness and ability of participation , inadequate system and blocked channel of public participation, have being hindered the public participation to strengthen and deepen. For this reason, we should do everything in its power to change these problems, and create a better platform for public participation. Only in this way, can we form a multiple social management system and accomplish the goal of good-governance eventually.

Key Words：Social Management System；Society；Public Participation

B.16

关于社会管理创新的多维度思考

——时代命题与路径选择

宋 梅*

摘 要：

2011~2012 年，中国的政治生活中涌现出了一个新的热门话题：社会管理创新。中央将加强和创新社会管理提到执政的重要议程，它与我国现阶段的社会特征密切相关，如社会利益分化、主文化规范缺失、城乡二元制的束缚、信息技术的冲击等等。为了应对一系列的社会问题，我党及时有效地提出了优先解决民生、注重公平与效率、促进城乡良性互动等手段，各地方政府和理论研究者也在实践中总结出了许多促进社会管理的有效路径与方法。

关键词：

社会管理 创新 路径选择 方法

2011~2012 年，在中国的政治与基层生活中涌现出了一个新的热门话题：社会管理创新。这主要是由于 2011 年 2 月 19 日胡锦涛总书记在省部级主要领导干部社会管理及其创新专题研讨班上发表了重要讲话，针对加强和创新社会管理工作，胡锦涛总书记提出了 8 点意见，这 8 点意见的提出既将社会管理推上了我国政治的最高议程，也将它列入了我党新的历史时期执政的新课题。

为何在现阶段中央将加强和创新社会管理提到我国政治的最高议程，成为我党执政的新课题？可以从三个维度加以考虑。一是我国当前既处于发展的重要战略转型期，又处于社会矛盾凸显期，社会管理领域存在的问题史无前例。

---

* 宋梅，北京市社会科学院助理研究员，社会学博士，研究方向为城市社会学。

二是社会管理如果不创新，30 年改革发展的成果将被侵蚀。三是没有以人为本的社会管理系统的创新，就不会有和谐社会的发展。

胡锦涛总书记在讲话中指出："我国社会管理领域存在的问题，是社会发展水平和阶段性特征的集中体现。"那么目前我国社会呈现一些什么样的"阶段性特征"，这些"阶段性特征"将会引发什么样的社会问题呢？这正是当前我国进行社会管理创新的理论与现实依据。

一　时代特征

据联合国数据显示，2010 年，中国的基尼系数为 0.52；在《中国全面建设小康社会进程统计监测报告（2011）》中并没有公布出 2011 年中国基尼系数的具体数字，但使用了"略高"这样一个模糊的形容词来表示。基尼系数作为衡量社会分配公平与否的重要指标，0.5 以上的数值已经远远超过了国际公认警戒线的标准。在社会主义市场条件下，经济的高速发展和强大的中央政府宏观调控能力，使得整个国家依然处于一个相对稳定的状态。但无法忽视居高不下的基尼系数依然是社会动荡的隐患和源头，所以，我们必须正确分析社会管理创新的时代背景。

（一）社会分化

改革开放的 30 多年，由于收入分配和财产分配制度的变化，形成了贫富差距与新的社会阶层和利益群体。因此在现阶段，社会分化主要可分为利益分化和身份分化或者说阶层分化。在新的社会阶层与传统社会阶层之间，新的社会阶层内部由于利益获取模式的不同导致了各种各样的冲突与纠纷；与此同时，市场经济中处于弱势的低收入阶层容易产生相对被剥夺感和被社会排斥的感觉。另外，分配制度中群众与干部之间在分配上的差距成为突出的问题，征地与动迁成为当前社会矛盾突出的方面。总之，由于利益的分化，社会矛盾和冲突问题凸显，社会风险也日渐加大。

伴随着单位制的解体，社会成员之间的认同感也日趋淡化。过去社会中的每一个人基本上都要属于一个"单位"，干部在机关、工人在工厂、农民在生

产队。按单位管理，政府好管也省事。但随着单位制的解体，越来越多的"单位人"成为"自由人"，成为没有分享到改革成果的"局外人"。而且，很多下了岗的工人很难再成为企业或公司的正式工，大部分都成为城市中的个体户或私人企业中的临时工，临时工"想干就干，不想干就走人"使得他们没有动力像"正式工"那样本分地遵循体制内的规则了。

总之，在重视 GDP 发展的 30 多年中，我们的政府较多的是从经济效益的角度思考问题，较少从社会成本的角度思考社会分化问题，结果是用高社会成本去换取经济效益，导致了一系列社会问题的出现，造成巨大的社会风险。同时由于社会保障制度的不完善，保障方式的身份化、等级化，引起部分低收入群体的不满，从一定意义上来说，也对社会的稳定形成压力。

（二）社会主文化规范缺失

中国用 30 余年走过了西方发达国家数百年的历程，传统价值观已经失去了共识，西方的价值观又没有完全植根于中国社会。当下的中国社会正处于所谓的"价值真空期"，或者说"失范期"。

但当前的"社会失范"现象并不是没有规范，而是社会主文化规范的缺席，也可以说是形式的规范与实际的规范未能完全统一起来。"失范"的表现并不是社会成员不要规范，而是不要他们不认同的规范，或者说是对不能为自己带来利益或束缚个人行为的规范置之不理，仅遵守他们认为有价值的规范，这种规范可能是潜在的规范或"第二规范"。但这种"第二规范"对社会主文化规范形成反作用力，既冲击社会主文化既有规范的权威性，又使社会主文化规范逐渐地虚化、悬置起来，社会主文化规范沦落为一种"说"的或者是形式的规范，而"第二规范"则演变为"行动"的规范或者是实际发挥效用的规范。

社会主文化规范缺失造成的社会影响巨大，媒体和社会大众不断痛斥的是有权的"官二代"、有钱的"富二代"信奉赢者通吃；"民二代""穷二代"则绝望无助。社会弱势群体无权、无钱，为了表达自己的利益主张，往往只能用各种各样表演性手段来吸引公众的注意，宣泄自己内心的不满与愤怒。当一切都不再相信、一切都不敢相信、一切都不能相信的时候，社会不安定因素必然增加。

（三）二元体制的制约

在改革开放所取得的巨大成就问题上，今天我们很难说清是农民还是非农人士的贡献更大，是农民还是非农人士更加思想解放。我们位居全球第二的GDP 有多少不是农民工通过廉价的工资创造出来的呢？改革开放仅仅在"二元体制"束缚下的城乡之间凿开了一点点互通的缝隙，农民们就迅速地走南闯北，到处艰苦创业，在今天如果我们无视农民对城市的贡献，一味地管制或者限制他们，必将会带来一系列城市化发展不能回避的紧迫问题。

但目前在我国城市与农村之间流动人口超过 2 亿，他们像候鸟一样穿梭于城市与乡村之间，如何在制度设计中给农民开创出更多的政策和生存空间，是我们在中国改革开放历经 30 多年后不得不思考的问题。计划经济时代一个萝卜一个坑，农民在农村过着自给自足的生活，而农民进城后，他们在城市找到了就业和创业的机会，但享受不到城市的各项社会福利，子女的教育、城市的医疗和住房保障等一系列与户籍相关的待遇问题，都是现在让流动人口心态失衡的主要原因。生活在城市，但又没有归属感，乡村廉价的劳动力回报和荒废了的农业生产技术，又使得他们无法再适应农村生活，很显然，现阶段的"二元体制"已经阻碍了城乡人口的良性互动。

（四）信息技术的冲击

在信息化时代，人与人之间的信息交流已经不仅仅是面对面的交流，而变成了网络的交往与沟通，而网络世界中信息传播的速度是呈几何级数上升的，而且网络具有强大的组织功能，本来一个小事件或者一个非常专业领域发生的事件，与上亿网民关系并不大，但经过媒体宣传、利益相关网民的造势，很多网民情绪迅速激动，造成了大量的突发集体事件，使得政府不得不在第一时间去迅速面对事件本身。

据统计，中国网民已经超过 4 亿人。虚拟社会不同于现实社会，但虚拟社会的所作所为都有着强烈的现实指向，与现实社会有着千丝万缕的联系，提高对虚拟社会的管理水平，既是当代社会管理创新的崭新要求，又是社会管理创新的紧迫任务。

（五）维权意识增强

这些年来，中国经济社会发展速度很快，人民生活水平明显提高。但是，在老百姓吃饱穿暖的同时，对政府的意见也不断增多，干群之间的矛盾也越来越凸显。为什么呢？由于伴随着人民生活水平和受教育水平的提高，人们的法律意识不断提高，承受法律诉讼的成本能力也有所提高，于是很多在过去看来只能靠忍气吞声化解的事情，今天都可能变成大问题、大事件。这在房屋拆迁问题上表现得尤为明显，有些知法、懂法的群众甚至利用法律的漏洞静坐闹事，上访事件的正确处理成为地方政府"维稳"工作非常重要的一部分，为此，政府花费了大量人力和财力。总之，随着社会公众维权意识的增强和维权手段的丰富，过去理所当然的事情今天往往成为干群矛盾的焦点，过去坚不可摧的合法性基础今天也受到了人们的质疑。

社会管理创新是时代赋予我们的命题，它与我们的时代特征密切关联。从经济层面来考虑，要解决社会利益分化的问题；从规范层面来看，要解决社会主文化规范缺失的问题；从体制层面来看，要打破"二元体制"的阻碍，促进城乡良性互动；从技术变革层面来看，社会管理创新又面临着互联网时代社会交往关系和社会组织关系的管理与重建问题；从法律层面来看，既要增强人们的维权意识，又要提高政府的权威。只有社会管理创新，才能真正满足现代人的物质需求和精神需求，长久而持续地维护社会的稳定与团结，为经济发展创造良好的社会运行环境。

二 创新重点

根据百度词条的定义，社会管理创新是指在现有社会管理条件下，依据对政治、经济和社会发展态势的判断，运用现有的资源和经验，运用新的社会管理理念、知识、技术、方法和机制等，对传统管理模式及相应的管理方式和方法进行改造、改进和改革，建构新的社会管理机制和制度，以实现社会管理新目标的活动或者这些活动的过程。总之，社会管理创新的根本宗旨就是解决现阶段社会发展过程中存在的问题。社会管理创新过程中须重点解决以下三个方面问题：改善民生，政府增加公共服务产品的供给；推进流动人口服务管理创新；加强网络虚拟管理创新。

（一）改善民生，政府增加公共服务供给

在社会主义市场经济条件下，社会利益的分化是不可避免的，但社会利益分化又必须控制在社会可承受的范围之内。一个社会共同体的凝聚力建立在民众全面的安居乐业基础上，如果全社会的游戏规则是"弱肉强食""赢家通吃"，必将会引发不同阶层之间激烈的对抗和矛盾。在一个激烈竞争的社会中，如果社会利益分化发展到失败者连最基本的生存尊严都被剥夺的地步时，社会和谐不仅对于弱者来说是一种奢望，而且对于强者来说同样也只能是一种幻想。因此，对于经济社会快速发展、贫富差距日益拉大的中国来说，社会管理创新的核心原则就是解决好民生问题，在正确处理好民生问题的同时尤其需要注意处理好效率与公平的关系。

在工业化过程中，西方国家也一直在寻找效率和公平之间的平衡点。经过长期的摸索，西方社会逐步明确达成这一平衡点的关键是政府有效发挥职能，增加公共服务的供给，提高社会福利水平。西方公共管理的理论和实践表明，在人均 GDP 达到 1000 美元之后，社会经济的增长机制发生了重要的转变，即转变成以人为本的增长方式。在这样一个阶段中，公共服务成为现代经济增长的主要动力机制之一，私人部门生产率的提高严重依赖于公共服务水平的提高。

作为正处于经济发展阶段的社会主义中国，为了克服市场经济的负面效应，必须充分重视政府在社会管理中的"掌舵者"角色，使政府在弥补市场缺陷和纠正市场失灵中发挥应有的作用。对于关系到民生问题的社会事务，不能完全推给市场，政府应能承担多少就承担多少，尽最大努力。政府要为全体社会成员提供基本而有保障的公共产品和公共服务，帮助丧失或不具备劳动能力的人。

（二）推进流动人口管理创新机制

户籍制度改革一直是关于推进人口服务管理创新所争论的热点问题，但从全国户籍制度试点城市的改革实践来看，不同方式的户籍制度改革对于城市流动

人口管理问题的解决效果是不同的。浅层次的户籍制度改革仅是流动人口和常住人口身份在形式上的统一，原有的、附加于户籍之上的种种福利依然差别化对待，在社会福利缺失的现状下，流动人口管理的困境并不能彻底解决。而深层次的户籍制度改革就是从就业、居住、就医、子女教育等基本民生问题入手，公平对待流动人口，切实保护流动人口的合法权益，实施统一有效的城乡管理机制，但是这样的改革触及了各方利益和现行体制，需要有充足的社会资源、经济和政策准备。从河南郑州的改革实践可以看出，在城市公共资源不足的条件下强行推进深层次的户籍制度改革，不仅不会改善流动人口的待遇、提高流动人口管理的效率，还会给城市发展带来严重的问题。因此，立足现阶段我国经济发展的水平，户籍制度改革并非解决城市流动人口管理问题的最有效办法。

无论是北京的"以业管人""以证管人"，还是"以房管人"，这些措施在区域经济发展水平悬殊的现实情况下、在流动人口强烈的就业需求之下所取得的成效都是有限的。现阶段，政府只有通过合理引导人口流动，通过调整城市产业结构，在根源上为来城市就业的流动人口提供更体面的就业岗位和更高的薪水，这可能才是促进流动人口管理的最有效办法；同时缩小地域之间的差异，促进我国经济的均衡发展，这是解决流动人口管理问题的长远之计。

（三）加强网络虚拟社会管理创新

互联网已成为思想文化的集散地和社会舆论的放大器，以匿名性、自我性和虚拟性为特征的网络虚拟社会已与我们的现实生活发生了越来越多的联系，加强互联网的建设与有效管理是信息时代现代社会管理的重点之一。充分运用法律、行政、经济等手段，特别是要充分利用法律手段，依法保证互联网健康有序发展。

1. 建立完善的网络虚拟社会管理法律体系

目前，我国已出台《互联网信息服务管理办法》《非经营性互联网信息服务备案管理办法》等，但针对网络媒体、网民行为等的正式法律还未出台，因此我们必须在现有法律的基础上，完善互联网管理法律，保障互联网建设的安全性，弱化网络媒体的"过度自由"，合理规范网民行为，发挥网络信息交流沟通等优势，实现有效的网络虚拟社会管理。

2. 营造有利于社会稳定的舆论环境

网络作为听民声、察民意的重要渠道，既要高度重视，又要正确评估舆情影响，主动回应社会关切，有效地制定互联网管理建设政策，正确引导网上舆论，维护网上秩序，营造有利于社会稳定的舆论环境。在应对突发事件时，要加强舆情处置部门和事件关联职能部门之间的协调运作，消除信息不对称的影响，建立舆情态势与事件最新进展之间的信息共享机制。

三　路径选择

当前在中国颇具影响力的社会管理创新理论大致分为三种：一是"市民社会"理论，二是"社会治理"理论，三是"新公共管理"理论。这三大理论为创新中国社会管理模式提供了一个初步的理论框架，但具体的路径选择则必须从中国的社会管理实践出发，探索中国社会管理实践中诸多组织机制间的复杂因果链条和微妙关系，从中找出一套能够处理好中国社会纵向整合与横向协调的机制，既能够推动公众参与，又能形成高效的社会协商；既能激发社会内在活力，又能强化纵向秩序的合法性。

"市民社会"理论的使用者往往在分析中国当代社会管理创新时，十分强调社会自身的协调、能动作用。"社会治理"理论的基本假设是：政府单边的自上而下的管理，并不是现代社会的有效治理模式，只有各种公共的或私人的机构共同协商参与的管理才是最有效的管理。在此理论引导下，国内许多学者提出"多元治理结构"才是当下中国社会管理创新的有效路径。从全国各地的基层实践情况来看，多元治理结构常流于形式，实际的治理结构一再排斥各种治理主体的介入。因此，社会管理体制的创新，不能停留在"培育社会组织"等简单理论预设上，只有社会的横向协调与国家管理的纵向调控之间形成良性互动，才能为中国社会有序运行提供保障。"新公共管理"理论则建立在经济学"理性人"的假设基础上，主张引导私人企业部门参与公共管理，改变政府在公共管理和服务中的角色——由"划桨"转为"掌舵"，注重效率，重视提供公共服务的质量和市民满意度。

"党委领导，政府负责，社会协同，公众参与"是中共十六届四中全会确

立的社会管理新格局、新路径，在实际工作中，政府需要克服自上而下行政命令式的社会动员机制，发挥社会主体的协商功能，增加全社会成员共同治理社会的机会。同时，当前中国社会管理创新需要优化公共服务，从体制、机制和运行过程等环节来发挥中国政府的职能，促使政府从公共物品的直接供给者向管理者和引导者转变。

四 方法与实践

（一）综合法：广东省"政府出钱，社会出力"

2011 年，广东省印发了《关于加强社会建设的决定》，开始了"小政府，大社会"的社会管理创新试验。2012 年 6 月 1 日，广东省正式出台《政府向社会组织购买服务暂行办法》，5 天后，又公布了《2012 年省级政府向社会组织购买服务目录（第一批）》，明确了政府向社会组织购买服务的主体和服务内容。"政府出钱，社会出力"，向社会组织购买服务，广东省的改革正是实践了西方学者所倡导的"新公共管理"理论。①

（二）嫁接法：宁波市"网络问政构建和谐环境"

据统计，浙江省和宁波市 30 多名省市级党政领导干部、百余名部委和县市区负责人先后通过中国宁波网开办的《对话》栏目与网民对话。领导干部则通过《对话》与网友在线交流，及时了解民意、吸纳民智，促进民主决策与科学决策。②

（三）延伸法：桐乡市"深化'两新'工程建设"

农村发展离不开城市的辐射和带动，城市发展也离不开农村的支持和推动。然而长期以来，我国严重的二元结构导致了"三农"问题日益突出，城乡分割，城乡差距不断拉大。2011 ~ 2012 年，桐乡市推进"两新"工程建设。

---

① 社会管理创新网，http：//www. ghchina. org/show_ ax. php？nid = 9994。
② 社会管理创新网，http：//www. ghchina. org/show_ ax. php？nid = 9937。

一是进一步加快新市镇建设。按照小城市功能定位，优化完善小城市规划，加快建设进度。二是推进城乡一体化的新社区建设。"两新"工程既是促进城乡融合发展之路，也是改变城乡二元结构、提高人民生活水平的现实举措，更是破解要素制约、激发现代乡村活力的可行之道。①

（四）逆向思维法：武汉市海选"布衣"参事

2011 年 4 月 16 日，武汉市人民政府参事室对外发布《从普通市民中选聘参事的公告》，这是国内首次尝试从普通市民中"海选"政府参事。针对现行政府参事"自上而下"的选聘制度，武汉做了一次"自下而上"的改革试验。根据全国各省市的通行法则，政府参事一般是由具有一定的代表性、较大的社会影响和较高的知名度的社会精英来担当，但这样的参事往往对社会民情体察不够深刻。在此背景下，武汉市政府首次尝试从普通市民中选聘政府参事，无疑对现行选聘制度的改革具有"破冰"意义，并被媒体冠以"布衣"参事。"布衣"参事来自基层，其提出的建议更贴近民生，与既有的参事队伍体系形成互补。②

五　结论

2011 年可以被称为"中国社会管理创新的元年"。从中央领导人的讲话和正式文件中，我们可以体会到中央政府对于创新社会管理模式的决心；从全国各地的社会管理创新实践来看，可以看出西方的理论与中国的国情正在实现有机结合；从网民热议的社会问题来看，广大的社会成员有积极参与社会管理创新的热情。因此，有决心的中央政府、有改革动力的地方政府、有热情的广大民众为中国的社会管理创新迎来了难得的机遇。尽管现阶段中国的现实问题十分复杂，但从社会治理体制与社会运行机制两个层面去破解中国社会管理的问题，从西方的理论和中国的地方经验中去发现通往未来社会的康庄大道，并非可望而不可即。

---

① 社会管理创新网，http：//www. ghchina. org/show_ ax. php？nid =9909。
② 社会管理创新网，http：//www. ghchina. org/show_ ax. php？nid =9728。

参考文献

王国华、毕帅辉等:《现实社会与网络虚拟社会融合视角下的社会管理创新——基于国外成功经验的启示》,《贵州社会科学》2011 年第 11 期。

宋健、何蕾:《中国城市流动人口管理的困境与探索——基于北京市管理实践的讨论》,《人口研究》2008 年第 9 期。

朱力:《遵守规范为什么十分困难?——关于规范与失范的理论命题探讨》,《学海》2010 年第 5 期。

李友梅:《中国社会管理新格局下遭遇的问题——一种基于中观机制分析的视角》,《学术月刊》2012 年第 7 期。

汪火根:《现代共同体视阈中的创新社会管理》,《东北大学学报》2012 年第 7 期。

Multidimensional Thinking about Social Management Innovations

—Time Proposition and Path Selection

Song Mei

Abstract: In 2011 ~ 2012, there has been a new hot topic in China's political life: social management innovation. It has been mentioned to be major political agenda to strengthen and innovate social management at present by the central government of China, which has been closely related with China's current social characteristics: social interests differentiation, missing of the main cultural norms, urban and rural the shackles of the dual system, the impact of information technology etc. In order to respond to a series of social problems, our party has timely and effectively proposed to some means of solving the people's livelihood firstly, focusing on the fairness and efficiency, and promoting urban and rural areas to interact positively. Each local government and the theory researchers have also summed up many valid path and methods to promote social management in practice.

Key Words: Social Management; Innovation; Path Selection; Method

B.17
社会空间特性对城市居民
社会态度的影响
——基于长沙的调查

谭日辉*

摘　要：

　　高档社区、中档社区、普通社区、移民社区和贫困社区可视为城市社会空间的代表。实证资料表明，不同社会空间的居民对事业成功因素重要性的评价、对政府的认可程度以及对社会安全程度的评价均存在显著差异。城市居民所居社会空间层次越高，对事业成功因素越关注人力资本，对政府的认可程度越低，认为社会越不安全、社会风险性越高。相反，所居社会空间层次越低，对事业成功因素越关注社会资本，对政府的认可程度越高，认为社会越安全。因此，加强社会管理，应综合考虑城市居民的社会态度，关注不同社会空间的居民对政府认可程度的差异，以及从确保社会安全的角度认识创新社会管理的重要性。

关键词：

　　社会空间　事业成功因素　认可政府程度　社会安全程度

一　问题的提出

　　"社会空间"一词最早是由法国社会学家迪尔凯姆（Emile Durkheim）在19世纪末创造和应用的①，最初出现在他 1893 年的博士论文《社会分工论》

---

　*　谭日辉，北京市社会科学院、中国人民大学社会学博士后流动站在站博士后，社会学博士，副教授。主要研究方向为城市社会学、社会发展与社会政策。

　①　Emile Durkheim, *De la division du travail social*, Alcan, Paris. 1893. cf. Anne Buttimer, "Social Space in Inter-disciplinary Perspective," *Geographical Review*, Vol. 59, No. 3, 1969, p. 418.

中，强调社会群体居住的地理区域。古典社会学家西美尔、帕克、沃斯等人认为城市是异于传统村社的特殊生活空间，事实上已经关注到城市空间与城市社会的关系问题。列斐伏尔更是指出："空间从来就不是空洞的：它总蕴含着某种意义。"① 恩格斯曾经指出："一切存在的基本形式是空间与时间"②，是包括城市在内的所有客观事物存在的基本形式。有学者甚至直接把城市称为人类最伟大的艺术作品③，虽然"城市"的概念在各个学科存在分歧，但是对城市主要特征的认识基本达成一致，即城市是以人为主体，物质、科学、技术、文化、人工生态环境高度集中的有机实体，是人类进步的结晶。④

城市作为一种社会空间存在，是一种物化的资本力量，这种力量表现为典型意义上的经济与文化要素的集聚。一个充分发展的城市社会空间，既能够成为城市人创造新生活方式的动力，又能够在改变社会关系的同时"形塑"市民的生活方式。⑤ 哈维认为，城市过程是一个辩证的过程，一方面时间和空间塑造城市过程，另一方面城市过程也在形塑城市空间和时间。⑥ 正所谓社会建构空间，空间诠释社会，城市空间与社会是息息相关的。

近些年来，城市居民家庭之间的贫富差距显而易见，城市社会在创造高收入群体的同时，也制造出了"新贫困阶层"。根据国家统计局调查数据，城镇居民最高和最低 10% 家庭的人均可支配收入之比，1985 年是 2.9，1995 年6.2，2005 年上升到 9.2。世界银行的一项研究也显示，目前我国 1% 的家庭占有社会 41.4% 的财富。这说明社会两极分化的趋势越来越明显。⑦ 因行业、职业、文化程度不同而导致的经济收入不同，进而导致居住社区不同而形成不同的社会空间，这种不同的社会空间导致了不同的社会交往，并且不同社会空间的人们对同一社会现象也形成了截然不同的社会评价和社会态度。社会现实

---

① Lefebvre, *The Production of Space*, Blackwell Publishing, 1991, p. 26.

② 恩格斯:《反杜林论》，人民出版社，1970，第 79 页。

③ D. Olsen, *The City as a Work of Art*, London, Paris, Vienna: Yale University Press, 1986.

④ 中国城市科学研究会编著《2007~2008 城市科学学科发展报告》，中国科学技术出版社，2008，第 21 页。

⑤〔美〕凯文·林奇著《城市形态》，林庆怡、陈朝晖、邓华译，华夏出版社，2001，第 27 页。

⑥ 转引自于海主编《城市社会学文选》，复旦大学出版社，2005，第 131 页。

⑦《学者称实际收入差距达 55 倍制度漏洞是主因》，《中国证券报》2010 年 5 月 30 日。

表明，这种差距目前正在进一步加大。

国外的研究表明，快速城市化出现了郊区化（Zhou and Ma，2000）、"全球城市"社会极化（Sassen，1991）、居住空间分异（Marcuse，1989）、防卫社区（Gated Community）（Webster，2001）、下层阶级聚居（Ghettoization）等社会不和谐特征。国内也有学者指出，当代中国城市的社会空间转型正日益表现出分异的趋势（Wu，2002），并没有实现"城市，使人生活得更美好的目标"。但应该看到，中国社会在过去30多年中所创造的物质财富，比中国以往任何历史时期所创造的财富都要多。但迅速发生的社会变迁，往往会改变原有社会的利益协调机制、矛盾化解机制和价值整合机制，同时也会改变人们的思想观念和生活态度，出现一些新的社会问题。

中国一直是个以农村人口为主体的国家，但到2011年，我国的常住人口城镇化率达到51.27%，这在我国城乡发展史上和城镇化进程中具有里程碑意义。在城市发展的众多民生问题中，住房问题一直是城市普通居民心中的梦魇。由居住空间而分化的高档社区、中档社区、普通社区、移民社区、贫困社区客观地呈现在公众的面前。在众多的中高档社区里，相当数量的住房闲置也是一个不争的事实，楼市泡沫由此形成。事实上，楼市问题的本质不在于是否存在泡沫、有多大的泡沫，而在于它已经形成了一种强势群体对弱势群体、富裕群体对中低收入群体的社会剥夺，甚至包含上代人对下代人的剥夺、原住民对新移民的剥夺。① 这种剥夺机制的形成，客观上形成了富裕的原住民与富裕的新移民对贫困的原住民和贫困的新移民的空间挤压，这种空间挤压的"结构性暴力"反映在居民对社会现象和生活问题的社会态度上，就是目前加强城市社会管理的重要社会导向。因为社会态度是社会行为的准备状态，对社会行为具有发动和导向的作用，所以通过研究社会态度，可以了解社会群体的社会心理倾向，并且可以根据社会中大多数人所持的社会态度判断社会运行状态，分析社会运行中的病态因素，把握社会运行规律。② 从某种意义上说，社会态度是社会运行的晴雨表。社会成员因不同的社会经济地位，占有不同的城

---

① 吴鹏森：《"二次"房改：市场化福利的思路》，《探索与争鸣》2010年第7期。
② 李强主编《应用社会学（第二版）》，中国人民大学出版社，2004，第145～148页。

市社会空间，这种城市空间又往往成为一种匿名的"结构性暴力"，经常会让人感到压抑和强制。在"现代城市中，人们日益感到，他们自己是'陌生人并感到害怕'，身处在一个他们过去从未制造的世界上，这个世界对人类直接指挥的反应比以往任何时候都少，也比任何时候都缺少人类的意义。"①

建设和谐社会的本质就是为了让人民生活得更加舒适、更加便利、更加幸福。因此，研究不同社会空间居民的社会态度，是促进城市社会融合的重要前提。基于此，本文拟运用社会空间视角研究在社会空间"结构性暴力"不断增强的前提下，不同社会空间居民的社会态度，以期为城市社会管理创新提供一个参考框架。

二 研究设计

为研究方便，本文将城市社会空间具体划分为人们可见的高档社区、中档社区、普通社区、贫困社区和移民社区五类，具体研究这五类社会空间的居民在社会态度上的差异。社会态度涉及的方面很多，比如政府公信力评价、社会安全评价等，本文重点关注不同社会空间的居民对事业成功因素重要性的评价，对政府认可程度的评价以及对社会安全的评价三个方面。

（一）研究假设

城市居民居住的不同社会空间从一个侧面客观上反映了城市居民事业的成败与辉煌。高档社会空间昭示着成功人士的辉煌，低档社会空间诉说着人生的灰暗。在市场经济条件下，物欲横流，城市居民在耳濡目染之中对不同的人生取得成功的看法是迥然不同的。众所周知，事业要取得成功，离不开如下两方面因素的综合作用：一是先赋性因素，比如性别、年龄、容貌、出生在好地方等；二是自致性因素，如自己受过良好教育、个人的聪明才智、有进取心/事业心、努力工作等，这是事业成功的必备要素，也是俗话所说的"打铁还需自身硬"。当然，一个人要取得事业的成功，也离不开外部因素，很多情况

---

① 陈忠：《关于城市化的哲学沉思——论城市哲学的建构》，《城市问题》2011 年第 2 期。

下，外部因素是非常重要的因素，比如说家境富裕、父母文化程度高、社会关系多等资源能提供源源不断的社会支持，再加上良好的机遇和对成功的强烈动机，事业成功也就指日可待了。

概括地说，目前城市居民对取得事业成功因素的评价主要集中在如下四个方面：①自致性资本；②人力资本；③物质资本；④社会资本。基于此，有如下假设：

假设1　**不同社会空间的居民对事业成功因素的评价与态度截然不同。高档社区的居民更重视人力资本，低档社区居民更重视物质资本和社会资本。**

部分政府官员贪污腐败，严重影响了政府的公信力，群体性事件的爆发从某种程度上说就是政府公信力丧失的表现。信访、上访等也表明我国地方政府在民众心目中的认可程度在降低。基于此，有如下假设：

假设2　**不同社会空间的居民对政府的认可程度存在显著差异。居民所居社会空间层次越高，对政府的认可程度越高，反之对政府的认可程度越低。**

现代社会是一个高风险社会，人身安全、信息安全特别是食品安全在社会各界闹得沸沸扬扬，近年来相继发生的"毒奶粉""瘦肉精""地沟油""染色馒头"等恶性的食品安全事件表明，社会安全风险正在增大，但这种风险对不同社会空间的居民的影响是不一样的。基于此，有如下假设：

假设3　**不同社会空间的居民对社会安全感的评价不一样。居民所居社会空间档次越低，对社会安全的评价相对较高，反之对社会安全评价相对越低。**

（二）变量的界定

1. 自变量

社会空间（Social Space）：依学科不同有不同的定义。在国际学术界中，有两种解释使用较为常见。第一种观点认为社会空间是社会群体居住的地理区域。以迪尔凯姆、毛斯、帕克（Robert Ezra Park）和伯吉斯（Ernest Watson Burgess）等人为代表的美国社会学芝加哥学派为典型；第二种观点认为社会空间是人类实践活动生成的生存区域。卡斯特尔（Manuel Castells）、列斐伏尔、哈维（David Harvey）、戈特迪纳（Mark Gottdiener）等人持这种观点。

本文社会空间的定义不是迪尔凯姆等人所指的意象的抽象空间，而是像列斐伏尔、戈特迪纳等人所说的具有社会性的地域空间，是具体的居住空间。在表现形式上，是指由高档社区、中档社区、普通社区、贫困社区和移民社区构成的具有社会性的地域空间，是以社会、经济、文化因素为背景，以人们的社会交往、以社会为中心的社会关系构造的城市空间。

2. 因变量

本研究的因变量是社会态度。具体操作化为如下三部分。

第一部分，对当前个人获得事业成功的因素的重要程度的评价。这些因素包括：①自致性资本，含年龄、容貌、性别、出生在好地方4个因素；②人力资本，含自己受过良好教育、个人的聪明才智、有进取心/事业心、努力工作、机遇、思想观念、政治表现7个因素；③物质资本，含家境富裕、父母教育程度高2个因素。④社会资本，含社会关系多、认识有权的人2个因素。这些变量为五分Likert量表，重要程度分为一点都不重要、不太重要、一般、比较重要、非常重要。

第二部分，对政府认可程度因素的评价。这些因素包括：①老百姓应该听从政府的，下级应该听从上级的；②国家大事有政府来管，老百姓不必过多考虑；③政府搞建设要拆迁居民住房，老百姓应该搬走；④拉开贫富差距，有利于调动人们努力工作的积极性；⑤穷人之所以会穷，是因为他们不愿意工作；⑥民主就是政府为人民做主；⑦在我们这个社会，工人和农民的子女与其他人的子女一样，有同样多的机会成为有钱、有地位的人；⑧农民就应该好好种地，不要都进城来打工；⑨现在有的人挣钱多，有的人挣钱少，但这是公平的；⑩很多发了财的老板，都是靠政府官员的帮助；⑪现在一心为老百姓着想的干部不多了；⑫应该从有钱人那里征收更多的税来帮助穷人；⑬让少数人先富起来对社会没什么好处；⑭穷人之所以会穷，一个重要原因是接受的教育太少了。

第三部分，对社会安全程度的评价。这些因素包括：①个人和家庭财产安全；②人身安全；③交通安全；④医疗安全；⑤劳动安全；⑥食品安全；⑦个人信息隐私安全。

（三）资料来源与分析方法

本研究的资料来源于2011年6～10月进行的湖南省哲学社会科学基金课

题 "一个南方城市的空间社会学研究" 的问卷调查。调查对象是长沙市市区年龄在 20～70 岁的常住人口。具体抽样方法是：在长沙市范围内，将居民住宅区按商品房的价格（并结合社会地位）分为高档社区、中档社区、普通社区和移民社区和贫困社区五类（层），首先在每个区随机抽取 3 个街道，共 15 个街道；每个街道每类社区各抽取 2 个，共 150 个小区，每个样本社区抽取 8 户居民户，共 1200 个居民户。调查共发放问卷 1200 份，回收有效问卷 1071 份，有效回收率为 89.25%。本研究对收集到的数据采用 SPSS16.0 统计软件包进行统计分析。

三　数据结果呈现

（一）不同社会空间的居民对事业成功因素的评价

首先对影响事业成功的 15 个因素进行频数分析，结果见表 1。

表 1　人们对事业成功因素的看法

单位：%

各种看法	非常重要	比较重要	一般	不太重要	一点都不重要
1. 家境富裕	14.6	37.5	25.5	16.9	5.5
2. 父母文化程度高	21.1	42.5	23.4	10.3	2.7
3. 自己受过良好教育	38.6	41.4	14.7	3.9	1.4
4. 年龄	9.6	24.1	38.5	23.4	4.3
5. 容貌	6.0	21.4	42.9	23.6	6.0
6. 性别	4.8	14.7	38.9	30.8	10.7
7. 出生在好地方	8.4	26.5	33.5	23.6	7.9
8. 个人的聪明才智	39.1	40.9	14.8	3.8	1.4
9. 有进取心/事业心	57.9	32.0	7.1	1.9	1.1
10. 努力工作	57.4	31.3	8.3	1.8	1.2
11. 社会关系多	41.2	42.1	12.5	2.5	1.6
12. 认识有权的人	25.3	36.4	26.9	8.8	2.7
13. 政治表现	18.7	30.1	36.0	11.6	3.6
14. 机遇	45.0	38.3	12.8	2.5	1.4
15. 思想观念	38.1	34.2	20.2	5.2	2.3

　　从表1可以看出,在获取事业成功因素时,相对来说,年龄、容貌、性别、出生在好地方这4个先赋性因素不太重要,而认为重要的因素超过80%的是:有进取心/事业心(89.9%)、努力工作(88.7%)、社会关系多(83.3%)和机遇(83.3%)。

　　为了进一步研究这15个因素,笔者研究了这15个变量的相关系数矩阵,发现相关系数都比较高,显示的 p 值均小于0.000,并且巴特利特球度检验统计量的观测值为5.627E3,相应的概率 p 值接近0,如果显著性水平 α 为0.05,由于概率 p 值小于显著性水平 α,可以认为相关系数矩阵与单位阵有显著差异。同时,KMO 值为0.864,根据 Kaiser 给出的 KMO 度量标准可知原有变量适合进行因子分析。[①] 对总的方差解释提取公因子,结果提取4个公因子,因子1能解释的变异百分比为34.057%,因子2为15.173%,因子3为7.792%,因子4为6.833%,总共能够解释63.855%的原始变量值。为了结构简化使每个变量仅在一个公因子上有较大的载荷,而在其余公因子上的载荷比较小,便于进行因子解释,进行了因子载荷矩阵的旋转。经过转轴旋转之后,因子1能够解释整个态度量表的变异百分比为18.858%,因子2为17.621%,因子3为14.783,因子4为12.593%,转轴后4个因子总共也能解释原15个变量的63.855%的内容——与转轴前相比,信息没有损失,却改变了各个因子对原有变量的解释力,使得因子易于归纳和"命名",见表2。

表2　正交旋转后得到的因子系数

因子的含义	提取后的因子			
	人力资本 (因子1)	自致性资本 (因子2)	家庭条件 (因子3)	社会资源 (因子4)
社会关系多	.363	.066	.288	.705
认识有权的人	.166	.218	.013	.847
家境富裕	-.219	.300	.541	.456
父母文化程度高	.049	.187	.743	.117
年龄	.164	.735	.192	.047

---

① Kaiser 给出的常用的 KMO 度量标准:0.9以上表示非常适合,0.8表示适合,0.7表示一般,0.6表示不太适合,0.5以下表示极不适合。

因子的含义	提取后的因子			
	人力资本 （因子1）	自致性资本 （因子2）	家庭条件 （因子3）	社会资源 （因子4）
容貌	.099	.816	.181	.118
性别	.060	.827	−.031	.019
出生在好地方	−.055	.675	.152	.273
机遇	.590	.063	.200	.434
政治表现	.604	.240	−.111	.111
有进取心/事业心	.680	−.056	.504	.193
努力工作	.703	−.085	.452	.125
个人的聪明才智	.468	.150	.365	.326
自己受过良好教育	.683	.150	.363	.004
思想观念	.769	.063	.050	.031

从表2可以看出，因子1在机遇、政治表现、有进取心/事业心、努力工作、个人的聪明才智、自己受过良好教育、思想观念上得分最高，这几个方面集中体现了个人积累的人力资本以及人力资本的表现形式，可以命名为"人力资本因子"；性别、年龄、容貌、出生在好地方在第二因子上得分最高，可以命名为"自致性资本因子"；家境富裕、父母文化程度高在第三因子上得分最高，可以命名为"家庭条件因子"；社会关系多、认识有权的人在第四因子上得分最高，可以命名为"社会资源因子"。

由此可见，人们在评价一个人事业的成功时，主要看重四个方面，人力资本、自致性资本、家庭条件以及社会资源。这也充分反映了目前社会的主流价值观：要想取得事业的成功，这四个因素至关重要，人力资本在目前的社会体制下是第一位的，说明市场经济已深入人心。同时社会资源的至关重要性也非常切合中国国情。

在此基础上，笔者以这四个因子为因变量，以社会空间（社区类型）为自变量，研究社会空间对事业成功因素因子的影响关系。（用单因素方差分析，操作结果具体分析以社会资源因子为因变量展示）

以"人力资本因子"为因变量，社会空间为自变量，进行单因素方差分析发现，方差齐性，但不显著，即不同社区类型的居民在对待事业成功因素的

"人力资本因子"上没有显著差异。卡方检验表明，社会空间与"人力资本因子"不显著（卡方系数为361.6，显著度为0.352），即不同社会空间的居民在"人力资本因子"的看法上没有显著差异。

以"自致性资本因子"为因变量，社会空间为自变量，进行单因素方差分析，方差非齐性，不显著，从均值比较来看，依次为普通社区 > 贫困社区 > 高档社区 > 移民社区 > 中档社区。卡方检验表明，社会空间与"自致性资本因子"不显著，即不同社区的居民在评价事业成功因素的"自致性资本因子"上不存在显著差异，即自致性资本因子对事业成功因素的评价上取得了一致重要性。

以"家庭条件因子"为因变量，以社会空间为自变量，方差非齐性，认为都重要，没有显著差异。卡方检验表明，没有显著差异。进行均值比较发现，移民社区 > 贫困社区 > 中档社区 > 普通社区 > 高档社区，即在评价事业成功因素上，相对来说低档社区（社会空间）的居民认为家庭条件更重要。

以"社会资源因子"为因变量，以社会空间为自变量，进行单因素方差分析，发现方差齐性，并且从表3可以看到，社会空间对社会资源因子的影响效应不全为0。

表3　社会资源因子为因变量的显著性检验

	总平方和	自由度	平均平方	F检验值	显著性概率值
组间平方和	14.027	4	3.507	3.544	.007
组内平方和	948.973	959	.990		
离差平方总和	963.000	963			

可以看到，社会资源因子的离差平方总和为963.000，社会资源因子的总变差中，不同社区类型可解释的变差为14.027，抽样误差引起的变差为948.973，方差分别为3.507和0.990，相除所得的F统计量的观测值为3.544，对应的概率p值近似为0。如果显著性水平为0.05，由于概率p值小于显著性水平α，则应拒绝零假设，认为不同社区类型对社会资源因子产生了显著影响，它对社会资源因子的影响效应不全为0。

由于因变量方差齐性，因此选择多重比较法（LSD），见表4。

表4　社会空间（不同社区类型）的多重比较检验

(I)被访者居住的社区类型	(J)被访者居住的社区类型	均值差(I－J)	概率p－值(Sig.)	95%置信区间	
				下限	上限
高档社区	中档社区	－.27045352 *	.015	4885418	－.0523653
	普通社区	－.02964215	.782	.2396488	.1803645
	贫困社区	－.32581999 *	.006	.5580245	－.0936154
	移民社区	－.11438952	.278	.3213205	.0925414
中档社区	高档社区	.27045352 *	.015	.0523653	.4885418
	普通社区	.24081136 *	.013	.0509915	.4306312
	贫困社区	－.05536647	.612	－.2694873	.1587544
	移民社区	.15606400	.101	－.0303474	.3424754
普通社区	高档社区	.02964215	.782	－.1803645	.2396488
	中档社区	－.24081136 *	.013	－.4306312	－.0509915
	贫困社区	－.29617783 *	.005	－.5020614	－.0902943
	移民社区	－.08474737	.347	－.2616358	.0921410
贫困社区	高档社区	.32581999 *	.006	.0936154	.5580245
	中档社区	.05536647	.612	－.1587544	.2694873
	普通社区	.29617783 *	.005	.0902943	.5020614
	移民社区	.21143047 *	.041	.0086851	.4141758
移民社区	高档社区	.11438952	.278	－.0925414	.3213205
	中档社区	－.15606400	.101	－.3424754	.0303474
	普通社区	.08474737	.347	－.0921410	.2616358
	贫困社区	－.21143047 *	.041	－.4141758	－.0086851

＊在0.05水平下显著，下同。

　　从表4可以看出，在对社会资源因子的评价上，高档社区与中档社区和贫困社区、中档社区与普通社区、普通社区与贫困社区、贫困社区与移民社区之间存在显著差异，即不同社会空间的居民对社会资源因子的评价显著不同。高档社区的居民由于自身社会资源非常丰富，因此其对社会资源对事业成功因素的重要性评价要低于其他社区的居民。用一位高档社区的居民的话来说，现在"按我的标准来说，决定事业成功的主要是个人的聪明才智了，其他倒不是什么问题"，而贫困社区的居民耳闻目睹了社会关系在个人事业成功上不可或缺的作用，所以对社会资源因子的重要性评价很高。用一位贫困社区的居民的话来说，就是"长沙这地方，没有关系，上头没人，想事业成功，门都没有"。

由此可见，社会空间因素对影响事业成功的人力资本因子、先赋性因子、家庭条件因子影响不显著，也就是说，不同社会空间的居民都认为人力资本、自致性资本、家庭条件都很重要，不存在显著差异。在对社会资源因子的评价上，高档社区的居民评价较低，低档社区的居民评价较高。假设1得到了部分证实。

（二）不同社会空间的居民对政府的认可程度

为了更好地了解人们对政府的认可程度，对涉及政府认可程度的14个变量分别计算了百分比。见表5。

表5 对政府的认可程度的统计分析

单位：%

	认可程度				
	很不同意	不大同意	一般	比较同意	很同意
1. 政府搞建设要拆迁居民住房，老百姓应该搬走	19.7	31.0	24.0	18.8	6.4
2. 老百姓应该听从政府的，下级应该听从上级的	21.0	30.0	26.3	17.1	5.6
3. 民主就是政府为人民做主	19.1	20.8	23.1	21.5	15.6
4. 国家大事有政府来管，老百姓不必过多考虑	27.7	35.7	18.7	12.2	5.6
5. 在我们这个社会，工人和农民的子女与其他人的子女一样，有同样多的机会成为有钱、有地位的人	13.1	21.0	29.5	24.3	12.1
6. 现在有的人挣钱多，有的人挣钱少，但这是公平的	15.2	29.0	31.1	19.5	5.1
7. 拉开贫富差距，有利于调动人们努力工作的积极性	17.0	23.3	30.2	19.9	9.7
8. 让少数人先富起来对社会没什么好处	14.4	31.5	31.7	15.4	6.9
9. 现在一心为老百姓着想的干部不多了	4.2	11.2	21.8	34.1	28.7
10. 很多发了财的老板，都是靠政府官员的帮助	5.3	16.0	30.6	28.7	19.4
11. 穷人之所以会穷，一个重要原因是接受的教育太少了	9.5	22.1	23.0	31.8	13.6
12. 应该从有钱人那里征收更多的税来帮助穷人	5.7	14.1	22.1	29.0	29.2
13. 农民就应该好好种地，不要都进城来打工	41.9	33.9	13.2	7.6	3.4
14. 穷人之所以会穷，是因为他们不愿意工作	35.9	34.7	17.1	9.4	2.9

从表5的数据可以看出，对政府认可程度"很不同意""不大同意"所占的比例均比较高。为了更进一步分析社会空间类型对政府相关政策措施或社会上比

较流行的观点的态度，笔者把上述 14 个因素进行了因子分析。发现 KMO 球度检验系数为 0.734，巴特利球度检验系数为 240.2，适合做因子分析。限定提取 2 个因子，从表 6 可以看出，因子 1 能解释总变异百分比的 22.510%，因子 2 能解释总变异百分比的 14.020%，总共能解释 36.530% 的变异百分比；正交旋转后，能解释的总的变异百分比不变，但更清楚地看到了因子的结构特征，见表 6、7。

表 6　因子的提取

因子（代号）	初始特征值			转轴后各因子解释量		
	各因素特征值	解释变异百分比	累计解释变异百分比	各因素特征值	解释变异百分比	累计解释变异百分比
1	3.151	22.510	22.510	3.070	21.928	21.928
2	1.963	14.020	36.530	2.044	14.602	36.530
3	1.231	8.795	45.325			
4	1.054	7.528	52.853			
5	1.025	7.323	60.176			
6	.869	6.209	66.385			
7	.828	5.917	72.302			
8	.751	5.367	77.668			
9	.694	4.954	82.623			
10	.633	4.519	87.142			
11	.545	3.892	91.034			
12	.509	3.635	94.669			
13	.413	2.948	97.617			
14	.334	2.383	100.000			

表 7　正交旋转后得到的因子系数

因子含义	提取后的因子	
	认可因子	不认可因子
1. 老百姓应该听从政府的,下级应该听从上级的	.732	-.014
2. 国家大事有政府来管,老百姓不必过多考虑	.692	.131
3. 政府搞建设要拆迁居民住房,老百姓应该搬走	.687	-.055
4. 拉开贫富差距,有利于调动人们努力工作的积极性	.546	.119
5. 穷人之所以会穷,是因为他们不愿意工作	.545	.014
6. 民主就是政府为人民做主	.494	.116
7. 在我们这个社会,工人和农民的子女与其他人的子女一样,有同样多的机会成为有钱、有地位的人	.492	.013
8. 农民就是应该好好种地,不要都进城来打工	.440	.083

续表

因子含义	提取后的因子	
	认可因子	不认可因子
9. 现在有的人挣得钱多,有的人挣得少,但这是公平的	.427	.016
10. 很多发了财的老板,都是靠政府官员的帮助	−.068	.795
11. 现在一心为老百姓着想的干部不多了	−.092	.761
12. 应该从有钱人那里征收更多的税来帮助穷人	.001	.648
13. 让少数人先富起来对社会没什么好处	.234	.443
14. 穷人之所以会穷,一个重要原因是接受的教育太少了	.243	.403

由于①老百姓应该听从政府的,下级应该听从上级的;②国家大事有政府来管,老百姓不必过多考虑;③政府搞建设要拆迁居民住房,老百姓应该搬走;④拉开贫富差距,有利于调动人们努力工作的积极性;⑤穷人之所以会穷,是因为他们不愿意工作;⑥民主就是政府为人民做主;⑦在我们这个社会,工人和农民的子女与其他人的子女一样,有同样多的机会成为有钱、有地位的人;⑧农民就应该好好种地,不要都进城来打工;⑨现在有的人挣钱多,有的人挣钱少。但这是公平的等9个因素在第一因子上的得分最高,并且这9个因子反映的都是对政府的积极的正向的态度,因此可命名为"认可政府因子"。⑩很多发了财的老板,都是靠政府官员的帮助;⑪现在一心为老百姓着想的干部不多了;⑫应该从有钱人那里征收更多的税来帮助穷人;⑬让少数人先富起来对社会没什么好处;⑭穷人之所以会穷,一个重要原因是接受的教育太少了等5个因素在第二个因子上的得分最高,但所代表的都是对政府的不信任、不赞成的态度,因此可命名为"不认可政府因子"。

为了研究社会空间对政府认可程度的影响,笔者以"政府认可因子"为因变量,以社会空间类型为自变量,进行单因素方差检验,并用多重比较法进行多重比较检验。

单因素方差分析的零假设为:不同社区类型对"政府认可"和"政府不认可"没有产生显著影响。

1. 以政府认可因子为因变量

首先对政府认可因子进行方差齐性检验,见表8。

表8　政府认可因子的方差齐性检验

F 检验统计量	第一因子自由度	第二因子自由度	显著性概率 P¯值
1.401	4	927	.232

Tests the null hypothesis that the error variance of the dependent variable is equal across groups.
a. Design：+ Ao

由此可以看出，方差齐性的 F 检验统计量（自由度：4，927）为 1.401，p 值为 0.232，因此各组方差齐性，适于分析。单因素方差分析结果见表9。

表9　社会空间对政府认可因子的单因素方差分析结果

	总平方和	自由度	平均平方	F 检验统计值	显著性概率 P¯值
组间平方和	24.308	4	6.077	6.213	.000
组内平方和	906.692	927	.978		
离差平方总和	931.000	931			

可以看到，政府认可因子的离差平方总和为 931.000，政府认可因子的总变差中，不同社区类型可解释的变差为 24.308，抽样误差引起的变差为 906.692，方差分别为 6.077 和 0.978，相除所得的 F 统计量的观测值为 6.213，对应的概率 p 值近似为 0。如果显著性水平为 0.05，由于概率 p 值小于显著性水平 α，则应拒绝零假设，认为不同社会空间类型对政府认可程度产生了显著影响，它对政府认可程度的影响效应不全为 0。

表10　不同社会空间类型下政府认可的基本描述统计量及 95%的置信区间

	样本数	均值	标准差	均值95%的置信区间		最小值	最大值
				下限	上限		
高档社区	131	.0063134	.872	-.144	.157	-1.991	1.69
中档社区	180	-.211	.990	-.356	-.065	-2.11	2.36
普通社区	233	-.0125	1.012	-.143	.1181	-2.20	3.58
贫困社区	145	.332	1.097	.1519	.5129	-2.289	3.530
移民社区	243	-.033	.955	-.153	.0876	-2.21	3.396
Total	932	.00762	1.00	-.064	.064	-2.28	3.58

从表10可以看出，中档社区政府认可程度均值最低，贫困社区最高，高档社区、普通社区、移民社区差不多。由于因变量方差齐性，因此选择多重比较法。通过表11可知，高档社区与贫困社区存在显著差异；中档社区与普通社区和贫困社区、普通社区与贫困社区、贫困社区与移民社区之间均差异显著。高档社区、中档社区之间不存在显著差异，高档社区与普通社区、移民社区之间也不存在显著差异，也就是说，在社会空间分类中，对政府认可程度的频率在中高档社区之间，高档社区与普通社区、移民社区之间不存在显著差异，但在其他层次的社区空间均存在显著差异。从五类社区的均值来看，贫困社区>高档社区、移民社区、普通社区>中档社区。也就是说，社会空间层次越低，对政府的认可程度越高，这充分说明党关注民生，让弱势群体共享社会发展成果的成功性，见表11。

表11　社会空间（不同社区类型）的多重比较检验

(I)被访者居住的社区类型	(J)被访者居住的社区类型	均值差(I－J)	Sig.	95%置信区间	
				下限	上限
高档社区	中档社区	.21739168	.056	－.0055103	.4402936
	普通社区	.01888001	.861	－.1930745	.2308345
	贫困社区	－.32566008 *	.006	－.5596195	－.0917007
	移民社区	.03940429	.713	－.1709748	.2497834
中档社区	高档社区	－.21739168	.056	－.4402936	.0055103
	普通社区	－.19851167 *	.043	－.3911162	－.0059072
	贫困社区	－.54305176 *	.000	－.7596361	－.3264674
	移民社区	－.17798739	.068	－.3688568	.0128820
普通社区	高档社区	－.01888001	.861	－.2308345	.1930745
	中档社区	.19851167 *	.043	.0059072	.3911162
	贫困社区	－.34454009 *	.001	－.5498404	－.1392398
	移民社区	.02052428	.821	－.1574380	.1984866
贫困社区	高档社区	.32566008 *	.006	.0917007	.5596195
	中档社区	.54305176 *	.000	.3264674	.7596361
	普通社区	.34454009 *	.001	.1392398	.5498404
	移民社区	.36506437 *	.000	.1613910	.5687378
移民社区	高档社区	－.03940429	.713	－.2497834	.1709748
	中档社区	.17798739	.068	－.0128820	.3688568
	普通社区	－.02052428	.821	－.1984866	.1574380
	贫困社区	－.36506437 *	.000	－.5687378	－.1613910

2. 以不认可政府因子为因变量

同理，以不认可政府因子为因变量，社会空间类型为自变量，进行单因素方差分析，具体分析方法同上。在此只展示多重比较分析结果，见表12。

通过表12可知，高档社区与中档社区、贫困社区、移民社区存在显著差异，与普通社区不存在显著差异；中档社区、普通社区、移民社区、贫困社区之间均不存在显著差异。也就是说，在社会空间分类中，对政府不认可程度的频率在高档社区最低，其他四类社区空间不存在显著差异。从五类社区的均值来看，贫困社区＞中档社区＞移民社区＞普通社区＞高档社区。也就是说，社会空间层次越高，越不认可这些观点，即上文提到的：很多发了财的老板，都是靠政府官员的帮助；现在一心为老百姓着想的干部不多了；应该从有钱人那里征收更多的税来帮助穷人；让少数人先富起来对社会没什么好处；穷人之所以会穷，一个重要原因是接受的教育太少了。当然这些问题主要对高档社区居民有不利影响，因此这个分析结果与正常心态是一致的。

综合以上分析结果可知，对政府认可程度最高的是贫困社区，其他社区没有显著差异；对政府不认可，即对上述当前社会流行的观点不认可度最低的是高档社区，其他社会空间类型不存在显著差异。也就是说，所居社会空间层次越低，越认可当前积极改善民生以及民主的思想，反之，越不认可政府的官商勾结等不法行为。

表12　社会空间（不同社区类型）的多重比较检验

(I)被访者居住的 社区类型	(J)被访者居住的 社区类型	均值差 （I－J）	Sig.	95%置信区间	
				下限	上限
高档社区	中档社区	－.31636514 *	.006	－.5406755	－.0920548
	普通社区	－.21072507	.053	－.4240188	.0025687
	贫困社区	－.40641130 *	.001	－.6418490	－.1709736
	移民社区	－.24380623 *	.024	－.4555146	－.0320978
中档社区	高档社区	.31636514 *	.006	.0920548	.5406755
	普通社区	.10564007	.285	－.0881814	.2994615
	贫困社区	－.09004616	.418	－.3079990	.1279067
	移民社区	.07255891	.459	－.1195165	.2646343

续表

(I)被访者居住的社区类型	(J)被访者居住的社区类型	均值差（I－J）	Sig.	95%置信区间	
				下限	上限
普通社区	高档社区	.21072507	.053	－.0025687	.4240188
	中档社区	－.10564007	.285	－.2994615	.0881814
	贫困社区	－.19568623	.063	－.4022837	.0109112
	移民社区	－.03308117	.717	－.2121679	.1460056
贫困社区	高档社区	.40641130 *	.001	.1709736	.6418490
	中档社区	.09004616	.418	－.1279067	.3079990
	普通社区	.19568623	.063	－.0109112	.4022837
	移民社区	.16260507	.120	－.0423552	.3675654
移民社区	高档社区	.24380623 *	.024	.0320978	.4555146
	中档社区	－.07255891	.459	－.2646343	.1195165
	普通社区	.03308117	.717	－.1460056	.2121679
	贫困社区	－.16260507	.120	－.3675654	.0423552

＊均值差在显著度 0.05 水平上显著。

（三）不同社会空间居民对社会安全感的评价

社会安全最主要的是人身安全，人身不安全，其他一切安全都是空谈。此外个人和家庭财产安全、个人信息隐私安全、食品安全、劳动安全、交通安全、医疗安全是民众关注的焦点。特别是当前不安全事件频发，人们的社会安全感尤其值得关注，详见表13。

表13　社会安全感综合测量结果

单位：%

对各种安全的看法	很安全	比较安全	一般	不大安全	很不安全	综合安全指数
人身安全	6.7	33.2	42.2	14.3	3.5	39.6
个人和家庭财产安全	4.4	31.0	42.0	16.8	5.8	37.5
个人信息，隐私安全	5.0	21.3	38.7	22.8	12.3	35.5
食品安全	2.2	14.3	29.2	34.8	19.5	35.2
劳动安全	4.2	26.2	46.0	19.7	4.0	34.7
交通安全	3.4	21.8	42.1	24.3	8.3	34.0
医疗安全	2.8	25.0	41.8	24.4	6.0	23.5

说明：综合社会安全感指数的计算方法是：首先对各个选项赋值，"很不安全"＝1，"不大安全"＝2，"比较安全"＝3，"很安全"＝4，然后计算每一个方面的平均赋值（但不考虑一般），并以该平均得分除以最高安全赋值（即4）再乘以100，便得到百分制的综合安全指数。

从表 13 可见，社会综合安全感普遍较低，均低于 40%，在本次调查 7 类安全调查中，超过 40% 的人选择了"一般"，这也是为什么综合安全指数低的原因。选择"很安全"的比例均低于 10%，比较安全的比例也很低，只有"人身安全"和"个人和家庭财产安全"超过了 30%。这主要是因为在长沙 2009 年连续两次发生了持枪杀人案（一起在南郊公园，一起在芙蓉南路中国农业银行旁边），2010 年 10 月底又发生了一起持枪杀人案，并且作案手段非常残忍，均是一枪致命。还有开福区的不法分子扮演检查煤气、检修水电的工人入室抢劫强奸杀人案给当地居民留下了阴影。特别是食品安全问题，2010 年，长沙查出金浩茶油含有致癌物质，湘潭的乳化牛奶三聚氰胺超标，给当地居民的食品安全留下了不良记录。个人信息隐私也不安全，现在是信息社会，大部分人拥有手机，但手机号码并不保密，经常会收到一些莫名其妙的短信和陌生电话，连身份证号码也被盗做他用的也不少。

那么这种安全感与社会空间（社区类型）存在什么关系呢？笔者做了卡方检验，结果见表 14。

表 14　社会安全感与社区类型的相关分析检验

各种看法	社会空间类型（社区类型）		
	卡方系数(χ^2)	显著度（Sig. 2 - sided）	检验值（P）
1. 个人和家庭财产安全	14.513	0.561	$P > 0.05$
2. 人身安全	16.463	0.421	$P > 0.05$
3. 交通安全	10.784	0.823	$P > 0.05$
4. 医疗安全	17.039	0.383	$P > 0.05$
5. 食品安全	36.687	0.002	$P < 0.05$
6. 劳动安全	17.635	0.346	$P > 0.05$
7. 个人信息隐私安全	60.508	0.000	$P < 0.05$

从表 14 可以看出，社会空间类型仅与食品安全、个人信息隐私安全存在显著关系，与个人和家庭财产安全、人身安全、交通安全、医疗安全、劳动安全不存在显著相关关系。这是因为人身安全、劳动安全、交通安全等全国人民均可不同程度地感受到，不同社会空间的人民均感同身受，因而不存在显著差异。

为了进一步分析不同社会空间对食品安全和个人信息隐私安全的区别，把食品安全程度和个人信息隐私安全程度这一定序变量近似看成定距变量，进行

单因素方差分析，只展示多重比较结果，见表15。零假设是不同社会空间对食品安全程度、个人信息隐私安全程度不存在显著差异。

表15　社会空间（不同社区类型）的多重比较检验

(I)被访者居住的社区类型	(J)被访者居住的社区类型	均值差（I-J）	概率 p 值（Sig.）	95%的置信区间	
				下限	上限
高档社区	中档社区	.221*	.049	.00	.44
	普通社区	.037	.727	-.17	.25
	贫困社区	.140	.232	-.09	.37
	移民社区	-.104	.324	-.31	.10
中档社区	高档社区	-.221*	.049	-.44	.00
	普通社区	-.184	.058	-.37	.01
	贫困社区	-.081	.459	-.29	.13
	移民社区	-.325*	.001	-.51	-.14
普通社区	高档社区	-.037	.727	-.25	.17
	中档社区	.184	.058	.00	.37
	贫困社区	.103	.316	-.10	.31
	移民社区	-.141	.114	-.32	.03
贫困社区	高档社区	-.140	.232	-.37	.09
	中档社区	.081	.459	-.13	.29
	普通社区	-.103	.316	-.31	.10
	移民社区	-.244*	.017	-.45	-.04
移民社区	高档社区	.104	.324	-.10	.31
	中档社区	.325*	.001	.14	.51
	普通社区	.141	.114	-.03	.32
	贫困社区	.244*	.017	.04	.45

从表15可以看出，在0.05的显著性水平上，在食品安全程度的评价上，高档社区与中档社区、中档社区与移民社区、贫困社区与移民社区之间存在显著差异，在安全程度的比较上，移民社区>高档社区>普通社区>贫困社区>中档社区。这就是说，在食品安全程度的评价上，移民社区、高档社区认为最安全，贫困社区和中档社区的居民认为食品的安全程度比较低。

同理，分析社会空间对个人信息隐私安全程度的影响。社会空间对个人信息隐私安全存在显著差异。高中档社区之间、贫困社区和移民社区之间不存在显著差异，其他社区之间均两两存在显著差异。在个人信息隐私安全程度的比较上，移民社区 > 贫困社区 > 普通社区 > 中档社区 > 高档社区。也就是说，低端社区比高端社区认为个人信息隐私安全程度高。

食品安全涉及的比如说长沙的金浩茶油属于高档消费品，很少进入普通百姓的餐桌；诸如三聚氰胺问题奶粉事件只涉及部分家庭，不具代表性；而有毒白菜事件主要存在于中低档社区。个人信息和隐私对普通社区居民的影响程度远不及中高档社区，在现代的门禁社区里，个人信息和隐私是相当保密的，信息和隐私的泄露可能会给这些居民带来意想不到的麻烦。因此，这两个问题在不同的社会空间造成的影响是不一样的。

总之，在个人和家庭财产安全、人身安全、交通安全、医疗安全、劳动安全方面，社会空间是一个不显著变量，也就是说，社会空间对这几个方面的影响是不显著的。但在食品安全和个人信息隐私安全方面是非常显著的变量，并且数据结果展示，中档社区和贫困社区的居民认为食品安全程度最低，移民社区和高档社区的居民认为食品安全程度最高；移民社区和贫困社区的居民在个人信息隐私安全程度认知上高于中高档社区。

四　结论和讨论

（一）结论

通过上述分析，我们可以得出如下基本结论。

（1）社会空间与城市居民在对事业成功因素的评价上不存在显著差异，城市居民所居社会空间层次越高，越关注人力资本；反之，更倾向于社会资本。

（2）社会空间与城市居民对政府的认可程度显著相关。城市居民所居社会空间层次越高，对政府的认可程度越低；反之，对政府的认可程度越高。

（3）社会空间与城市居民对社会安全的评价显著相关。城市居民所居社会空间层次越高，认为社会越不安全，社会风险越高；所居社会空间层次越低，认为社会越安全。

（二）讨论

沃思的《作为一种生活方式的城市性》一文启示我们，城市性可以看作

是一种生活方式。生活方式不同，对社会的态度和评价显然不一样，特别是在快速转型期，社会空间特性是影响人们社会态度的重要变量，在构建社会主义和谐社会的背景下，居民的社会态度是社会运行的晴雨表。因此，加强社会管理，如下几点值得进一步探讨。

第一，加强社会管理，应综合关注城市居民在这三类社会现象上的态度。因为从对事业成功因素的评价、对政府认可程度的评价、对社会安全的评价逐一分析影响因素是一个方面，事实上，人们在这三个问题上的态度和评价不是独立的，这些因素往往相互交织、互相影响。因此，在空间挤压的前提下，综合研究不同社会空间的社会态度和社会评价的影响因素也许比逐一研究影响因素更具有理论和现实意义，但又因为影响因素众多而难以理出头绪，所以，对社会态度的影响因素是分类研究还是综合研究，如何把握其中的利弊得失值得进一步探讨。

第二，从对政府的认可程度来看，应关注不同社会空间的居民对政府认可程度的差异。不同社会空间的居民对政府认可程度的差异是客观存在的，也符合社会发展规律。问题是高档社区的居民占有更多的社会资源，享受更多的社会发展成果，理应对政府认可程度高，弱势群体占有的社会资源少，享受社会发展成果少，理应对政府认可程度低，而结果恰恰相反。当然，这也从一个侧面说明了我们建设和谐社会的成功以及政府在对低收入群体、弱势群体上的扶持政策深得人心。而高收入群体普遍的弱势心态降低了对政府的认可程度，这是一个需要持续关注并加以认真解决的问题。

第三，应从确保社会安全的角度认识加强社会管理的重要性。特别是如何提升城市居民对食品安全、个人安全程度的认可，是目前风险社会的前提下需要着重解决的重大问题。从社会安全的角度看，全面建设小康社会实际上就是努力消除各种潜在的社会风险，缓和社会结构性张力，促进人与人的协调、人与社会的协调以及人与自然的和谐。未来的小康社会实质上也应该是更加安全的社会，无论是对个体生活而言，还是对整个社会运行而言，都是如此。伴随着社会的日益进步和知识的迅速积累，人们对现在特别是对未来的不安全感越来越强烈了，很多人觉得这个社会乃至这个星球是如此脆弱，它的未来是如此不确定。在此背景下，以德国社会学家乌尔里希·贝克（Ulrich Beck）、英国社会学家安东尼·吉登斯（Anthony Giddens）等为代表的"风险社会"理论引起了广泛的关注。党的十六大报告提出的全面建设小康社会的具体目标之一就是使"社会更加和谐"。十六届三中全会进一步把政府职能定位为四个方面：经济调节、市场监管、社会管理和公共服务。2011 年的省部级主要领导干部会议专门研讨社会管理问题，是很有新意的。可以说，政府加强社会管理是使社会更加和谐、确保社会安全的重要举措。

The Impact of Social Space Characteristics on the Social Attitudes of Urban Residents

—Based in Changsha Survey

Tan Rihui

Abstract：Upscale communities, the midrange community, the general community, immigrant communities and poor communities can be regarded as representative of the urban social space. Empirical data show that the evaluation of the different social space of the residents of the importance of career success factors, there are significant differences in the recognition of the extent of the government as well as the evaluation of the extent of the social security. Urban residents live in the higher level of social space, more concerned about the human capital of career success factors; government recognized the lower level; believe the more unsafe, higher social risk. Lower social space level, being more concerned about the social capital of career success factors, the higher the degree of recognition of the government, believe the more security. Therefore, the strengthening of social management, considering the social attitudes of urban residents, concerned about the residents of a different social space differences on the degree of government recognition, and should ensure that the social security point of view to recognize the importance of innovation in social management.

Key Words：Social Space; Career Success Factors; Recognized Government Level; Degree of Social Security

B.18

网格化在城市管理中的应用与发展

周秀玲*

摘　要：

随着城市化进程的加快，城市管理严重滞后于快速发展的现代化城市建设，而网格化正是提升城市管理的非常有效的手段。网格化城市管理是现代信息技术与城市管理的有效结合，弥补了传统城市管理的诸多不足。梳理了网格化在我国城市管理中的应用，包括网格化城市管理的产生和发展、内涵和特征、核心技术以及基本构成，分析了网格化城市管理产生的效益和拓展，阐述了目前存在的问题并提出了建议。

关键词：

网格化　网格化城市管理　信息技术

20世纪90年代初，针对一些科学难题科学家提出了"网格"概念。网格通过高速的互联网，将分布在不同地理位置的计算资源（包括 CPU、存储器、数据库等）组成充分共享的资源集成，从而提供一种高性能计算、管理及服务能力。① 网格技术最初应用主要集中在数据密集型计算、信息集成等高科技领域，后来逐步拓展到对于高性能计算需求非常巨大的能源、交通、气象、水利、农业、教育、环保等行业。② 在这些领域，通过网格技术实现资源集成和共享，加快了计算速度，充分发挥了整个系统的作用，从而使得服务更完善。

＊　周秀玲，北京城市学院博士，副教授，主要研究方向为城市信息管理。

① IanFoster, Carlkesse Iman, Steven Tuecke, "The anatomy of the grid：Enabling scalable virtual organizations," *International Journal Supercomputer Applications*, 2001, 15（3）.

② 岳学军、范洪俊：《互联网中网格技术的发展及我国的对策》，《科技进步与对策》2003年第10期。

基于此，网格技术从最初的解决科技发展过程中出现的问题逐步应用到社会管理领域。随着城市化进程的加快，信息量剧增、工作量加大、管理的难度和幅度在不断增加，对城市管理提出了新挑战，而网格化正是解决这些问题非常有效的手段。

一　网格化城市管理的产生背景和发展现状

（一）网格化城市管理的产生背景

1. 传统的城市管理方式已难以满足当前城市化发展的需要

快速发展的城市现代化建设使得城市管理严重滞后，这已经成为世界上大多数国家和地区面临的共性问题。从改革开放初到 2004 年，我国的城市化率由 18% 上升到 42%，平均每年增加近 1 个百分点，内地城市数量由 193 个增加到 660 个，其中人口 50 万以上的大城市、特大城市已达到 94 个。[①] 我国城市人口已排名世界前列，而且还有更多的农村人口涌入城市谋求发展。这一方面促进了城市的繁荣和发展，但另一方面也带来了交通拥堵、安全隐患增多等大量的城市管理问题，对城市管理工作提出了新的挑战。

由于体制方面的原因，传统城市管理存在一些薄弱环节，主要表现在：管理空间划分不明确，各专业管理部门职能交叉，经常出现多头管理或无人问津的现象；管理方式上主要依靠行政管理手段，过多地依赖突击管理和运动式管理，综合方式运用不够；管理手段粗放，不能精确及时地获取信息，处理问题被动滞后，先进技术应用不够；对城市管理各职能部门的工作缺乏统一的评价标准，在管理监督上缺乏主动全面的监督，城市管理各职能部门的评价和监督流于形式。这种传统城市管理模式很难应对日益增多的城市管理问题，不能满足城市化发展的需要。当前城市化发展与传统城市管理的冲突迫切需要一种适合我国国情的新型城市管理模式。

---

① 吕旺实：《建立农民工统筹储蓄社会保险制度——面对"十一五"规划的一项建议》，中华人民共和国财政部网站，http://www.mof.gov.cn/news/20051228_2216_11569.htm，2006 年 5 月 3 日。

2. 信息化技术发展以及城市信息化建设提升提供了技术支撑

在科学研究和工程应用领域，信息化技术得到迅猛发展。计算机网络将各个孤立的工作站或主机相连在一起，组成数据链路，使得人们能在世界各地进行通信和资源共享。网格技术是近年来国际上兴起的一种重要信息技术，通过抽象和量化计算资源，使人们可以高效、灵活地利用分布式计算资源，从现有的系统中获取更高的计算能力，从而增强竞争优势。中间件技术将分布式的、多层的应用系统集成为一个高效的整体，而组件技术使得软件可以重用。空间数据库存储技术解决海量数据的存储数据问题，数据挖掘技术使得人们能够从大量不完全的随机数据中提取有用的信息和模式，为决策提供支持。这些信息技术的快速发展为网格化城市管理的产生奠定了技术基础。

在城市信息化建设方面，政府信息化建设成绩突出。中央政府门户网站于2006年1月1日正式开通，成为政务公开的重要窗口。政府网站范围扩大，服务增强。据中国互联网信息中心2006年1月公布的数据，截至2005年底，我国已有11995个政府网站建立运行。县级以上政府门户网站达到81.1%，其中部委、省级、地级和县级政府网站的拥有率分别为96.1%、90.3%、94.9%和77.7%。跨部门协同业务系统建设稳步推进。"金税""金保""金审""金财""金盾"等一系列重点业务系统建成并取得好的成效，促进了管理型政府向服务型政府的转变。自然资源和空间地理基础信息库建设取得很大进展，公安系统信息资源综合开发利用全面推进。信息基础设施得到进一步完善。① 城市信息化建设的提升，为网格化城市管理的产生提供了技术支撑。

（二）网格化城市管理的发展现状

2004年10月，网格化城市管理模式首次在北京市东城区开始运行，标志着网格化城市管理模式的诞生。实施以来，新模式得到了各方肯定并在国际上引起了关注。陈述彭院士评价该管理模式是城市信息化管理方面的一项大突破，不仅填补了国内的空白，在国际上也处于先进水平。② 比尔·盖茨2005

---

① 国务院信息化工作办公室：《中国信息化报告2006》，http://www.e-gov.org.cn/ziliaoku/news003/200606/28025.html，2006年6月24日。

② 姜爱林、任志儒：《网格化城市管理模式研究》，《现代城市研究》2007年第2期。

年在美国拉斯韦加斯举办的微软全球移动应用开发合作伙伴大会上特意介绍这种管理模式，并称赞其是一项"世界级案例"。①

2005 年 6 月，中共北京市委发布《关于推广东城区城市管理经验，建立信息化城市管理系统的意见》，在北京市 8 个城区进行全面推广。2005 年 6 月，建设部发布公告批准《城市市政综合监管信息系统单元网络划分与编码规则》等 4 套标准为行业标准。2006 年 4 月，建设部城市建设司印发《数字化城市管理信息系统建设技术指南》，对数字化城市管理信息系统的建设提出了规范性要求。2005 年 7 月至 2007 年 4 月，建设部分三批确定了 51 个城市（区）为网格化城市管理试点城市（区）。截至 2009 年 10 月，网格化城市管理模式已经推广应用到全国 26 个省、市、自治区的 90 多个城市（区）。②

网格化城市管理模式正在向其他领域不断拓展。2010 年 7 月，北京市召开了社会服务管理创新推进大会，将东城区、朝阳区、顺义区确定为开展网格化社会服务管理试点区，西城等其他区县也开始了这方面的探索。2012 年 5 月，北京市召开网格化社会服务管理体系建设推进大会，标志着在整个北京市全面展开这项工作。

二　网格化城市管理的内容

（一）网格化城市管理的内涵和特征

网格化城市管理是一个新兴的概念，学者们从不同的角度给出了它的定义。③④⑤ 本文采用姜爱林和任志儒在综合以前代表性观点基础上给出的定义⑥：网格化城市管理是指建立在数字技术基础之上的，以单元网格管理为特

---

① 陈平著《网格化城市管理新模式》，北京大学出版社，2006。

② 陈红梅：《东城网格化模式被全国 90 个城市采用》，《北京日报》2009 年 10 月 23 日，第 1 版。

③ 张超、吴丹等：《城市网格化管理》，《城建档案》2006 年第 7 期。

④ 陈平：《解读万米单元网格城市管理新模式》，《城乡建设》2005 年第 10 期。

⑤ 张洁：《城市管理网格化使城市更美丽》，http://shzgh.org/renda/node3075/node3099/node3100/u1a 1278265.html，2006 年 8 月 11 日。

⑥ 姜爱林、任志儒：《网格化城市管理模式研究》，《现代城市研究》2007 年第 2 期。

征的一整套城市管理思路、手段、组织和流程的总称。

网格化城市管理具有如下特征。

1. 精细化管理

精细管理的核心思想是通过管理的细化和深化，明确各环节的关键控制点，建立合理、高效、不断优化的业务流程。[①] 传统城市管理由于信息化手段不高，不能全面及时准确地掌握城市部件的信息，采用粗放式管理，处理问题滞后。网格化城市管理采用精细化管理，将城市部件分类细化，每个部件都有自己的代码，管理区域的监督员对相应部件信息非常熟悉，处理问题非常快。

2. 数字化管理

网格化城市管理是多种现代信息技术应用到城市管理领域的结晶，其关键技术包括3S技术、网格计算技术、移动GIS技术、组件和中间件技术等。在网格化城市管理框架内，信息技术与现代管理理念有机地结为一体，最终共同为管理实践服务。信息技术的结合有效地提高了城市管理的效率，也为其他相关政府管理的创新提供了一个有益的范本。

3. 闭环式管理

在传统城市管理中，信息是单向传递的，重过程而轻结果，最典型的就是运动式管理。在控制论中属于典型的开环控制，即系统的输入不受输出的影响。网格化城市管理采用监督和管理分离的管理体制，监督中心不仅负责信号输入，而且也负责结果评价，这样既有前向信息，也有反馈信息，实现了整个网格化城市管理系统的闭环控制。

4. 动态化管理

在传统城市管理中，信息获取基本是静止的和被动的，很多问题不能及时发现，处理问题也经常滞后，在以往的管理过程中经常可以看到专项整治活动等突击行为。在网格化城市管理中，以城市网格化管理信息平台作为技术支撑，能够实现信息的实时更新和动态监控，进行动态化管理。

---

① 航天局八一三所：《迈向全面精细管理的时代——全面精细管理理论研究与实践》，《企业与文化》2006年第1期。

（二）网格化城市管理的核心技术

网格化城市管理的核心技术如表 1 所示。

表 1 网格化城市管理的核心技术简表

	名称	功能
3S 技术	地理信息系统	对地理信息进行采集、存储、管理、分析、显示与应用
	全球定位系统	提供位置、速度和时间信息，进行导航
	遥感技术	及时提供全面、动态的地理信息数据
网格计算技术	网格节点	提供网格计算资源
	宽带网络系统	提供高性能的通信服务
	资源管理和任务调动工具	对资源进行组织和管理，对任务进行动态调整
	监测工具	监视系统资源的使用和程序运行情况
	应用层的可视化工具	计算结果转换成直观的图形信息
移动 GIS 技术	移动终端	数据收集
	地理信息系统	空间数据管理和分析
	空间定位信息服务	定位和跟踪
	移动通信	数据传输
其他技术	地理编码技术	建立地理对象和代码之间的映射关系
	组件技术	实现软件重用
	中间件技术	提供平台和应用之间的通用服务

1. 3S 技术

地理信息系统（Geography Information System，简称 GIS）、全球定位系统（Global Positioning System，简称 GPS）、遥感（Remote Sensing，RS）简称为3S。[1] 地理信息系统[2]是一种采集、存储、管理、分析、显示与应用地理信息的计算机系统。该系统存储和处理的信息是经过地理编码的信息，地理位置及与该位置有关的地物属性信息是信息检索的重要部分。全球定位系统[3]是一种以空间为基础的导航系统，可在全球范围内全天候地为海上、陆地、空中和空

---

① 郑士源、徐辉、王浣尘：《网格及网格化管理综述》，《系统工程》2005 年第 3 期。

② 刘南、刘仁义：《地理信息系统概论》，高等教育出版社，2002。

③ 李天文：《GPS 原理及应用》，科学出版社，2003。

间的各类用户提供高精度的三维位置、三维速度和时间信息。遥感技术[①]是从远距离感知目标反射或自身辐射的电磁波、可见光、红外线，对目标进行探测和识别的技术。遥感能及时提供全面和动态的地理信息数据，而且利用航空遥感技术，可以获得城市遥感图像信息，实现城市管理信息可视化。

2. 网格计算技术

网格计算技术是一种基于网络的分布式计算技术，协调整合各种资源和使用者，并处理在分布式环境中出现的各种问题。资源共享、协同工作和开放性标准是其突出特点。对于网格化城市管理，各种计算资源和信息资源异构分布，网格计算技术对信息资源共享、异构信息一体化处理以及协同工作将起到非常重要的作用。[②]

网格计算包含网格节点、宽带网络系统、资源管理工具、任务调动工具、监测工具以及应用层的可视化工具等。[③] 网格节点是网格计算资源的提供者，包括高端服务器、集群系统、MPP（Massively Parallel Processing）系统大型存储设备、数据库等。宽带网络系统提供高性能的通信服务。计算资源的描述、组织和管理等关键问题需要资源管理工具解决。任务调度工具对系统内的任务进行动态调度，从而提高系统的运行效率。监测工具用来监视系统资源的使用和程序运行情况，使得网格计算中的资源得到充分利用。应用层的可视化工具把计算结果转换成直观的图形信息，帮助研究人员克服理解数据的困难，提供友好的用户界面。

3. 移动 GIS 技术

移动 GIS 是一个集 GIS、GPS、移动通信三大技术于一体的系统。移动 GIS 系统主要由移动终端、移动通信、地理信息系统和空间定位信息服务四个部分组成。移动终端进行数据获取；移动通信完成文字、声音、图形等数据的传输；地理信息系统进行空间数据管理和分析；空间定位信息服务提供定位和跟踪服务。在网格化城市管理中，利用移动 GIS 技术指挥中心可以随时了解网格管理员的位置信息及工作路线；而通过 PDA 手机网格管理员可以自动获取

① 梅安新、彭望禄、秦其明、刘慧平：《遥感导论》，高等教育出版社，2001。

② 陈平：《网格化城市管理新模式》，北京大学出版社，2006。

③ 朱彤：《网格化城市管理技术与方法研究》，《科技创新导报》2009 年第 30 期。

自己所处位置周围的基础地理信息。①

4. 其他技术

地理编码技术用于空间定位。它是在确定的参考系中，按照一定的规则对地理对象赋予唯一的可以识别的代码，从而唯一地确定地理对象的空间位置，即建立地理对象和代码之间的映射关系。② 组件技术是实现软件重用的重要解决技术。它不仅具有面向对象技术的特性，而且更适合于现代软件更新快、规模大、强调协作的软件环境。中间件是位于平台（硬件和操作系统）和应用层之间的通用服务，具有标准的程序接口和协议。中间件技术可以将多层的、分布式的应用系统集成为一个高效的整体，从而能够更高效灵活地运转。③

（三）网格化城市管理的基本构成

网格化城市管理的基本构成如图1所示。

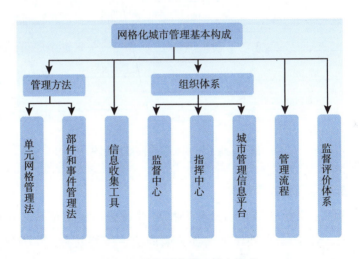

图1　网格化城市管理基本构成

1. 单元网格管理法

单元网格管理法就是将网格地图技术应用到城市管理中，依据管理区域内

---

① 张超、吴丹等：《城市网格化管理》，《城建档案》2006 年第 7 期。

② 薛明、肖学年：《关于地理编码几个问题的思考》，《北京测绘》2007 年第 2 期。

③ 张超、吴丹等：《城市网格化管理》，《城建档案》2006 年第 7 期。

对象的复杂程度，遵守一定的划分原则，以大体相当的若干面积为一个独立的管理单元；相互连接各个单元，形成边界不规则的网格管理区域；整合网格中的各种资源（数据资源、信息资源、管理资源和服务资源等）进行共享；城市管理监督员对所分管的网格实施全时段监控，辖区管理责任人为各级地域责任人，在纵向上对管理空间实现了分层、分级、分区域管理。单元网格划分应遵循如下原则：法定基础原则、地理布局原则、属地管理原则、方便管理原则、现状管理原则、管理对象原则以及无缝拼接原则。[1]

以北京市东城区为例，以1万平方米为基本单位，把全区25.38平方公里的范围划分为1652个网格单元，在空间层次上形成区、街道、社区和网格单元四个递进的、逐渐细化的管理层面，每个层面都有明确的管理责任人[2]，具体空间层次划分如图2所示。

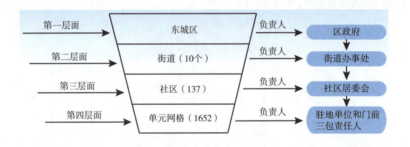

图2　北京市东城区空间层次划分

2. 城市部件和事件管理法

城市部件主要是指城市市政管理的各项设施，包括市政公用设施（如水、电、气、热等）、公共设施（如公园绿地、休闲健身）以及部分非公共设施（如门牌、广告牌），统称为物化的城市管理对象。[3] 城市部件管理就是运用地理编码技术，将城市部件按照地理坐标定位到万米单元网格地图上，

① 住房和城乡建设部：《CJ/T - 213 城市市政综合监管信息系统单元网格划分与编码规则编制说明（2005）》，2005。

② 陈平：《解读万米单元网格城市管理新模式》，《城乡建设》2005年第10期。

③ 刘琪：《城市网格化管理模式的拓展应用研究——以长宁区为例》，上海交通大学硕士论文，2008。

通过城市管理信息平台对其进行分类管理。城市部件按照功能可分为道路交通、环卫环保、园林绿化、公用设施、通信设施、市容广告等。根据功能，建立分类城市部件数据库，对每个部件赋以代码，标注在相应的城市网格图中。

城市事件是指自然因素或人的行为活动导致城市市容环境和正常秩序受到影响或破坏，需要城市管理部门处理并使其恢复正常的事情和行为。城市部件管理是对静态事物的管理，而城市事件管理是对动态变化的事件进行管理，涉及市容环卫、公共设施、街面、突发事件等，并按照不同的事件明确责任单位和处置时限。如对流浪乞讨、路面积水、暴露垃圾、机动车乱停放、占道经营、马路晾晒等不断变化的事件进行登记并纳入管理范围。[①]

3. 信息收集工具

灵活方便的信息收集工具是保证及时发现问题、传递信息的重要手段，是网格化城市管理的基础。北京市东城区以手机为原型，运用无线移动通信和移动定位技术、嵌入式地理信息技术、高可靠性数据压缩以及多媒体信息等先进技术，为城市管理监督员快速采集与传输现场信息研发了具有接打电话、图片采集、位置定位、地图浏览等多种功能的"城管通"，实现了监督员和监督中心之间信息的双向传递。

4. "双轴＋平台"的组织体系

"双轴"是指城市管理监督中心和指挥处置中心，而"平台"是指城市管理信息平台。[②] 城市管理监督中心是城市管理信息的集合中心、监控中心和评价中心，负责监控整个区域的城市管理，涉及问题的发现、立案后向指挥中心报告以及对处理结果进行核查和给予客观评价。城市管理指挥中心是城市管理问题的协调中心、指挥中心和派遣中心，涉及工作任务派遣、协调指挥和对处理情况的实施跟踪。城市管理信息平台是新管理模式技术系统的核心，是集成多种信息技术，建立在单元网格管理上，以电子政务专网为网络支撑的综合信息平台。监督和指挥分离的组织管理体制，解决了城市管理工作中职能交叉、

① 李鹏：《我国城市网格化管理研究的拓展》，《城市发展研究》2011 年第 2 期。
② 刘琪：《城市网格化管理模式的拓展应用研究——以长宁区为例》，上海交通大学硕士论文，2008。

职责不到位等问题，城市管理信息平台与监督和指挥系统联系，完成信息传递和交流，这种"双轴+平台"的组织体系提高了城市管理水平。

5. 管理流程

网格化城市管理实现了管理流程再造和闭环式管理。基本工作流程分为七个环节（见图3）①：①受理：监督员或市民向监督中心对上报发现的问题；②立案：监督中心对上报的问题进行甄别立案，并上报指挥中心；③派遣：指挥中心按问题归属将任务派遣到相关执行部门；④处置：执行部门对问题进行处理，并将处理结果反馈回指挥中心；⑤督察：指挥中心督察执行单位处置问题的效率和质量，并将处理结果反馈至监督中心；⑥核查：监督中心通知监督员进行现场核查，并反馈核查信息至监督中心；⑦结案：核查信息和反馈处理结果一致，监督中心结案。管理过程中的信息自动存储在信息平台的数据库中，作为评价的重要基础数据。

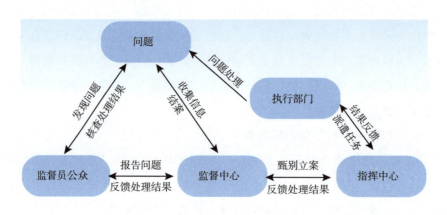

图3 网格化城市管理的工作流程

6. 监督和评价体系

监督和评价采用内部评价和外部评价综合考虑的新评价体系。内部评价即客观评价，根据信息平台记录的有关数据资料，依据一定的模型和指标，实时

---

① 何军：《网格化管理中的公共参与——基于北京市东城区的分析》，《北京行政学院学报》2009年第5期；李鹏、魏涛：《我国城市网格化管理的研究与展望》，《城市发展研究》2011年第1期。

生成评价结果。外部评价即主观评价，对于那些信息平台数据不能反映的指标，根据征求到的市民和相关方面的意见进行评价。

三　网格化城市管理的拓展和效益

（一）网格化城市管理的拓展

网格化城市管理模式正从市政管理向其他领域不断拓展，正由部件、事件等网格化城市管理转向人、地、物、事、组织、事态全部纳入网格化管理的社会服务管理新模式。2010 年，北京市在东城、朝阳、顺义开展网格化社会服务管理试点，西城等其他区县也开始了网格化服务管理的探索。北京市各个试点区根据自身区域的特点，开展了各具特色的网格化社会服务管理工作。[1][2]

东城区是比较成熟的建成区，网格化城市管理也比较完善。在此基础上，以社区为单元合理划分网格，成立三级（区、街、社区）社会服务管理综合指挥机构，推行"七种力量"进网格，实行"人进户、户进房、房进网格、网格进图"的动态化管理，建立"一委三会一站、多元参与共建"的社区治理结构。朝阳区是城市功能扩展区，建成区与建设区并存，地区发展不均衡。在网格化城市管理的基础上，朝阳区建立了"全模式"社会服务管理系统，全区建立统一系统，系统中设立可单独运行的模块和子目录，形成"一级监督、两级指挥"的管理格局。顺义区是北京重点建设的新城、临空经济高端产业功能区和现代制造业基地，包括大量的乡镇和农村地区，网格化城市管理建设不完善。顺义区以"城乡发展一体化、经济发展多元化、社会管理精细化、党的建设科学化"为目标开展网格化社会服务管理建设。城区基础网格是社区居委会管辖范围，农村基础网格是行政村；成立了城乡网格化管理工作领导小组及其办事机构；启动城区市政市容网格化平台建设，完善网格化城市管理建设进而推动网格化社会服务管理工作。

---

① 《求是》杂志政治编辑部调研组：《社会服务管理网格化：创新社会服务管理的有效途径》，《求是》2011 年第 21 期。

② 王名、杨丽：《北京市网格化服务管理模式研究》，《中国行政管理》2011 年第 2 期。

（二）网格化城市管理的效益

网格化城市管理提高了部门的办事效率，提升了城市管理水平。北京市东城区网格化城市管理和传统城市管理成效对比如表 2 所示。[1][2] 武汉市城市网格化管理系统 2005 年 10 月建成投入试运行，截至 2006 年 4 月，立案 13210 件，结案率达 80% 以上。上海市长宁区城市网格化管理系统自 2006 年 1 月正式投入运行以来，3 个月内有效立案 16391 件，按时处置结案 16249 件，处置完成率为 99.1%。由此可见，城市管理的效率显著提高。

表 2　北京市东城区新旧模式管理成效对比

	网格化城市管理	传统城市管理
问题发现率	90% 以上	30% 左右
任务派遣准确率	98%	—
结案率	97.65%	—
结案平均时间	6.5 小时	一周
平均每月处置问题数量	3000 件	380 件

网格化城市管理降低了管理成本，取得了良好的经济效益。北京东城区网格化城市管理建设共投入 1684 万元（含 300 多万元土建费用），但该模式可以使东城区每年节约城市管理资金 4400 万元左右。[3]

网格化城市管理提高了城市管理的民主化水平，推进了和谐社会的构建。网格化城市管理通过监督中心的枢纽作用，实现了管理部门和城市民众之间的沟通和良性互动。城市民众充分参与到城市管理中来，有问题及时上报，参加管理者绩效考核评价，这样增强了民众参与管理和协助管理的积极性，提高了管理的民主化水平。数据显示，北京市东城区实现了同期信访总量和集体上访量"双下降"，有力地促进了社会和谐。

---

①　魏涛：《城市社区网格化管理模式研究》，大连理工大学硕士论文，2011。
②　北京市东城区信息化工作办公室：《北京东城区：网格化的工作模式，精细化的城市管理》，《信息化建设》2011 年第 9 期。
③　陈平：《依托数字城市技术创建城市管理新模式》，《中国科学院院刊》2005 年第 3 期。

四 网格化城市管理的问题和建议

（一）网格化城市管理存在的问题

作为一种新型的城市管理模式，网格化城市管理具有良好的积极作用，但同时也存在一些问题。

1. 配套的法律法规缺乏

依法管理是网格化城市管理的前提，即要建立和完善城市管理法律法规支撑体系，通过法制手段来规范和制约执法随意性等问题。[①] 现有的法律法规、政策都是与传统城市管理相配套的。网格化城市管理的性质、地位的明确需要法律法规方面的支持。城管执法程序简单、可操作性不强、强制力不足以及在网格化城市管理实行过程中出现的各种问题，都需要有政策或法规来修正和规范。

2. 新旧管理模式存在矛盾

网格化城市管理只是在一些大中城市的区或街道进行了试点，在试点区域，传统的管理模式和网格化城市管理模式并存。网格化城市管理是与传统的管理模式不同的模式，二者之间存在着矛盾。网格化城市管理要求资源共享，但由于传统城市管理实行条块分割管理，部门之间存在利益竞争，不可能实现资源共享。如何解决两种模式之间的矛盾，是顺利实现网格化城市管理不可忽视的问题。而且，现行的模式还不完善，导致在管理中出现了一些新的问题。

3. 人员认识和素质有待提高

人们对网格化城市管理的理解和认识存在不足。对网格化城市管理的重要性有不同的看法，有人认为可有可无，而有人认为应马上全面推广；对其管理方法，有人认为仅仅是对城市部件的管理，忽视了对人的管理。网格化城市管理系统是多种信息技术的集成，需要具有一定的专业知识；而现有的各级管理

---

① 文军：《从单一被动到多元联动——中国城市网格化社会管理模式的构建与完善》，《学习与探索》2012 年第 2 期。

主体，尤其是基层管理人员（如社区居委会），学历层次较低，专业素质不高，是急需解决的问题。

4. 信息技术手段需改进

定位系统存在弊端，在邻近的区域会出现信号干扰，监督人员位置发生大幅度"拉动"和漂移的情况。硬件配置低，不能满足信息管理系统所涉及的大量图像图形显示和操作的需求，降低了城市管理工作的效率。

（二）网格化城市管理的建议

1. 从一元化管理向多元化治理的转变

在网格化城市管理过程中，需要从目前单一的政府主管部门管理的形式，转向多元化（包括各种 NGO、公众）共同参与治理的新局面。建立法律法规，保障公众参与城市网格化管理的有效运作；健全社会参与制度，推进网格化城市管理的长效机制；完善社会民众对城市网格化管理的考评机制，从而推进网格化城市管理的民主化进程。

2. 理顺网格化城市管理与传统城市管理模式之间的关系

建议从两方面入手。一方面，要完善网格化城市管理的组织体制，包括建立统一的专门领导机构进行整体管理和协调，采用统一的数据标准与执行标准实现精细化管理，以及将处理结果作为客观评价纳入部门考核等。另一方面，要完善传统城市管理模式的不足，提升专业管理部门的管理效率，打破原有的条块分割局面，形成相互协作的关系，进行传统城市管理的流程再造。

3. 加大宣传力度，加强培训工作

网格化城市管理模式作为一种新的城市管理模式，得到大家的接受和认可需要一个过程，要通过多种渠道、多种形式，对推行网格化城市管理的重要性以及网格化城市管理的原理、内容和作用进行宣传，加深公众对网格化城市管理模式的理解。对现有的人力资源进行整合，加强管理人员的业务培训，不断提高各级责任主体的业务水平，从而适应网格化城市管理对专业知识的要求。

附表　网格化城市管理大事记

时间	事　　件
2004.10	北京市东城区开始运行"网格化城市管理模式",标志新管理模式的诞生
2005.6	中共北京市委发布《关于推广东城区城市管理经验,建立信息化城市管理系统的意见》,在北京市搭建市区两级城市管理信息平台
2005.6	建设部出台并批准《城市市政综合监管信息系统技术规范(CJJ/T106－2005)》《城市市政综合监管信息系统单元网络划分与编码规则(CJ/T213－2005)》《城市市政综合监管信息系统管理部件和事件分类与编码(CJ/T214－2005)》《城市市政综合监管信息系统地理编码(CJ/T215－2005)》等4套标准为行业标准
2005.7	建设部确定了网格化城市管理的第一批试点的10个城市(区):成都市、深圳市、武汉市、杭州市、烟台市、北京市朝阳区、扬州市、南京市鼓楼区、上海市长宁区和卢湾区
2006.3	建设部确定了网格化城市管理的第二批试点的17个城市(区):天津河西区和天津大港区,重庆高新区,河北石家庄市和邯郸市,山西长治市和晋城市,山东即墨市,江苏常州市和无锡市,浙江嘉兴市、台州市和诸暨市,河南郑州市,广西南宁市,云南昆明市,云南安宁市
2006.4	建设部城市建设司印发《数字化城市管理信息系统建设技术指南》,对数字化城市管理信息系统运行环境建设、无线传输系统建设、数据系统建设和应用系统建设等方面提出了规范性要求
2007.4	建设部确定网格化城市管理的第三批试点的24个城市(区):重庆市万州区,黑龙江省哈尔滨市,沈阳市铁西区,吉林省松原市、白山市、珲春市,山东省青岛市、临沂市,江苏省昆山市、张家港市、吴江市,安徽省合肥市、黄山市、淮北市、芜湖市、铜陵市,福建省厦门市,湖南省长沙市,广东省广州市,海南省海口市,陕西省宝鸡市、兴平市,甘肃省白银市白银区,新疆维吾尔自治区乌鲁木齐市
2010.7	北京市确定在东城、朝阳、顺义开展网格化社会服务管理试点,开始网格化城市管理模式向社会服务管理领域的拓展
2012.5	北京市召开网格化社会服务管理体系建设推进大会,标志着这项工作在全市全面推开。预计用一年左右的时间,北京市将初步建立起网格化社会服务管理工作体系框架

Application of Grid Technology in
Urban Management

Zhou Xiuling

Abstract：With the acceleration of urbanization, urban management is seriously lagging behind in the rapid development of modern urban construction, while grid technology is a very effective means to enhance the urban management. Urban Grid

Management is an effective combination of modern information technology and urban management, which makes up for the disadvantages of the traditional urban management. This paper summarizes the application of grid technology for China's urban management, including generation and development, connotation and characteristics, core technology as well as the basic structure of the urban grid management, analyzes the effectiveness and extension of the urban grid management, describes the existing problems and makes recommendations.

Key Words: Grid; Urban Grid Management; Information Technology

文 化 篇

Culture

B.19

城市主题文化发展理念与城市品牌管理

付宝华 *

摘　要：

一座城市的崛起和发展需要城市强势文化品牌作战略支撑。尤其在经济全球化时代，城市品牌是吸引世界、影响世界、融入世界的最重要方式之一，但就城市营销的长远前景而言，城市营销必须通过城市主题文化品牌营销的手段，才能形成在全球竞争中处于强势地位的城市品牌。借鉴世界名牌城市品牌管理经验，通过城市主题文化三大理论，即城市主题文化特质论、城市主题文化差异论、城市主题文化系统论来整体、系统管理城市品牌，是城市品牌管理最前沿、最系统、最创新的方法和路径。

关键词：

城市品牌管理　城市主题文化　特质论　差异论　系统论

---

* 付宝华，中国国际城市主题文化设计院院长，研究方向为城市主题文化。

一座城市的崛起和发展需要城市强势文化品牌作战略支撑。尤其在经济全球化时代，城市品牌是吸引世界、影响世界、融入世界的最重要方式之一，但就城市营销的长远前景而言，城市营销必须通过城市主题文化品牌营销的手段，才能形成在全球竞争中处于强势地位的城市品牌。

美国品牌战略专家凯勒先生提出："像产品和人一样，地理位置或某一空间也可以成为一个品牌。"

国际著名管理学家华德士先生提出："二十一世纪城市生存的法则就是建立品牌，它能使你的城市名字变成钱。"

所谓城市品牌，是指城市建设者分析、提炼、整合所有城市具有的独特的自然要素禀赋、历史文化积淀、产业优势等差异化品牌要素，并向城市利益相关者做出持续的、值得信赖的、有关联的个性化承诺，以提高城市相关者对城市的认同和满意度，增强城市的集聚效益、规模效益和辐射效益。

城市品牌的提炼和管理是核心内容。一个城市需要有自己独特的品牌价值和特质性、差异性、系统性三大特点。城市品牌应具备自然环境特质、经济环境特质、人文环境特质、建筑环境特质和历史环境特质等城市物质，将这些城市特质定位包装，就形成了城市品牌，城市品牌构建体系中城市特质是必不可少的核心内容。只有找到城市的个性、灵魂与理念，并科学地通过由外而内的原则来提炼独特的、真正有价值的品牌内涵，才可以成功地进行整个战略营销。中国很多城市已经或正在形成富有个性文化内涵的品牌，其个性化的品牌为城市成长增添了力量和飞翔的翅膀。

对于城市来讲，如果没有一个唯一的、独特的形象和品牌，一个潜在的有吸引力的城市就很可能淹没在数万个地区的市场而不为购买者所知。很多城市给人一种积重难返的弱势形象，它们在光芒四射的明星城市背后显得暗淡无光、默默无闻，却又在矛盾的形象和品牌面前束手无策。所以，一个城市要向外展示一个强大的、鲜明而有意义的形象和品牌来招徕世界各地的购买者。

城市的品就是城市的特质，城市的牌就是城市的主题，没有城市的特质不能成为品，没有城市主题不能成为牌；从另一方面说，没有城市特质，这种城市品就无从确立；没有城市主题，这种城市牌就无法营销。只有个性化才是不可替代的，只有唯一性才能获得长久的生命力。一个城市的品牌要誉满全国、走向世界，先决条件是对那些能够体现城市特色的资源进行有效的挖掘、积聚、整合和利用，使其以独特的魅力获胜。城市主题文化品牌一旦形成，就具有独特性、排他性和强势性，因此，城市强势品牌的确立一定要抓住城市的主题文化，扼住城市主题文化的命脉。

一　中国城市品牌管理的误区

在城市化进程中，各个城市都如梦方醒地认识到了城市品牌的重要性，都认识到了城市品牌中"品"的核心竞争力作用。然而，从主题性、系统性等方面来讲，我们的城市品牌管理仍然存在很多不足。

第一，在打造独特城市品牌能力、系统化的营销手段、城市营销渠道获取和拓展深度、对城市推广目标所涉及的成长性目标、成熟性目标、现实性目标、未来性目标的分类甄别和选择上、城市营销的规划性、计划性、整合性等方面都还比较欠缺。此外，我们的城市营销还表现出很强的功利性。这并不能有效地建立起一个强势的、独特的城市品牌。

第二，中国城市品牌管理的最大问题是在没有找到城市主题文化的情况下盲目进行营销，因为城市营销没有建立在城市主题文化这个载体上，缺少城市主题文化品牌特质，城市营销漫无边际，分散的营销不但浪费了大量的人力物力，同时还削弱了城市营销的效力，结果自然事倍功半。由于城市营销没有建立在城市主题文化的基础上，所以城市营销的方向偏离了城市主题文化的发展目标，城市营销活动没有使城市获得最大化的品牌影响力和品牌价值的收益最大化，反而给城市带来一些负面效应。城市营销之所以没有达到城市营销的目的，这是因为我们的城市营销没有把城市品牌营销建立在城市主题文化的特质上，没有建立在城市主题文化基础上，没有建立在城市主题文化系统工程营销手段上，最终使城市品牌营销流于形式而失去城市品牌营销的真正意义和战略价值。

第三，现在各个城市都打出了城市品牌的大旗，而有些城市连品牌的概念还没搞清楚就搞城市品牌营销，结果招来了很多人对城市品牌的误解。很多城市认为打造城市品牌就是给城市起一个别名，征集一个主题口号，设计一个标

志，如市徽、市花、吉祥物，弄一个广告词，拍摄一个城市形象宣传片。其实这些表面的东西构不成城市品牌，城市品牌是由城市的特质和主题构成的。城市的特质和主题是构成城市品牌最核心的要素，离开了这两个核心要素，城市品牌就成了无源之水、无本之木。

第四，中国城市品牌管理的理论滞后和实践错位，沿用的理念识别、行为识别、视觉识别系统和城市的经济、文化没有什么必然的联系，和城市的特质、主题严重背离，不能形成一个城市品牌营销的系统工程，进而贯穿到城市的经济、文化、旅游、教育、新闻、企业、城市公共艺术、城市规划中去。这说明这种城市品牌营销理论已经完全滞后了，靠这种城市营销只能把城市品牌打造引向歧途，甚至造成城市品牌建设的极端错误理解。

《中国都市化进程报告》指出，品牌营销既需要有丰富深厚的文化资源，又需要现代的文化创意与设计能力。对中国绝大多数城市而言，前者基本上不成问题，城市品牌建设的主要问题是后者。在城市文化品牌建设上也普遍存在两大问题：粗制滥造，缺乏创意。媒体曾将之归纳为四种模式：一是某某之都或某某之城，有什么资源，有什么产业，填上就得。二是由苏杭领队的"天堂在人间"，使天堂、仙境、伊甸园成了许多城市的标签。三是以"桂林山水甲天下"为主题的"山水类"口号。四是盲目追逐西方。如以"东方日内瓦"自居的就有石家庄、秦皇岛、肇庆、昆明、大理、巢湖、无锡、上海崇明等。同样需要关注的是一些城市"低俗雷人"的营销术，如某城市的"西门庆"文化旅游规划。

在这种文化品牌建设中，最大和最根本的问题是颠倒了手段和目的的关系，使文化品牌成为"没有文化的文化品牌"，使文化营销沦为赤裸裸的物质与欲望狂欢。由此可知，中国城市文化建设将是一个十分漫长同时也十分曲折的过程，这是特别需要我们及早准备并有足够耐心的。

目前，中国城市之所以缺少个性，不能把城市品牌营销出去，就是因为没有用城市主题文化发展理念来营销城市，一些城市营销只是基于市容美化、主题口号征集、打造一个节庆等单一因素考虑，从而失去了城市整体营销和系统营销的作用。城市营销是一个非常复杂的系统工程，涉及城市的文化、经济、旅游、建筑、景观、城市精神等方方面面。这就要求我们的城市领导有高瞻远瞩的眼光，用城市主题文化发展理念来营销城市，要有大主题、大文化、大系统、大市场、大创意、大品牌、大运作的思维，才能把一个城市营销出一个好品位、好价值来。

二 世界名牌城市品牌管理经验借鉴

随着中国城市营销理论的传播，城市特色文化建设的深入，中国的城市品牌营销工作已经成为城市建设的一个重要部分。但是，城市品牌建设的目的是什么，中国城市品牌营销的出路在哪里，却没有一个清晰的概念。城市主题文化理论认为，城市品牌营销的目标就是成为世界名牌城市，就是实现城市的名牌化。

名牌相对于品牌而言是一个更高层级的概念。品牌指的只是一个城市为外界所认可的一种意向，这种意向可以是具有较高的知名度的，也可以是简单地为人们所接受；而名牌则是具有强大受众同化力的标志，是全球所公认的城市品牌，是能带给人以强烈的认同感和感染力的城市品牌。打造世界名牌城市是城市品牌营销的更高级阶段。

一个城市要成为世界名牌城市，并非像塑造产品品牌那样容易，因为打造世界名牌城市是一项社会化的系统工程，不仅要有名称、标志象征和口号等，更重要的是从全社会发展的角度找到自己的核心价值和品牌定位，也就是找到城市的主题文化。而且，这是一个综合平衡的过程，着眼于长远发展的城市品牌，一旦确定了城市的主题，就要整合全社会的资源持续不断地经营和推广城市主题文化品牌体系，这样，世界名牌城市才能逐步建立起来。

他山之石，可以攻玉。纵观世界名牌城市，它们的城市品牌管理都是建立在城市主题文化基础上的。维也纳是通过"世界音乐"这个城市主题文化来管理城市品牌的；巴黎市是通过"世界时装"这个城市主题文化来管理城市品牌的；威尼斯是通过"水上之都"这个城市主题文化来管理城市品牌的；佛罗伦萨是通过"绘画与雕塑"这个城市主题文化来管理城市品牌的；罗马是通过"建筑艺术"这个城市主题文化来管理城市品牌的；洛杉矶是通过"艺术梦幻"这个城市主题文化来管理城市品牌的；拉斯韦加斯是通过"世界

博彩"这个城市主题文化来管理城市品牌的。

一个城市从默默无闻再到名牌城市，无一不是城市主题文化品牌的体现。

纵观世界城市发展史，我们看到了一部部平庸城市发展史和特色城市发展史。世界上有两万多座城市，可真正能让人们认识和记住的，无外乎几十座名牌城市。为什么有的城市一直默默无闻，有的城市却成为光辉耀眼的世界名牌城市？城市主题文化起到了关键性的作用。后者在城市发展过程中，发现了城市主题文化，培育了城市主题文化，塑造了城市主题文化；而前者对城市主题文化没有及时发现、及时把握、及时培育、及时塑造，所以永远失去了成为世界名牌城市的机会。

纵观这些具有鲜明特色与世界影响力的世界名牌城市的发展轨迹，无一不是以其独特的城市主题文化奠定了它们在世界城市舞台上的地位，其发展所经历的无一不是以某一极具特色的城市主题文化为统领的名牌化城市发展之路。

从世界名牌城市的品牌形成过程中可以总结出四条规律。

第一，世界名牌城市的城市品牌是以城市的某一特质资源为起点，在某一城市主题文化的引领下，不断集聚、不断提升、不断扩散而形成的，从而促使城市在世界范围内获取影响力、号召力和吸引力，以此实现了"虹吸效应"和"溢出效应"，从而把全世界的主题资源、主题人才、主题技术吸引到这个城市来，实现主题资源的高度聚集。

第二，世界名牌城市的城市品牌在长期的形成与发展过程中，逐渐形成了主导地位突出、辐射力涵盖全球的城市主题文化，同时形成了相互协作、相互支撑、相互推动的城市主题文化发展态势和格局，从而使城市经济、文化、旅游、建筑、景观、城市精神达到了高度的统一。

第三，世界名牌城市的城市品牌形成过程，实质上就是文化产业化和产业文化化相互转化、相互形成的过程。由城市主题文化衍生的文化产业化和产业文化化的发展过程，不仅推动了世界知名城市品牌的形成，而且推动了城市建设成果、主题产业形态的形成，使得城市品牌在城市文化软实力层面和经济硬实力层面实现共赢共生增长，实现了世界名牌城市产业的崛起和文化的复兴。

第四，世界名牌城市的形成标志，包括城市形态的高级化、城市价值的最大化和城市品牌的名牌化。城市通过城市主题文化，不断积累自身的优势文化势能，提升优势文化等级、优势文化位置，从而形成了城市由内向外的辐射力和由外向内的吸引力，形成了影响世界的文化品牌、文化符号和文化标志。

鲜明的城市主题文化是城市率先在文化和经济上形成核心竞争力的基础，是保障城市在城市全球化时代体现品牌影响力的载体，是保障城市文化发挥集聚与辐射作用的核心，也是城市未来可持续发展的动力。世界名牌城市建设关键在于借助自身优势，打造具有主题特色的城市精品。在名牌城市建设过程中，应进一步强化主题品牌意识，认真分析品牌形成过程，深入挖掘城市特质在城市发展过程中形成的优势，以丰富城市品牌的内涵。通过城市主题文化的名牌战略，实现城市品牌与城市价值的双向互动。实现城市名牌化是城市主题文化营销的目标指向，同时也成为贯穿城市发展过程的一条主线。城市主题文化的名牌战略，其目的就是实现城市影响力的最大化。

所以，平庸的文化只能造就平庸的城市，而那些世界名牌城市却在历史的进程中把握住了城市特色文化的脉搏，并不断培育、不断发展、不断润色、不断提升、不断弘扬、不断锤炼、不断整合、不断光大、不断创新，使城市一开始仅有的一点特色被这个城市的人独特关怀并对其情有独钟，并深深融入到城市的生命力、创造力和凝聚力之中，最终形成了城市独一无二的主题文化，这就是城市主题文化催生世界名牌城市的根本道理。

三 城市品牌管理——城市主题文化三大理论

在城市文化大发展大繁荣的当下,世界名牌城市的成功经验无疑给中国城市市长们一个新的启示：在当今城市建设中，同质化的城市品牌已经失去了竞争的砝码，只有城市主题文化才能把城市文化建设和城市品牌构建推到时代的高度。

用城市主题文化发展理念来管理城市品牌、营销城市，是一种全新的城市发展理念和发展范式。相对于魅力城市、活力城市、浪漫城市、幸福城市、宜居城市、生态城市等城市品牌发展概念，它更侧重城市主题文化资源的聚集、主题文化品牌的形成，更追求城市发展的文化品质。

它的先进性主要体现在：为城市开发特质要素、整合特质资源、优化特质功能、塑造物质形态、极化特质能力提供了有效的手段；为推进城市文化特质化、经济名牌化、建筑主题化、城市价值最大化、城市形态高级化提供了有效的方法；为城市形成自己独有的标志、品牌和实力，参与城市之间经济与文化竞争提供了正确的路径。

所以，打造政府倡导、市民响应、外界认可的城市主题文化，是摆在每个城市政府面前的一项重要战略任务。

（一）城市品牌管理——城市主题文化三大理论之一——特质论

城市品牌的核心价值就是独占性的资源！

城市的发展品质就是有主题文化的规划！

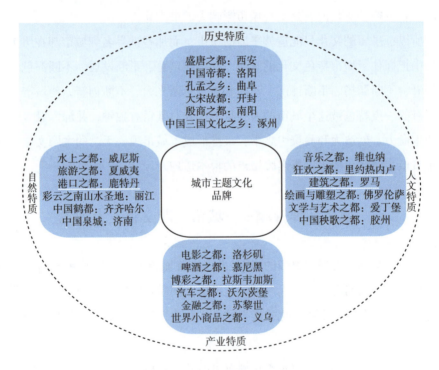

图1　城市主题文化与名牌城市

每一座城市，都有着一种特质，成为城市发展的灵魂

历史特质、自然特质、文化特质、经济特质……

有什么样的特质就会成就什么样的城市品牌。

是主动选择城市特质，还是被动适应城市特质？

一座辉煌并被人赞叹的城市，必定闪耀着城市主题文化品牌的光辉。

（二）城市品牌管理——城市主题文化三大理论之二——差异论

对于企业来说，没有生存空间就没有一切！

对于城市来说，没有差异化就没有形象和品牌！

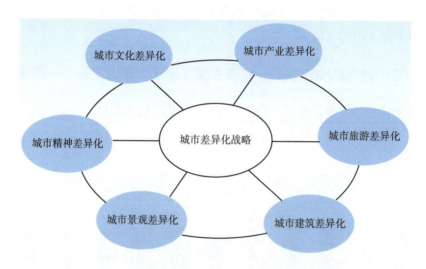

图2　城市主题文化与城市差异化战略

对于企业来说，同质化的竞争就是失败的竞争，企业没有差异化，就不会有竞争优势，就不会有核心竞争力。

城市也是如此。在全球经济一体化的大背景下，城市竞争日益激烈，任何城市都不可能孤立地发展，都将主动或者被动地参与到全球经济一体化的进程中来，这是不以人们的意志为转移的。在城市全球化竞争中，城市应该建设成一个有主题文化的城市，走个性化、差异化、名牌化的城市发展之路，而不应该是城市相互攀比的同质化竞争和城市建设的跟风模仿。这样才能实现城市角色的重新定位，才能在全球化城市竞争中赢得发展先机。

　　一个城市没有城市主题文化的极大丰富、没有城市主题文化的充分发挥、没有城市主题文化的极大创造、没有城市主题文化精神的积极引领、没有城市主题文化品牌的发扬光大、没有城市主题文化的特质品质，就不可能在全球竞争中脱颖而出，成为世界城市的领先者和明星城市，如"音乐之都"维也纳、"电影之都"洛杉矶、"啤酒之都"慕尼黑、"狂欢之都"里约热内卢、"创意之都"硅谷……这些世界名牌城市之所以创造了城市的伟大辉煌，都是因为在自己擅长的领域中建立起城市主题文化的非凡优势，在长期的发展过程中，逐渐形成了主导地位突出、辐射力涵盖全球的城市主题文化，之后才奠定了它们在世界城市中的地位。

（三）城市品牌管理——城市主题文化三大理论之三——系统论

　　每个成功的城市，都有一个独一无二的城市主题文化！

　　每个伟大的城市，都有一个动力无限的城市主题文化！

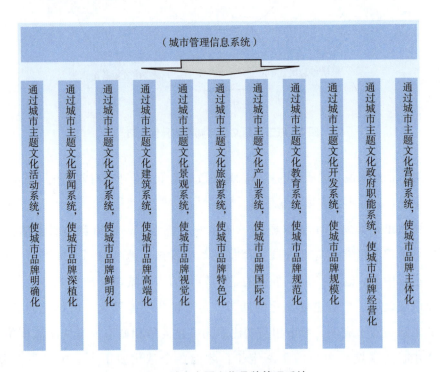

图3　城市主题文化品牌管理系统

文化为魂、主题为本、系统为纲

系统工程是主题文化城市构建成功的关键

名牌城市的构建，是一项巨大的系统工程，它涉及经济、文化、环境、社会等诸多因素，因此是一个长期的动态过程。名牌城市在概念上应是高品质的城市品牌、高品位的城市特质、高品行的市民有机融合。在实施名牌战略，打造名牌城市过程中第一要义是特色化，核心是主题化，目标是名牌城市化，而基点则是系统化。

通过城市主题文化活动系统，使城市品牌明确化；通过城市主题文化新闻系统，使城市品牌深植化；通过城市主题文化文化系统，使城市品牌鲜明化；通过城市主题文化建筑系统，使城市品牌高端化；通过城市主题文化景观系统，使城市品牌视觉化；通过城市主题文化旅游系统，使城市品牌特色化；通过城市主题文化产业系统，使城市品牌国际市场化；通过城市主题文化教育系统，使城市品牌规范化；通过城市主题文化开发区系统，使城市品牌规模化；通过城市主题文化政府职能系统，使城市品牌经营化；通过城市主题文化营销系统，使城市品牌主题化。

通过城市主题文化系统工程的构建，达到强城市主题文化之基、固城市主题经济之根、塑城市主题建筑之形、铸城市主题精神之魂的目标，以此强化城市主题文化在城市发展中的核心作用。

用城市主题文化发展理念来管理城市品牌，就是把城市文化、经济、旅游、建筑、景观、城市精神、城市规划、城市形象、城市营销整合在城市主题文化品牌坐标上来管理。通过城市主题文化的系统工程管理模式，将城市的文化、经济、旅游、建筑、景观、城市精神、城市规划、城市形象、城市营销进行科学的系统开发和利用。把城市品牌建设的无序开发变成有序开发，把城市品牌建设的无序经营变成有序经营，把城市品牌建设的无序管理变成有序管理，从而真正实现通过城市主题文化战略定位政府领导抓决策、通过城市主题文化形象抓活动、通过城市主题文化硬件设施抓建设、通过城市主题文化经济抓市场、通过城市主题文化品牌抓投资环境、通过城市主题文化精神抓市民素质、通过城市主题文化营销抓城市推广、通过城市主题文化总体战略抓城市发展的科学管理目标。

四　城市主题文化决胜城市品牌未来

一个城市有没有品质，关键看其城市主题文化是否形成。城市主题文化是城市品质的核心和灵魂。城市主题文化越张扬，城市的影响力就越大；城市主题文化越鲜明，城市的增值潜力就越大；城市主题文化越显著，城市辐射面就越广；城市主题文化越系统，城市的核心竞争力就越强；城市主题文化越突出，城市成为世界名牌城市的机会就越多。

一个城市有没有魅力，关键看其城市主题文化的彰显程度。城市最大的品牌，不是一个城市广告、不是一个主题口号、不是一个城市形象工程，而是城市主题文化的纯粹呈现。一个城市经过城市主题文化的构建和洗礼，所有的人都会对这个城市的品质发出由衷的赞叹。一个城市从无特色到有特色，是城市主题文化的创造；一个城市从无主题到有主题，是城市主题文化的使命使然。

一个城市没有主题文化品牌就没有市场，一个城市没有主题文化品牌就没有国际知名度，一个城市没有主题文化品牌就没有生命力，一个城市没有主题文化品牌就没有核心竞争力。不管一个城市愿不愿意，主题化的城市品牌战略必将取代无主题的管理手段，城市必将走入一个城市主题文化的品牌管理时代，如果一座城市不想被淘汰，就必须用城市主题文化来营销城市和管理城市品牌。城市主题文化品牌是城市品牌的最高层次，城市主题文化决胜城市品牌未来。

西安构建"盛唐文化"城市主题文化，再现大唐伟岸华丽之风采；哈尔滨打造"欧域遗风冰雪文化"城市主题文化，塑造出富有魅力的城市品牌；义乌通过"小商品之都"主题文化的构建成为扬名世界的名牌城市……因为城市特色危机需要城市主题文化、城市文化建设呼唤城市主题文化、城市品牌建设渴望城市主题文化，因为每个城市都想成为"时装之都"巴黎、"啤酒之都"慕尼黑、"水上之都"威尼斯、"创意之都"硅谷……那样闪耀世界的名牌城市。

The Cultural Development of Theme Cities and the Management of City Brands

Fu Baohua

Abstract: A city's rise and development needs city culture brand for strategy support. Especially in the era of economic globalization, the city brand is one of the most important ways to attracting the world, affecting the world and into the world, but in terms of the long-term prospects of city marketing, city marketing must be by means of urban theme culture brand marketing, so as to form a city brand in a strong position in the global competition. Draw lessons from world famous brand city brand management experience, to administer the city brand by three major theories of city theme culture , namely the city thematic culture trait theory, city theme cultural difference theory, city cultural themes to whole system theory, system management of urban brands, is the most advanced, most systems, innovative ways and paths of city brand management.

Key Words: City Brand Management; Urban Theme Culture; Trait Theory; Difference Theory; System Theory

B.20
城市品牌塑造与城市精神

冀文彦*

摘 要：

　　城市文化是现代城市建设的重要内容，在城市发展中提升城市文化具有重要的战略地位。城市品牌塑造的过程本身就是城市文化提升的一个过程。城市品牌包含了城市的独特要素禀赋、城市的历史文化积淀、城市的产业优势、城市的独特人文景观等差异化因素。城市文化往往体现了城市品牌内涵外质的人文精神，它积淀了城市最深层的精神追求和行为准则。构成城市文化的要素包含城市市民、城市精神、城市风貌、城市制度、城市行为、城市气质、城市品质、城市细节等方面。

关键词：

　　城市品牌　城市精神　城市符号　城市文化

　　在《牛津大辞典》里，品牌的解释是"用来证明所有权，作为质量的标志或其他用途"，即用以区别和证明品质。从"品牌"的词义来源看，最初仅代表一种方法。品牌的英文单词"brand"，源出古挪威文"brandr"，意思是"烧灼"。人们用这种方式来标记家畜等需要与其他所有者相区别的私有财产。欧洲中世纪时期，手工艺匠人用这种打烙印的方法在自己的手工艺品上烙下标记，以便顾客识别产品的产地和生产者。这就产生了最初的商标，并以此为消费者提供担保，同时向生产者提供法律保护。16世纪早期，蒸馏威士忌酒的生产商将威士忌装入烙有生产者名字的木桶中，以防不法商人偷梁换柱。到了1835年，苏格兰的酿酒者使用了"OldSmuggler"这一品牌，以维护采用特殊蒸馏程序酿制的酒的质量声誉。

---

* 冀文彦，硕士，北京城市学院讲师，研究方向：中国现代城市研究。

在现代社会里，品牌承载的含义越来越丰富，成为一种无形资产。总体说来，它是指通过名称、术语、象征、记号或者设计及其组合等载体形式，在受众者心中形成一种印象，从而为拥有者带来溢价和增值收益。正因如此，品牌一般都具有独特性、辨识性等特点。

一　城市品牌

什么是城市品牌呢？城市作为乡村以外的一切城镇聚落，在人类文化发展史上，是一种高级的聚落形态，它区别于乡村，但在经济、金融、信息、商业等方面与乡村又密不可分。同时，城市是现代社会文化的生产和消费中心，也是现代文化的集聚地与辐射源，它主导着社会主流文化的消长与盛衰。

有趣的是，不是所有城市都具有相同的文化，而一个城市在相对有限的空间里也同样集聚了许多不同的文化，在这些文化中，有一部分文化代表着这个城市的主流文化，有一部分文化只是一些小支流，而那些主流文化，往往成为这个城市具有较强辨识度的文化品牌。从这个意义来看，我们也就不难理解，为什么提到北京，就想到天安门、长城和故宫；提到杭州，就想到西湖；提到上海，就像看到了南京路、东方明珠塔和环球金融中心；提到广州，就想到"小蛮腰"；提到桂林，则想到"山水甲天下"的美誉；而提到巴黎，则想到了埃菲尔铁塔；提到纽约，想到时代广场和自由女神像；提到比萨城，谁都会想到斜塔；提到开罗，狮身人面像和金字塔似乎已浮现眼前……这就是一种文化的象征，这些文化有的是城市独特历史的写照，有的是自然风光，还有的是通过现代建筑人为打造的城市符号，但无论是哪一种形式，它都在受众者心中形成一种独特的印象，通过这些实实在在的载体塑造出了城市独特的品牌。

由此，我们便衍生出了城市品牌的概念。最早提出"城市品牌"这一概念的是凯文·莱恩·凯勒（Kevin Lane Keller），他在《战略品牌管理》一书中首次提出"一座城市可以被品牌化"。他认为，城市的品牌化无疑是要让人们了解城市，将对这个城市的主观想象和联想与实体联系在一起，将城市精神与城市的建筑融合到一起。

综合国内学者杜青龙、张焱以及张铮的研究成果，现在普遍认为，城市品

牌包含了城市的独特要素禀赋、城市的历史文化积淀、城市的产业优势、城市的独特人文景观等差异化因素。

马聪玲、倪鹏飞（2008）认为，城市品牌可以概括为城市的功能性、情感性、自我表现性等战略识别要素在公众头脑中共同生成的一系列独特联想。① 也就是说，城市品牌是一个城市自身资源要素禀赋与受众对其特色的个体认知相结合形成的城市独特的品格与特征。如此看来，城市品牌应该包含以下四个方面，这四个方面按照其英文翻译首字母，我们可以简称为"4S"，具体说来就是：①城市精神（Spirit），这是一个城市在发展过程中确定的主导思想，也是引领市民生活和认知的内在价值。②城市符号（Symbol），从某种意义上来说，符号是一个城市的代表，正如前文所述，看到这个城市则联想到这个符号，而同样，看到这个符号则联想出这座城市。③特有性（Specific），基于差异化战略形成城市的品牌是一个城市发展的重要战略，同时，通过比较优势产生集聚效应更是大众对一个城市产生独特认知的重要影响因素。④本质性（Substance），一个城市的本质是这个城市最基本的属性，它决定着这个城市其他的特性，更决定着这个城市的基本面貌和发展规律。进一步来看这四个方面，前两个是城市品牌不可或缺的要素，而后两个是城市品牌塑造的基本要求，见表1。

表1　城市品牌包含的四个方面

城市品牌(4S)	具体释义
城市精神（Spirit）	这是一个城市在发展过程中确定的主导思想,也是引领市民生活和认知的内在价值
城市符号（Symbol）	符号是一个城市的象征,从某种意义上来说,这个城市的符号就代表着这座城市
特有性（Specific）	城市品牌的独特性基于品牌塑造的差异化战略,是城市品牌塑造的战略要求
本质性（Substance）	城市品牌必须体现城市的本质,这是城市品牌塑造的基本要求。也就是说,当人们看到这个城市的品牌时,就知道这个城市的人们在追求什么

---

① 马聪玲、倪鹏飞：《城市旅游品牌：概念界定及评价体系》，《财贸经济》2008 年第 9 期。

我们也可以用图形来表示，以便对4S有更加深刻的理解，见图1。

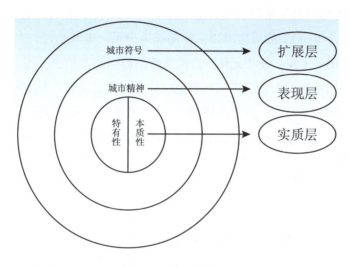

图1　城市品牌结构

二　城市品牌的灵魂：城市精神

德国著名历史学家、历史哲学家奥斯瓦尔德·斯宾格勒（Oswald Spengler）在其著作《西方的没落》一书中说："将一个城市和一座乡村区别开来的不是它的范围和尺度，而是它与生俱来的城市精神。"

以"爱国、创新、包容、厚德"为内容的"北京精神"于2011年11月2日正式对外发布，随即引发了全国社会舆论的广泛关注和探讨。从目前的统计数据来看，除港澳台外，全国31个省会城市中，有80%以上的城市已经提出或正在征集城市精神表述语。并且，现在许多地级市甚至是县级市也纷纷效仿，逐步兴起了一场不大不小的"城市精神热"。

我们考察了中国283个地级市和4个直辖市，发现近年来明确提出或者发展的"城市精神"有161个城市，其中通过公开渠道能够查询到已经公布城市精神的有127个城市，正在征集和讨论中的有34个城市。对城市精神表述语进行量化分析，我们发现，以8个字长度为多数，达到41%；其次是16个字长度，占到18%，如陕西安康的"乐山亲水、尚德兼容、克难奋进、务实

创新"，再如河南洛阳的"包容开放、创业创新、实干争先、负重奋进"。其中 24 个字的山西吕梁精神和辽宁本溪精神、10 个字的吉林白城精神和江苏宿迁精神，以及 10 个字的福建漳州精神都极为少见。也就是说，大多数城市精神都遵循了朗朗上口、便于记忆、言简意赅的原则。

通过对城市精神表述语用词频率进行分析，我们发现，"创新"一词在这些城市精神里出现了 45 次，占到 25%；"开放"一词出现了 32 次，占到 20%；"务实"一词出现了 27 次，占到 17%；"包容"一词出现了 25 次，占到 16%；"和谐"一词出现了 23 次，占到 14%；此外，"诚信"出现了 18 次，"爱国"出现了 4 次。较为典型的例子是天津精神，2012 年 1 月 13 日，天津市委常委会同意将得票最高的"爱国诚信、务实创新、开放包容"作为天津精神表述语，并对外公开发布。从中可以看出，创新、包容、开放、务实等词频繁出现，抑或在一个城市集中出现，这说明创新和开放等已然成为新时期的时代特征和国家着力倡导的理念，各个城市都充分认识到了这一点。

在考察的过程中，我们发现，许多城市在近些年重新提出城市精神，为的是适应新时期的时代特征。但是，也有相对不足之处，即它们在城市精神表述语征集期往往轰轰烈烈，但是真正到征集完毕进行发布之时反而宣传力度不大。此外，我们还发现，城市精神形成或是对外公布之后，绝大多数城市并没有将其写入该城市官方网站的"简介"中，这一来使得城市品牌得不到很好的传播，二来不利于民众接受并加深对其理解。

可以说，城市精神对于一个城市来说非常重要，它是城市之魂，它体现着城市市民的精神气质、道德素养、生活方式，并展现了这个城市的整体风貌以及市民的公共价值。在一定意义上说，城市精神是市民文明程度和道德理想的综合反映和体现，更体现出一个城市的特色。

城市精神对于一个城市所产生的作用也非常明显。首先它是城市发展的"助推器"。城市文化的核心是城市精神，城市精神引领着城市的社会风气。它会激发市民的责任感、自豪感以及归属感，进而成为一种强大的精神动力，这种进取精神发挥的助推作用是其他任何因素都难以代替的。

其次，城市精神是城市发展的"风向标"。城市精神就像一面旗帜，它最大限度地凝练了市民的价值理想、生活和行为方式，并以群体价值取向亮相，这种精神不仅规范着人们的行为，而且使人们逐渐形成一种统一的意志和信念，形成全体市民的一种共同理想和支柱。从一定程度上来讲，城市精神反映着城市经济文化建设的方向，为城市的发展注入强大的精、气、神等活力，激发市民建设城市的热情和干劲。

再次，城市精神是城市发展的"黏合剂"。城市精神对市民有一种无形的约束作用，这种作用远远大于法律规章等制度性约束作用，大众在理解这种精神的同时，也是自然而然地接受、认可、遵从的过程。这个培育和熔炼的过程会使市民产生巨大的凝聚力，从而向共同的目标而努力奋斗。

三　城市品牌的具象表达：城市符号

每个城市都有符号，城市的品牌就镌刻在一个个城市符号里，这些符号成为城市的一张张名片，更成为城市品牌的具象表达和象征。符号是指那些具象的物质实体，它可以包括建筑物或者城市设施，也可以是任何一种有意义的"表述"形式，如广告、大众电视节目、中英文名称、流行音乐甚至是食品。通常，我们将这些为其背后含义提供线索的物质实体称为符号；指向这些广泛含义的实物称为能指，而这些实物背后的文化涵义被称为所指。

根据《哲学大辞典》上的解释，"符号（symbol）一词，表示事物特征以及事物之间相互关系的抽象标识或标记，是人的思维得以进行表达和交流的工具"。可以说，紫禁城是中国古代皇权的符号，长城是中国的符号，而老舍是北京的符号。

那什么是城市品牌的符号呢？国内学者徐方圆认为，城市品牌符号就是城市在推广自身城市形象的过程中，根据其发展战略定位所传递给社会大众的核心概念，并得到社会的认可。

城市品牌符号由城市的历史文化、人文和自然环境以及经济发展水平等要素构成，这些要素互相结合共同影响着城市品牌的本质。

首先，城市建筑与城市符号。对美国乃至世界城市规划发展影响最大的人简·雅各布斯（Jacobs Jane）在1996年指出，在伦敦金融中心（著名的伦敦城）重建建筑物的许多提议中所隐含的是帝国主义的渴望，而对大英帝国鼎盛时期历史性建筑物的保护则被看作英国在经济衰退时对伦敦城国际地位的加强。可见，一个城市的建筑就像这个城市的窗口，它反映着这个城市的整体风貌和人文风格。我们在上海世博园里看到"美人鱼"想到丹麦，看到"金色少女"想到卢森堡，而看到桥头的"幸运浮雕"，我们也自然想到了捷克的布拉格，这些公共建筑是城市的标志，也化为城市的符号，为其带来了世界性的声誉。

其次，城市的布局规划与城市符号。每个城市都有自己的风格，布局规划也不尽相同。这是因为城市风格是城市布局规划的直接影响因素，它不仅体现出不同的城市特色，更代表着城市的品牌。北京的中轴线充分体现了中国古代王朝皇权的四平八稳特点，而单核心设计又充分体现出皇权至高无上、大一统的思想；此外，作为帝王象征的故宫所产生的"皇城根""紫禁城"的城市印象与联想，这是北京的品牌。

再次，饮食与城市符号。各地的饮食习惯风格迥异，各个城市都拥有自己的饮食特产。比如，北京的烤鸭、上海的四喜烤麸、天津的大麻花、重庆的鸡公煲等，这些饮食文化最终也成了城市符号，而这些成为最直观的城市体验。

复次，各地方言与城市符号。中国有七大方言体系：北语、粤语、吴语、闽语、湘语、赣语、客家语。这些方言在一定程度上成为判定人们身份的标志，这也就使得方言成为广义的城市符号。

最后，设定性符号。城市的设定性符号主要是指市花、市树、吉祥物，或者是城市举办过的一些重大活动。例如，香港特别行政区区花是紫荆花，海宝是2010年上海世博会吉祥物，奥运吉祥物也成为北京的品牌符号等，见表2。

表2　中国4个直辖市城市品牌符号表

城市	景观地标	饮食特产	文化(文学、电影、娱乐等具体表现物)	知名产业	市花
北京	故宫、天安门、鸟巢、水立方、圆明园、颐和园、长城	烤鸭	京剧	科技文化金融	月季、菊花
上海	东方明珠塔、金茂大厦、外滩、外白渡桥、世博园、南京路	小笼包、四喜烤麸	沪剧、海派清口、石库门	金融、轻纺	白玉兰
天津	滨海新区、航母主题公园	麻花、狗不理	相声	天津一汽	月季
重庆	解放碑、三峡	火锅、鸡公煲	川剧、蜀文化(变脸、四川清音、吐火等)、蜀绣	长安汽车	山茶花

从表 2 中 4 个直辖市的品牌符号来看，既有景观性地标、饮食特产，又有典型的带有地域文化特征的文学、艺术表现形式，还有知名产业，更有设定性的符号，如市花等。我们可以将品牌想象成一幢摩天大楼，要造好这幢摩天大楼就要有好的地基，还要打桩，更主要的是要能工巧匠一砖一瓦盖好，但是，并不是每一块砖瓦都适合成为摩天大楼中的一员。也就是说，不是所有的元素都可以成为城市品牌符号，城市品牌符号一定要选取具有代表性的那些元素。"在寻找城市品牌符号的时候，可以先挖掘城市质朴而原生态的符号群，从中选取具有代表性的符号，再提炼出独立的概念，将这些概念相辅相成，然后搭建一座'城市品牌大厦'"，① 如图 2 所示。

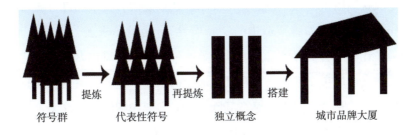

提炼　　　　　　再提炼　　　　　　搭建

符号群　　　　代表性符号　　　　独立概念　　　　城市品牌大厦

图 2　城市品牌塑造模式

资料来源：《中国城市品牌传播研究》课题组编《中国城市符号与城市品牌符号的传播现状思考》，《广告大观（综合版）》2009 年第 9 期。

四　城市品牌塑造的基本要求

首先是特有性，这是塑造城市品牌的战略要求。所谓的城市印象是公众对城市中每个方面所产生的影响和心理感知。但是，不言而喻，城市中的各个要素对公众所产生的影响有所侧重，强度也非常不同。只有那些影响强度大的因素会在公众头脑中形成"城市印象"，进而演化成为城市的特色品牌。城市的整体形象由于特色品牌的存在而得到强化和提升。

---

① 《中国城市品牌传播研究》课题组：《中国城市符号与城市品牌符号的传播现状思考》，《广告大观（综合版）》2009 年第 9 期。

从这个意义上来讲，在塑造城市品牌的过程中，首先要进行定位，也就是说，树立的城市品牌要达到什么目的、其目标人群是谁、要树立什么独特的形象以及要采取什么方法来设立，见图3。

图3 城市品牌定位的基本要求

图3反映出城市品牌定位的基本要求。我们发现，要准确进行城市品牌定位，首先要注重城市品牌塑造中的"特有性"，也就是求新、求异，而求新、求异是为了让品牌有更好的发展。这种特有性是建立在城市发展差异化战略基础之上的，突出城市个性，避免和其他城市的雷同，这使得城市品牌具有很强的识别性。也就是说，在进行城市品牌定位时，要挖掘城市个性，不能让它同时适用于多个城市，也就是要遵循城市品牌的不可替代性原则。例如"中国瓷都"，它只属于景德镇，这是一个具有垄断性的城市品牌，有极强的感染力和生命力。再比如，说到山水城市，首推桂林。纵观我国诸多城市，凡是有名气、有活力、有魅力的城市，都有一个特有的城市品牌。

城市品牌的最大魅力在于与众不同。从具体策略研究看，走差异化之路，创造特有的城市品牌个性是塑造城市品牌的战略选择。

其次是本质性，这是城市品牌塑造的基本要求。万物皆有本质（Substance），要理解城市品牌的本质性，我们首先要了解城市与人的关系。

在约9500年的城市发展历程中①，世界各地星罗棋布的城市发展史告诉我们：在人类以人化②为主体的文化过程中，城市成为人类人化自然的文化实

---

① 尚力：《巴黎发现9500年前人类最早的城市生活遗迹》，http：//it.sohu.com/20080710/n2580531 45.shtm.1，2008年7月10日。

② "人化"指的是人类征服自然和自身的历史尺度，是整个社会发展到一定阶段人和自然、社会关系发生的整体的、根本的改变。其主要有两种形式：一种是指人类通过劳动逐渐获得的社会意义和社会价值；一种是人类单体在劳动过程中具有的超出动物本性的人的社会性。

践物，市民，有了经济活动新的活力和时代亮点，获得了经济活动空间扩张或开辟的可能；通过以化人①为主体的文化过程，城市成为人的文化价值世界，市民有了文化本质获得不断提高的可能，有了精神动力和智力支持，有了对"真""善""美"性质的认知；在人类社会人化与化人有机统一的文化制度完善与发展过程中，城市有了良好的舆论环境和氛围，有了形象及品位的塑造和提升，有了发展辐射力和整合力的增强，有了市民政治民主、法治创造和"真""善""美"内涵丰富与发展的必要条件，有了市民参政议政价值目标的引导，有了社会文化本质获得空前提升的可能。②

可以说，城市实际上是人的城市，城市品牌是一个城市基于特定文化体系之上所呈现的活力，城市品牌最大的价值在于通过不断为城市人提供活动目的，激发有目的的价值追求与创造活动，形成市民美的文化愿望，展现"真""善""美"的文化内涵。世界上城市的不同在质上体现为以文化制度为载体的价值理想和价值追求方式的差异，这种价值理想和价值追求方式实际上就是以共同的"美"为核心的城市品牌。而"美的根源"是城市"追求着自己目的的人的活动"③，表现为满足人生存和发展基本物质生活需要的目的，也表现为满足人的审美和文化价值追求的需要。

因而，城市品牌的本质表现是人的文化，城市品牌具有人的性质和人为的必然，即有人才有城市品牌，有人才有城市文化。城市品牌来自、表现和存在于生生不息的人的世界之中，是人的生命力和主体性的张扬与展示。离开人的城市品牌同离开文化的人一样，都是不存在的。换句话来说，人是城市品牌的创造者、拥有者和守护者。

比如，2008 年，北京奥运会口号是"绿色奥运、科技奥运、人文奥运"；奥运会后，北京又提出了"人文北京、科技北京、绿色北京"的口号；2012年，上海世博会的宣传语是"城市，让生活更美好"，这里都隐含着城市中人

---

① "化人"是指人类以"人化"为前提的人类社会通过业已形成的文化世界影响单体，使其获得一定社会意义和社会价值的历史尺度。其主要有两种形式：一种是外在社会的人化；一种是人类单体的自觉。

② 孙鹤：《文化视域中的城市精神问题研究》，《辽东学院学报（社会科学版）》2011 年第 1 期。

③ 中共中央马克思恩格斯列宁斯大林著作编译局编译《马克思恩格斯全集》（第 2 卷），人民出版社，1995，第 2 版，第 119 页。

的发展。

城市品牌体现着人的本质性，我们从以下部分国外城市的形象宣传片中更加一目了然，见表3。

表3　部分国外城市品牌打造的特征

城市	宣传片	品牌定位	创意概念	表现符号
巴黎	申奥宣传片	浪漫的、亲和的	每个人都拍拍心扉，参与奥运	运动员、艺术家等各类市民、埃菲尔铁塔
伦敦	申奥宣传片	活力之都、运动之都	通过一个普通人在城市中跑步的举动，展现了平凡人物通过寻常生活器具参与奥运的场景	普通市民、大本钟、贝克汉姆、击剑等
纽约	城市广告片	自由、开放、忙碌、充满诱惑	名画、漫画、动画结合现实场景，还原城市经典，表现城市现状和特色	金门大桥、Wonder Wheel、自由女神像、棒球、芝麻街、黄色计程车、甜甜圈、百老汇
新加坡	旅游宣传片	New Asia-Singapore（新亚洲–新加坡）	新加坡的各种生活场景	狮城、水上运动、热带风情、购物、歌舞
首尔	旅游宣传片	首尔的欢快之旅	分身术，享受无限乐趣	美容、购物
东京	形象片	美丽的日本、愉悦的日本、独特的日本（Beautiful Japan, delightful Japan, cool Japan）	自然风光、娱乐生活、交通及科技	禅院、樱花、艺妓、富士山、相扑、温泉、日本料理、机器人、Hello Kitty、动漫、电子技术

表3中列出的是巴黎、伦敦、纽约、新加坡、首尔以及东京形象宣传片的特征。我们可以看出，无论是城市形象片、奥运宣传片还是旅游宣传片，实际上都是要反映这个城市的整体风格、风貌和突出特点，这些片子的侧重点不同，但片子中有一个共同之处，那就是有一个共同的元素——人。一个再有魅力的城市，其最终目标也是为人提供服务，由人来享受，否则，城市并没有存在的意义。

从上述城市品牌塑造的元素及原则要求来看，城市品牌塑造基本过程一般包括调研策划、准确定位、确定目标、选择途径、有效传播、品牌维护等。城市品牌塑造起来后，还有一个品牌的阶梯变化过程，这个规律遵循国际上一般所说的"品牌段位阶梯"理论，也就是城市品牌有一个从知名度到美誉度再到忠诚度的一个演变过程，见图4。

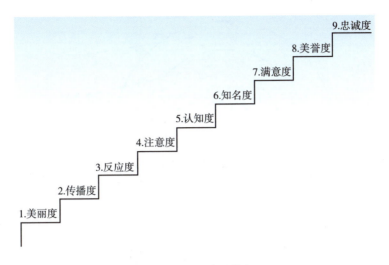

图4 城市品牌阶梯度

也就是说，城市品牌的阶梯上升过程，实际上是城市文化的一个提升过程。

五 城市品牌的提升路径：城市文化

文化是国家和民族的标志和灵魂，是人的精神家园。特别是在当前，文化和经济的关系越来越紧密，各国的经济已经成为"文化经济"，国家间的关系更体现了文化间的关系。2011年10月，党的十七届六中全会提出，要"发掘城市文化资源，发展特色文化产业，建设特色文化城市"，强调了城市文化建设的重要性。城市文化一般包括观念文化、制度文化、行为文化以及物质文化，见图5。

在挖掘城市文化资源、提升城市文化过程中应该遵循"4T"原则，即注重传统性（Tradition）、变化性（Transformation）、目标性（Target）和典型性（Typicality）。

首先，传统性（Tradition）。历史传统是城市文化的摇篮，城市的传统积淀是城市文化的血脉。沿着任何一座城市的历史脉络出发，都能找到人类文明的根，当然，更能发现每一座城市特有的文化记忆和符号，他们都有着自己独特的历史。比如，巴黎的浪漫传统，印度、斯里兰卡的佛教传统，北京的尊卑

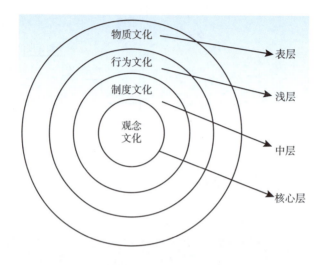

图5　城市文化构成

传统和它表现出的都城历史的皇家风范，上海则是兼容并包的海派传统。很显然，即使我们并没有去过这些城市，但因为这些城市的历史，我们多少会对这些城市的现代特征有所了解和体会，因为这些历史是它们的源头，历史造就了传统文化的博大与各异，这是一个城市区别于另一个城市独特的气质和风格。

美国文化人类学家洛威尔说，在这个世界上，没有别的东西比文化更难琢磨。我们不能分析它，因为它的成分无穷无尽；我们不能叙述它，因为它没有固定形状。我们想用文字规范它的意义，这就像要把空气抓在手里似的。当我们去寻找文化时，除了不在我们手里之外，它无所不在。分析洛威尔的说法，它表达出一个意思，即影响文化的因素很多，我们没有办法去穷尽它，而造成现代文化如此不同很大的原因是其城市历史传统的不同。

正是由于各个城市的历史传统不同，才使各个城市有区别、有特点。只有注重城市的历史传统和脉络，深挖城市传统文化中的精髓，城市文化的建设与提升才有意义，城市文化也才能避免盲目跟风，真正体现一个城市真实的面貌，城市文化才能在传承文化传统和塑造城市核心价值体系、构建和谐文化的大背景下，突出该城市的文化个性与价值追求。

其次，变化性（Transformation）。这里的变化性主要指"文化转型"。文化转型是文化的表层结构、中层结构和深层结构组成的系统的整体性变迁，即物质文化、行为文化、制度文化、观念文化作为系统的整体性转变；是一定地域民族的生产活动方式、交往活动方式以及精神活动方式的整体转型；是人的观念的转变。因此，文化转型最终要归结到人的转型上，人的转型最终要归结到观念、价值层面，也就是有学者所称的"文化的隐结构"的转型。① 文化转型的核心和根本标志是观念文化的转型，即价值体系的转型，价值体系转型的根本标志是价值理想的转型。

对于文化是否应该转型或转型的程度如何，张磊提出了四个评判标准：一是某种文化类型建立的经济政治基础是否有了实质性的变化；二是在社会生活中是否有新质文化要素的出现；三是新型文化是否得到国家政权的认可和支持；四是大众文化是否转变。②

一个城市的文化要不断得以提升，就要注重文化的转型，也就是说，城市文化要有时代精神，它是城市文化的号角。从另一个角度来说，城市文化的提升要注重不断与时俱进、创新发展，反映时代特征、体现时代要求，只有这样，城市文化所表现出来的城市公共价值观才能为市民接受，才能深入人心，才能起到促进城市积极进步和发展的良好作用。尤其在现代化进程中，社会结构的变化、经济基础的变迁，都使体现时代精神的城市文化显现得尤为明显。以山西为例，现在提到票号、钱庄、商号，大概每个人都会想到山西，想到"乔家大院"，为什么？是因为"晋商文化"为我们打上深深的历史印迹。确实，"五百年中国商业观晋商"。但是，看过话剧《立秋》的人都知道，它是"晋商文化"的悲情演绎。从话剧《立秋》中我们应该悟出："晋商文化"需要放在现代文化体系中重新继承和发展，要为其不断注入新内涵，只有这样，"晋商文化"才能重新焕发青春活力。再以温州为例，20 世纪 80 年代为"四千精神"，即走遍千山万水、历尽千辛万苦、说了千言万语、想出千方百计；90 年代为"四自精神"，即自力更生、自担风险、自强不息、自求发展；如今，温州人以其"敢为天下先、特别能创业"的精神，成为经济发展和城市建设的排头兵。

再次，目标性（Target）。也就是说，城市文化的提升，一定要确立一定

---

① 饶旭鹏：《文化·文化转型·价值转型——兼论西部走向市场经济过程中的文化转型》，《甘肃理论学刊》2003 年第 1 期。

② 张磊：《文化转型的评判标准探析》，《西北农林科技大学学报》2003 年第 2 期。

的目标，否则就是"信马由缰"，"闭着眼睛捉麻雀"。要为城市文化的提升确立目标，我们首先要知道城市文化体系包括哪些内容，见表4。

表4　城市文化体系

城市文化体系	城市物质文化体系	建筑实体与城市结构（固定特征因素）；城市空间界面、公共设施、广告招牌、植被等（半固定特征因素）；人的行为与活动、适应气候的手段、对资源的获取和使用方式、建造材料、结构与工艺、交通与通风媒介等（非固定特种因素）*	
	城市制度文化体系	城市制度文化是公众在生产生活过程中所结成的各种社会关系的总和。城市的法律、政治、经济制度以及人与人的关系准则等，都能反映出城市的制度文化	
	城市行为文化体系	包含人们的生活方式、实际行为、态度等	
	城市观念文化体系	城市信念体系	宇宙观——时空观（自然观念）；权威观——等级观（社会观念）；财产观——所有权（社会观念）
		城市价值体系	真——生存需求的知识体系；善——道德与伦理规范；美——审美取向（价值模式整合）。

*杨晓俊、潘秋玲：《基于模糊理论的城市文化评价指标体系》，《决策参考》2012年第10期。

从表4中可以看出，城市文化体系包括城市物质、精神、制度文化等，它们基本上涵盖了城市生活的方方面面。可以说，城市文化是一个城市的历史底蕴、审美情趣、道德价值以及体现于城市内涵外质中的人文精神，它积淀城市最深层的精神追求和行为准则。构成城市文化的要素包含城市市民、城市精神、城市风貌、城市制度、城市行为、城市气质、城市品质、城市细节等方面。因此，我们在确立城市文化发展的目标时，一定要对这些因素都有所考虑，可以有所侧重、强化发展，抢占先机、争取优势，但最终一定要使这些因素都得到不同程度的发展。就拿《国家"十二五"时期文化改革发展规划纲要》来说，到2015年，我国文化改革发展的主要目标有"社会主义核心价值体系建设不断推进，全党全国各族人民团结奋斗的共同思想道德基础进一步巩固"，这实际上是城市价值体系的发展目标；"文化体制改革重点任务基本完成，文化体制机制充满活力、富有效率、有力促进文化科学发展"，这是城市制度体系的发展目标；还有"现代文化产业体系和文化市场体系基本建立，文化产业增加值占国民经济比重显著提升，文化产业推动经济发展方式转变的作用明显增强，逐步成长为国民经济支柱性产业"等目标，这又是城市物质文化体系发展目标的体现。可见，文化的提升最终是要使城市物质文化、精神文化、制度文化都得以发展。

最后，典型性（Typicality）。显然，一个城市的文化包罗万象，但是，只有一部分，或者说只有个别文化是具有代表性的，能真正反映这个城市的整体文化特征，也就是说，只有这几种文化最具有典型性。那我们在提升这个城市的文化时就要选取这样的文化，重点发展。例如，"马背文化"是内蒙古的依托，壮大马文化，打造马产业，有其得天独厚的条件。"马背文化"的发展与提升必将成为内蒙古经济增长新引擎。对于山东来说，"齐鲁文化"则是典型，据统计，在孔子诞生地——山东曲阜尼山连续4年成功举办儒学大会，先后有22个国家和地区的86个儒学研究机构参与，因此，提升"齐鲁文化"，加快"齐鲁文化"走出去战略步伐将带动山东省国际影响力逐步提升。

City Brand Building and the Urban Spirit

Ji Wenyan

Abstract：Urban culture as an important content of the construction of modern city, upgrading the urban culture is in an important strategic position in the urban development. A process of creating urban brand is the process of the city culture upgrading. Urban brand includes the city's unique endowment, culture accumulation of city history, industrial advantages of the city, the city's unique cultural landscape and different factors. Urban culture is the humanistic spirit often reflecting city-brand's connotation and external, concentrating a city's the deepest pursuit of spirit and the standard of behavior. Factors of urban culture include urban citizens, city spirit, urban environment, urban system, urban behavior, urban temperament, urban quality, urban details, etc.

Key Words：Urban Brand; Urban Spirit; Urban Symbol; Urban Culture

附录　中国大陆地区 127 个城市的"城市精神"表述语（截至 2012 年 10 月）

所属行政区划	城市	城市精神表述语	备注
直辖市	北京	爱国、创新、包容、厚德	
	天津	爱国诚信、务实创新、开放包容	
	上海	公正、包容、责任、诚信	
	重庆	登高涉远、负重向前	
河北省	承德	承传文明，德行天下	
	唐山	感恩、开放、博爱、超越	
	张家口	包容开放、重信尚德、勤劳淳厚、自强向上	
	廊坊	包容开放、务实诚信	
	保定	崇信、重义、尚和、争先	
	衡水	以人为本、敢为人先、求真务实、开拓创新	
	邢台	勤劳仁厚、坚韧如山、科学务实、灵动如泉	邢台市社会科学规划项目题"邢台城市精神研究"（课题编号：XTSK050）的研究成果），2012.4
	邯郸	平和安静、谦和大度、博爱真诚、感恩包容	
山西省	太原	兼容和谐、诚信卓越	
	朔州	豪爽大气、海纳百川、百折不挠、奋力赶超	
	吕梁	不屈不挠、勤劳淳朴、艰苦奋斗、甘于奉献、自强不息、勇于创新	
	长治	平和睿智、包容大度、勤奋敬业、长治久安	
	晋城	崇实守信、开放包容、争先创新	
内蒙古自治区	呼伦贝尔	博大、至诚、和美、共赢	
	赤峰	多元、和谐、尚德、致远	
黑龙江省	哈尔滨	开放包容、时尚活力、诚信敬业、和谐奋进	
	黑河	自强不息、兼容博纳、开放创新、追求卓越	
	鹤岗	坚守、融合、创新、跨越	
	绥化	团结、务实、拼搏、图强	
	大庆	爱国、创业、求实、奉献	
	鸡西	修身、齐家、爱国、敬业	

续表

所属行政区划	城市	城市精神表述语	备注
吉林省	长春	宽容大气、自强不息	
	白城	激情创业地、草原生态城	
	松原	包容、大气、自信、创新	
	吉林	"摇橹人精神"(含义是同舟共济、激流勇进)	
	四平	攻坚克难、求富图强	
	辽源	勇于竞争、务实创新、永不言败、追求作为	
	白山	向前、向上、求富、求强	
	通化	真诚包容、勇于担当、重行务实、创业自强	
辽宁省	阜新	以"创业、创新、创优"为核心内容	
	抚顺	创业、奉献、和谐、争先	
	本溪	本是万物之根,溪乃四海之源,本本分分做人,点点滴滴做事	
	辽阳	包容、开放、厚德、图强	
	盘锦	谦谦、莘典、精进、与共	
	锦州	勇于牺牲、敢为人先	
	营口	诚信、和谐、务实、创新	
	大连	开放、创新、文明、时尚	截至2011年6月,赞同该表述语的人最多
江苏省	南京	核心:敢于创业	
	无锡	尚德务实、和谐奋进	
	连云港	城市特征:包容、开放	
	宿迁	生态为归宿,创业求变迁	
	扬州	崇文尚德、开明开放、创新创造、仁爱爱人	
	徐州	有情有义、诚实诚信、开明开放、创业创新	
	南通	包容会通、敢为人先	
	常州	勤学习、重诚信、敢拼搏、勇创业	
	苏州	崇文、融和、创新、致远	
浙江省	杭州	精致、和谐、大气、开放	
	舟山	勇立潮头、海纳百川、同舟共济、求真务实	
	宁波	以"宁波帮精神",即"原则""创新""求变""传承"打造宁波精神	
	温州	"敢为天下先,特别能创业"的温州人精神	

续表

所属行政区划	城市	城市精神表述语	备注
安徽省	合肥	开明开放、求是创新	
	亳州	厚德、务实、创新、奋进	
	蚌埠	禹风厚德、孕沙成珠、务实开放、创业争先	
	阜阳	王家坝精神	
	淮南	亲山乐水、崇文尚武、厚德载物、求实创新	
	六安	立德、奉献、创新、图强	
	马鞍山	聚山纳川、一马当先	
	芜湖	开放、诚信、务实、创新	
	铜陵	崇文厚德、和谐奋发	同江苏宜兴市（地级市）的城市精神
	安庆	崇文、尚德、务实、创新	
	黄山	天地之美、美在黄山，人生有梦、梦圆徽州	
福建省	福州	海纳百川，有容乃大	
	莆田	以"妈祖情怀"为引领，以"莆商闯劲"与"文献邦风"为双翼	
	漳州	东西文化能包容，所向无前敢先行	
	上饶	清贫、务实、承古、创新	
	新余	开放、创新、争优	
	吉安	崇文、正气、开放、图强	
	赣州	厚德务实、开放敢为、只争朝夕、创造一等	
山东省	济南	诚信、创新、和谐	
	德州	厚德、包容、创新、图强	
	淄博	诚信、务实、开放、创新	
	泰安	勇攀高峰、自强不息	
	青岛	诚实、博大、和谐、卓越	该表述语在2003年确定，新时期的表述语仍在讨论中，其中"博爱""向善""奉献"这些词语出现的频率最高。
	临沂	"沂蒙精神"	
	枣庄	兼爱尚义、求新致和	
河南省	郑州	博大、开放、创新、和谐	
	安阳	文明、和谐、创新、超越	
	濮阳	务实、创新、和谐、致远	
	新乡	厚善、崇文、敬业、图强	
	三门峡	1."善做善成"；2."明理诚信、善做善成"；3."明理创新、善做善成"；4."砥柱中流，融通四海"；5."崇真明德，兼容创新"	最终选定一条
	洛阳	包容开放、创业创新、实干争先、负重奋进	

续表

所属行政区划	城市	城市精神表述语	备注
广东省	广州	务实、求真、宽容、开放、创新	
	汕头	海纳百川、自强不息	
	惠州	崇文厚德、包容四海、敬业乐群	
	佛山	敢为人先、崇文务实、通济和谐	
	东莞	勤劳务实，敢为天下先	
	深圳	开拓创新、团结奉献、诚信守法、务实高效	
湖南省	长沙	心忧天下、敢为人先	
	岳阳	先忧后乐、团结求索	
	张家界	登高致远、自强超越	
	常德	德行天下、和谐奋进	
	益阳	崇文尚义、通达超越	
	湘潭	坚忍不拔、敢为人先	
	株洲	"火车头精神"	
	娄底	坚韧、勤奋、尚德、自强	
	邵阳	重信重义、敢闯敢拼、文明开放、求实图强	
	郴州	开放包容、求实创新	
广西壮族自治区	南宁	能帮就帮、敢做善成	
	柳州	开明开放、敢为人先、创新创业、自强不息	
	来宾	心容天下、敢为人先	
	玉林	开明开放，创业创新；敢闯敢干，有胆有识；自主自强，求真求实；诚实诚信，活力魅力	
	钦州	自强实干、融和共赢	
	防城港	敬海敬山敬人，开放开明开拓的"港城精神"	
四川省	成都	和谐包容、智慧诚信、务实创新	
	绵阳	团结奋进、自强争先、创新实干、富民兴绵	
	广安	崇先仰圣、创业求新、坚韧求是、包容诚信	
	宜宾	诚信、包容、智慧、创新	
	攀枝花	新时期的"攀枝花精神"	
甘肃省	兰州	河汇百流、九曲不回、创新创业、和谐共进	
	金昌	艰苦奋斗、和谐进取	
	平凉	厚德尚礼、开放包容、务实创新、和谐友爱	

续表

所属行政区划	城市	城市精神表述语	备注
陕西省	延安市	"延安精神"	
	宝鸡	崇德尚礼、和谐包容、闻鸡起舞、开放创新	
	汉中	仁智、和谐、开放、图强	
	安康	乐山亲水、尚德兼容、克难奋进、务实创新	
云南省	昆明	春融万物、和谐发展、敢为人先、追求卓越	
	昭通	承前启后、团结奋进、热爱家园、无私奉献、时不我待、只争朝夕	
宁夏回族自治区	银川	贺兰岿然、长河不息	
	石嘴山	五湖四海、自强不息	
贵州省	贵阳	知行合一、协力争先	
	三亚	极力争取	
青海省	西宁	包容诚信、务实创新	
新疆维吾尔自治区	乌鲁木齐	爱国奉献、开放和谐、创新奋进、文明首善	
	克拉玛依	爱国奉献、艰苦创业、民族团结、求真务实、追求卓越	

生态篇

Ecology

B.21
现代城市雨水控制管理
面临的挑战与对策*

李俊奇**

摘 要:

城市雨水往往导致内涝频发、雨水径流污染严重、雨水资源大量流失、生态环境破坏等一系列突出问题，对现代城市管理提出了严峻的挑战。单一"快速排放"的传统理念和以管渠等为主的灰色雨水基础设施与管理模式，已难以应对快速城市化过程中出现的雨水困境。在分析现代城市雨水控制管理所面临困难和挑战的基础上，从理念、规划、技术、宣传教育等方面提出了对策建议。在雨水控制系统中源头控制和终端控制同样重要；建立"源头减排－过程控制－末端调蓄利用"的多层次、多目

---

* 本文受教育部人文社科研究项目（08JA630010）和北京市"城市雨水系统与水环境生态技术"学术创新团队项目（PHR201106124）资助。

** 李俊奇，北京建筑工程学院教授、城市雨水系统与水环境教育部重点实验室主任，研究方向主要为城市雨水系统与水环境生态技术、环境政策与管理等。

标控制利用系统是未来城市雨水系统的必然选择，也是现代城市雨水系统的发展方向。制定"雨水排放许可"和"雨水排放收费"协同作用的政府管制制度和市场激励制度，完善城市雨水管理政策体系，可为现代城市雨水控制系统的建立提供保障。

关键词：

雨水　挑战　对策　低影响开发

雨水系统是城市健康水循环的重要组成部分，更是城市洪涝安全、水质安全和生态安全的重要保障。但目前我国许多城市存在"逢雨必涝"、雨水径流污染严重、雨水资源大量流失等相关问题，这些问题已对现代城市新型雨水控制系统提出了严峻的挑战。因此，必须从规划设计理念、技术体系、政策制定、宣传教育等方面进行彻底的变革；在完善传统雨水排放系统的同时，因地制宜地选择源头减排、过程控制、末端调蓄等技术措施来弥补传统雨水系统的不足。除了技术层面的措施之外，还应制定严格的政府管制制度和市场激励制度、加强宣传教育等也是现代雨水控制系统建立的重要保障。

一　城市雨水引发的系列突出问题

随着城市的快速发展和极端气候的变化，近年来，我国许多城市不断发生严重的洪涝灾害，造成巨大的损失和恶劣的社会影响，甚至夺走很多人的生命，引起政府和社会各界的高度重视。事实上，多年来，在落后的管理理念与单一的治理目标的指引下，城市雨水系统在遭受水涝困扰的同时，往往还面临严重的雨水径流污染、雨水资源大量流失和严重缺水、地下水位大幅下降、生态环境恶化等多重与雨洪关系密切的重大问题。图1列出了城市化带来的一系列雨水问题。

（一）洪涝灾害风险加大

城市化带来的不透水面积加大，导致峰流量加大，峰现时间提前，洪涝灾

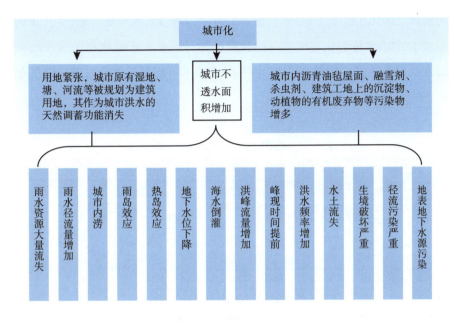

图1　城市化引发的一系列雨水问题

害发生的频率加快。而且，在城市，由于人口和资产高度集中，洪涝灾害带来的损失可能比以往的灾害损失提高数十倍，如城市内涝除了给企业、公共设施、居民资产等造成直接的经济损失外，其间接损失往往大于直接损失，即影响的范围超出受灾的范围，造成的损失可能无以弥补。2010 年住建部对全国 351 个城市的内涝情况进行调研显示，2008～2009 年，62% 的城市发生过不同程度的积水内涝；内涝灾害超过 3 次的城市占 39%；最大积水深度超过 0.5 米和 0.15 米的城市分别占 74.6% 和 90%；积水时间超过 0.5 小时的城市占 78.9%。足见城市内涝灾害呈现发生范围广、积水深度大、积水时间长的特点，不仅造成了巨大的经济损失，还严重威胁城市安全。

（二）城市雨水资源流失严重

我国近 2/3 的城市存在资源性和水质性缺水问题。而随着城市化进程的不断加快，雨水资源流失现象也愈加严重。以北京市为例，北京市水资源人均占有量仅为全国和世界人均水平的 1/8 和 1/30，远低于国际公认的人均 1000 立方米的下限，水资源短缺已成为限制首都经济发展的瓶颈，但仅城区雨水径流流失量就高达 2.3 亿立方米/年。如表 1 所示，通过对我国城市化进程（2010 ~ 2050 年）中雨水资源化利用潜力的预测可知，当雨水资源化利用率占城市需新增供水量的比例分别为 20% 和 40% 时，城市可利用雨水量占需新增供水量的 7.1% ~ 25.0% 。

表 1　中国城市化进程及其部分水量预测

年份	城市化率（%）	城市总人口（亿）	城市需水总量（亿立方米）	相对于1997年需新增的供水量（亿立方米）*	城市雨水总量（亿立方米）	按20%利用率计算时		按40%利用率计算时	
						可利用雨水量（亿立方米）	可利用雨水量占需新增供水量的比例（%）	可利用雨水量（亿立方米）	可利用雨水量占需新增供水量的比例（%）
2010	40.0	5.49	910	320	190	40	12.5	40	25.0
2030	52.0	7.50	1220	660	283	60	9.1	120	18.2
2050	60.0	9.60	1540	990	348	70	7.1	140	14.2

* 按供水管网的平均漏失率 10% 计算。

（三）雨水径流污染严重

城市化的发展使得更多的自然地面被硬化道路及屋面所取代，随之带来了大量的径流污染源，如汽车轮胎磨损、汽油泄漏、融雪剂、动植物有机废弃物、肥料及杀虫剂等。除了地表污染外，因城市雨水管网管理不完善导致的雨污水混接及合流制溢流污染，最终导致许多城市初期雨水径流的污染程度超过城市污水，径流污染日趋严重。如北京市区多年平均 COD（化学需氧量）排放总量 5.51 万吨/年，单位面积负荷 577.4 千克/（104 平方米·年），2000 ~ 2006 年，城市污水处理率由 40.6% 提高到 90%，但雨水径流 COD 排放量却由 2000 年的 23.59% 提高到 2006 年的 33.39%，随着城市生活污水及工业废水处理达标率的不断提高，雨水径流 COD 排放量占总量的比例还将继续上升。因此，雨水径流污染控制将成为污染减排的重要方面。

此外，城市径流雨水资源流失还会引发一系列环境生态问题，如水土流失加剧、地下水位下降，甚至出现地面下沉、地下管线损毁、铁路路基塌陷等现象。

面对如此错综复杂的难题，单一"快速排放"的传统理念和以管渠等为主的灰色雨水基础设施与管理模式，已难以应对快速城市化过程中出现的雨水困境，因此由雨水引发的系列问题已对现代城市管理提出了严峻的挑战。

二　城市雨水控制管理目前面临的挑战

当前，我国城市雨水控制管理面临的挑战主要包括以下方面。

（一）理念落后，技术与管理体系不健全

城市雨水控制与管理战略面临由"单一快排"向资源化利用、径流减排、内涝控制等"多目标综合管理"转变，需要技术与管理人员、公众尽快改变城市排水理念，尽快建立能满足绿色基础设施发展需求、满足国家环境保护政策和新时期对水环境发展战略要求的新型城市雨水控制利用技术体系。目前理念落后、城市雨水控制利用技术与管理体系不健全，已成为制约解决雨水相关问题和实现新型雨水战略的关键因素。

（二）"市场失灵"和"政府失灵"同时存在

城市雨水控制利用具有投资大、收益率低等特点，同时，资源化和径流减排能够减少污染物排放、降低下游洪涝灾害风险、补充地下水、改善生态环境等，具有较强的外部经济特点，由此导致城市雨水控制利用项目"市场失灵"和"政府失灵"同时存在，单纯依靠市场机制或行政命令很难保证新型雨水系统的建立，并且政府筹措相应资金的难度也非常大。

（三）缺乏配套的政府管制和经济激励政策

我国自 20 世纪 90 年代开展现代意义上的城市雨水利用工作以来，虽然从宏观上制定了一些政策、法规，也有些地方政府制定了一些财政补贴、防洪费减免等政策，但有效的专门针对城市雨水资源化和径流减排的政府管制和经济激励政策非常少，还远远不能满足该领域发展的需求。整体来看，现代城市雨

水控制管理工作进展情况不理想，城市之间发展也非常不平衡，究其原因有多方面，但政策缺失是最重要的根本原因之一。

综上分析，要顺利实现新型雨水系统的建立，实现城市雨水综合控制利用的目标，优化城市雨水控制和利用技术体系，制定配套的政府管制经济激励政策至关重要。必须根据目前我国城市雨水系统现状和存在的问题，综合考虑水资源、水环境和水安全等问题对城市的影响，研究城市雨水控制与管理的新型战略与途径。

三　现代城市雨水控制管理的对策建议

（一）加强源头和过程控制，实现多目标城市雨水系统的建立

如前所述，现代城市雨水控制利用系统是一个综合管理系统，涉及城市内涝防治、径流总量减排、径流污染控制及生态环境保护等，借鉴发达国家的先进经验，构建城市雨水源头–中途–末端全过程生态管理系统将是我国城市雨水系统的发展方向。低影响开发（Low Impact Development，LID）为建立源头控制为主的新型雨水系统的典型技术体系、建立多目标的雨水控制模式提出了很好的方向。其核心理念即按照"开发后径流外排流量不大于开发前的水平"来进行控制。通过源头径流减排、末端（包括河湖水系与集蓄利用等）调蓄控制与管道快速排放系统的结合，建立"源头径流减排–汇流快排–末端调蓄"的多层次控制利用系统是未来城市雨水系统的必然选择。构建基于低影响开发的雨水系统不仅是小降雨事件雨水源头减排的重要措施，更是极端气候条件下雨水系统综合能力提高和超标雨水处置能力提高的有效途径。通过多种低影响开发雨水设施在新城区与旧城区的应用，最大限度地实现了雨水的自然截流下渗、人工增渗、延时滞留与排放等。

（二）加强雨水专项系统规划，实现区域总体目标控制管理

我国各城市水资源和水环境条件差异较大，如北方大部分城市属于资源性缺水地区，对雨水资源的直接利用尤其迫切；南方许多城市则是水质性缺水地

区；还有些城市则是内涝严重或水环境脆弱地区。但是目前我国城市的雨水控制方式较单一，且缺少系统的科学规划，往往是项目决策时没有考虑整个城市或区域的目标，容易导致项目目标和区域整体目标不一致或投资大、收效小等结果。还有部分城市雨水利用规划与其他系统发生矛盾和冲突，不能协同合作，无法达到预期规划目标。因此，在制定城市雨水利用规划战略时，应充分考虑城市的区域特点（包括降雨、地理、气候等因素）和实际条件，使雨水利用在自然循环和社会循环中实现多点"耦合"。同时还要注意雨水控制与城市其他工程规划，如洪涝控制、河流治理、绿地景观建设等协调合作，真正做到雨水控制管理战略的实施有"利"可图。

（三）结合开放空间建立雨水多功能调蓄设施，提高区域内涝防控能力

科学合理的竖向设计和多功能调蓄是解决城市超标雨水处置的最佳选择。雨洪多功能调蓄设施可依托城市公园、运动场、水体、停车场、立交桥区、集中绿地等，结合城市内涝防治、雨水资源利用、生态景观和社会功能进行建设，是高效利用城市土地资源，实现多目标雨水管理的一种末端雨水控制利用技术手段。结合城市基础设施建设和城市总体规划，特别是在严重积水区域周边，建设多功能调蓄利用设施，下暴雨时使其发挥调节洪峰和内涝控制的作用，在非雨季和没有暴雨时，正常发挥城市景观、公园、绿地、停车场、运动场等功能。这类设施对暴雨调控排放的设计标准较高，可高效利用城市土地资源。

（四）雨水径流污染控制纳入总量控制，建立雨水排放许可制度

目前，我国许多城市雨水径流污染已达到水环境污染总量的 1/3 ~ 1/2，但我国对径流污染的重视程度不够，仍缺乏有效的控制措施和机制，如可采取源头 – 中途 – 末端全过程控制措施，将径流污染纳入污染物总量控制和环保事业监管体系之中等。此外，应综合考虑水环境容量和上下游地区关系，制定合理的、针对性强的径流减排标准。

可以在城市范围内建立雨水排放许可制度。城市雨水排放许可制度的制定

需根据地区降雨特征、水资源总量、城市功能和水环境状况等制定，应完善排放许可的申请、评估、措施评价及后期监测、惩罚机制等各个环节，构建规范化的雨水排放许可制度。雨水排放许可制度也是雨水系统建设过程中减小政府投资压力、激励开发商和建设单位采取相应措施实现源头径流滞蓄减排和控制利用的有效手段。

雨水径流污染控制需重点做好下列工作。

（1）区分不同性质区域采用不同的标准。对新开发区、新建项目、改扩建项目，严格按照"开发后径流外排流量不大于开发前"的标准进行控制；对旧城区，采用"有限控制的排放许可"政策（如采用年均径流外排率或综合径流系数等方法）。

（2）对不同子流域所处地点的重要程度，已建排水系统能力、地形地势、周边特别是下游的排水状况等进行分析，按照雨水控制管理的目标（如内涝控制、资源化利用、径流污染控制、水土流失控制等）进行分区，分别制订相应的雨水排放许可标准。

（3）完善项目规划设计与建设程序。在现行基本建设程序的基础上，增加雨水控制利用专项规划、设计及其审查、验收等程序，严格按照"三同时"① 的制度要求进行项目的建设和验收，确保雨水排放政策的落实和雨水系统的建立。尽快制定全市范围内的雨水排放许可政策及其配套激励政策。

（五）建立市场激励和政府管制协同作用的政策机制

在新型雨水控制系统发展初期，其实施主要依靠政府管制，如北京市政府管制的主要形式有政府令、职能部门的规定等。已实施的雨水控制利用政策法规，如"三同时"制度、建设项目规划审批及雨水限制排放制度等。但目前政府管制措施仍存在较多问题，如政策法规本身不完善、控制指标仍需优化、处罚和奖励措施不够具体等。

此外，可以通过经济杠杆激励公众进行合理、科学的雨水处置，完善雨水

---

① "三同时"即新建、扩建、改建建设项目的节水设施应当与主体工程同时设计、同时施工、同时投入使用。

管理市场激励机制。目前市场激励制度主要有政府补贴、奖励与惩罚、防洪费减免，等等。应健全市场激励机制，如建立专项基金、环境税、排放收费及排放交易等制度。我国的雨水管理应建立以市场激励和政府管制协同作用的政策框架，再辅以行政、宣传教育等手段实现多层次综合管理。

（六）加强建设中的雨水设施监管力度

雨水控制与利用设施对施工质量要求较高，为延长设施的使用寿命，应加强设施建设过程中的监管、阶段性检查力度，加强工程验收工作。此外，还应明确雨水设施的管理机构，加强日常维护与管理，保证设施正常运行。

可在我国城市雨水控制较成熟或较迫切的城市组建雨水专项管理部门，综合考虑规划利用、减排以及径流污染控制等问题。这样就不会把雨水利用和减排割裂开来，达到城市雨水利用与减排的双赢。同时，雨水管理人员也要负责雨水相关政策的制定与雨水处理设施的维护和管理导则的编写等，形成系统且专业的雨水管理模式。

（七）建立现代化网络管理体系

随着我国城市化的持续发展，以及对雨水利用和雨水污染控制的不断重视，地下雨水管网系统逐渐复杂，雨水处理设施也在相应增加，故为便于快捷和准确地把握城市雨水系统脉搏，将主要城区的雨水管道和处理设施的具体参数（如管道管径、管长等），通过数据库、地理信息系统（GIS）等软件实现在线反映，并将现存或潜在洪涝和径流污染问题也标记于系统中，以便有针对性地解决。网络系统建立后，需实施在线更新，并建立资源共享机制，使各相关部门能了解彼此的问题，在必要时共商解决，以提高效率。

（八）加大对公众的宣传与教育力度

"公众"从广义上应是全体社会成员，包括规划决策者、利益相关者、规划设计人员等，当然还有普通公众；政府职能部门、房地产开发商、景观建造工程师等，也都属于"公众"的范畴。规划决策者是"公众"的核心部分，他们往往能在宏观上把握雨水控制利用工程的命脉，实施并执行雨水管理规

划，真正地将城市雨水资源化、减量化、无害化。对利益相关者与规划设计人员的教育与培训也是必不可少的，他们通常在推动雨水管理发展方向上起着不可忽视的作用。

四　结论

在雨水控制系统中源头控制和终端控制同样重要。通过源头径流减排、末端（包括河湖水系与集蓄利用等）调蓄控制与管道快速排放系统的结合，建立多层次的控制利用系统是未来城市雨水系统的必然选择，也是现代城市雨水系统的发展方向；多功能调蓄是城市土地紧张条件下提高防洪排涝标准的重要途径，应该因地制宜地选择雨水控制模式。根据不同城市和区域的特征，研究相应的控制目标，制定系统的雨水系统专项规划是建设项目科学决策的重要依据。制定"雨水排放许可"和"雨水排放收费"协同作用的政府管制和市场激励制度，完善城市雨水管理政策体系，可为现代城市雨水控制系统的建立提供保障。

Challenges and Policy Responses to Urban Modern Rainwater Control and Management

Li Junqi

Abstract：Urban stormwater runoff often leads to a series of serious problems, such as frequent flood, runoff pollution, loss of rainwater resources, ecological environment destruction, which pose a severe challenge to modern urban stormwater management. The traditional concept of single-target "rapid discharge" and the gray stormwater infrastructure and management mode which give priority to pipe drains, has been difficult to deal with the stomwater plight of the rapid urbanization process. On the basis of the analysis of difficulties and challenges which modern urban stormwater management facing, some suggestions were proposed from concept, planning, technology, public education and other aspects. Onsite control and terminal control is equally important in stormwater control system; establishing the multi-level, multi-objective control and utilization systems like " onsite emission reduction-process control-terminal storage utilization" is an inevitable choice and also the direction for the future of urban stormwater systems. Developing government regulation and market incentive systems that contain "stormwater discharge permit" working in coordination with "stormwater drainage fees", and improving urban stormwater management policy systems can provide protection for establishment of modern urban stormwater control systems.

Key Words: Stormwater; Challenge; Countermeasures; Low Impact Development

B.22
城市土壤场地重金属污染
及治理对策研究

张旭红*

摘　要：

　　由于场地重金属污染不断引发环境和健康危害，日益受到公众的关注。在对城市土壤场地重金属污染的现状以及重金属污染的来源进行综述的基础上，提出场地污染治理的必要性。在此基础上，对重金属污染土壤的修复技术进行总结，并提出合理的治理对策。

关键词：

　　城市土壤场地　重金属污染　治理

城市土壤是城市生态系统的有机组成部分，是土壤圈中与人类活动最为密切的部分。① 这类土壤分布广泛，有着不同于自然土壤的理化性质，是城市环境的重要组成部分，是城市生态系统地球化学循环的重要环节②，也是城市赖以存在发展的物质基础。然而，大量的重金属不断随着水流、大气沉降等进入城市土壤并在土壤中积累，造成土壤性质发生极大改变③，尤其产业布局不当及污染控制措施不足是导致城市土壤污染的重要原因。城市化脚步不断加快，土地资源日益短缺，使得工业企业搬迁后的遗留土地以及一些污染的土地需要再次被开发。而在开发过程中，土壤污染并未得到有效的清除及治理，又引发

---

* 张旭红，北京城市学院城市建设学部，博士，副教授，主要研究方向为环境污染物的风险评价、土壤环境污染的修复等。
① 张甘霖等：《城市土壤质量演变及其生态环境效应》，《生态学报》2003 年第 23 期。
② 张甘霖：《城市土壤的生态服务功能演变与城市生态环境保护》，《科技导报》2005 年第 23期。
③ 莫昌琍：《城市土壤重金属污染及治理对策》，《北方环境》2011 年第 5 期。

了一些环境污染事件。① 因此，这些污染场地（通常被称为棕地）的存在带来了双重问题：一方面是环境和健康风险；另一方面是阻碍了城市建设和地方经济的发展②。因此，对城市重金属污染土壤进行修复、再开发已成为人们日益关注的问题。

一 土壤场地重金属污染的历史根源及程度

土壤作为城市生存的物质基础，其健康与否直接关系到人类的健康。③ 20世纪 30 年代以来，随着日本富山县"痛痛病"事件发生，世界各国相继发生了早期的八大环境公害事件，这些典型的场地污染案例引发了世界对场地污染的高度关注。④

中国的土壤场地重金属污染始于 20 世纪 50 年代以来的中国工业化和现代化进程的开端，中国城市中逐渐出现了大量的被工商业污染的土地（在西方文献中又称为棕地），⑤ 其具体数量目前中国还没有全面的统计数据。这些重金属污染的土地在城市更加合理规划的大背景下，搬迁以后变成随时引发环境健康以及人群健康风险的定时炸弹，如若不加清理直接进行下一次开发利用将直接危害到社会安全与稳定。

很多研究都表明，目前土壤性质正在发生着巨大的改变，土壤污染的问题也日益严重，严重的土壤污染特别是重金属污染已经成为许多土壤的一个共同特性。⑥ 2010 年相继发生了 9 起血铅事件，2011 年 8 月被媒体报道出来的云南曲靖铬渣污染事件引发了人们对矿业发展过程中尾矿堆积处理的担忧。除了这些已经引发严重环境后果以及健康后果的事件外，还包括一些低浓度难以直接发现的重金属污染，这表明目前重金属污染已经对我国的环境和社会稳定带来

---

① 苏爱华：《污染场地的环境管理现状分析》，《绿色科技》2012 年第 5 期。
② 张军等：《污染场地修复工程技术经济评估方法》，《市政技术》2012 年第 2 期。
③ 赵其国等：《中国土壤科学发展的理论与实践》，《生态环境》2004 年第 1 期。
④ 世界银行：《中国污染场地的修复与再开发的现状分析》，《可持续发展——东亚及太平洋地区研究报告》，2010 年 9 月。
⑤ 谢剑等：《中国污染场地修复与再开发》，《环境保护》2012 年第 2 期。
⑥ 赵其国等：《中国土壤科学发展的理论与实践》，《生态环境》2004 年第 1 期。

一定的威胁，重金属污染事件仍保持高发态势，也给环境应急管理工作带来很大挑战。从全球范围来看，重金属类污染物由于移动性差、长期滞留于土壤而随着时间不断积累，土壤污染程度逐渐增加，已经成为一个全球性的严重问题，并引起严重的生态风险，也是环境科学研究的热点和难点之一。[①]

二　土壤场地污染的来源

（一）工业污染源

主要来自钢铁冶炼企业、尾矿，以及化工行业固体废弃物的堆存场，代表性的污染物包括砷、铅、镉、铬等[②]以及生命必需微量元素，如铁、锰、铜、锌等。这些企业排放的大量废气、粉尘中也含有大量的重金属，这些废水、废气、废渣通过不同途径进入土壤生态系统。[③]董文茂等在 2005 年对珠三角地区土壤重金属调查的结果表明，在所采集样品中，其中 40% 的样品重金属含量超标。[④]吴开华等对深圳市辖区内的 30 个代表性的蔬菜基地进行重金属含量的调查，结果表明蔬菜基地土壤样点重金属超标率为 23.3%，低于珠三角地区 40% 的超标率，其中重金属的污染程度依次是 Ni > Cu > Cd > As > Zn。菜地的重金属污染以 As、Zn 为主，据分析与深圳市电子产业废弃物污染有关。[⑤]杨洪英等对辽宁某冶炼厂周围土壤的研究表明，在 Zn、Cu 生产区土壤的 Cu 总含量超过国家标准，属于重度污染。[⑥]曹泉等 2009 年对某一化工厂铬渣堆放地的调查结果表明，该铬渣污染场地存在很严重的土壤和地下水污染。污染

---

① 赵其国：《中国土壤学学科发展战略研究报告》，《地球科学进展》1996 年第 2 期；林爱军等：《土壤铜污染对植物的毒性研究进展》，《安徽农业科学》2011 年第 35 期。

② 黄冠燚等：《国内土壤修复现状与发展》，《四川省环境科学学会二〇一一年学术年会论文集》，2011。

③ 刘鲤榕等：《城市土壤重金属污染现状及治理方法》，《能源与环境》2011 年第 3 期。

④ 董文茂：《修复毒土——珠三角土壤治理或迎新契机》，《环境》2005 年 10 月。

⑤ 吴开华等：《城市化进程中蔬菜基地土壤重金属污染评价与成因分析——以深圳市为例》，《中国土壤与肥料》2011 年第 4 期。

⑥ 杨洪英等：《辽宁某 6 炼厂污染土壤的铜污染研究》，《东北大学学报（自然科学版）》2007 年第 1 期。

物地表扩散较少,剖面扩散很严重,污染深度达 6 米,不同特性的土壤对六价铬的截留作用不同。[1] 2011 年云南曲靖 5000 多吨铬渣倾倒入南盘江后引起的牲畜中毒死亡污染事件被媒体报道出来后,铬渣污染的危害再次引起人们的关注。工业废弃物铬渣无论是倾倒入江,还是大面积地表堆放,其环境危害以及人群健康危害都不可估量。黄静宜等对天津东丽区大毕庄土壤重金属含量的调研结果表明,工厂污染区污染程度依次为 Hg > Cd > Cu > Zn > Ni > Cr,其中 Hg 和 Cd 属于严重污染,Cu 属于重污染,Zn 为中污染,Ni 为轻污染。工厂污染区综合评价为重金属严重污染,污灌区为重污染,都不符合土壤环境质量标准对农田土壤环境的要求,究其原因与大毕庄的工厂粉尘污染和污水灌溉污染有关,工厂造成严重污染,其中 Hg 和 Cd 污染尤为突出。[2]

(二)农业污染源

农业生产过程中使用大量的农药引起土壤重金属污染。许多农药,如杀虫剂、杀菌剂、杀鼠剂以及除草剂的大量使用引起土壤中 As、Cu 等污染。

肥料的大量使用也使得土壤重金属污染加剧。研究表明,从目前普遍和大量使用的各种复混肥料、磷肥、有机肥料和水溶肥料来看,有机肥料中 Cr 含量在 50mg/kg 以上的占 28.6%;磷肥中 As 含量在 30mg/kg 以上的占 36.0%,Pb 含量在 50mg/kg 以上的占 1/3;水溶肥料中 Cd 含量在 10mg/kg 以上的占 37.8%,[3] 而磷肥的当季利用率只有 1/3,大量的磷肥变为固定状态进入土壤,因此其中的重金属也就在土壤中积聚。

畜牧业的发展过程中使用的饲料添加剂中常有高含量的 Cu 和 Zn。猪饲料中 Cu 和 Zn 超标率可达 80% 以上,且饲料中 Cu、Zn、Cd 等会在猪粪中积聚,使得猪粪中 Cu、Zn、Cd 含量是饲料中的几倍到十几倍。加上含 As 兽药的使用,使得有机肥料中的 Cu、Cd、Zn 和 As 也明显增加。

农业生产过程中的污水灌溉、污泥回用也都引起土壤重金属污染。重金属

① 曹泉等:《铬渣污染场地污染状况研究与修复技术分析》,《环境工程学报》2009 年第 8 期。
② 黄静宜等:《天津东丽区大毕庄土壤重金属污染综合评价》,《安徽农业科学》2011 年第 22 期。
③ 封朝晖等:《我国主要肥料产品中有害元素的含量与评价》,《中国土壤与肥料》2009 年第 4 期;马榕:《重视磷肥中重金属镉的危害》,《磷肥与复肥》2002 年第 6 期。

由于不能用生物处理法降解，最终会在污泥中积聚，加之污泥中还含有大量的氮、磷等有益元素，这使得污泥成为最好的肥料制作原料。在此过程中，污泥中的重金属离子必须清除，以减少随农用而进入土壤的重金属含量。辽宁省辽河流域农业地质调查数据也显示土壤重金属污染对农产品安全的影响不可忽视。在检测的3984项重金属元素中，总计超标305项，超标率达到7.66%。大宗农作物中的镉、铬等元素超标问题比较严重，尤其是沈抚灌区、柳壕灌区和新城子灌区等，由于常年利用城市污水灌溉农田，土地污染和粮食超标问题比较突出。[①]

（三）垃圾污染源

城市垃圾中积聚着较高含量的重金属。这些城市生活垃圾在堆放过程中加剧了土壤的重金属污染。对我国上海、武汉、大连等的垃圾填埋场重金属研究表明，城市生活垃圾中 Cd、Cr、Pb 和 Zn 严重超标，垃圾填埋渗透液通过污染土壤而进一步污染地下水。

三　城市土壤场地重金属污染治理技术

鉴于重金属不能被植物或微生物分解或者降解，所以其残留期长，并且土壤中的重金属可以通过植物积累后进入食物链，破坏生态系统的平衡，损害动物和人体健康，所以人们必须采取一定的措施消除或控制重金属污染对生态环境和生物健康的影响。目前重金属污染的治理采用生物、物理或化学方法，从以下两方面着手：一是从土壤中去除重金属，这种方法主要包括利用超积累植物吸收富集的重金属后收集植物体清除环境中的重金属，或用工程技术方法将重金属变成可溶态、游离态，再经淋洗，收集淋洗液中的重金属，从而达到减少土壤中重金属含量的目的；二是改变重金属存在形态，降低其生物可利用性。重金属在土壤中以不同的形态存在，每种形态的重金属的生物可利用性不

---

① 谭剑等：《土壤"中毒"：重金属污染进入"集中多发期"》，《经济参考报》2011年10月14日。

同，可以将重金属由易于生物利用的形态转化为稳定性强的形态，以降低其毒性。[①]

（一）土壤中重金属的去除

重金属的去除是重金属污染土壤修复的一个重要手段，通常采用一些工程措施、物理或化学手段以及生物技术将重金属从土壤中分离出来，以达到净化土壤的目的。

客土法和翻土法是常用的污染土壤修复的工程手段。客土法是指将污染地区的土壤挖出并移走，然后填入来自其他非污染地区的土壤；翻土法是指将污染地区的深层未污染土壤挖出，覆盖于污染土壤之上。这两种方法均可以降低表层土壤重金属含量。[②] 但是，这些方法存在工程量大、费用昂贵等不足之处，还具有占用土地、渗漏以及污染环境等不良影响，因而很难大范围推广。土壤中的重金属以多种方式与土壤组分发生各种反应，包括离子交换、吸附、沉淀和螯合作用等。Evans 把土壤固持金属的机制分为两大类：离子吸附在土壤组分的表面和形成离散的金属化合物。[③]

土壤淋洗是修复污染土壤的另一种工程手段，通过逆转这些反应机制，把土壤固相中的重金属转移到土壤溶液，并收集这些液体进一步处理以回收重金属和提取剂。但是这些工程手段同样存在人力物力消耗量大、产生二次污染、破坏土壤自身物理结构等问题而难以大范围推广。如利用该种工程技术修复 1 吨被污染的土壤将耗费 50～500 美元，应用一些特殊的技术可能会超过 1000 美元，按此计算，修复 1 公顷土壤（3 英尺土壤厚度，大约有 4500 吨）至少耗费 25 万美元。[④]

电动修复也是近年发展起来的一种污染土壤原位修复方法。具体操作方法是：在污染土壤中插入电极对，并通以直流电，污染物在电场力作用下向电极

---

① 张旭红：《丛枝菌根真菌提高植物对重金属的抗性研究》，博士学位论文，2006。

② 何冰：《东南景天对铅的耐性和富集特性及其对铅污染土壤修复效应的研究》，博士学位论文，2003。

③ Evans L J., "Chemistry of metal retention by soils", *Environ Sci. Technol.*, 1983 (23)；房剑红：《重金属污染滨海盐渍土壤淋洗改良研究》，暨南大学硕士论文，2007。

④ Cunningham S. D., et al., "Phytoremediation of contaminated soils," *Trend in Biotechnology*, 1995 (9).

室运输，通过工程化的收集系统收集起来，进行集中处理。此种方法花费较低，特别适合于低渗透性的黏土和淤泥土。① 所以，近年来发展很快，在一些欧美国家已商业化，但是这种方法对于渗透性高、传导性差的砂质土壤清除重金属的效果较差，应用范围有一定的局限性。

热处理分离是另外一种重要的物理化学修复方法，其原理是在一定的温度下，金属就会熔解或升华为气态，将重金属如汞从污染土壤中"蒸发"出来以达到净化土壤的目的，"蒸发"出来的重金属可以再次被回收。此种方法的不足之处是容易破坏土壤有机质和土壤水分，并且需要消耗大量能量。因为修复土壤的一些工程措施和物理化学手段都存在费用昂贵、对土壤结构破坏大等缺点，所以费用低、对环境影响小的生物修复手段发展很快。

（二）通过加入土壤添加剂固化土壤中重金属

由于从目前的技术角度来讲，彻底清除某个地区的重金属还存在很大的困难，所以可以采用控制土壤重金属的污染治理策略，通过降低重金属在土壤中的生物可利用性来降低毒性，并种植抗性植物逐步恢复植物生态系统。化学固定就是加入土壤添加剂（固化剂）改变土壤的理化性状，通过重金属的吸附或共沉淀等物理、化学的作用来降低其生物有效性。② 污染土壤中的重金属被固定后，降低了向土壤深层和地下水迁移的趋势，同时可以减少植物对重金属的有效吸收，起到重建植被的作用。目前用于固化土壤重金属的添加剂包括土壤有机类添加剂和无机类添加剂。

土壤有机质是传统的土壤改良剂，利用土壤有机质及有机肥可以减轻农田土壤重金属污染，而且能改善土壤的理化性质，提高农产品的质量，具有投入少、效益高等特点。但是由于向土壤中外加一些物质既会改变土壤中的重金属

---

① Verda-Alonso C., et al., "Two-dimensional model for soil electrokinetic remediation of heavy metals: Application to a copper spiked kaolin," *Chemosphere*, 2004; Virkutyte J., et al., "Electrokinetic soil remediation-critical overview," *The Science of the Total Environment*, 2002.

② Vangronsveld J., et al., "Remediation of a bare industrial area contaminated by non-ferrous metals: In situ metal immobilization and revegetation," *Environmental Pollution*, 1995; Vangronsveld J., et al., "Reclamation of a bare industrial area contaminated by non-ferrous metals physiochemical and biological evaluation of the durability of soil treatment and revegetation," *Environmental Pollution*, 1996.

结构，也会影响到生物体所必需的营养元素的迁移和转化，所以还应当考虑到所加入物质对环境的影响。一些无机物质也可以用作土壤改良剂，降低污染土壤重金属的毒性，如石灰、碳酸钙、磷酸盐、沸石等。石灰可以提高土壤 pH 值，使土壤中的重金属元素形成氢氧化物或碳酸盐类沉淀，从而降低其对植物的毒性。利用磷酸盐修复土壤重金属的技术研究较多，其可以和 Pb 等多种金属形成矿物，降低其生物可利用性，减少植物对 Pb 的吸收，进而降低进入食物链的 Pb 含量并降低 Pb 对生态系统的影响。虽然化学固定方法可以对污染土壤进行原位修复，具有简单易行、取材方便经济等特点，但是添加剂过量容易引起其他污染，而且不是一种永久的修复措施，只改变了重金属在土壤中存在的形态，金属元素仍保留在土壤中，有可能再次释放污染环境，所以应该结合其他措施同时进行，达到污染治理、植被重建和生态恢复的目的。

（三）生物修复技术

生物修复是指利用特殊植物或微生物体系清除土壤和水体中的污染物或降低污染物的毒性，使污染环境得到恢复。其中微生物修复主要是利用土壤中的细菌、真菌、放线菌和藻类的生物蓄积和生物吸附作用来提高生物体的重金属含量，最后通过对微生物进行统一处理来回收重金属并达到清除或减轻土壤重金属污染的目的。植物修复发展很快，是指利用植物提取、吸收、分解、转化或固定土壤、沉积物、污泥或地表、地下水中有毒有害污染物技术的总称，通常包括：植物提取作用（Phytoextraction），即植物对重金属的吸收；植物挥发（Phytovolatilization），即通过植物使土壤中的某些重金属（如 Hg^{2+}）转化成气态（Hg^{0}）而挥发出来；根际滤除作用（Rhizofiltration），即利用植物根孔通过水流移出土壤中的重金属；植物稳定化作用（Phytostabilization），即利用植物将土壤重金属转变成无毒或毒性较低的形态。

目前，利用超积累植物的植物提取作用修复重金属污染土壤是环境修复的热点之一。Brooks 在 1977 年首先提出超累积植物的概念，[1] 到目前已发现有

① Brooks R. R., et al., "Detection of nickeliferous rocks by analysis of hrbarium specimens of indicator plants," *Journal of Geochemical Exploration*, 1977.

数百种植物能够超量累积各种重金属。但是这些超累积植物生长速度较为缓慢，干物质量积累少，影响了单位面积上植物吸收和累积重金属的总量，同时也不利于机械化收获；而且，由于植物对重金属的吸收具有选择性，也不适合于多种重金属复合污染土壤的修复，所以就面临着植物提取效率低的问题，即使利用最高效的超累积植物，修复一块长期施用污泥而造成的重金属污染的地块也需要较长的时间；[①] 另外，土壤水分、盐度、酸碱度、土壤温度、土壤 Eh 等因素也会影响植物的修复效率。[②] 所以在实际应用中多项修复技术的组合可以取长补短，从而达到高效、低耗的双重效果。[③]

为了能够克服上述限制因素，提高植物提取重金属的效率，从而提高植物修复重金属污染的效率，利用植物的共生微生物来强化植物对重金属的抗性是一种有效的生物学途径。尤其是对于处在食物链之中的植物来说，利用与植物共生的微生物来强化植物对重金属污染的抗性，[④] 进而减少植物对于重金属的吸收，[⑤] 或者将重金属固定在特殊部位[⑥]，从而减轻重金属对植物的毒害，减少其通过食物链进入人体的危害，是植物修复领域研究的又一热点。

四 城市土壤场地重金属污染管理对策

（一）合理控制重金属污染源，减少排放源

对于工业污染源，在可持续发展理论和生态优先的原则下，改进生产工

① Baker A. J. M., et al., "Ecophysiology of metal uptake by tolerant plants", In Shaw A. J. (ed), *Heavy metal tolerance in plants: Evolutionary aspects*, CRC Press, 1990.
② 宋静等:《土壤重金属污染修复技术》,《农业环境保护》1998 年第 6 期。
③ 龚月桦等:《植物修复技术及其在环境保护中的应用》,《农业环境保护》1998 年第 6 期。
④ 张艳等:《土壤重金属污染以及微生物修复技术探讨》,《有色金属科学与工程》2012 年第 1 期；张旭红等:《铜污染土壤接种丛枝菌根真菌对旱稻生长的影响》,《环境工程学报》2012 年第 5 期。
⑤ Zhang X-H, et al., "Effects of *Glomus mosseae* on the toxicity of heavy metals to *Vicia faba*," *Journal of Environmental Sciences*, 2006; Zhang X–H, et al., "Arbuscular mycorrhizal fungi contribute to the resistance of upland rice to combined metal contamination of soil," *Journal of Plant Nutrition*, 2005.
⑥ Zhang X–H, et al., "Arbuscular mycorrhizal colonization increases copper binding capacity of root cell walls of *Oryzal sativa* L. and reduces copper uptake," *Soil Bioogy and Biochemestry*, 2009；张旭红等:《植物根系细胞壁在植物抵抗金属离子毒性中的作用》,《生态毒理学报》2008 年第 1 期。

艺，淘汰污染量排放大以及毒性高的企业，实现绿色生产和循环经济；改进重金属处理工艺，提高治理效率，充分回收转换工业生产过程中产生的重金属有害物质；加强对废气、废水、废渣的排放监管，减少"三废"的排放，从源头上加强对重金属排放的管控。

对于能源使用，开发清洁能源新技术，调整能源结构及能源供给方式，减少煤的使用，也是有效降低城市土壤重金属污染的有效措施。

对于垃圾重金属排放源，对城市垃圾做到垃圾分类收集、分类处理；对于电子垃圾高毒部分要使用合理的处理工艺，对重金属尤其是贵重金属，如 Au、Ag、Pt 等进行回收；在垃圾重金属不超标的情况下才能进行填埋、堆肥和焚烧。

（二）建立并完善城市土壤重金属健康评价标准

土壤重金属健康评价方法很多，但是目前我国尚未制定出城市土壤重金属健康评价的统一标准，这使得城市土壤重金属污染评价变得困难，这不利于城市土壤不同功能的开发。因此，应结合人体健康评估、土地利用方式和土壤中重金属赋存状态加大对城市土壤重金属健康评价体系研究的力度，尽快建立完整的评价标准，实现对城市土壤正确的评价，以便帮助政府相关部门制定出合理的法规，有效地保护、管理城市土壤和正确指导城市土壤的合理开发。①

（三）加强对搬迁企业遗留用地再开发的修复技术研究以及实践

土地资源日益紧张，使得搬迁企业遗留用地再开发势在必行。为了避免影响健康安全的事件一再发生，必须对这些用地进行修复。因此修复技术的需求日益迫切。在政府财政支持下，中国开展了多个类型场地的修复技术设备研发与示范项目。尽管可以罗列的土壤及地下水污染的修复技术很多，但实际上，由于各种理论因素以及现实因素的影响，经济实用的修复技术很少。中国目前应用比较成熟的修复技术是以挖掘后异位处理处置为主，包括填埋和水泥窑共处置技术等。然而这些方法工程量浩大、投资成本高，弊端显而易见。多种原位修复技术尚处于研究开发阶段。

---

① 莫昌琍：《城市土壤重金属污染及治理对策》，《北方环境》2011 年第 50 期。

（四）加强修复体系实践过程的多方协调和管理

目前，中国已开展的修复与再开发试点与示范场地为数不多，在已开展的场地修复工作中，往往会涉及公司、科研机构等多家部门之间的利益和责任。因此应建立此类土地统一的再开发流程，加强引导，协调相关部门共同合力完成。环保并不是某一个部门的责任，而是全社会共同的责任。技术研发、技术应用以及工程实践、环保设备的开发与应用等都应在统一的协调和组织下进行，使土地的修复工作稳步进行。

（五）加强法律体系建设

中国在污染土地防治以及污染土地再开发方面的法律法规尚不完善，因此，需要出台一部关于土壤污染防治的专门法律来明确土地污染和修复中的责任和义务，以便对所有利益相关方提供清晰准确的指导。

The Countermeasures for Heavy Metal
Contamination in Cities

Zhang Xuhong

Abstract：Sites contaminated by heavy metals cause environmental and healthy risk and cause people's high attention. The necessity of administration of polluted sites is raised in this paper and a summary to the condition of soil pollution or the sources of soil heavy metals are conducted. Based on the summary of soil remediation technology，the contermeasures for remediation are raised.

Key Words：City Soil Sites；Heavy Metal Pollution；Remediation

B.23
生态城市建设指标体系研究

赵 清*

摘 要：

　　生态城市建设指标体系不仅可以将生态城市内涵转变为可操作性目标，而且也是城市个性化生态建设与管理的重要工具。城市之间的差异性决定了用于评价生态城市建设的指标体系也应体现城市的个性与特征。本文基于生态城市内涵、特征以及国家相关政策，以厦门为案例，通过分析厦门自然、经济、社会生态建设现状，从而提出融合生态城市内涵共性与厦门城市个性的生态城市建设指标体系及其标准，将更有针对性地明确城市生态建设的重点行动领域，从而为城市实施可持续发展战略提供决策依据。

关键词：

　　生态城市　建设　指标体系　厦门

　　生态城市因其体现人与人、人与环境更高程度的和谐而逐渐受到国内外城市建设者与科学研究者们的关注。目前，全球已有许多城市正在按照生态城市目标进行规划与建设，我国也成为建设生态城市最为积极和主动的国家之一。生态城市建设指标体系是评价城市生态发展的基础和综合反映发展水平的依据，能为进一步的生态城市规划和建设提供足够的信息，成为生态城市管理的重要工具，并可作为一种政策导向，影响社会公众的思想和行为。生态城市与特定城市地域空间和社会文化联系在一起时，其生态城市建设必将显示该城市独有的特色。构建生态城市建设指标体系不仅是转变生态城市内涵为可操作性

＊ 赵清，环境科学博士，北京市社会科学院、中国人民大学在站博士后，主要研究方向为生态城市与两型社区。

目标的主要途径，更为重要的是应成为城市个性化生态建设与管理的工具。因此，特定城市需要一套既体现生态城市共性内涵，又包含其城市个性的生态城市建设指标，这也正是本文的研究目的所在：通过分析生态城市的内涵、特征以及国家相关政策把握生态城市内在的共有内涵，并以厦门作为案例城市探讨融合厦门城市个性与生态城市共性内涵的生态城市建设指标体系，将更有针对性地明确城市生态规划和建设的重点行动领域，从而为城市实施可持续发展战略提供决策依据。

一 生态城市建设指标体系构建的理论依据

生态城市的内涵与特征是构建生态城市建设指标体系的理论依据，通过分析国内外学者们对于生态城市内涵的理解，有利于提出指导指标体系构建的生态城市内涵与特征。

生态城市（Eco-city，Ecological City or Ecopolis）这一概念最早于20世纪70年代由联合国教科文组织发起的"人与生物圈"（MAB）研究计划提出。在这一计划中，明确了生态城市建设的五项原则，即生态保护战略、生态基础设施、居民的生活标准、文化历史的保护、将自然融入城市。[①] 这些原则从整体上概括了生态城市规划的主要内容，可操作性较强，成为后来生态城市理论发展的基础。但从城市整体发展角度考虑，以上这些原则偏于简单化。此后，国内外不少学者就生态城市的内涵提出了不同的观点。苏联生态学家杨尼斯基（O. Yanitsky，1987）[②] 和我国学者丁健[③]认为生态城市是一类社会、经济、自然充分协调发展，物质、能量、信息高效利用，生态良性循环的人类理想栖息地。这一论述基本属于"生态城市理想说"，因其将"生态城市"完美化和理想化理解，缺乏足够的可操作性，而往往成了"生态城市"质疑者和反对者攻击的目标。1984年我国著名生态学家马世俊提出了强调社会、经济与自然

---

① 马世骏：《现代生态学透视》，科学出版社，1990。

② O. Yanitsky，"Social Problem of Man's Environment ，" *The City and Ecology*，1987（1），p. 174.

③ 丁健：《关于生态城市的理论思考》，《城市经济研究》1995年第10期。

三个亚系统生态化的复合生态系统理论。① 一些学者开始从城市复合系统角度入手，提出生态城市的定义。王如松等（1994）认为建设生态城市需要满足人类生态学的满意原则、经济生态学的高效原则、自然生态学的和谐原则。② 黄光宇等（1999）认为生态城市是社会和谐、经济高效、生态良性循环的人类住区形式③，其他一些学者立足于复合生态系统角度也提出了生态城市的定义（宋永昌等，1999；黄肇义和杨东援，2001）。这些学者对于"生态城市"的理解属于生态城市研究的"系统说"，因这类观点既立足现实，又兼顾了城市的各种生态要素及其相互间的关系，已被大多数人所接受，成为目前生态城市进行指标体系构建研究的主要依据和立足点。国家环境保护部 2008 年提出的全国范围内生态示范区考核标准《生态县、生态市、生态省建设指标（修订稿)》（以下简称《生态市建设指标》）就是基于生态城市复合系统理论提出的。

根据不同学者对于生态城市内涵的理解，立足于生态城市"系统说"，我们提出指导指标体系构建的生态城市内涵，即生态城市是自然和谐、社会公平和经济高效的复合生态系统，其中自然生态系统是城市发展的基础支持系统，在生态优先原则下，实现城市自然、社会、经济三大系统的互惠共生与相互协调。生态城市具有以下六项特征，是以下六项特征的有机统一。

一是系统性。生态城市是自然－经济－社会复合生态系统，各子系统在"生态城市"这一大系统的整体协调下均衡发展，单方面的生态化不是生态城市，整体的生态化才能称为生态城市。

二是和谐性。健康的生态城市达到城市中人与自然、人与人、经济社会发展与自然保护之间的和谐均衡。

三是持续性。生态城市的持续发展体现为自然、社会和经济三个系统互惠共生式的持续发展，即城市的社会经济应在生态环境与自然资源的承载力范围

---

① 马世骏、王如松：《社会－经济－自然复合生态系统》，《生态学报》1984 年第 1 期，第 1~9 页。

② 王如松、欧阳志云：《天城合一：山水城建设的人类生态学原理》，《现代城市研究》1996 年第 1 期。

③ 黄光宇、陈勇：《论城市生态化与生态城市》，《城市环境与城市生态》1999 年第 6 期，第 28~31 页。

内谋求发展，自然支持系统的可持续发展是社会、经济系统可持续发展的前提；反过来，经济的持续发展与社会的良性运行同时也是自然持续发展的重要保障。

四是高效性。主要体现在两个方面。一是非物质财富的增长成为生态城市经济发展的主要增长点。生态城市知识经济的建立，改变以往工业城市"高能耗""非循环"的经济运行机制，从依靠自然资源的"外在化"生产转向开发人智力的"内在化"生产。二是可再生能源的开发与资源和能源的高效使用，减少了社会经济发展对自然环境的破坏与对自然资源的消耗。

五是多样性。生态城市改变了传统工业城市的单一化、专业化分割状态，它的多样性不仅包括生物多样性，还包括文化多样性、景观多样性、功能多样性等，其中又以文化多样性最为重要。

六是区域性。不同城市在地理位置、城市规模、资源环境基础、经济发展水平、人文历史等方面存在较大差异，使得生态城市具有明显的区域特征。生态城市不同于传统意义上的城市建成区，而是以一定区域为依托的城乡综合体，是一种"区域城市"，孤立的城市无法实现真正的生态化发展。

二　生态城市建设指标体系构建的现实依据

生态城市建设指标体系研究旨在为生态城市个性化建设提供依据，从而为生态城市管理服务。因此，有关生态城市相应的国家管理政策和特定城市建设现状是指标体系建立必须考虑的现实前提和依据。

（一）中国关于生态城市建设指标的相关政策

中国最早提出开展生态城市建设，并制定相应规划与政策保障的国家部门是国家环境保护总局（现为国家环境保护部）。在一系列与生态城市建设相关的政策之中，《生态市建设指标》是国家环境保护部用于指导全国生态城市建设的重要管理工具。

1995 年，国家环境保护总局发出《关于开展全国生态示范区建设试点工作的通知》，正式启动了包括生态城市示范区在内的全国生态示范区建设。同时发布的《全国生态示范区建设规划纲要（1996～2050年）》进一步明确了生态城市示范区建设的根本目标在于积极推进区域社会经济和环境保护的协调发展，建立良性循环的经济、社会和自然复合生态系统，确保经济、社会发展在满足广大人民群众不断提高的物质文化生活需要的同时，实现自然资源的合理开发和生态环境的改善。① 从以上论述中可以看出国家对于生态城市示范区的定位突出了生态优先的原则，并注重自然－社会－经济复合系统的协调发展。

2003年5月，国家环境保护总局发布了第一套《生态县、生态市、生态省建设指标（试行）》，其中明确给出了生态市的定义，即生态市（含地级行政区）是社会经济和生态环境协调发展，各个领域基本符合可持续发展要求的地市级行政区域。2008年1月，国家环境保护部颁布截至目前最新一稿的《生态县、生态市、生态省建设指标（修订稿）》。2011年，全国27个市（区、县）获得"国家生态市（区、县）"称号，139个地区获得"国家级生态示范区"称号。表1比较和分析了2003年和2008年两版《生态市建设指标》，有助于从国家层面把握生态城市示范区未来发展导向，从而为生态城市建设指标体系构建提供现实政策依据。

表1 《生态市建设指标》2003年试行版与2008年修订版比较与分析

比较内容	2003年试行版	2008年修订版	2008年相比2003年的更新与修改的内容	生态市建设与管理导向
基本条件	6项基本条件	5项基本条件	新增了"生态环境质量评价指数"、"节能减排任务"和"各类环境问题是否得到有效解决"等要求	更为突出"生态优先"原则，强调生态市建设在应对气候变化中应承担的责任，健全了各类环境问题的后评估机制
指标体系结构	经济发展、环境保护、社会进步	经济发展、生态环境保护、社会进步	"环境保护"子系统改为"生态环境保护"子系统	改变了对传统单个环境污染要素的控制，而更加注重城市系统的生态环境保护

① 国家环境保护总局：《全国生态示范区建设规划纲要（1996～2050年）》，1995。

续表

比较内容	2003 年试行版	2008 年修订版	2008 年相比 2003 年的更新与修改的内容	生态市建设与管理导向
指标数量与内容要求	28 项建设指标	19 项建设指标	经济发展体系中删除了原有的"人均 GDP""年人均财政收入"等常规经济指标和相对务虚的要求,增加了农业灌溉水耗要求与强制性清洁生产企业要求,水耗、能耗等指标标准被提高	更加强调经济系统的高效性,将更有效推动城市经济系统的集约化发展与能源、资源的循环利用
			生态环境保护体系中删除了"退化土地恢复率"、"旅游区环境达标率"两个普适性弱的指标,增加了"高寒区或草原区林草覆盖率"与"环境保护投资占 GDP 的比重"指标。提高了污染物排放浓度、污水集中处理率、工业用水重复率、固废处置利用率指标标准	强调环保投资对于生态环境保护的重要性,加大对资源利用效率的要求,旨在推动城市资源、能源的循环高效利用
			社会进步体系中删除了"城市生命线系统完好率""城市燃气普及率""高等教育入学率"等城市基础要求指标,保留了城市化水平、公众对环境满意率等指标	精简并突出了城市化发展对于生态城市建设的正向推动作用,更加注重环境保护中的社会公众的参与
指标体系设置	——	——	对每一指标新增了"参考性指标"或"约束性指标"指引	增强了城市相关管理部门在指标具体考核中的可操作性

资料来源:国家环境保护总局:《生态县、生态市、生态省建设指标（试行）》，2003 年；国家环境保护部:《生态县、生态市、生态省建设指标（修订稿）》，2008 年。

（二）厦门生态市建设现状分析

厦门作为本文研究的案例城市，其生态市建设现状是厦门生态城市建设指标体系构建的现实基础和依据，对于厦门特征性指标的选取以及指标标准值的确定具有实际指导意义。

厦门市素以"海上花园"著称，是中国最早设立的五个经济特区之一，东南沿海的重要中心城市、著名港口及风景旅游城市。2012年，厦门市当选"全国十大低碳城市"，被公认是中国最适宜生活的城市之一。2011年，厦门市在不断巩固和深化国家环保模范城市建设成果基础上，全面启动了国家级生态市创建工作。厦门的生态市建设立足于自然生态系统中的优势资源——深水岸线和各类滨海旅游资源，积极发展经济生态建设中的支柱型、环境友好型产业——港口航运业和滨海旅游业，实现了经济生态与自然生态的良性互动；同时，基于人类生态学分析视角下的厦门社会生态建设也同样独具个性，人与人的和谐发展、人与自然的和谐发展以及人与文化的和谐发展为经济生态建设、自然生态保护提供了良好的社会生态背景。表2立足于2011年以来厦门生态市的建设现状与未来重点进行了分析。其中关于厦门生态市建设中最新措施的分析，将有利于明确厦门自然、经济、社会生态现状优化提升的驱动力所在，对于其他城市生态建设和管理具有一定借鉴作用；而现状中存在的问题，则有助于进一步明确生态市未来建设的重点，从而为厦门特征性建设指标的选取提供有益指导。

表2　厦门生态市建设现状与未来发展重点分析

	2011年现状	最新措施	未来建设重点
自然生态建设	大气环境:2008～2011年环境空气质量平均优良率达98%;大气主要污染源为机动车尾气;酸雨问题仍然存在,略有改善	建立健全了层层落实的大气污染物减排机制;制定了一系列机动车排气污染政策①;完善了硬件配套设施建设②	能源结构优化与清洁生产审核;机动车尾气控制;大气污染区域联防机制的建立
	水环境:2011年厦门市集中式饮用水水质达标率达100%;主要污染源为九龙江,其次为城市工业和生活污水	工业污水深度治理及中水回用项目建设;以截污改造和除臭工程为主的重点流域综合整治;生态型零排放畜禽养殖污染控制模式的推广;流域村庄水污染连片综合整治	饮用水源安全的保护;流域水污染的综合整治系统推进;工业污水治理;市政管网基础设施建设
	声环境:2011年厦门市区域环境噪声平均等效声级为56.0dB(A),以生活噪声污染为主因的区域环境噪声质量属于轻度污染	推广安静居住小区建设。2011年共新建16个安静小区,每个安静小区均设有噪声在线监测仪	社会污染噪声监管;交通噪声控制;工业噪声防治

续表

	2011 年现状	最新措施	未来建设重点
自然生态建设	固体废弃物管理:2011 年厦门市工业固体废物综合利用率为 91.55%;危险废物集中处置率为 100%;医疗废物处置率为 100%;生活垃圾无害化处理率为 99.31%	2011 年厦门市新建设并试运行的环卫基础设施包括:东部(翔安)垃圾焚烧发电厂、西部(海沧)垃圾焚烧发电厂、厦门垃圾分类处理厂分拣中心、动物无害化处理厂	生活垃圾分类收集;危险废物的无害化处置;固废处置基础设施建设
	生态保护:自然保护区覆盖率为 27.49%,建成区绿化覆盖率为 40.64%;农村土壤监测结果大多达到《土壤环境质量标准》GB15618 – 1995 二级标准。	九龙江北溪引水龙海段明渠改暗涵工程全线完工;水库保护区内生活污水治理项目;推广普及污水上山和中水回用项目;建立多个海洋珍稀物种保护研究项目;开展系列海洋生态系统修复工程	海洋生态环境修复;农村面源污染控制与畜禽污染治理;城市绿色基础设施(包括公园、林地、绿化道、草地等)建设
经济生态建设	能源节约:2011 年万元 GDP 能耗为 0.507 吨标准煤,处于全国先进水平;单位 GDP 能耗比上年度下降 3.11%,进度目标完成率排在福建省第一位	百家企业节能工程;重点耗能单位分类监管;绿色照明工程;低碳节能建筑技术推广;建立循环经济示范试点;绿色出行举措与低碳交通政策出台;③企业实施清洁生产	
	水资源节约:2011 年重点工业项目水循环利用率达 93.4%,万元 GDP 用水量 12.47 吨/万元,工业用水重复利用率达到 93% 以上	开展水平衡测试;实施阶梯水价;推行工业废水零排放	开展污水净化、废水利用、节水工艺、工业用水循环
社会生态建设	人与人和谐角度:实现养老保险城乡全覆盖;进城务工人员子女在公办校接受义务教育比例达 68.8%;农民年人均纯收入 10033 元。	2010 年末建立城乡一体化基本医疗保险制度,全市市民办理自然灾害公众责任险;全市孤儿办理重大疾病公益保险;设立 70 个社区居家养老服务中心(站);建成社会福利中心等	推进岛内外和城乡基本公共服务均等化
	人与自然和谐角度:厦门市 2011 年已建成各级绿色学校 123 所,环境教育基地 5 个,各级绿色社区 48 个,安静小区 35 个,生态村 24 个,生态优美乡镇 5 个,以上创建工作的开展对于公众环保参与、实现人与自然和谐发展起到十分重要的作用		扩大市民对环境保护的知情权、参与权和监督权

续表

	2011 年现状	最新措施	未来建设重点
社会生态建设	本地传统文化保护：成立闽南童谣文化中心；制定闽南文化生态保护实验区建设规划；2011 年启动鼓浪屿申报世界文化遗产整治工程；中国非物质文化遗产博物馆建设		专业人员队伍建设；资料信息系统建设；构建本地传统文化保护网络

①这些政策包括：《厦门市机动车尾气污染控制规划》（2009～2015 年）、《厦门市机动车尾气污染控制规划实施分工方案》（厦府办〔2010〕287 号）、《厦门市关于加强机动车排气污染防治的通告》、《关于按环保标志限制机动车通行的预通告》，2011 年制定并发布全省第一部机动车排气污染防治法规——《厦门经济特区机动车排气污染防治条例》，为全面开展机动车排气污染防治提供了有力保障。

②2011 年厦门市大气污染控制的配套硬件设施包括：大气污染减排监测体系建设、市机动车排气检测中心及相关检测线建设、餐饮业集中区建设。

③厦门市最新绿色出行举措与低碳交通政策包括：2010 年出台《厦门低碳交通规划》、2011 年发布《厦门市人民政府办公厅关于成立建设低碳交通运输体系试点城市领导小组的通知》、2010 年公交车清洁能源使用率达 50% 以及城市 BRT 系统建设、步行区划分以及无车日活动开展等。

资料来源：厦门市环境保护局：《2011 年厦门市环境质量公报》，2012 年；厦门市统计局、国家统计局厦门调查队：《2011 厦门经济特区年鉴》，2012 年；厦门市人民政府办公厅、厦门市环境保护局：《厦门市创建国家环境保护模范城市》，http：//hbcm. xm. gov. cn/index. htm。

三　生态城市建设指标体系的构建

生态城市建设指标体系的构建将从生态城市的内涵与特征出发，结合国家相关政策与未来发展导向，首先提出生态城市建设的共性指标；其次结合案例城市厦门 2011 年城市生态建设现状，总结出厦门生态城市发展的特征性指标，将生态城市建设的共性指标与反映厦门城市个性的特征性指标相结合，构建完整的厦门生态城市建设指标体系。

（一）生态城市建设指标体系构建原则

基于生态城市的内涵与特征以及指标体系构建的规律，生态城市建设指标体系构建原则如下。

1. 理论性与实用性相结合的原则

生态城市建设指标体系的指标选择和设计以生态城市内涵和特征为依据，

同时在指标体系构建时注重指标的可评价性和可操作性，指标的选择必须兼顾数据的可获得性，以及指标数据在时间上的一致连贯性。

2. 系统性与代表性相结合的原则

生态城市是一个复杂的自然－社会－经济复合系统，指标要具有综合性，既全面反映生态城市三个子系统的主要属性及其相互协调关系，又反映局部的、当前的和单项的特征。城市系统的复杂性，决定了指标体系只是对其的极度简化（关键因子的选取），但是抓住反映生态城市中关键问题的代表性指标，从而构建简明完备的指标体系可从一定程度上准确反映城市状态和发展水平，刻画出生态城市的轮廓。

3. 定性与定量相结合的原则

由于生态城市涉及的方面很多，有的变化可以用数量变化来反映，有的变化难以通过数量指标反映，为此需要设计部分定性指标，来保证指标体系反映问题的完整性。

4. 共性与个性相结合的原则

生态城市有其固有的一些特征，而对于不同城市来说，每个城市都会有自己不同于其他城市的特色，这些共性的特征和个性的方面对于生态城市这一系统来说均缺一不可，因此在指标体系构建时应考虑充分共性与个性相结合的原则。

此外，由于向生态城市发展转变本身是一个过程，衡量生态城市的指标体系也应该是一个由易到难、由理论到实践并逐步完善的动态过程。对生态城市的评价只能基于已有的资料，而在城市的发展过程中，可能还会出现一些未曾预料的新因素，对于生态城市的建设产生显著影响，这些因素只有在将来被认识并加以监测之后，才可能被考虑到未来的生态城市建设指标体系中。

（二）生态城市建设指标体系的建立

按照本文提出的生态城市内涵以及生态城市系统性特征以建立厦门生态城市建设指标体系的三个系统层，即自然和谐、经济高效和社会公平；基于自然生态的和谐原则、经济生态的高效原则以及人类生态的满意原则进一步解析出 7 个准则层及 15 个分准则层。结合生态城市特征、国家《生态市建设指标》、厦门生态市未来发展重点以及笔者关于厦门生态城市特征性指标的前期研究成果①分别提出生态城市建设的共性指标与厦门特征性指标（共 37 个）。其中结合生态城市的区域性特征，考虑水环境污染与大气环境污染的区域流动性，创新提出了"大气污染区域联防机制的建立"与"流域水污染综合整治机制的建立"两个指标；而厦门特征性指标的提出以及结合厦门现状设定的指标标准，则较好地体现了生态城市多样性的特征。基于上述理论认识与现实分析，从而最终构建厦门生态城市建设指标体系（表 3）。

表 3　厦门生态城市建设指标体系

系统层	准则层	分准则层	指标层	指标标准	标准来源
自然和谐	环境系统保护	环境质量状况	空气质量优良率	≥98	(2)
			水环境质量（包括近岸海域）	达到功能区标准,且城市无劣 V 类水体	(1)
			集中式饮用水源水质达标率	100%	(1)
			噪声环境质量	达到功能区标准	(1)
		环境污染控制	化学需氧量(COD)排放强度	< 4.0 千克/万元(GDP)	(1)
			二氧化硫(SO$_2$)排放强度	< 5.0 千克/万元(GDP),不超过国家总量控制指标	(1)
		环境治理水平	城市污水集中处理率	≥85%	(1)
			机动车环保定期检验率 *	≥80%	(2)
			生活垃圾无害化处理率	≥95%	(2)
			工业固体废物处置利用率	≥95%且无危险废物排放	(2)
			危险废物依法安全处置率	100%	(2)

① 赵清、杨志峰、张珞平、陈宗团：《生态城市特征性指标的辨析及其应用》,《安全与环境学报》2007 年第 2 期,第 86 ~ 90 页。

续表

系统层	准则层	分准则层	指标层	指标标准	标准来源
自然和谐	环境系统保护	区域/流域综合治理机制	大气污染区域联防机制的建立 *	建立及完善程度	(3)
			流域水污染综合整治机制的建立 *	建立及完善程度	(3)
	生态系统维护	生态系统状况	建成区绿化覆盖率	≥40%	(2)
			城镇人均公共绿地面积	≥11 平方米/人	(1)
		生态系统维护	受保护地区占国土面积比例	≥17%	(1)
			滨海旅游资源保护 *	保护程度	(3)
			深水岸线资源保护 *	保护程度	(3)
经济高效	能源/资源节约	能源/资源高效利用	单位 GDP 能耗	≤0.9 吨标煤/万元	(1)
			单位工业增加值新鲜水耗	≤20 立方米/万元	(1)
			农业灌溉水有效利用系数	≥0.55	(1)
			工业用水重复率	≥80%	(1)
		清洁能源使用	城市清洁能源使用率 *	≥50%	(2)
	环境友好型经济的发展与投资	环境友好型经济发展	应当实施强制性清洁生产企业通过验收的比例	100%	(1)
			第三产业占 GDP 比例	≥40%	(1)
		环境友好投资	环境保护投资占 GDP 的比重	≥3.5%	(1)
			高新技术行业产值占 GDP 比重	2.5%	(4)
社会进步	人与人和谐	社会公平	农民年人均纯收入	≥10000 元/人	(4)
			进城务工子女接收义务教育比例 *	≥80%	(4)
	人与自然和谐	环境权益保障	建成区人口密度	<0.70 万人/平方公里	(5)
			人均水资源占有量	>468 立方米/人	(6)
			人均耕地占有量	≥117 立方米/人	(4)
		环境参与	中小学环境教育普及率	≥97%	(2)
			公众对环境的满意率	>90%	(1)
			绿色社区占城市社区比例逐年递增率 *	≥5%	趋势值

系统层	准则层	分准则层	指标层	指标标准	标准来源
人与自然和谐	人与文化和谐	本地传统文化保护	闽南文化的保护与发展 *	保护与发展程度	（3）
		公共文化服务	公共文化服务体系示范区建设考评优良率 *	100%	（7）

注：* 为厦门市特征性指标。

资料来源：（1）指标标准来源于国家环境保护部《生态县、生态市、生态省建设指标（修订稿）》，2008 年；

（2）指标标准来源于厦门市人民政府办公厅、厦门市环境保护局《厦门市创建国家环境保护模范城市》，http：//hbcm. xm. gov. cn/index. htm；

（3）定性指标标准的确定方法：划分 5 个不同水平等级的隶属度，采用专家咨询法就定性指标的状态从数量上刻画和描述其评判内容，并对每一指标的评判依据采用标准尺度［019，017，015，013，011］，通过尺度集将模糊变量的隶属度向量综合为一个标量，从而可得每一指标的分级标准；

（4）2010 年现状值外推计算，数据来源于厦门市统计局、国家统计局厦门调查队《2011 厦门经济特区年鉴》，2012 年；

（5）宋永昌、戚仁海、由文辉等：《生态城市的指标体系及评价方法》，《城市环境与城市生态》，1999 年第 5 期，第 16～19 页；

（6）黄志鹏：《浅析厦门市水资源现状及水资源管理构想》，《中国城市经济》2011 年第 14 期，第 297～298 页；

（7）厦门市人民政府：《厦门公共文化服务体系示范区考评优良率 100%》，http：//xm. ifeng. com/news/shizheng/xiamen_ 2012_ 04/18/185266_ 0. shtml。

四　结论

　　生态城市是自然和谐、社会公平和经济高效的复合生态系统，具有系统性、和谐性、持续性、高效性、多样性和区域性特征。作为生态城市内涵的定量化表征，生态城市建设指标体系可以评价城市生态发展，从而为进一步的生态城市建设和管理提供信息，成为生态城市重要的管理工具。城市之间的差异性决定用以指导城市生态建设的指标体系也应有所不同，本文提出的融合生态城市共性和厦门城市个性的生态城市建设指标体系可以较好地满足这一现实需求，从而达到为生态城市个性化建设与管理提供更为针对性指导的目的。

参考文献

马世骏:《现代生态学透视》,科学出版社,1990。

O. Yanitsky, "Social Problem of Man's Environment ," *The City and Ecology*, 1987 (1), p. 174.

丁健:《关于生态城市的理论思考》,《城市经济研究》1995 年第 10 期。

马世骏、王如松:《社会 - 经济 - 自然复合生态系统》,《生态学报》1984 年第 1 期。

王如松、欧阳志:《天城合一:山水城建设的人类生态学原理》,《现代城市研究》1996 年第 1 期。

黄光宇、陈勇:《论生态城市化与生态城市》,《城市环境与城市生态》1999 年第 6 期。

宋永昌、戚仁海、由文辉等:《生态城市的指标体系及评价方法》,《城市环境与城市生态》1999 年第 5 期。

黄肇义、杨东援:《国内外生态城市理论研究综述》,《城市规划》2001 年第 1 期。

国家环境保护总局:《全国生态示范区建设规划纲要 (1996 ~ 2050 年)》,1995。

国家环境保护总局:《生态县、生态市、生态省建设指标 (试行)》,2003。

国家环境保护部:《生态县、生态市、生态省建设指标 (修订)》,2008。

董宪军:《生态城市论》,中国社会科学出版社,2002。

厦门市环境保护局:《2011 年厦门市环境质量公报》,2012。

厦门市统计局、国家统计局厦门调查队:《2011 厦门经济特区年鉴》,2012。

赵清、杨志峰、张珞平、陈宗团:《生态城市特征性指标的辨析及其应用》,《安全与环境学报》,2007 年第 2 期。

陈津、薛育芬:《厦门市低碳经济发展之路的实践与思考》,《厦门科技》2010 年第 1 期。

黄志鹏:《浅析厦门市水资源现状及水资源管理构想》,《中国城市经济》2011 年第 14 期,第 297 ~ 298 页。

Study on Index System for Eco-city construction

Zhao Qing

Abstract: The indicator system of eco-city construction is not only a primary way transforming eco-city content into operational objectives, but more importantly, a tool of urban personalized ecological construction and management. The differences between the cities determine that the indicator systems of eco-city should reflect the personalities and characters of the cities. Content and features of eco-city and the relevant national policies are analyzed in this paper. As a case of Xiamen City, ecological construction of its natural, economic and social situation is analyzed too. The indicator system of eco-city construction, integrating eco-city commonness and Xiamen characteristics, is brought based on the analysis, which can be used to clear the priority areas of eco-city construction, thereby providing decision making based on implementation of sustainable development strategies for the city.

Key Words : Eco-city; Construction; Indicator System; Xiamen

交 通 篇

Transportation

B.24

中国城市轨道交通发展
与 TOD 开发模式 *

王姣娥　陈琳琳**

摘　要：

　　全球变暖迫使城市生产、生活方式向低碳、绿色转变。而城市交通作为城市碳排放的重要来源，理应实现交通低碳化。在此要求下，建设以公共交通为主导的城市综合交通系统，特别是城市轨道交通，是实现城市交通可持续发展的最优选择。本文梳理了我国城市轨道交通特点和发展历程：中国城市轨道交通发展经历了缓慢发展的探索阶段，持续、稳定的蓬勃发展阶段，进入多样化的高速发展阶段；阐述了轨道交通沿线站点 TOD（公交导向型开发模式）的特点和类型，以及轨道交通站点沿线

---

* 本文受国家科技支撑项目（2011BAJ07B01）资助。

** 王姣娥，中国科学院地理科学与资源研究所副研究员，研究方向为交通运输地理与区域发展；陈琳琳，中国科学院地理科学与资源研究所博士生，研究方向为交通地理学。

TOD 应遵循 4DS 原则，即距离、密度、多样性和设计，并根据我国的国情，分析并提出了我国发展 TOD 的政策建议。

关键词：

低碳　城市轨道交通　TOD（公交导向型开发）

一　引言

随着社会经济的快速发展和城市化进程的不断深入，特别是城市汽车化的起步，我国城市发展面临日益严重的交通问题，交通拥堵、交通尾气及噪声污染等成为当前我国各大城市发展的"瓶颈"。超过 65% 的小汽车为私人所有，并且在市区使用，尤其是沿海地区富裕的大城市①，并且这种现象正由特大城市逐步向大城市和中小城市蔓延。这不仅降低了城市生活质量，还产生了一系列的外溢问题：威胁城市经济活力、过度占用农村土地、土地利用效率低下、危及能源安全以及温室气体排放增加等，阻碍了城市的可持续发展。如何在保持经济高速稳定增长的同时，解决城市化发展过程中产生的各种矛盾，特别是舒缓交通拥堵、减少城市能源消耗与废气的排放，在国家甚至全球范围内受到高度关注。倡导"低碳交通"，在日常出行中选择低能耗、低排放、低污染的交通方式，是城市交通可持续发展的大势所趋。世界各大城市在应对发展低碳交通的问题上基本达成共识，即发展城市轨道交通，形成运量大、速度快、能耗低、污染少、安全可靠性强的现代化立体公共交通体系，以适应城市发展的需要;② 并且发展公共交通为导向的城市开发模式（TOD），倡导建立大容量公共交通体系，引导城市和郊区集约式发展，实现城市土地利用与交通规划的协调发展。

---

① 世界银行：《中国：加强机构建设，支持城市交通可持续发展》，2006 年 6 月。
② 陈蓓：《国外城市轨道交通发展规模研究》北京交通大学硕士学位论文，2010。

二 城市轨道交通特征及发展历史、现状

（一） 城市轨道交通特征与规划建设流程

在中国国家标准《城市公共交通常用名词术语》中，将城市轨道交通定义为"通常以电能为动力，采取轮轨运转方式的快速大运量公共交通之总称"。国际轨道交通有地铁、轻轨、市郊铁路、有轨电车以及悬浮列车等多种类型，号称"城市交通的主动脉"。[①] 但是，在轨道交通发展的历史进程中，人们又把铁路运输称为大铁路，与轨道交通区别开来。因此，轨道交通不包括大铁路。与公共汽车、小汽车等交通工具相比，轨道交通具有快速、准时、安全、低能耗、运量大、无污染、占地面积小等特点（见表1），运输效率高，能够解决高密集度客流的出行问题，是一种大容量运输服务的交通方式。这些优势在大城市中体现得更加明显，与其他交通方式相比也更具竞争力。

表 1 不同交通方式性能比较

交通工具	单位	轨道交通	公共汽车	小汽车	自行车
人均占地面积	平方米	0～0.5	12	10～20	6～10
单位能源消耗	千卡/（人·公里）	70～100	180～213	721～831	0
人均二氧化碳排放	克/（人·公里）	0	19.4	44.6	0
运量	人/小时	1000～30000	6000～9000	3000	2000
运输速度	公里/小时	40～60	20～40	20～50	10～15
适用范围	—	长距离	中距离	较广	短途

数据来源：《2009年中国轨道交通行业年度报告》，中国经济信息网，2009。

2003年和2005年，国家发改委发布了两份重要的指导性文件：《加强城市快速轨道交通建设管理的通知》国办发〔2003〕81号和《关于优先发展城市公共交通的意见》国办发〔2005〕46号，以指导轨道交通的规划和建设。其中，国办发〔2003〕81号文件定义了轨道交通的审批程序、建设标准和安

---

① 《2009年中国轨道交通行业年度报告》，中国经济信息网，2009。

全要求、建设运营管理体制以及国产化政策，并定义了城市轨道交通规划中使用的三类通用快速轨道标准（见表2），对轨道交通建设实施技术标准化。同时，在该文件中严格界定了各城市发展地铁所必须遵循的"最低标准"（见表3）。

表2　通用快速轨道标准

标准	A 标准地铁高容量	B 标准地铁大容量	C 轻轨中等容量
车厢尺寸（宽×长）（米）	3×22	2.8×19	2.6×19/22/29
列车长（米）	185	140	100
运行速度（公里/小时）	30~40	30~40	20~30/30~40
最大坡度（%）	3.5	3.5	6
单向路线乘客人数（人/小时）	50~70,000	30~50,000	10~30,000
城市人口（百万）	>3	>2	>1
设备国产化率(70%)		>70	

表3　发展地铁和轻轨的最低标准

标准	地铁	轻轨
城市人口（百万）	>3	>1.5
城市地区生产总值（元/年）	1000 亿	600 亿
城市预算收入（元/年）	100 亿	60 亿
乘客需求（单向乘客人数/小时）	>30000	>10000
城市股本投资（防止过度借贷）	>40%	

中国城市轨道交通的项目开发大概需要经过 9 个步骤（见表4）。首先，原则上由中央政府为轨道交通发展制定政策并界定标准。然后，轨道交通项目的建设要获得批准才可以实施。审批通过后，市政府要为城市轨道交通开发项目筹集资金、实施且承担风险，一旦出现问题，他们还需要采取适当的措施。

表4　中国轨道交通项目开发流程

	活动	审批
1	城市总体规划	国务院和建设部
2	城市交通总体规划（包括公共交通和城市轨道交通规划）——是城市总体规划的一部分	国务院和建设部
3	城市轨道交通项目建议（类似于预可行研究）	国家发改委根据中国国际工程咨询公司的评审
4	城市轨道交通可行性研究（全面的技术经济、工程可行性研究＋资金筹集方案）	国家发改委根据中国国际工程咨询公司的评审

续表

	活动	审批
5	初步设计	市专家组审批细节
6	详细设计 > 建设规划	国家发改委审批规划
7	准备投标文件	市政府
8	采购实施	
9	确定运营商	

（二）世界城市轨道交通发展

世界城市轨道交通的发展始于伦敦，第一条地铁线路于 1863 年开通运营。截至 2010 年，世界上城市轨道交通发展已有 147 年的历史，据统计，世界上已有 140 座城市建设了地铁，地铁线路总长度近万公里（见表 5）。城市轨道交通在缓解地面交通压力、疏散城市中心区人口、改善城市环境等方面发挥着极其重要的作用。

表 5   1970～2010 年世界城市轨道统计

年份	城市(个)	里程(公里)	车站(个)
1970	32	2540.4	2356
1980	54	3573.3	3253
1990	82	5295.1	4606
2000	105	7134.6	5989
2010	140	9847.8	7979

资料来源：Michael A. Niedzielski，Edward J. Malecki，"Making Tracks：Rail Networks in World Cities，" *Annals of the Association of American Geographers*，2011（8）：1～23。

发达国家的主要城市轨道交通发展较早，如纽约、华盛顿、芝加哥、伦敦、巴黎、柏林、东京、莫斯科等，在 20 世纪 70 和 80 年代，已基本完成了地铁网络的建设；中等发达国家和地区，特别是发展中国家城市轨道交通建设相对滞后。1970 年，欧洲和北美洲的轨道交通线里程分别占全世界轨道交通总里程的 53% 和 33%，车站个数分别占全世界轨道交通车站总数的 33% 和 35%。到了 80 和 90 年代，由于环保、能源结构问题突出，在经济可持续发展要求下，全世界轻轨交通迎来了新的建设高潮。到 2010 年，亚洲的轨道交通线路里程占全世界轨道交通线路总里程的 39%，已经超越欧洲和北美（见表6）。

表6　1970～2010 年世界轨道交通统计

年份	非洲		亚洲		欧洲		北美洲		南美洲	
	里程	车站	里程	车站	里程	车站	里程	车站	里程	车站
	（公里）	（个）	（公里）	个	（公里）	（个）	（公里）	（个）	（公里）	（个）
1970	0	0	310.2	214	1357.5	1272	834.8	821	38	49
1980	0	0	587.1	442	1809.6	1713	1082	983	94.6	115
1990	43.8	34	1134.9	867	2447.6	2284	1423.7	1196	245.1	225
2000	63	51	1973.4	1494	2946.2	2733	1823.2	1411	328.8	300
2010	63.5	53	3708.1	2660	3135.9	3277	2007	1546	551.3	443

（三）中国城市轨道交通发展

中国的城市轨道交通从 1965 年北京地铁开工建设，1969 年 10 月一期工程通车，至今已走过 40 多年的发展历程。特别是进入 20 世纪 90 年代后，随着中国经济体制改革的逐步深入，社会经济迅速发展，城市交通需求剧增，中国轨道交通高速发展。我国城市轨道交通发展大致经历了三个阶段。

第一阶段为探索阶段（1965～1998 年）。如图 1 所示，在 1999 年以前我国城市轨道交通发展缓慢。从 20 世纪 50 年代我国开始筹备地铁建设，规划了北京地铁网络。1965～1969 年建设了北京地铁 1 号线一期工程。随后建设天津 1 号地铁线、北京地铁 2 号线、上海地铁 1 号线、广州地铁 1 号线等。但仍处于探索阶段，且在 1997 年以后，由于规划不合理，盲目建设，我国城市轨道交通建设停滞不前。

第二阶段为蓬勃发展阶段（1999～2008 年）。从 1999 到 2008 年，轨道交通线路条数与总里程持续稳定增长，我国城市轨道交通建设蓬勃发展（见图1）。在这一阶段，一方面国家在城市轨道建设资金上给予大力支持，另一方面通过技术引进，通过同国际先进制造企业合作，降低城市轨道交通建设造价。截至 2008 年底，有 10 个城市（北京、上海、天津、广州、深圳、长春、重庆、大连、南京、武汉）已有建成运营的轨道交通。全国已建成轨道交通线路超过 800 公里，线路条数达到 31 条，建成线路条数最多的是上海，达到

9 条，部分城市只有 1 条。国家先后批准了深圳、上海、广州、重庆、武汉、南京、杭州、成都、哈尔滨等 10 多个城市轨道交通项目开工建设，2008 年全国在建城市轨道交通线路达到 49 条，共计 1184.42 公里，并投入大量资金予以支持，我国轨道交通建设进入快速发展期。

　　第三阶段为高速发展阶段（2009 年至今）。为了有效应对经济危机，我国政府于 2008 年 11 月出台了总额达 4 万亿元的投资计划，交通投资占据了相当大的比重，这使得城市轨道交通建设进入了一个"爆发期"。[①] 2009 年以来，除了线路和运营里程大幅度增加外，我国的轨道交通也由原先的地铁一种形式向多样化发展。截至 2012 年 7 月底，仅在中国内地，已有 16 个城市，分别是北京、上海、广州、天津、深圳、南京、重庆、长春、武汉、大连、沈阳、成都、佛山、西安、苏州、昆明，拥有 58 条运营线路，总里程达 1759.1 公里（见表 7）。另有 13 个城市的首条线路正在建设中。全部在建线路数量近 70 条，总里程达 2000 公里左右。目前已发展和规划发展城市轨道交通的城市总数已经超过 50 个，全部规划线路超过 400 条，总里程超过 13000 公里。随着我国经济社会的不断发展和进步，轨道交通作为一种与我国国情和资源禀赋相适应的交通运输方式，发展前景十分广阔。

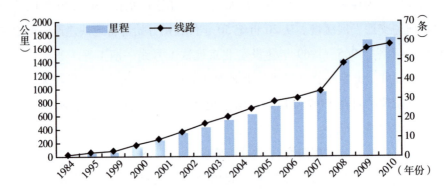

图 1　中国城市轨道已运营线路统计

资料来源：《中国城市轨道交通年度报告》2009、2010、2011 年。

---

① 刘晓光、王莹等：《我国城市轨道交通建设的历程、问题与对策》，《产经前沿》2010 年第 10 期，第 59～61 页。

表 7　16 个城市 2012 年已经运营线路统计

城市	线路(条)	总里程(公里)	最早通车时间
北京	15	372.8	1969
上海	12	464.9	1995
广州	8	222.1	1999.6
天津	2	78.4	2003.9
深圳	5	176.4	2004.12
南京	2	84.8	2005.9
重庆	3	74.8	2005.6
长春	2	45	2002.1
武汉	1	28.9	2004.7
大连	1	63.5	2002.11
沈阳	2	49.8	2010.9
成都	1	18.5	2010.9
佛山	1	14.8	2010.11
西安	1	20.5	2011.9
苏州	1	25.7	2012.4
昆明	1	18.2	2012.6

　　在各城市运营里程排序中，上海以 464.9 公里名列第一，以下依次为北京、广州、深圳、南京等城市，并且前四名的城市运营里程规模远远高于其他城市（见图2）。而在各城市运营线路条数排序中，北京以 15 条线路名列第一，以下依次为上海、广州、深圳等城市（见图3）。

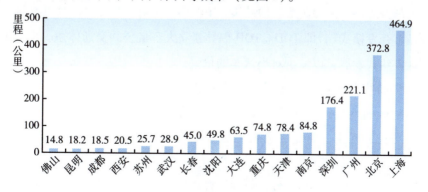

图 2　各城市轨道运营里程

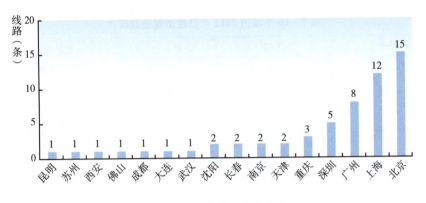

图3　各城市轨道运营线路数

三　轨道交通沿线站点 TOD 模式

（一）TOD 概念与特点

TOD（Transit Oriented Development，公交导向型开发）是一种在新城市主义理念的指导下，宏观层面将大容量公共交通运输系统与城市空间结构、人口、产业布局相结合，微观层面围绕大容量公交站点进行的可持续土地开发模式。它以适宜的距离为半径，强调土地混合利用和高密度开发，营造宜人的步行环境，提供高质量的公交服务，促进城市土地利用与交通之间的良性循环，最终引导城市空间结构紧凑而有序地发展。[①] TOD 模式不仅可应用于新城开发，也可以应用于旧城改造。1992 年，Peter Calthorpe 提出"以公共交通为导向的城市开发模式"，即 TOD。TOD 倡导建立大容量公共交通体系，引导城市和郊区集约式发展，以减少对小汽车的依赖。

TOD 的特点集中体现在以下四点：①以大容量公交为基础，公交站点成为本地区的枢纽；②邻近公交站点进行紧凑、高密度、混合和多样性开发；③居住、就业、商业服务设施位于适合步行的环境内；④公共设施及

---

① 王姣娥、金凤君：《TOD 开发模式解析及研究述评》，《交通与运输》2007 年第 12 期，第 19～22 页。

公共空间邻近公交站点；⑤创造宜人的步行环境，提供高质量的公交服务。其中，宜人的步行环境和高质量的公交服务成为区别其他城市开发模式的两个重要特点。

（二）TOD 基本结构与开发类型

一个典型的 TOD 社区一般由以下几种用地功能结构组成：公交站点、核心商业区、办公区、开敞空间、居住区、辅助区域（见图4）。按照 TOD 的位置、特点及作用的不同，可以把 TOD 分为城市 TOD（Urban TOD）和社区 TOD（Neighborhood TOD）两大类。城市 TOD 是指直接位于干线公交线路，如地铁、轻轨或快速公交车站周围，并将成为区域中较大型的交通枢纽和商业、就业中心等，它的土地开发容积率相当高，规模较大，空间尺度一般以步行10分钟的距离或600米的半径为限。社区 TOD 位于地方或支线公交线路站点周围，它与干线公交站点间的公交行程一般在10分钟内，且距离不大于3英里（大约5公里）。社区 TOD 以提供多样化的居住为主，具有较高的居住密度，并向附近居民提供娱乐、餐饮、零售以及市政公用设施等社区服务。

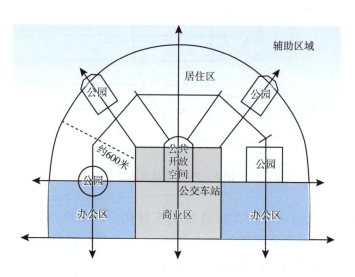

图4　TOD 用地结构示意

（三）轨道交通沿线站点的 TOD

TOD 是以大容量公交车站为中心的土地开发模式，但并不是位于车站附近的开发都属于 TOD。如果没有相关政策的支持和良好的设计，TOD 就会变成 TAD（Transit Adjacent Development）。因此，车站及其周边地区的规划对 TOD 的成功是至关重要的。TOD 在微观层面需要考虑大容量公交站点，即 TOD 区的土地利用、用地性质及开发强度等问题。TOD 以大容量运输方式为依托，它对土地利用的影响尤为强烈，能以高可达性的交通条件支持高密度、混合式的土地开发策略。以公交站点为核心，实施一定影响范围内的土地利用优化与调整，提高土地利用价值和利用效率。同时，在用地布置、步行设施、街道布置、公交站区设计准则方面进行调整和完善，以建立公交友好型社区环境（见图 5）。

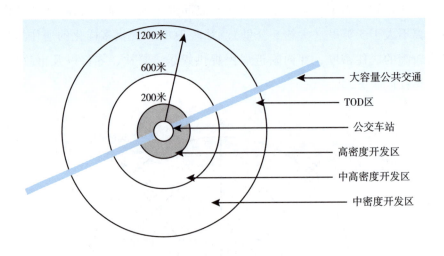

图 5　TOD 区站点示意

TOD 要想取得成功，必须遵循 4DS 原则，即距离（Distance）、密度（Density），多样性（Diversity）和设计（Design）。密度是指通过相对较高强度的开发，即最大限度地使用土地，使得在车站的步行距离内有足够的公交客流量。多样性是指土地混合利用、多类型的房屋形式和社区内多种人、车流通形式，满足人的多样化需求。设计是指通过合理的设计保证在相对高密度的条件下有助于步行和搭乘公交系统，并能够为不同的人群提供多层次的选择。

距离——TOD 范围的确定。以居民步行到车站的时间控制在 10 分钟以内计算，步行速度 4.5 公里/小时，可以得出轨道车站的步行吸引范围约为 750 米，考虑步行的非直线性，实际影响区半径约为 600 米。结合中国很多城市自行车出行比例较高的特点，如果采用自行车出行，按照其平均速度 10 公里/小时计算并考虑出行的非直线性和停车时间，则可以将以自行车出行主导城市的 TOD 范围扩大至 1200 米。

密度——土地开发强度控制。规划中控制土地开发密度一般采取两种办法：一是确定开发的最小密度，二是确定开发的平均密度。目前，虽然国内部分城市开发密度较高，但其土地开发密度和强度没有呈现围绕车站站点的蛋糕状分布，也很难围绕大容量公交站点形成依靠公交出行的区域。因此，如何促进围绕公交站点形成一定的级差密度成为关键。强调级差密度而不是密度本身使得 TOD 的密度原则适用于不同城市或城市的不同地区。

多样性——土地利用性质控制。以 TOD 站点为核心，由内至外（逐渐远离车站）应依次为商业服务、综合办公、居住、休闲用地等，提供不同的住房样式、价格、密度，并保留敏感环境、河岸地带以及高质量的开放空间。同时，创造以建筑和邻里活动为中心的公共空间，鼓励沿公交走廊的邻近地区进行填充和重新开发。

设计——形成生活与出行便利的"公交社区"。围绕 TOD 站点，形成方便居住人口交通出行、居住区生活配套服务设施齐全、强调开敞环境空间营造、公共交通支线密切连接、小区内以步行为主的"公交社区"。而围绕 TOD 形成良好的步行环境和公交支线供给是 TOD 成功的关键因素之一。

四　政策建议

交通领域的低碳化要求用"低碳"手段来减少交通发展对生态环境的负面影响。轨道交通沿线的 TOD 站点，旨在从规划角度出发，充分考虑开发建设模式对实施低碳交通的影响，改变出行方式，缩短出行距离和出行

时间，并能满足多样化的活动需求，构建更为合理的城市交通系统。因此，为有效应用 TOD 模式，使低碳城市建设与交通发展形成良性互动，提出以下建议。

（一）加强政府的引导作用

在国外，政府在 TOD 中的作用非常重要，在某种程度上决定着 TOD 实施的成败。借鉴国外经验，根据中国国情，政府在 TOD 实施中可采取如下政策措施。

一是政府应提前对城市大容量公交沿线相关地块进行总体规划，通过大容量公共交通建设，形成城市中心、次中心土地利用空间结构的圈层模式，使得城市空间结构及其组织更加合理，服务区域内的土地更加集约利用，提高土地的利用效率，提升土地增值潜力。

二是在城市大容量公交沿线土地增值前控制土地的使用权，委托国土管理部门储备、控制与运作土地，委托规划部门进行沿线土地属性调整、结构优化与集约利用，合理安排增值能力较强的办公、商业、居住等用地，委托建设部门和相关单位在实施各条轨道交通线路征地拆迁中同步或异步完成开发用地的征地拆迁工作。

三是根据城市大容量公交建设工程进展情况，待沿线土地增值后组织上市拍卖和挂牌出让。在挂牌出让过程中，可组织公交线路管理者所属房地产公司作为竞标单位参与全过程竞争。如由中标的房地产开发商实施开发，拍卖的土地收益及增值部分由政府作为资本金投入地铁建设。如果公交线路管理者所属房地产公司在底价和底线内摘牌，则该房地产公司向政府交纳土地出让金，作为政府资本金注入大容量公交建设中。房地产公司可再以拿到的土地向银行抵押贷款，进行房地产开发，用开发所获利润支持公交线路的建设，相关税费由政府作为资本金专项返还到公交线路建设上。这样将保证城市大容量公交沿线土地收益增值更多地用于其本身的建设。

四是政府通过合理调整税费，将土地利用者占有的土地收益增值收回。

五是借鉴世界各国发展大容量运输的主要策略和措施（见表8），制定一系列鼓励公共交通发展和提高公交搭乘率的政策措施。

表8 近年来世界各地发展大容量运输主要策略或措施

类别	地区	推动重点	
全国性	美国	强调复合运输与多种交通方式的使用 重视各部门之间的协调与合作 积极推进 BRT 智能卡的应用	帮助企业员工与通勤人员使用大容量运输 使用低污染公车 强调 ITS 的应用 营造舒适美观的大容量运输车站
	日本	改善公交车定位与咨询系统 票价整合与 IC 卡的应用 加强车站与商业活动的结合 建立完备的公交车专用路网	推动停车转乘 鼓励使用小巴士深入社区服务 鼓励低污染与低底盘公交车
	英国	更新大众运输车辆 加强服务人员训练 重视使用者反映的问题与需求 提供更好的使用者咨询服务 改进换乘设施 简化费率结构 加强行销	扩充公交优先或专用道 增加对乡地区的大容量运输投资 改进车站设计,让所有使用者都方便进出 在都市地区对私人交通征收拥挤税
	德国	大容量运输的服务整合 鼓励停车换乘 持续推动轨道交通 在郊区推行需求反映服务 改善大容量运输路网,减少转乘与绕行	推动公交优先 简化大容量运输费率结构 给旅客提供完整的咨询 促使运输更加自动化
	南非	让大容量运输的使用率高于小汽车 改善大容量运输服务,以符合不同使用者需求 在适当的管理机制下,鼓励大容量运输业的自由竞争 辅导弱势群体,使他们仍能继续对大容量运输系统做出有意义的贡献	建立安全、可靠、可持续发展的大容量运输
都市区	伦敦	持续推动路线竞标 加强停车换乘设施 推动票价整合 在新市镇尝试引进轻轨系统 改善行车与转乘咨询系统	改善车站与候车设施 使用更多低底盘公车与小型巴士 建立完整的公交车专用网络 对私人交通工具征收拥挤税
	新加坡	重视运输与土地利用的整合规划 降低出行需求 持续对私人交通进行限制与管理 鼓励大容量运输,设置更多的换乘设施	配合完善的信息系统 提供更高品质的大容量运输服务
	台湾	推动都市区地铁与轻轨 健全地铁系统的经营环境 提高地铁系统的服务品质	改善市区公交车的经营环境 振兴市区公交车发展

续表

类别	地区	推动重点	
都市区	香港	重视交通与土地利用的整合规划 鼓励停车换乘 推动公交车专用路网 持续建立各种大容量运输换乘站 让残疾人士更方便使用大容量运输系统 提供良好的行人设施	加强推动轨道运输 为使用者提供更好的咨询服务 提供智能卡票证系统，推动一卡通政策 实施

（二）制定好交通与土地利用协调发展政策

首先，必须同步制定城市总体规划和城市综合交通规划，且二者必须协调。注重城市交通系统特别是大容量公共交通系统对城市发展具有的引导和支撑作用。其次，配合城市空间布局调整总体规划的编制，实现站点区域规划。具体的站点还需专门规划，明确市场容量、区位机会及社区的感兴趣程度。这些规划将有助于勾勒出 TOD 在具体站点的目标，并且为确定土地用途、站点密度，设计公共系统，进行城市设计和停车管理提供指导。此外，不同交通方式协调、交通网络与枢纽协调、城乡交通系统协调、规划与管理协调也是 TOD 模式取得成功的重要因素。

（三）对交通需求进行有效管制，保证 TOD 站点的辐射力

大容量公共交通运输系统是连接 TOD 和城市中心的主要通道，因此，其运营的质量和经营状况直接关系到其载客量。一方面，政府应采取一系列措施抑制小汽车交通方式的使用，同时鼓励使用地铁、公共交通等运输系统。另一方面，政府需要整合交通网络和节点，发挥轨道交通或 BRT（快速公交系统）在交通系统中的核心作用，从而保证 TOD 站点的强大辐射力和吸引力。

（四）鼓励公私合营和市民参与，建立一种多方共赢的开发模式

私人资本和政府资本的合作对于降低项目风险非常重要。首先，政府和交通运输管理部门应积极推进 TOD 的土地利用政策；其次，交通站点周围的土地可以用来融资，以减小开发商的风险，并确保其他公共利益通过 TOD 得以

实现。

城市轨道交通通常有两种开发模式。第一种开发模式是完全由私营铁路运营商独立操作，政府在政策方面给予支持。政府赋予铁路投资运营商在铁路沿线的土地开发受益权，铁路投资运营商将大规模土地开发获取的收益用来弥补铁路投资。第二种开发模式是由政府发起和主导。政府的公共部门修建和拥有铁路设施，然后移交私营公司或企业来经营。投资的成本由铁路持有者和经营者共同承担。对于私营公司来讲，城市铁路发展所面临的风险和成本大大降低。

此外，市民对 TOD 的广泛理解和接受也十分重要。应当推进社区范围的信息传播和教育活动。同时，规划参与者还应包括居民、土地所有者和开发商，这样有利于编制出一个受到各方支持并能顺利实施的 TOD 方案。

（五）财政政策和其他激励手段的使用

TOD 实施对融资提出了挑战。多数情况下都需要有创新性的融资计划来使 TOD 实现。在美国很多地方，联邦教育拨款、税收增值金融、公司合伙公司、合资公司和 "Location Efficient" 抵押贷款等都曾经支持过 TOD。当地政府也会对高容积率开发提供奖励，对关键性市政基础设施缩短批准时间也是对 TOD 的支持。因此，政府可以采取一些政策措施和财政手段来鼓励 TOD 区的高密度和混合土地开发。

The Development of Urban Rail Transit and TOD Model in China

Wang Jiaoe   Chen Linlin

Abstract：Global warming is forcing the mode of production and lifestyle of the city transition in low-carbon，green. The urban transport as an important source of carbon emissions in the city，should achieve the transport of low-carbon. So building

a comprehensive urban transportation system led by public transport, especially in urban rail transit, is the optimal choice to achieve the sustainable development of urban transportation. This paper reviews the characteristics and course of development of China's urban rail transit: the development of urban rail transit in China has experienced the exploratory stage of slow development, continuous, stable and vigorous development stage into a variety of high-speed development stage; describes the characteristics and type of rail traffic along the site's TOD (Transit Oriented Development), as well as the TOD development should follow the 4DS principle, density, diversity, design and distance, and in accordance with China's national conditions , advance some proposals for development of TOD in China.

Key Words: Low-Carbon; Urban Rail Transit; TOD (Transit Oriented Development)

B.25
城市轨道交通运营安全问题的思考

孙进平*

摘　要：

在城市轨道交通迅速发展的大背景下，运营安全问题显得尤为重要。城市轨道交通系统是个复杂的大系统，在对这一系统内人、设备、环境及管理中可能存在的危险因素进行分析的基础上，阐明了城市轨道交通运营安全保障对策。

关键词：

城市轨道交通　运营安全

一　城市轨道交通的发展与运营安全

随着我国经济的发展和城市化进程的加速，人口不断聚集，导致城市人口骤增，出行需求总量持续增加。同时，人民生活水平的提高，改变了人们的消费和出行观念，与外界的交流日益增加，在一定程度上也导致了城市居民出行的持续增长。另外，随着人们经济水平的提高，个人机动车保有量也保持较高速度的增长，交通拥堵、环境恶化等问题越发严重。毫无疑问，大力发展城市的公共交通特别是城市轨道交通已迫在眉睫。

所谓城市轨道交通，是指城市公共交通系统中大运量的城市地铁、轻轨等城市轨道公共客运系统。① 城市轨道交通是一种集约化的交通方式，得到越来

---

* 孙进平，北京城市学院教授，工学博士，交通工程调研室主任，《中国城市轨道交通年鉴》编委，研究方向为城市轨道交通。
① 《城市轨道交通运营管理办法》，中华人民共和国建设部令 140 号，2007 年。

越广泛的应用，在多种形式中以地铁居多。

城市轨道交通与城市中其他交通工具相比，除了能避免城市地面拥挤和充分利用空间外，还有很多优点。一是运量大，这是任何城市交通工具所不能比拟的；二是速度快；三是无污染。地铁列车以电力作为动力，不存在空气污染问题，因此受到各国政府的青睐。

（一）城市轨道交通的发展现状

自英国伦敦 1863 年 1 月开通世界第一条地铁以来，目前共有 53 个国家137 座城市运营着地铁、轻轨等轨道交通系统，总里程达 1.1 万公里。其中欧洲拥有量最多，占 41%。

据《中国城市轨道交通年度报告 2011》统计，截至 2011 年底，仅在中国内地，已有 14 个城市拥有 56 条运营线路，总里程达 1714 公里。另有 15 个城市的首条线路正在建设中。全部在建线路数量达 70 条，总里程达 2000 公里左右。目前已发展和规划发展城市轨道交通的城市总数已经超过 50 个，全部规划线路超过 400 条，总里程超过 13000 公里。[①]

截至 2012 年 4 月，由于苏州 1 号线已于 2012 年 4 月通车运营，目前中国内地已有城市轨道交通运营线路的城市有 15 个，分别是北京、上海、广州、天津、深圳、南京、重庆、长春、武汉、大连、沈阳、成都、佛山、西安、苏州。另有在建城市轨道交通线路的城市为 14 个，分别是杭州、哈尔滨、宁波、郑州、青岛、东莞、昆明、无锡、合肥、南昌、南宁、长沙、福州、贵阳。地铁的安全运行在城市公共交通中发挥了重要作用（见表 1）。[②]

虽然城市轨道交通占有绝对优势，但是在防灾方面的"先天不足"也不容小视：地铁埋设于地下，环境相对封闭；内部空间狭窄，通向地面的出口不多；客流量大，人员高度密集等。一旦出现突发性灾害事故，救援和人员疏散逃生都会受到很大限制，可能会造成严重的后果。

---

① 中国城市轨道交通年度报告课题组：《中国城市轨道交通年度报告 2011》，北京交通大学出版社，2012。

② 傅德明：《上海轨道交通运营安全和风险对策》，《轨道交通》2012 年第 3 期。

表1　部分大城市地铁长度和客运量比较表

城市	线路(条)	长度(公里)	日客流(万人次)	城市	线路(条)	长度(公里)	日客流(万人次)
北京	14	336	600	上海	11	425	600
纽约	26	372	490	广州	7	236	350
伦敦	12	410	300	香港	7	91	200
巴黎	15	221	400	台北	6	78	140
东京	13	301	800	深圳	7	178	180
莫斯科	9	278	920	南京	2	71	50

（二）地铁国内外安全形势

交通安全是运输行业的生命线，也是城市轨道交通运输行业永恒的主题。城市轨道交通系统的运营安全除技术系统安全外，其生产特点还决定了它的特殊性，主要表现为动态性、事故后果的严重性、受外部环境影响大且难于预测和控制。一旦出现突发性事故，不但会造成生命、财产等损失，还将成为社会乃至国际关注的焦点，其政治、社会和国际影响力都十分巨大。例如：1903年巴黎地铁火灾死亡84人；1995年阿塞拜疆巴库地铁火灾，导致558人死亡，269人严重受伤；1995年3月20日日本东京地铁曾经遭受邪教组织"奥姆真理教"施放沙林毒气，夺走了10多条人命，5000多人受伤，引起全世界震惊。进入21世纪，城市地铁更成为犯罪分子破坏与恐怖袭击的主要目标之一，城市地铁交通安全应急管理工作的特殊性和脆弱性日益突出。国际城市地铁突发性事件接连不断：2005年7月7日，伦敦地铁连环爆炸事件，伤亡100多人；2011年4月11日，白俄罗斯明斯克"十月广场"地铁站发生恐怖爆炸事件，造成至少12人死亡，204人受伤……①

北京地铁1号线是中国修建的第一条轨道交通线路，1969年10月基本建成，至今已有40多年的历史。上海地铁1995年开始运营，至今也有近10多年的历史。

中国是当今世界城市轨道交通发展势头最为迅猛的国家，同时"中国也

---

① 卢文刚：《城市地铁突发公共事件应急管理研究》，《城市发展研究》2011年第4期。

是城市轨道交通事故频发、高发的国家。仅 2011 年，北京、上海、广州等城市轨道交通相继发生供电故障、方向驶错、车门失灵、两车追尾、雨水倒灌、扶梯夺命等一系列事故，造成人员和财产的重大损失，并引发社会和舆论的高度关注"。[①]

加强城市轨道交通运营安全已成为各国政府和相关企业迫切需要应对的挑战。

二　城市轨道交通运营危险因素分析

城市轨道交通设备种类多、技术性强、可靠性要求高，线长、点多、面广；在相对封闭的空间人员密集；城市轨道交通运营是动态的，时间因素对安全影响大；与周边环境、自然环境、社会环境有着很大的关联性。这使得城市轨道交通运营管理难度大，对突发事件应急处理难度大，且影响范围广。

（一）系统构成

钱学森曾把系统定义为由相互作用和相互依赖的若干组成部分结合而成的具有特定功能的有机整体。[②] 城市轨道交通恰是这样一个复杂的系统，城市轨道交通安全运营问题是一个安全系统工程问题。

根据地铁系统的构成可知，地铁系统是个庞大而复杂的系统，可有不同的分类方法。按其运输工作特点划分，地铁由以下三个子系统构成。

（1）列车运行系统：隧道、线路、站台、车辆设备、供电、通信、信号、控制中心等。

（2）客运服务系统：车站照明、售检票系统、消防、电梯、安全监控、安全检测、环控系统等。

（3）检修保障系统：为保障设备的正常运行而设置的检查和检修系统。

以上分类可以较清楚地表明系统的实体构成。实际运营中涉及更多的因素。

---

① 郑惠强：《建立城市轨道交通安全管理机制迫在眉睫》，《城市轨道交通研究》2012 年第 4 期。

② 钱学森著《钱学森论系统科学》，科学出版社，2011。

地铁运营是一个缜密复杂的过程，需要人力、设备、多方面的技术支持及全面有效的管理，才能保障地铁安全运行。在研究地铁运营安全问题中看到，影响地铁安全的因素广泛且错综复杂，不但与地铁、内部的组成有关，还与乘客有关，与自然环境、社会环境等有关。从宏观的角度看，地铁的运营安全与人、设备、环境及管理这四个因素相关，这四个要素相互联系。其中，管理作为协调、掌控的手段，协调着"人、机环境"相互联系，相互作用，并将地铁的运营状态反馈给管理者，促其完善管理计划和相关制度，使地铁系统达到一个安全状态。下文对运营安全影响因素及其相互关系进行探讨。

（二）人的安全因素分析

"人"是指地铁乘客、管理人员、操作人员及其他在场人员。人是事件推动和发展的主体，因此也是造成事故的主要因素。

地铁系统的安全与人们平常的行为活动有关，所有活动都依赖于人的高效、可靠、安全的行为。任何先进的地铁设备都需要人的操作、控制、监督。正是由于人为的控制操纵，以及在地铁中的特殊作用，使得人在运营安全中地位十分重要。

1. 车站人员安全因素分析

系统内部人员，主要有管理人员、操作人员及其他各种作业人员等。城市轨道交通安全对系统内部人员的素质要求包括思想素质，技术业务水平，生理、心理素质，群体素质等。对不同人员的素质要求不尽相同。

从实际情况看，造成运营事故的主要原因有：运营中作业人员对规章制度的掌握或理解有误、未能严格执行规章制度、对突发事件处理不当等。

有些设备自动化程度高，对相关人员进行培训时针对出现故障后半自动化、人工操作方式的培训不够，是出现事故的重要原因。

在设备改造施工及出现故障等情况下，如果规章制度不完善，设备作业人员应变能力差，就会影响运输安全。

2. 乘客安全因素分析

部分乘客缺乏安全意识，例如在乘客拥挤的情况下不听劝阻强行上车、强行下车；擅自携带易燃易爆等危险物品上车等。乘客跳轨、落轨事件也是一项

影响列车正常安全运行的因素。有些乘客在列车行驶过程中，擅动列车上的紧急情况按钮等，都会严重影响列车的正常运行。

地铁系统客流量大、人员集中，空间封闭，一旦发火灾事故等，人员疏散困难，救援难度大。排烟耐火性能不佳极易造成群死群伤。这些不安全因素成为地铁安全的严重隐患。

乘客的特殊精神状态，受社会事件、环境影响的状态都要引起管理者的注意。

（三）设备因素

设备因素也是影响地铁系统运营安全的重要方面。地铁系统是一个大联动机，主要包括土建设施、运行设备、车辆设备、安全设备等。

这个系统中的设备协同工作，是地铁系统安全运营最基本的保证。本文仅从运营管理出发，对导致事故多发的危险因素进行简要分析。

1. 供电系统设备

供电系统是地铁动力的来源，系统的大故障可能导致系统瘫痪。除了设备缺陷等技术因素外，大部分与违章作业、违章操作有关。供电系统还容易出现的危险是电气火灾和触电。

2. 车辆系统设备

城市轨道交通车辆在运营过程中可能存在以下危险因素：列车失控、轨道损伤或断裂、列车脱轨、列车追尾、相撞等都可能造成严重的伤亡事故；列车内空调供暖等设备易引起火灾，且列车相关材料选择不当燃烧后会产生有毒烟气，加重事故后果。

3. 通信系统

城市轨道交通专用通信系统是直接为城市轨道交通运营、管理服务的，是保证列车及乘客安全，列车快速、高效运行的必不可缺的信息传输系统。当发生紧急情况时，通信系统的信息传输作用非常重要。

4. 信号系统

信号系统保证列车和乘客的安全，以及列车的快速、高密度、有序运行。信号系统的不完善或信号系统设备故障，常会引起严重事故，不能保证运营安全。2011 年 8 月 1 日上海地铁 10 号线开错方向，2011 年 9 月 27 日上海地铁 10 号线列车发生追尾事故，造成多人受伤。

5. 环控通风系统

城市轨道交通环境密闭，空间狭窄，连通地面的疏散口相对较少，环控通风系统是环境安全、运营安全的重要保障。发生火灾后，不仅火势蔓延快，而且积聚的浓烟也很难自然排除，并迅速在隧道、车站内蔓延，加之逃生路径又长，这些给人员疏散和灭火抢险带来相当大的困难。因此，良好的环控通风系统尤为重要。

6. 电梯

包含直梯与自动扶梯，作为地铁车站中主要换乘与乘降工具，对于地铁的安全运营起到至关重要的作用。

机械、电气等故障都会导致事故发生。仅 2011 年北京、深圳地铁就发生 3 起奥的斯电梯人员伤亡事故。

7. 屏蔽门/安全门

可以保证乘客安全，有降低空调系统运营能耗等作用。屏蔽门正常运营中多发生：机械伤亡事故。在事故发生时，不利于事故救援和人员疏散。

2011 年 6 月 17 日深圳地铁 4 号线屏蔽门故障，大批乘客滞留。2011 年 10 月 19 日西安地铁 2 号线车门无法开启，导致停运 1 小时。

（四）环境影响因素

环境因素通常又分为内部环境和外部环境。其中内部环境通常是指作业环境，即作业场所人为形成的环境条件，包括周围的空间和一切生产设施所构成的人工环境。影响运营安全的外部环境包括自然环境和社会环境。

自然环境是指自然界提供的、人类暂时难以改变的生产环境。在各种自然灾害中，最常见的是地震，严重影响城市轨道交通运营安全，危害极大。此外，还有气候因素、季节因素。季节因素也是不容忽视的事故原因。

社会环境包括社会的政治环境、经济环境、技术环境、管理环境、法律环境以及社会风气等，它们对运营安全均有不同程度的影响，较为直接的是轨道交通所在城市治安和车站秩序状况。

社会灾害性事件也要引起足够的注意。地铁车站及地铁列车是人流密集的公众聚集场所，一旦有爆炸、毒气、火灾等突发性事件，就会造成群死群伤或重大损失，严重地影响社会秩序的稳定。近年来全球地铁接连不断地发生爆炸、毒气、火灾等社会灾害性事件。例如，2003 年 2 月 18 日韩国大邱市地铁发生的纵火事件造成至少 126 人死亡，146 人受伤，318 人失踪。再如，2004 年 2 月 6 日莫斯科地铁的爆炸及大火夺去了 40 人的生命，令上百人受伤。[①]

（五）管理因素

事故的发生除与人员、设备等不安全因素有关外，也与管理不到位密切相关。诸如地铁运营部门制定的安全管理和操作规范不够完善，规章制度有漏洞、不严密，与现场实际不符等均会影响运输安全。地铁运营部门没有对职工进行系统的安全教育和安全技能培训不到位，将可能使得员工由于违章操作而出现意外事故。

对乘客和公众进行安全乘车、有效的防灾安全教育不够，会出现一些由乘客引发的事故。有些部门没有承担起相应的管理职能，没有成立专门的防灾指挥机构或联合相关的职能部门进行防灾预案的制定和演练，以及对民众的防火安全教育较少等。

设备是基础、制度是保证、人员是关键，三者是相辅相成、紧密相连、互相制约的统一体；通过合理有效的管理才能使三者在动态的变化中保持相对的协调和稳定，安全才有保证。

三 城市轨道交通运营安全保障对策

（一）发挥人的主导作用

人的要素是指地铁运营的管理者和作业人员要有良好的职业道德和工作水

---

① 刘小娜、马东辉、郭小东：《地铁突发事件典型案例分析》，《安全》2006 年第 6 期。

平，乘客要有较强的安全防范意识。

中华人民共和国建设部令第 140 号，《城市轨道交通运营管理办法》第十五条中指出：城市轨道交通运营单位应当依法承担城市轨道交通运营安全责任，设置安全生产管理机构，配备专职安全生产管理人员。

在人和设备的有机结合体中，人处于主导地位。设备必须由人来设计、制造、使用和维护。良好的设备，只有通过人才能正确发挥它的作用。

地铁工作人员平时要注重安全意识的培养，努力提高对易燃易爆危险物品的识别能力和自身处理各类突发事件的能力。

《城市轨道交通运营管理办法》第十九条中指出：城市轨道交通运营单位应当采取多种形式向乘客宣传安全乘运的知识和要求。

乘客在平时乘坐地铁时要注意熟悉环境及地铁的消防设施和安全装置，严格遵守地铁安全管理守则和乘客守则，严禁携带危险物品进入地铁站。切忌在列车运行期间，有拉门、砸窗、跳车等危险行为。紧急按钮等说明要简洁醒目，据以往事故经验有必要提示若随意按动"紧急按钮"，造成事故要进行相应处罚。

对有跳轨、落轨倾向的乘客要及时发现、疏导，采取紧急措施。

当灾害发生后，人的要素对于降低事故的损失尤为重要。在 2003 年的韩国大邱地铁火灾和 2004 年的莫斯科地铁爆炸及大火中，人的要素就有不同的表现。大邱地铁火灾中，司机处理不当，在慌乱逃生时拔走了列车的主控钥匙，导致列车车门不能打开，乘客无法逃生，伤亡惨重；后者地铁员工、乘客以及有关救援部门训练有素，能够及时到位并且各司其职，所有这些因素在一定程度上减轻了可能的损失。

（二）保障设备安全运行

设备是地铁运营的基础。总的来说，物的要素是指地铁装备功能完备、性能先进，防灾抗灾能力强。

《城市轨道交通运营管理办法》第十七条中指出：城市轨道交通运营单位负责城市轨道交通设施的管理和维护，定期对土建工程、车辆和运营设备进行维护、检查，及时维修更新，确保其处于安全状态。检查和维修记录应当保存

至土建工程、车辆和运营设备的使用期限到期。

第十八条中指出：城市轨道交通运营单位应当组织对城市轨道交通关键部位和关键设备的长期监测工作，评估城市轨道交通运行对土建工程的影响，定期对城市轨道交通进行安全性评价，并针对薄弱环节制定安全运营对策。

影响运营安全的设备因素主要指运营基础设备和运营安全技术设备的安全性能，包括设计安全性和使用安全性。

1. 设计安全性

设备的设计质量，是设备安全性的基础保证。根据城市轨道交通运营系统运行时间较长、设备运行的关联性强等特点，设计时要考虑设备的可靠性、可维修性、可操作性以及先进性等。

2. 使用安全性

设备的使用安全性包括设备的运行时间、维护保养情况等。设备运行时间与故障率相关，设备维修保养越好，其使用安全性也越好。

（三）建立和完善灾害应急处理机制

安全是相对的，绝对安全是不存在的。地铁运营安全事关重大，必须使人、物以及其他的损失处于可控制的状态。地铁运营的特点决定了如果对突发事件处置不当将会造成巨大灾难。

建立和完善灾害应急处理制度，从而保证事故真正降临时，能够将危害减少到最小。

地铁运营部门是地铁灾害防治的主要执行部门，加强安全管理，将直接起到灾害的预防作用。在日常管理中必须充分考虑承载突发灾难的各种需要，采取有力措施降低突发事件概率。一旦灾难突然而至，就能启动预警机制和救灾系统，将灾难控制在最小范围内，消除在初发状态中。

营造安定的社会环境，消除社会不稳定的因素，也能减少地铁灾害事件的发生。

由政府部门成立专门的应急指挥机构，联合地铁运营公司等相关部门进行地铁事故时人员疏散预案的制定和定期的防灾演练，提高职能部门和乘客对灾难的应对能力。

（四）落实管理责任，确保运营安全

要落实管理责任，确保运营安全，就必须严格遵守相关法律法规，贯彻相关标准。

我国城市轨道交通行业内的相关规范文件主要分为法律法规和标准两大类，其中法律、法规又分为国家法律法规、地方法律法规及章程、规范性文件，标准分为国际标准、国家标准、行业标准和地方标准。

截至 2011 年底，我国已有相关轨道交通行业的国家法规 35 项，地方法规 53 项，国家标准 76 项，行业标准 55 项，国际标准 4 项。

一个全面和清晰的安全管理组织架构是依法、依规定、依标准办事的保证。

城市轨道交通从系统设计、建造到运营，全生命周期中都应有相应的组织架构，有明确的安全责任界定体系，将城市轨道交通安全责任落实到每个参与单位、每个员工，保证各单位安全责任的有效落实。政府相关部门要负起监管责任，设计、建造到运营各方要各司其职，各方依法担负相关责任。要从管理制度和流程上消除人为失误。

完善施工与交接制度，严格培训上岗制度。

运营部门应制定符合现场实际的规章制度。根据设备变化情况，及时修订安全防范措施及规章制度。

安全运营控制中心尤其应当注意避免"两张皮"的现象，即程序文件设计得很好，但是实际操作中却得不到应有的落实。运营管理控制体系要做到自控、互控、他控相结合，管理控制要落到实处。

管理是一个不断认识、进步的过程，这就要求管理措施要不断更新、改进，以对系统的不安全状态和不安全行为进行管束。

四　需要进一步明确的几个问题

城市轨道交通作为大容量公共交通工具，其安全性直接关系到广大乘客的生命安全。运营安全是运输的首要目标和基本原则。近年来，我国城市轨道交

通规划、设计线路的速度明显加快，建设速度明显加快，投入运营的速度也明显加快。因此，安全问题显得尤为重要，这就需要进一步明确以下几个问题。

（一）城市轨道交通运营安全的管理与控制要建立系统全生命周期的新理念

城市轨道交通系统是个错综复杂的大系统，也体现出相对的脆弱性，要抓基础、抓源头，全方位、主动地保障整个系统安全。全生命周期包括城市轨道交通系统的构思规划、可行性论证、施工安装、设计制造、试运营、运营、维修直到报废。

汲取高铁的经验与教训："先天不足的工程，存在安全隐患，必然造成后天运营管理的困难"，劳民伤财，贻害子孙。[①]

建设部将加大安全管理力度，强化城市轨道交通全过程、全生命周期的安全管理工作，研究制定城市轨道交通安全评价标准，在全面开展城市轨道交通现状安全性评价工作的基础上，要求在规划、设计、建设安装和运营服务等各阶段进行安全性评价。

工作照此办理，城市轨道交通将成为功在当代、益在子孙的伟业。

（二）做好人、设备、环境及管理工作，切实落实各项责任制度

人、设备、环境及管理这四个要素相互联系。管理工作协调、掌控着人、机、环境的相互联系、相互作用，并使地铁的运营系统达到一个安全状态。

经验与教训表明，任何事故的出现都不是偶然的，是相关因素共同作用的结果。

2011年7月5日上午9点36分，北京地铁4号线动物园站扶梯逆行造成1人死亡、30人受伤的重大事故。根据事故报告与自动扶梯事故的历史资料得知，事故电梯的品牌型号跟深圳2010年12月14日出事故的电梯品牌型号完全一致。深圳电梯事故出现后，北京市质量技术监督局专门下发文件，要求所

---

① 《古城乘客担忧高铁安全只敢坐8号车厢》，《财经国家周刊》，http://www.zjvtit.edu.cn，2012年8月20日。

有电梯维保单位对全市 1.4 万部扶梯认真排查，消除安全隐患。但遗憾的是，部分维保单位没能够做到仔细排查，又出现 7 月 5 日的事故；紧接着，2011 年 7 月 7 日南京地铁—奥的斯升降电梯发生故障使 4 人被困半小时，2011 年 7 月 10 号深圳地铁 4 号线扶梯逆行事故造成 4 名乘客受伤。

这一系列事件在一定程度上说明了安全保障工作落实的现状，运营管理部门、监管部门必须引以为戒。

相关管理部门必须各司其职，杜绝有法不依、有章不循的状况，检查监督要到位，执法要严格。

（三）切实加强运营安全方面的研究、培训与教育

要组织科研院所、大专院校加强运营安全方面的研究，要理论联系实际，注重解决实践中的关键问题。

地铁运营管理人员是地铁安全运营的关键。要重视对运营企业员工的思想水平、职业道德的教育，加强安全意识和技能教育。

由于地铁运营的特殊性，故障、事故并不可能多发、多见，但是要求处理故障要迅速，一旦出现差错则影响巨大，这对培训方法、培训效果提出了很高的要求。培训必须结合实际。以 2011 年上海地铁列车接连发生相撞、追尾事故为例，要研究如何使用不同信号模式都能保证列车运行安全。要使操作人员确实具有处理突发、特殊事件的能力。

完善与运营安全相关的不同岗位人员的教育、培训机制，做到资源配置合理、优化，讲求实效。对地铁故障、事故要进行案例式研究，使安全保障前移。

要深入研究地铁设备维护、维修质量保证问题。根据地铁车辆、设备运行中发现、排除故障时间紧的特点进行培训。研究岗位培训行之有效、可靠的方法。

（四）健全安全管理体系

城市轨道交通进一步向现代化、规模化、集约化方向发展，要完善安全监管机构设置，改变某些建设主管部门下设的指挥部对城市轨道交通建设和运营

既当运动员又当裁判员，缺少外部监管的情况。

要强化安全审核和评估工作，安全认证必须成为申请运营许可证的必备条件之一。进入运营阶段，安全监管部门必须定期对运营企业进行安全检查，还可以指定专业科研或咨询机构对运营企业进行安全评估，责令运营企业对检查评估中发现的问题进行整改。

城市轨道交通综合安全管理体系对设备的依赖性相对较高。在设备种类、设备供应商较多的前提下保证系统设备的质量与安全尤为重要。

进一步完善法制法规建设。城市轨道交通运营安全的管理与控制要引入"安全准入""安全承诺""责任追溯"机制。要做到有章可循、有章必循，有法可依、有法必依。

相关管理部门各司其职，确保城市轨道交通运营安全，真正发挥其城市"绿色通道"的作用，为我国城市公共交通的发展做出贡献。

参考文献

《城市轨道交通运营管理办法》，中华人民共和国建设部令 140 号，2007。

中国城市轨道交通年度报告课题组：《中国城市轨道交通年度报告 2011》，北京交通大学出版社，2012。

傅德明：《上海轨道交通运营安全和风险对策》，《轨道交通》2012 年第 3 期。

卢文刚：《城市地铁突发公共事件应急管理研究》，《城市发展研究》2011 年第 4 期。

郑惠强：《建立城市轨道交通安全管理机制迫在眉睫》，《城市轨道交通研究》2012 年第 4 期。

李为为、唐祯敏：《地铁运营事故分析及其对策研究》，《中国安全科学学报》2004 年第 6 期。

赵惠祥：《城市轨道交通系统的运营安全性与可靠性研究》，同济大学博士学位论文，2006。

陈鼎榕：《地铁火灾事故下的安全疏散》，《城市轨道交通研究》2003 年第 2 期。

刘小娜、马东辉、郭小东：《地铁突发事件典型案例分析》，《安全》2006 年第 6 期。

邓奇根等：《安全系统工程》中国矿业大学出版社，2011。

吴超：《安全科学方法学》，中国劳动社会保障出版社，2011。

耿幸福、宁斌主编：《城市轨道交通运营安全》，人民交通出版社，2010。

王艳辉、祝凌曦主编：《城市轨道交通运营安全管理方法与技术》，北京交通大学出版社，2011。

　　秦进、高桂凤：《城市轨道交通安全管理》，人民交通出版社，2012。

　　陈铁等：《城市轨道交通综合安全管理体系研究》，《城市轨道交通研究》2004 年第 1 期。

　　崔艳萍等：《城市轨道交通安全管理体系研究》，《都市快轨交通》2005 年第 6 期。

　　燕飞等：《城市轨道交通安全评价体系研究》，《都市快轨交通》2010 年第 6 期。

　　http：//www. zjvtit. edu. cn.

　　http：//www. chinametro. net.

　　http：//finance. people. com. cn.

Thinking about the Operational Safety of Urban Mass Transit

Sun Jinping

Abstract：At present our country urban mass transit development is rapid，operation safety problem is particularly important. urban mass transit system is a complex system. Basing on the factor analysis of the people，equipment，environment and management of possible risk factors，we illustrates the urban mass transit operation safety countermeasures.

Key Words：Urban Mass Transit；Operation Safety

B.26
智能系统在城市交通中的应用

——以北京市为例

孟 红*

摘 要：

　　智能系统是国际公认的全面解决交通运输领域问题的根本途径，在城市交通领域中引入先进的智能交通系统技术，使其整体朝着综合化、智能化的方向发展，已成为当今城市交通一个重要的发展方向。本文深入分析了北京城市交通的现状和存在的问题及其原因，阐述了北京城市智能交通系统的发展现状，并在此基础上探讨了北京智能交通系统未来发展方向。

关键词：

　　城市公共交通　智能交通系统　交通信号控制系统　信息采集系统

一 北京公共交通的现状

近年来，随着经济的飞速发展和城市化进程的不断推进，我国城市和人口规模迅速膨胀，北京作为我国的首都，亦面临日益严峻的交通问题。北京的汽车保有量急剧上升，交通拥挤现象日趋严重，并且随之而来的环境质量下降、能源问题，以及由于交通拥堵引起的时间成本浪费、交通事故等问题严重困扰着首都的健康可持续发展。北京市机动车保有量近年来一直保持很高的增长速度，2006年北京市小客车增量超过40万辆。2007年虽然增速有所降低，但仍以10%的较高速度增长。2008年初北京市六环路以内的区域日均出行总量已

---

　　* 孟红，硕士，北京城市学院讲师，主要研究方向为城市信息管理、城市公共交通管理。

达到 3072 万人次，机动车保有量达到 313 万辆。截至 2012 年 8 月底，京 Q 号牌推出时，机动车保有量已经突破了 512 万。① 相对于机动车的飞速增长，北京的道路建设则相对滞后，过去的五年中，北京的城市道路增长了 30%，而机动车保有量却增长了 1 倍。城市快速增长的机动车辆与相对滞后的城市道路建设无疑加剧了城市交通问题的恶化。

同时，进入 21 世纪以来，为迎接 2008 年北京奥运会，北京市进一步加快轨道交通建设，逐步完善城市轨道交通网，着力建立一个以公共运输网络为主体、以快速轨道交通为骨干、与城市发展进程相适应的现代化城市综合交通体系。随着 2007 年北京地铁 5 号线和 2008 年 10 号线、奥运支线、机场线的投入运营，北京市轨道交通网络逐步形成，轨道交通实现联网运营、无障碍换乘。北京市 2007 年推出低至"两元"的票价政策，缩小轨道交通与地面公交的差价，引导市民优先选择轨道交通。截至 2008 年底，北京市轨道交通里程已达 200 公里。根据北京市交通发展的远期目标，到 2015 年北京市轨道交通建设里程要达到 561 公里，到 2020 年达 700 公里。②

城市公共交通是城市基础设施的重要组成部分，是城市交通的大动脉，具有公益性、服务性、先导性等特点，在经济建设和人民生活中起着举足轻重的作用。城市公共交通的完善、配套程度，决定着城市功能的发挥程度。城市公共交通是由公共汽车、轨道交通、出租汽车、电车等交通方式组成的公共客运交通系统，是重要的城市基础设施，是关系民生的社会公用事业。③对城市政治经济、文化教育、科学技术等方面的发展影响极大，是城市建设的一个重要方面。当前，随着城市人口的增多和汽车数量的增加，城市交通问题日益突出。交通问题是一个城市发展中所面临的重要问题，它的合理妥善解决有利于提高城市的运转效率，优化资源配置，为城市的高速发展提供有利条件。

---

① 《迟到三年京 Q 车牌开始发放》，《北京晚报》2012 年 9 月 3 日。
② 《2010～2015 年北京轨道交通行业投资分析及前景预测报告》http：//www.ie2000.com.cn/2005report/2009547beijingguidaojiaotongbg.htm。
③ 罗志文：《我国优先发展城市公共交通的制约因素和对策研究》，电子科技大学硕士学位论文，2009。

二　北京公共交通存在的问题

随着北京城市经济的发展，城市人口的急剧增加，出行人口数量也迅速上升，交通问题已经成为北京面临的一个重要社会问题。以道路拥堵为主所造成的行车速度缓慢严重影响了经济的发展，造成这些问题的最根本原因是城市公共交通体系的不完善。公共交通自身存在的问题，是造成城市交通拥堵的重要原因。这些问题的存在削弱了公共交通的优势，制约了公共交通的发展。具体表现在以下方面。

（一）公共交通基础设施缺乏统一规划

造成交通拥堵的一个重要的前期因素就是合理规划的滞后或缺失。长期以来，由于缺乏对交通问题的重视，城市用地布局和路网结构不尽合理，没有完全理顺城市道路系统规划与城市土地使用规划和城市交通规划之间的关系。主要表现在城市的主干路交通、旅游、商业和道路集散点的交叉。强大的商业、生活功能吸引了大量的行人过街和频繁的车辆出入，使主干道的车速上不去，通行能力受到限制，因此极易产生交通拥堵和事故。[①] 应将公交设施配套纳入旧城改造和新区开发的统一规划中，为交通营运、管理和居民出行带来便利。

（二）公共交通网络规划不合理

城市公共交通设施建设严重不足，综合性公交换乘枢纽设施建设缓慢，线网密度、场站覆盖率低，公交专用道建设滞后，大运量公交系统建设迟缓，公交运力结构失衡，没有真正发挥大运量城市公共交通方式在大城市交通出行中的主力军作用。"发展公共交通"与"保持主要道路通畅"是城市交通工作的两大目标。近年来，随着北京城市公共交通的发展，公共车辆的投放量日益加

---

① 张大宁、邱莹、李颖学：《我国城市交通存在的问题及发展前景》，《辽宁科技大学学报》2008年第6期。

大，乘车难的矛盾有所缓解，但行车难的矛盾日益突出。① 特别是众多的公交车存在线路设置、站点设置的问题，造成交通拥堵，形成动态瓶颈，严重影响了主要道路的交通秩序。因此，应通过合理规划来鼓励和引导市民乘坐公共交通工具出行，以缓解城市交通拥堵的恶性发展态势。

（三）城市交通管理水平低

高效的交通运输系统、科学的交通管理手段是保障城市交通"脉搏"健康、有力跳动的决定性因素。目前，我国城市交通管理水平比较落后，城市交通中交通流混杂、互相干扰，城市中社会车辆所占比重高，而专业车辆所占比重小，造成车辆空驶率很高，无形中加大了城市中的交通量。同时，私家车迅猛增长带来的交通供给紧张，公交优先政策执行不到位。在市场化进程中，应更加注重研究制定公共交通的运营成本与补贴标准，建立规范的成本费用评价制度和政策性亏损评估制度，使公共交通的公益性得到最大的体现。

随着我国经济的高速发展，城市化、汽车化步伐的加快，城市交通拥挤、事故增多、环境污染等问题日益恶化，以智能系统为基础建立城市智能交通系统在城市交通发展中将扮演越来越重要的角色。

三　北京智能交通系统的现状组成

智能交通系统产生于20世纪60年代末70年代初。该系统采用先进的GPS（全球卫星定位）技术、GPRS（通用分组无限业务）技术、GIS（地理信息系统）技术、WAP技术、Web技术、嵌入式系统开发技术、大型数据库技术、优化调度数据模型技术，将交通系统所涉及的人、车、路及环境综合在一起使其发挥智能作用，从而使交通系统达到安全、通畅、低公害和耗能少的目标。

城市智能交通系统是利用先进的技术手段，动态地获取交通信息，实现对

---

① 郑大伟：《我国城市公共交通存在的问题及对策》，http://www.studa.net/Traffic/081216/08505625.html，2008。

车辆的实时监控和调度，是公共交通实现科学化、现代化、智能化管理的重要标志。① 针对传统道路交通存在的车辆信息和乘客信息不明、路况信息缺乏、主要依据调度管理人员的经验来制订运营计划的主要问题，采用车辆定位、交管部门共享路况信息、乘客信息监控系统的解决方法，结合信息处理系统，建立综合车辆流量与乘客收集系统和电子站牌等城市智能交通系统。

北京智能交通系统主要由交通信号控制系统、交通数据信息采集系统、城市道路实时监控系统、智能交通调度系统和交通信息实时发布系统组成。

（一）交通信号控制系统

交通信号控制系统是智能交通管理系统的重要子系统，其主要功能是自动协调和控制整个控制区域内交通信号灯的配时方案，均衡路网内交通流运行，使停车次数、延误时间及环境污染减至最小，以充分发挥道路交通系统的作用，满足车辆的通行要求。必要时，可通过控制中心人工进行干预，直接控制路口信号机执行指定相位，强制疏导交通。交通信号控制从简单的定时程序逐步更新演变，从简单到复杂，从机械化到智能化再到人性化，逐步升级完善，较好地解决了某一路段交通不畅的矛盾、交通信号配时不合理的矛盾、信号控制主次不清的矛盾、单一路口控制不合理导致区域交通混乱的矛盾。

通过在公交车上安装识别卡，在路口安装公交车检测设备，当公交车行驶至路口附近 100 米时，检测设备发现公交车，自动对目前路口的信号灯进行调整。如果公交车前进方向即将变成红灯，检测系统将延迟变灯时间，让公交车尽快通过。信号灯系统接收到信息后，在保证不对整个交叉路口的路况产生明显影响的前提下，快速计算并做出是否放行及如何放行的决定。②

交通信号控制系统在优化配时方案时要能进行实时、动态控制，实现对特定线路上的公交或特别车辆的优先控制，具有极高的容错能力，即使通信出现故障，也保证系统不失控。在必要的时候，可通过控制中心人工进行干预，直接控

---

① 于广涛、李长勇、张继贞、姜希洪：《城市智能公交调度系统探讨》，《商用汽车》2008 年第12 期。

② 钱卫华：《两会期间北京启用智能交通系统确保道路确保道路畅行》，《京华时报》2011 年 3月 3 日。

制路口信号机执行指定的相位，均衡路网内交通流运行。随着信息技术的飞速发展，人工智能技术融入交通信号控制系统中的应用也取得了重大的进展，主要体现在模糊控制技术的应用、神经网络技术的应用、遗传算法的应用。事实证明，智能交通信号控制系统能有效地缓解城市的交通压力，减少交通事故，节省出行时间，为交通顺畅提供保障，能保证快速路的最大通行效率和抗风险能力。

（二）交通数据信息采集系统

科学的决策必须建立在准确获取交通信息的基础之上，交通数据信息采集系统是解决道路交通问题的有效手段，能够为交通规划、设计、建设和管理提供基础信息，是解决城市交通拥挤、提高道路利用率的必备系统。交通数据信息包括流量、占有率、车流速度、车间时距等交通特征数据。北京目前采用多种车辆监测手段来记录交通流数据，其中几乎在所有路口设置了车检设备，在长距离无路口路段设置断面车辆监测设备。这些设备采集的交通数据分别传输至交通监控中心、现场交通信号控制机。交通数据可作为现场感应控制的依据，也是交通管理、交通规划建设研究和决策的依据。

利用红外线、超声波、微波雷达、感应圈等传感器，对通过道路某一"点"的车辆的数量、大小、重量、速度等进行统计分析，已成为交通数据信息收集中比较成熟的技术。利用浮动车系统，可以通过安装有 GPS（全球定位系统）的公交车或计程车了解到该车辆通过某路段的时间和速度，从而在一定程度上间接地推测出当前路面的交通状况。利用可见光摄像机、红外线摄像机等视频传感器，不仅能够对路段上车辆的通行状况，比如通过数量、大小、速度、颜色、车牌号等进行定量的统计，同时在一定程度上能够对某些特定行为，比如闯红灯、倒车、转弯、交通事故等进行自动检测。特别是利用视频数据可以对这些特定行为的前因后果进行分析。①

（三）城市道路实时监控系统

为了改善交通拥挤局面，在城市各重要交通路口安装道路实时监控系统，

---

① 赵卉菁：《面向智能交通的详细交通数据采集系统的研发》，http：//www. cis. pku. edu. cn/faculty/vision/zhaohj/common/ZongShu200811. htm。

通过图像传输通道将路面交通情况实时上传到道路监控指挥中心。指挥中心人员据此及时了解各区域路面状况，以便调整各路口车辆流量，确保交通通畅。城市道路实时监控系统可以对过量进入的车辆进行控制来缓解拥挤、减少延误和道路交通事故，尽早发现问题，避免交通拥堵，对监控路面车辆的违章情况，能及时发现并安排处理道路交通事故等。

安装在二环、三环和四环路上的交通事件自动检测系统，通过视频图像识别技术自动检测出交通事故、拥堵等交通事件，并进行报警、录像，极大地提高了对交通意外事件的快速反应能力和指挥调度效率。

（四）智能交通调度系统

智能交通调度系统负责城市智能交通系统最基础、最重要的运营工作，包括线路的发车间隔和发车方式。根据客流调查基础数据、时间、地点、季节等因素，凭借调度人员的经验，划定客流高峰、平峰、低峰期，在各个时间段内采用定点发车的方法调度车辆。该系统主要由调度控制中心、车载子系统和电子公告系统构成。

1. 调度控制中心

调度控制中心通过通信模块接收车辆发送的信息，对这些信息进行分析、处理，将收集到的有效信息传送给车载子系统。对运营车辆实行实时跟踪管理，掌握车辆行驶情况（路况、行驶速度、工作人员等），合理分配运力。能够自动排班、进行行车记录，中心人员可实时掌握各峰段出车数量、行车代号，能够实现分站和集中调度管理的要求。调度控制中心主要由地理信息系统、信息服务系统、大屏幕显示系统、调度协调系统和紧急情况处理系统组成。地理信息系统接收定位数据，完成车辆信息的地址映射，其功能包括地理信息和数据信息的输入输出、车辆道路等信息查询、地图的显示与编辑、数据库维护、GPS 数据的地图匹配、GPS 数据的接收与处理、车辆状态信息的处理显示、车辆运行数据的保存及管理等。信息服务系统负责向用户提供交通信息，如出行的乘车信息、换乘信息、行车时刻表信息、路线拥堵信息。大屏幕显示系统主要是实时显示车辆运行状况，当出现紧急情况时，协调调度系统向分调度中心发出指令，合理调配车辆。紧急情况处理系统接收到分调度中心发来的紧急情况信息时，及时与交通管控中心和紧急救援中心联系，完成紧急情况处理任务。[①]

2. 车载子系统

车载子系统实现车辆自身 GPS 技术定位。获取车辆自身的定位信息，将车辆位置信息和地理信息结合在一起，提供给驾乘人员一个综合的导航信息，同时，车载子系统通过通信模块将自身的位置信息和状态信息传送到调度中心。车载专用终端机在无人干预的情况下自动完成运动车辆的定位和定位信息的回传，与调度中心数据进行对比，计算到站时间，从而大大提高城市公共交通的效率。

3. 电子公告系统

通过车内显示屏、电子显示屏（发车显示屏或电子站牌）及时、准确地向乘客发布交通路况、天气预报、到站时间、多媒体广告、通知留言等信息。利用 GPS 定位信息实现自动报站，同时在 LCD 屏上显示站名，减轻乘务人员负担，方便乘客出行。车辆变动时，电子公告系统自动更新。同时可以将后台调度和其他相关信息在电子公告系统中显示。[②]

（五）交通信息实时发布系统

交通信息实时发布系统作为城市智能交通体系的核心子系统，可以直接把道路交通的最重要信息向社会发布，并提供车辆诱导、交通信息的历史查询等信息。目前在北京城市主干道、快速路、重要交通转换节点、交通运输系统等多处设置了交通信息板，因此，所有交通参与者都能在现场看到自身所处位置的交通状况，提前做出合理的选择。交通信息实时发布系统在对交通流检测系统采集的路网流量进行深层次挖掘和分析的基础上，通过大型室外可变情报信息板、互联网、广播电视等多种渠道进行实时路况发布。

在北京交通最为拥堵的地点设置多块大型室外可变情报信息板，每两分钟刷新一次，每天可以显示数万条实时路况信息。市民可以通过信息板上实时发

---

① 邹郁儒：《浅谈城市智能公交调度系统》，《科学与财富》2012 年第 4 期。
② 《智能公交调度系统》，http：//www.21its.com/Common/DocumentDetail.aspx？ID = 2011070616512603988。

布的路况信息和交通管制信息，有选择性地避开拥堵和意外事故路段。同时，交通管理部门新建的气象检测系统还能提供路面温度、能见度、覆盖物（如雨、雪）、地面摩擦系数、平均风速等天气信息，让司机及时了解天气状况。在指挥中心内部，与大屏幕相对应的位置有多个专门供媒体使用的直播间，方便电视、广播等媒体实时发布道路交通情况，方便居民出行。交管部门还可在官方网站建立音频视频路况信息和实时路况信息图发布系统。随着 3G 和 WIFI 技术的普及，市民还可以随时通过手机上网来查询出行信息，[①] 最大限度地方便公众出行。目前，室外显示屏每天发布实时信息 347 万条，对外网站日均点击量达 2600 万次，浏览量达 210 万次。[②]

四 北京智能交通系统未来发展方向

智能交通通过提供丰富的道路信息缓解了道路的拥堵，也让行驶更加环保和安全。智能交通的发展为环保和安全做出贡献的同时，也带动了制造业和信息服务业的发展。逐步建立以交通运行协调指挥中心为核心的新一代智能交通管理与服务体系，基于新一代的通信平台、全流程数据采集、处理与决策支持的新方法，为交通运输规划管理决策、运营组织服务和公众出行提供新应用与新服务，实现人、车、路及环境信息互通与和谐运转。

未来智能交通的发展将逐步向智能化方向发展。建设交通安全应急平台；完善交通行业图像管理系统，最大化整合接入北京市交通行业现有与外部图像资源，建设完善轨道交通、地面公交、公交场站等图像信息系统；建设交通安全应急指挥调度系统、城市道路网管理与应急处置系统、轨道交通安全防范物联网应用示范工程；建设决策支持平台。重点建设全市交通运行仿真分析系统、面向交通规划设计的出行分析系统、基础设施建设计划管理系统、基于手机定位数据的交通出行指数分析及预报系统、交通运行监测分析系统、拥堵会商决策支持系统、拥堵收费监测评价系统等；开展物联网交通运输服务平台建

---

① 《北京智能交通管理现状》，http：//www. 631xiangxun. com/content/？370. html。
② 谭志勇、江静：《北京警方：民意主导警务创新促进和谐》，《人民公安报》2011 年 12 月 22 日。

设。重点实现对危险品运输车辆、专业货运车辆等车辆的管理和服务，完成通行证防伪车辆准入限行控制，逐步实现对全市车辆的动态感应和有效控制；开发涉车涉驾信息应用系统，促进车驾信息资源在社会领域的全面应用；建设交通管理容灾备份中心和网络中心，提高系统和数据对灾难性事件的抵御能力。①

　　未来智能交通的发展将更加注重车与车之间、车与路之间的信息交换，智能化车辆控制系统是主要发展方向。例如，前车紧急刹车时，会自动通知周边的车辆，后车可以尽可能避免追尾；如果离前车太近，控制系统会自动调节与前车的安全距离；道路上出现交通事故时，事故车辆会发出警报，通过车与车或者车与路之间的高速通信，使其他车辆几乎在发生事故的同时就得到信息，便于其他车辆及时采取措施或选择另外的路线；当车辆处于非安全状态时，即使驾驶员进行并线或超车操作，汽车也可以自动启动安全保护功能，使并线和加速不能实现。随着宽带移动通信及网络技术的发展，在车内就能够清楚地看到前方道路通行的实时图像、堵车的准确位置，如此精确的信息将更加便于选择通行路线。与智能交通发展关系密切的信号控制系统、智能化车辆控制系统以及相关通信和传感器技术研发是我国智能交通与一些发达国家的差距之所在，也正是我国智能交通领域未来的发展方向。②

五　结语

　　城市交通问题是一个世界性难题，不仅仅体现在我国。以智能系统为基础，在城市交通管理中应用智能交通系统是广泛的发展趋势。智能交通在缓解我国城市交通拥堵、方便百姓出行的过程中发挥了重要作用。智能交通系统的建设和应用直接服务于百姓出行，提高了交通管理的水平，并带动了相关产业的发展。未来，我国智能交通还将发挥更加重要的作用。

---

① 《解读北京"十二五"智能交通建设计划》，http：//iot. 10086. cn/2012 - 08 - 20/1336962195268. html，2012 年 8 月 20 日。

② 《中国智能交通 10 年引领绿色经济发展》，http：//www. 631xiangxun. com/content/？438. html。

Developing Urban Smart Transport System

Meng Hong

Abstract: Intelligent system is internationally recognized as the fundamental way of a comprehensive solution to the field of transportation。 Establishing an intelligent, safe, convenient, high speed, comfortable and friendly environmental transport system has become a development trend. The article explains the meaning of urban public transport and the new trend of building an urban intelligent transportation system, and analyzes the current situation and existing problem and reasons of urban traffic in great depth in BeiJing, meanwhile, also discusses the future trends of intelligent transport system.

Key Words: Urban Public Transport; Intelligent Transport System; Traffic Signal Control System; Information Collection System

实 践 篇

Practices in China

B.27
南京城市管理的现状、问题与推进思路

许卫宁*

摘 要:

城市管理是政府的主要职能之一,也是与群众联系最紧密的一个环节。本文简要回顾了近年来南京市城市管理工作的成绩与问题,提出坚持以人为本、手段创新的总体思路。服务理念上提出转变观念、问计于民,服务目标上提出关注热点、突破难点,服务手段上提出施计惠民、优化服务,服务力度上提出倾心为民、量化举措。这一系列举措的提出和实施,为服务群众、方便群众、改善群众生活、满足群众诉求提供了政策保障。

关键词:

城市管理 以人为本 政策举措 南京

城市管理作为政府主要职能之一,处在为民服务的第一线。近年来,

---

* 许卫宁,南京市城市管理局局长、局党委书记。

城市管理蓝皮书

我们坚持以人为本思路，严格落实理性、平和、文明、规范的要求，以打造服务型机关为抓手，紧贴城管工作实际，围绕群众关注的热点、难点、敏感点问题，在创新思路上求优化、在攻克难点上求突破、在打造亮点上求提升，城市管理服务群众的意识逐步确立、能力得到提升、手段更加优化。

1. 转变观念、问计于民，城市管理为民服务新理念根本确立

理念是行为的指引，正确的理念是正确行为的前提。一直以来，我们城管工作只重管，导致管理压力大，管理效果差，被动式、迎查式的管理模式广受诟病。实践工作中我们感到，城管工作要上台阶，必须进一步解放思想，牢固确立服务亲民的理念，坚持把为民服务作为城管工作的出发点，提升为民服务能力。

一是深入开展城管系统核心价值观大讨论。2013 年以来，我们把开展核心价值观大讨论的学习活动，全面与城管工作结合起来，发动全社会参与、找准城管的核心价值观，完善市民参与机制，引导提升市民参与城市管理的自觉性和能力，营造全民参与支持城市管理的氛围。开展了"树立城管形象，热情服务市民"活动，召开了人大代表、政协委员、居民和媒体记者不同层次的座谈会 20 多次，收集意见和建议 537 条，对照职能，建章立制，梳理出台了 20 项为民惠民的制度举措。

二是扎实开展"三问"活动。我们始终把"问计于民、定计为民、施计惠民"贯彻各项工作的全过程，真正反映市民的需求，提升工作的科学化、和谐化水平。近两年来，市城管局在安排静脉产业园垃圾发电厂项目、停车设施管理移交、城市绿化名贵树木管理、户外广告整治等年度重要工作时，始终坚持这一理念，通过网络、报纸等媒体，全方位征求市民的意见和建议，通过互动式交流，取得市民的认可，把握工作的主导权和话语权，推动了各项工作的落实。

三是切实落实服务于民的举措。2011 年，市城管局将城管职能，为民服务的事项、程序、权限、时限等印制成《市民手册》，发放给各户，作为市民办理城管事项的导则和城管服务市民的承诺。我们结合城管系统工作的特点，抓住市民关注的热点问题，出台建立城管行政执法责任追究机制、实施违建源头防控机制、建立严格的首问负责制、全力推进事权下放、认真开展为民办实事等 6 项民生措施，并在《南京日报》上登载，接受市民的监督和建议。

四是建立省市共建帮带机制。工作中，通过与省级机关建立联系，尤其结合重大工作的实施，提高工作落实的质量。江南江北项目环评、绿色照明工作、排水管理工作，省环保厅、省住建厅等在政策上给予了大力支持，推动了各项工作的开展。

2. 关注热点、突破难点，城市管理顽症得到初步治理

城市管理顽症是城管工作提升的最大瓶颈，是体现城管工作能力的基本考验，也是最容易引起市民对城管服务不满意的方面，因此，我们坚持把群众关注的热点、难点问题作为工作的抓手，落实责任、创新思路、源头介入、标本兼治。

一是围绕群众关注的热点问题，全力听取群众的诉求意见。南京是一座历史悠久的城市，历史和文化底蕴都非常深厚，在城市建设、管理的过程中，针对群众关注的热点问题，坚持从群众中来到群众中去的原则，把热点变成群众的"关心点"。对重大市政工程、重要建设中移栽、砍伐树木和毁坏绿地等建立"绿评"制度，吸收各界人士参与名树古木的管理，把城市建设发展与城管历史保护有机地结合起来。近年来，在地铁三条线路、桥改隧等重大工程中，"绿评"制度的实施较好地促进了各项工作的开展。

二是围绕群众关注的难点问题，全力改善群众生活环境。城市化进程中，占道摊点管理、停车设施管理、城市垃圾处置等已成为管理的难点问题，考验着各级政府管理城市的智慧。城管系统结合形势和任务的发展，对占道摊点管理坚持疏导结合，坚持主次干道禁摆、一般干道控摆、疏导点可摆的原则，实现居民生活需求、弱势群体谋生需求、市容市貌管理"三赢"的局面。停车设施管理坚持优化整合各类资源，创新发展管理模式，引进社会力量的原则，运用多种方法和手段，着力改善城市交通环境。城市垃圾管理坚持源头分类和收储"无害化、资源化、减量化"的原则，依托四区四街道展开试点，确定分类收运流程，在积累经验的基础上全面推广。

三是围绕群众关注的敏感问题，满足群众诉求。随着城市化建设进程的加快，各种利益诉求相互碰撞，一些涉及民生的工作很容易形成敏感点。城管行政执法系统对违法建设实行主城区新搭违建零容忍和考核一票否决，对违建拆除实行零补偿。通过市区采取多项综合措施，有效地控制违法建设。在渣土管理方面，始终保持高压态势。2012 年修订出台的《关于进一步严格加强渣土运输管理工作的意见》，从严实施企业化等级化管理、渣土车全密闭化改装，实行引导车编队行驶，城管、巡警、交警联合执法，通过全时督察，新政的功效初显。通过大力整治和解决城市管理的敏感问题，群众的满意度进一步提升。

3. 施计惠民、优化服务，城市管理质量效能有新提升

城市管理涉及市民生活的方方面面，与民生需求关系紧密，城管服务能力的提升对于改善民生意义重大，为此，我们从多个方面优化城管服务。

一是整合内部资源，方便群众投诉。为建立通畅的群众诉求渠道，市城管局建立专设举报电话和网站、周三信访接待、市长信箱、人大代表建议、政协委员提案、媒体曝光等"六位一体"的受访体系，建立台账、落实责任、强化督察、限时答复。通过加强举措，群众受访满意度大幅提升。

二是强化城管保障，便利群众生活。着眼于城管系统整合以后的工作职责，着力加强城管系统市容市貌保洁清扫、市政管养、绿化管养、爱卫"除四害"等四项基本保障。坚持扩大机械化作业范围，提高工作效率；坚持系统性、统一性的管养标准，实施无缝隙管养；坚持高速度作业，提高工作层次。2010 年以来，依托市道路环境整治和街巷出新，对两侧户外广告、门头店招、围墙围挡实施整治，完成了 100 多条主次干道和 1500 余背街小巷的整治工作。

三是扎实办好实事，兑现惠民承诺。依据群众最关心、需求最迫切的城管问题，推出城管行风建设服务承诺，通过报纸、电台向社会公布。对内明确责任、办理流程和完成时限，一件一件抓落实，所有承诺全部兑现！为解决夏季西瓜销售问题，实施"西瓜新政"，在全市预设 800 多个疏导点，送证下乡、送证给瓜农，开辟通道、加强协调、强化管理，实现了瓜农卖瓜、市民买瓜和市容管理的三赢局面。

4. 倾心为民，量化举措，城市管理为民办实事力度不断加大

为民服务不能只是挂在口头上，不能总是停留在文件上，必须以求真求实的态度去对待、以脚踏实地的作风去践行、以量化有力的举措去保障。我们从2002年起，就开始了为民办实事项目，年头立项、年中督察、年末考核，向社会公布，受市民监督，让市民看得见实惠。2012年，我们以12345和12319平台收集的群众对群众工作的举报为依据，结合媒体曝光、领导批示、人大代表政协委员提案议案进行综合分析，从中梳理出10个方面群众反映比较突出的问题，逐一对照职能，落实了新年度为民办实事项目，包括三个方面的内容，更加贴近群众的日常生活需要。

一是改善城市市容市貌。按照"三个提升"行动计划要求和市道路环境综合指挥部的工作部署，全力推进全市主次干道和背街小巷的市容环境整治任务；在户外广告管理方面，连续开展了绕越高速户外广告牌的整治、全市楼顶大牌集中整治、高速公路沿线户外广告整治、长江大桥周边地区广告整治等工作，累计拆除广告面积达21.8万平方米，有效净化了城市天际线。为防止违章建筑蚕食城市公共空间和土地，全市启动"拆违控违"工程，全市（含郊县）"拆违"400万平方米，净化了城市空间，维护了广大市民的公共利益；针对全市100多条主次干道上的违规灯箱、占道摊（亭）点、违规广告、路名牌等进行逐路清理，净化市民视觉空间，还路于民。

二是完善便民基础设施建设。为解决垃圾困扰城市的问题，积极推动垃圾分类和垃圾焚烧场项目建设，江南八区每区按两个社区的规模开展垃圾分类收集试点，并逐步展开，构建政府主导、市民参与的垃圾分类运作模式，努力把南京建设成环境友好型城市，真正让市民感受一届"绿色青奥"。垃圾焚烧发电项目预计2013年底前初步完工，届时，南京市主城区的垃圾基本实现焚烧处理。

三是完善长效管理机制。以区和街道为考核对象，由监督指挥中心组织人员采取不定期检查的方式，实施随机抽检、随机考核，拍照取证上传到指挥中心评考，同时把问题整改率纳入考核体系，实行每月排序，下发通报，公开点评。积极推进城市网格化巡防管理新模式，成立了由城管、公安、城警组成的三级巡防队伍，设置片长、路长、段长，明确了管理责任。

城市管理蓝皮书

Current Problems and Prospect for Urban Management in Nanjing City

Xu Weining

Abstract: As one of the main functions of the government, urban management plays the most important role as bridge linking the government and people. This article briefly reviews the achievements and problems of urban management of Nanjing. The government has proposed the strategy as serving to the people and benefiting the people. And carry out a series of measure, such as consulting the people, facing the hot and knotty issues, optimizing services to people, quantifying all the measure. These series of measure provide guarantees in policy and mechanism for solving the issue and benefiting the people.

Key Words: Urban Management; People Oriented; Policy and Measure; Nanjing

B.28
妇女工作网格化管理的探索实践

南京市栖霞区妇联

摘 要：

本文以南京市栖霞区为案例区，提出融入创新社会管理及社区"扁平化"新型组织架构的新思路。实践过程中的探索表明，网格管理模式的运用进一步提升了参与社会管理的工作水平，在实践中取得初步成效。本文提出了科学划分、完善制度，整合资源、锻造队伍，打造品牌、丰富活动等三方面举措，保障了辖区妇女工作的展开，同时也是社会管理的一种新探索，具有显著的实践意义。

关键词：

妇女工作 网格化管理 栖霞区

栖霞区位于南京市东北郊，面积达 397 平方公里，区域内有仙林大学城、南京经济技术开发区及行政区的 9 个街道，常住人口 65.59 万。其中，妇女 31.4 万人，儿童 5.8 万人。2011 年下半年以来，为贯彻省委、省政府《关于实施社会管理创新工程，切实加强群众工作的意见》有关要求，积极融入创新社会管理及社区"扁平化"新型组织架构，区妇联结合区域实际，在区委、区政府的大力支持下，在上级妇联的精心指导下，围绕"主题引领、网格管理、贴心服务"的工作目标，采用网格管理模式，在"联"字上做文章，将妇联传统的纵向型组织结构向横向联合的组织结构发展，编织了一张覆盖全区的服务妇女儿童的"幸福网"。经过一段时间的探索，全区各级妇联组织进一步提升了参与社会管理的工作水平，在服务中心、服务大局、服务妇女儿童的实践中取得初步成效。在全国妇联在江苏召开的调研座谈会上，栖霞区推进妇联组织和妇联工作网格化的经验做法，得到了全国人大常委会副委员长、全国妇联主席陈至立和省委罗志军书记的一致赞许。

一 科学划分，完善制度，积极融入社会管理

在传统模式中，区妇联只有街道、社区两级基层妇联组织，上级妇联工作部署大多只能传达到街道妇联。同时，随着栖霞区城市化、工业化进程的不断加快，大量征地拆迁农民集中住进了经济适用房社区，这些来自不同村镇的农民，一夜之间变为城市居民，生活方式、生活习惯却停留在原来的状态，这给社区管理带来了一定的难度。社区居民，尤其是广大妇女群众的合理诉求不知道应该找组织、找妇联反映，往往兜了一个大弯最后还是由基层妇联来解决，浪费了很多时间。针对这一现状，区妇联主动作为、积极参与，在保持社区布局不变的前提下，以楼栋、居民小组为单位，依托街道大网格，将全区各级妇联组织划分为 9 个一级网格、103 个二级网格、708 个三级网格。首先，将网格内的楼栋长和健身队、舞蹈队、志愿者队伍中对社区妇女工作有热情、对社区群众有感情、对志愿服务有激情、在妇女群众中有威望的妇女积极分子选出来，担任网格长。其次，在网格中推行"一室一会一站"工作模式，即依托妇女儿童之家阵地，建立"妇女工作室"、召开"妇女议事会"、成立"巾帼志愿者服务站"，为网格中的妇女儿童和家庭提供面对面、针对性的服务。再次，在一级网格中制定了"月报表、季通报、年考核"的网格化管理制度，每月报网格工作报表；每季度召开工作推进会，进行情况点评通报；每半年进行考核，将各项指标任务完成情况纳入全区"四个建设"考核。实施网格化管理后，我们在不增加人员、不增加工作经费和办公场所的情况下，形成了"区妇联-街道妇联-社区妇联-各类巾帼志愿者"的四级管理服务体制，网格中的妇女干部及热心妇女工作的积极分子直接上门为妇女群众服务，妇女群众有困难也可以直接找到网格负责人，实现了对广大妇女儿童全覆盖、全方位、精细化的零距离服务。

二 整合资源，锻造队伍，有效提升工作合力

一直以来，区妇联将妇联干部综合能力提升作为基层妇女工作开展的重要

保证，自实施网格化管理以来，我们充分认识到，要真正提高全区妇联工作水平，不仅需要每个妇联干部主动参与到社会管理中去，更需要每个妇女积极响应、积极参与，才能形成推进社会管理持续进步的合力和动力。一是创新工作平台。基层妇联组织在网格中广泛建立了女性社会组织孵化基地，其中包含特色巾帼志愿者服务队、学子援助行动团、女社工联谊会、女大学生村官联谊会、经济女性联谊分会等，进一步吸纳了社会方方面面的优秀女性。二是加强理论培训。建立健全了各类优秀女性的教育培训制度，先后与区委组织部、区委党校联合开展了"创新社会管理，提升素质能力"——栖霞区各行各业妇女干部培训班、"在学习中强素质，在实践中寻创新"——"强素质·增活力"培训班等。在基层妇联组织中广泛开展了"我与妇女工作"征文、"我为妇联献计策"和"基层妇女干部基本功"大赛等系列活动。三是深入实践锻炼。将所有街道、社区妇联干部及执委全部深入网格，每个人都有一块"责任区"，通过在网格中摸爬滚打，提高了她们做好群众工作、解决突发事件、以服务促进发展的综合能力。广大妇联干部普遍反映，尽管工作量比以前增加了，但是与妇女群众的距离更近了、精神状态比过去更好了、荣誉感也更强了，基层妇联干部都能够实实在在地沉入网格，前移服务职能，日常工作中做到了先进典型第一时间发现、家庭矛盾第一时间调处、邻里纠纷第一时间消除。

三 打造品牌，丰富活动，切实强化服务实效

实行网格化管理以来，通过打造活动品牌、创新活动形式、丰富活动内涵，将分散的社区妇女工作职能集中到网格上整体推进，形成"一网动，网网动"的良好工作格局，进一步增强了妇联组织的凝聚力和感召力，增强了妇女儿童、家庭在网格中的归属感、亲情感，形成了"其乐融融一家亲"的良好氛围。

一是开展惠民服务"五心行"活动。区妇联紧紧围绕全区"三争一创"实践活动和"双枫连心"幸福栖霞创建行动要求，从解决栖霞地区妇女群众实际需求出发，坚持不懈地创新社会管理，不断提升栖霞女性的幸福指数和满

意程度。2012年以来，全区各级妇联以"春风送岗贴心行、法制宣传安心行、关怀慰问暖心行、志愿服务知心行、文化引领凝心行"为主题，结合各网格实际，广泛开展惠民"五心行"服务进社区活动，截至目前共开展各类惠民活动115场，参与人数达36500人次。

二是实施困难妇女儿童援助行动。妇女儿童中的弱势群体历来是党委、政府关心的重点、社会关注的焦点，往往也是容易引起社会矛盾的导火线。一直以来，全区各级妇联组织都把这个群体作为服务的重中之重。网格化管理开展以来，妇联组织以巾帼志愿服务为载体，以空巢老人、留守流动儿童、单亲贫困母亲为重点服务对象，组织开展与爱同行——志愿者"一对一"结对帮扶活动。截至目前，全区上下共实现"社会儿女"与空巢老人结对60对，"社会妈妈"与流动儿童结对40对，"社会姐妹"与单亲贫困母亲结对20对。广泛开展"营造温暖之家，共享美好生活"系列活动，通过帮困扶贫、爱心捐赠、走访慰问、谈心交流等形式，为贫困妇女送去温暖。截至目前，全区各级妇联共走访慰问困难妇女儿童2693人，发放慰问金141万元及大米、食用油、棉被，羽绒服和学习用品等实物。以"关注妇女健康，凸显妇联爱心"为主题，在全区启动"女性健康快车"，组织全区2000名单亲母亲、困难家庭妇女前往八一医院接受免费妇科病检查。

三是完善"家庭驿站"服务品牌。充分发挥"家庭驿站"在社会化管理中服务妇女儿童的积极作用，本着"不求所有，但求所在"的建"家"原则，整合各类资源，在103个社区全部建立了家庭驿站，不断健全和完善服务功能，实行管理升级，真正做到"让家有起来，让家用起来，让家活起来"。截至目前，全区达到3星级标准的有80家，被市妇联确认为4星级的有4家，还有13家正在争创4星级。

积极融入创新社会管理，提高群众的满意度和幸福感，是栖霞率先基本实现现代化的重要内容。通过这段时间的实践，我们深深地体会到，妇联组织参与社会管理，离不开广大妇女群众的参与，离不开各级党委、政府和社会各界的支持。尽管取得了一些成效，但是与上级妇联组织和党委、政府的要求相比，与妇女群众的期盼相比，还有一定距离。面对全新的形势、任务和要求，区妇联将进一步转变观念，顺势而为，充分整合政府资源、社会资源和自身资源，把握需求导向，在主动参与中找准妇联工作的切入点，致力形成做好基层妇女工作的合力。一是坚持以妇女儿童需求为导向，主动协调组织、民政、社建工委等部门资源，推动妇联组织建设和阵地建设；二是积极整合各类社会志愿服务与仙林地区高校资源，壮大妇女工作力量，提升妇联服务水平；三是充分整合妇儿工委各成员单位资源，发挥各类妇女组织的枢纽作用，为妇女儿童提供更加便捷、更加贴心的服务，努力打造更加和谐有序、更加文明美丽的幸福栖霞。

Exploration and Practice of Grid Management of Women's Federation in Qixia District, Nanjing

Women's Federation of Qixia District Nanjing City

Abstract: This article takes Qixia District, Nanjing as the study site, proposes the strategy as bringing former framework into the new one integrating the innovation social management and flatness community organization. Practice proves that grid management improved the level of participation to social management and achieved remarkable effect. This article carries out a series of measure to ensure the work of women's federation in Qixia District, such as improving the working system, integrating internal and external resources, making the first class activities brand. As a new exploration and practice, this new framework is meaningful to practice on social management.

Key Words: Women's Federation; Grid Management; Qixia District

B.29
后　记

　　城市管理蓝皮书——《中国城市管理报告（2012）》在谭维克院长和刘林校长的支持与亲自操刀下，在北京城市学院与北京社科院联合成立的"中国城市研究中心"全体同仁的共同努力下，终于付梓了。我们在此非常感谢给予我们支持、关心和帮助的各位领导和师长，你们的参与是此书出版的保障。同时我们也非常感谢中国城市研究中心的各位同仁，大家共同调研、一同讨论，查阅资料，在马晓燕博士的执笔下，完成了主报告的撰写。我们同样非常感谢为此书辛勤工作的出版社同仁，大家的努力是此书成功的源泉。

权威报告　热点资讯　海量资源

当代中国与世界发展的高端智库平台

皮书数据库 www.pishu.com.cn

　　皮书数据库是专业的人文社会科学综合学术资源总库，以大型连续性图书——皮书系列为基础，整合国内外相关资讯构建而成。包含七大子库，涵盖两百多个主题，囊括了近十几年间中国与世界经济社会发展报告，覆盖经济、社会、政治、文化、教育、国际问题等多个领域。

　　皮书数据库以篇章为基本单位，方便用户对皮书内容的阅读需求。用户可进行全文检索，也可对文献题目、内容提要、作者名称、作者单位、关键字等基本信息进行检索，还可对检索到的篇章再作二次筛选，进行在线阅读或下载阅读。智能多维度导航，可使用户根据自己熟知的分类标准进行分类导航筛选，使查找和检索更高效、便捷。

　　权威的研究报告，独特的调研数据，前沿的热点资讯，皮书数据库已发展成为国内最具影响力的关于中国与世界现实问题研究的成果库和资讯库。

皮书俱乐部会员服务指南

1. 谁能成为皮书俱乐部会员？

- 皮书作者自动成为皮书俱乐部会员；
- 购买皮书产品（纸质图书、电子书、皮书数据库充值卡）的个人用户。

2. 会员可享受的增值服务：

- 免费获赠该纸质图书的电子书；
- 免费获赠皮书数据库100元充值卡；
- 免费定期获赠皮书电子期刊；
- 优先参与各类皮书学术活动；
- 优先享受皮书产品的最新优惠。

社会科学文献出版社 皮书系列
SOCIAL SCIENCES ACADEMIC PRESS (CHINA)

卡号：0464239054795936

密码：

（本卡为图书内容的一部分，不购书刮卡，视为盗书）

3. 如何享受皮书俱乐部会员服务？

（1）如何免费获得整本电子书？

　　购买纸质图书后，将购书信息特别是书后附赠的卡号和密码通过邮件形式发送到pishu@188.com，我们将验证您的信息，通过验证并成功注册后即可获得该本皮书的电子书。

（2）如何获赠皮书数据库100元充值卡？

　　第1步：刮开附赠卡的密码涂层（左下）；

　　第2步：登录皮书数据库网站（www.pishu.com.cn），注册成为皮书数据库用户，注册时请提供您的真实信息，以便您获得皮书俱乐部会员服务；

　　第3步：注册成功后登录，点击进入"会员中心"；

　　第4步：点击"在线充值"，输入正确的卡号和密码即可使用。

法 律 声 明

广视角·全方位·多品种

皮书系列为"十二五"国家重点图书出版规划项目